高等教育秘书学专业本科系列教材
中国高等教育学会秘书学专业委员会组编

SECRETARY SCIENCE

领导科学

LINGDAO KEXUE

主 编 闫 红
参 编 孟祥林 崔德华 谭 琪

北京师范大学出版集团
BEIJING NORMAL UNIVERSITY PUBLISHING GROUP
北京师范大学出版社

图书在版编目(CIP)数据

领导科学 / 闫红主编. —北京:北京师范大学出版社,2021.12
ISBN 978-7-303-26823-8

Ⅰ. ①领… Ⅱ. ①闫… Ⅲ. ①秘书学—高等学校—教材
Ⅳ. ①C933

中国版本图书馆 CIP 数据核字(2021)第 026049 号

营 销 中 心 电 话 010-58805530 58808064
北师大出版社职业教育分社网 http://zjfs.bnup.com
电 子 信 箱 zhijiao@bnupg.com

LINGDAO KEXUE

出版发行:北京师范大学出版社 www.bnup.com
北京市西城区新街口外大街 12-3 号
邮政编码:100088

印 刷:北京溢漾印刷有限公司
经 销:全国新华书店
开 本:787 mm×1092 mm 1/16
印 张:19.25
字 数:390 千字
版 次:2021 年 12 月第 1 版
印 次:2021 年 12 月第 1 次印刷
定 价:54.80 元

策划编辑:易 新 责任编辑:马力敏
美术编辑:焦 丽 装帧设计:焦 丽
责任校对:康 悦 责任印制:陈 涛

出版序言

本套教材是中国高等教育学会秘书学专业委员会（以下简称“秘书学专业委员会”）组织编写的第一套秘书学专业本科教材。

“秘书学专业委员会”于 1982 年 12 月创办，1990 年 9 月正式成立，原称“中国高教学会秘书学会”，是经过民政部核准注册的国家二级学会。全国性社会团体清理整顿工作后，原称于 2004 年 4 月正式更名为现称，为中国高等教育学会分支机构——“学科”专业委员会，我国秘书界唯一的全国性社团学术组织。

“秘书学专业委员会”通过广泛开展学术交流与研讨活动，在全国尤其是在高等院校有较大影响。随着秘书学学科建设与专业教育发展的需要，申请秘书学专业加入国家教育部本科目录的问题逐步提上日程。

教育部于 1997 年进行修订的《普通高等学校本科专业目录》颁布之后，“秘书学专业委员会”在北京召开的“1999 年学术研讨会”上，围绕“21 世纪高等院校如何提高教学质量，培养高素质秘书人才，以适应社会发展需求”的问题进行了深入研讨。与会专家、教授、学者一致认为，经过将近 20 年的秘书学研究和教学的探索与实践，我国高校设置秘书学本科专业的条件已具备，主要表现：一是秘书学科理论体系已逐步形成，二是秘书学专业教师和研究队伍已逐步建立，三是秘书学专业教学经验日趋丰富。所以，应该抓紧开展申办秘书学专业“入本”工作。当时因有一些同志认识不同，于是会议就此展开了热烈深入的讨论，最后大家统一了认识：秘书学专业必须设置本科层次，甚至发展到硕士、博士的层次，这是社会发展的需要。教育部高教司刘凤泰副司长应邀出席了这次研讨会并讲了话，他对会议决定申办秘书学专业“入本”工作表示支持，当即表态说让“秘书学专业委员会”提交文字报告。当“秘书学专业委员会”向教育部提交了申办秘书学专业“入本”的书面报告之后，教育部在 2004 年调整高等学校本专科目录时，在教育学门类职业教育种类的“本科专业目录”之外增加了“文秘教育”专业，代码为“040335W”，属于师范教育。原因是，为了适应经济社会发展对秘书人才的迫切需要，教育部已批准在“本科专业目录”之外的专科层次增设了“文秘”专业，主要在高职高专中招生。这次调整在“本科专业目录”之外增加“文秘教育”专业，主要是为了解决“文秘”专业师资问题。当然，这对于秘书学学科建设与专业教育的发展也同样起到了一定的推动和促进作用，但仍然不能够满足秘书学专业建设与发展的需要。这是“秘书学专业委员会”首次申办秘书学专业“入本”的情况。

2010 年 3 月，教育部自改革开放以来第四次对《普通高等学校本科专业目录》的修订开始启动。“秘书学专业委员会”抓住机遇，再次向教育部提交了申请秘书学专业“入本”的书面报告。2011 年 4 月，教育部把秘书学专业正式列入新修订的《普通高等学校本科专业目录》进行公示，第一次把“秘书学”定位为“文学”类属下与“汉语言文学”并列的二级学科，代码为“050107T”，并于2012年颁布实施。此前的教育部本科目录在教育学门类中把“文秘教育”作为目录外本科专业列入其中，这次修订，“文秘教育”在教育学门类内已被撤销。

秘书学专业进入国家教育部正式颁布的《普通高等学校本科专业目录》，标志着历经30年的中国秘书学“学科”的正式确立，也预示着中国秘书学界春天的到来。

面临秘书学专业“入本”之后的新形势和新任务，为了集思广益，商讨对策，解决实际问题，“秘书学专业委员会”及时在京举办了“秘书学本科专业学科建设座谈会”。会议一致认为，解决好秘书学专业本科教材和师资问题是当务之急。

自从“秘书学专业委员会”于1990年正式成立迄今，有不少院校已自行编辑出版了秘书学本科教材，这些教材在推动秘书学专业发展和秘书学学科建设方面做出了重要贡献。而“秘书学专业委员会”到底需要不需要直接组织编写秘书学专业的本科教材？有个别领导认为，仅在秘书学专业“入本”前后，市场上就已经出版了不少本科教材，不需要再费力组编。但是，“秘书学专业委员会”的委员们经过认真讨论最后统一了意见。大家一致认为：当前现有本科教材的实际状况，已不适应“入本”后秘书学学科建设和专业教育发展的需要，根据“秘书学专业委员会”的宗旨与业务范围，应该勇于担当，组织编写一套秘书学专业本科教材，并引领秘书学学科发展的方向，这也是义不容辞的责任和义务。而如何着手组织编写？经过研究决定，先行展开调研，以便结合实际，做到有的放矢，编写出适用的精品教材。

据此，“秘书学专业委员会”自2013年1月开始，展开了深入细致的调研工作。为了做好调研工作，成立了以第一副会长郭长宇为组长，教育部高教司原副司长刘凤泰为常务副组长，以及其他有关领导成员参加的调研工作小组，并邀请国防大学基本系原主任孟进鸿将军、总参工程兵部办公室原主任郑德源大校、北京师范大学侯玉珍教授、北京联合大学应用文理学院周文建教授、北京联合大学师范学院张东昌教授等参加调研。直至2015年1月，经过两年来的多轮调研和反复论证，并几易其稿，做出了《秘书学专业本科人才培养方案》，确定了基础课、专业课和实践课的课程，在此基础上才开始着手组织编写这套本科教材。

为了加强这套教材的编写工作，“秘书学专业委员会”经2014年9月16日会长办公会议通过，成立了以时任名誉会长、教育部原国家督学郭长宇为主任，教育部高教司原副司长、高等教育教学评估中心原主任刘凤泰为常务副主任，以及常务理事会成员组成的“中国秘书学专业本科教材编审委员会”(后决定吸收参编院校的领导参加)。“编审委员会”几经讨论，认真准备，“秘书学专业委员会”于2015年5月15日以“中高秘〔2015〕12号文件”发出了《关于征集秘书学本科专业教材参编院校与参编个人的通知》，开始了本套教材的编写工作。

本套教材编写的指导思想：坚持以马列主义、毛泽东思想、邓小平理论、“三个代表”重要思想、科学发展观和习近平总书记有关重要讲话的精神为指导，认真贯彻落实党的十八大和《国家中长期教育改革发展规划纲要（2010—2020年）》精神，结合实际，编辑出版本套秘书学本科专业教材。

本套教材编写的基本原则：集体组织，自愿参编；统筹安排，民主决策；主编负责，分工合作；严格程序，确保质量；按时完稿，力出精品；既出成果，又出人才。

本套教材编写的具体要求：坚持质量第一，对教材中的基本概念、理论的表述，力争准确、简明，语言通俗、流畅。

本套教材编写队伍的组成：由热爱秘书事业，积极参加秘书活动，从事秘书学教学、科研工作，实践经验丰富，学术造诣较深，开拓进取，善于团结合作，乐于奉献的人员组成。

本套教材编写的主要内容：本套教材涵盖了基础课教材、专业核心课教材和实践课教材三大类，其中包括：《秘书学概论》《中国秘书史》《秘书应用写作》《秘书写作实训》《秘书实务》《秘书文档管理》《秘书文化导论》《秘书心理学》《秘书礼仪》《办公数字化》《速记与速录》《领导科学》《管理学原理》《形式逻辑》《古代汉语》《现代汉语》《基础写作》《中国文学简史》共18本。每本教材按照满足学生自主学习，教师可翻转教学，师生共筑快乐课堂的目标而设置，不仅配有数字化资源、思考题答案、参考资料，而且有丰富的知识链接、章节说课链接等，可用来建设微课、慕课教学，供授课教师教学参考之用。

本套教材编辑出版的意义：第一，这套教材是“秘书学专业委员会”组编的第一套秘书学专业本科教材，属于集体行为，是在秘书学专业“入本”之后进行深入调研的基础上确立的本科人才培养方案，所以，它适应秘书学学科发展和秘书学专业人才培养的需要。第二，“秘书学专业委员会”组编的这套教材，是在深入调研的基础上，汇集全国秘书学界的精英，实行编审委员会集体领导下的主编负责制，并选择了“老、中、青”相结合的参编方案，所以，教材的质量是毋庸置疑的，是能够适应市场需要的。第三，这套教材汇总了多年来秘书学学科创建发展的成果，而且要求能够引领今后学科发展的方向，同时贯彻落实党的十八大和习近平总书记的有关重要讲话精神，体现新的执政理念，所以，编辑出版这套本科教材具有重要的历史意义和现实意义。

本套教材的特色：基于秘书学具有交叉学科的特性，本套教材在编写过程中，力争突出秘书学专业独特性、完整性、综合性和时代性的特色。所谓“独特性”，是指它的研究对象和内容与其他学科专业不同，是“研究秘书（个体）、秘书机构（群体）和其动作（秘书工作）规律，以及秘书学本身发展规律的一门科学”。所谓“完整性”，正如苏联学者拉契科夫所说，“每门科学总是以建立统一的、逻辑严密的、关于周围世界某一方面的知识体系为前提的”，秘书学也不例外，同样要形成自己完整的知识体系和统一的、逻辑严密的学科专业体系。所谓“综合性”，主要体现在以下两个方面。一方面体现在秘书工作的性质上，即秘书工作是一种综合性的工作；另一方面体现在秘书学科自身的特征上，即交叉学科的综合性。所谓“时代性”，从20世纪70年代开始的信息革命正给人类文明带来前所未有的影响和挑战，在信息革命中出现的数字化、智能化和网络化的大趋势正改变着现代人政治、经济、文化各方面的活动面貌。因此，秘书学的理论体系必须符合时代的特征，要重视引进信息革命所形成的各种适合于我国国情的先进理论，来充实和完善秘书学自身的理论内容，以保证秘书学理论体系的不断更新，这也是中国秘书学自身发展的必然要求。

本套教材的创新：以教育部教改的新精神为指导，进行教学内容的改革和教材新体系建设，改变传统的教学模式，建立具有个性化特征，适于教师教学、学生自主学习，注重学生创造性思维与创新能力培养的立体化教材；区别于已经出版的其他秘书学专业教材，更不等同于“文秘专业”高职高专教材。它拓宽了研究方法和视野，并注意从感性认识中概括出新观点，从实践中提升新理论，善于选用新案例、新数据、新材料，推陈出新，推进秘书学学科应用理论系统化的建立。不仅教学内容、教学方法与手段体现了教学改革的新精神，而且案例新、数据新、材料新，充分体现了专业的最新发展及学科优秀科研成果；较之于同类教材更适合教学的需要，具有鲜明的特色和优势，突出信息数字化，弥补了现有教材教案刻板、表现形式单一等不足。同时，考虑到秘书学交叉学科的特性，使其在人才培养的目标定位、质量内涵等方面不可避免地会产生模糊性的特点，该教材在内容的选材、概念的界定、体系的完整等方面坚持不可替性原则。本套教材坚持了研究成果进教材，注重在学科交叉领域开拓秘书学理论的新观点。

总之，这套秘书学专业本科教材是“秘书学专业委员会”的集体成果，是秘书学界所有关心支持这一工作的领导、参编人员和诸多同仁的智慧结晶。而且，经过认真比对，最后确定了与北京师范大学出版集团合作编辑出版这套教材。通观这套秘书学专业本科教材的特点，它具有科学性、知识性、新颖性及趣味性等诸多优点。由于受作者水平限制，而且编写时间过紧，书中难免有诸多不足之处，因此诚恳希望广大师生、同行专家与学者们批评和赐教。

让我们更加紧密地团结在以习近平同志为核心的党中央周围，务实苦干，攻坚克难，同心协力，使这部教材成为具有当代水平的精品，为提高秘书学专业的教学质量，为中华民族的伟大复兴做出贡献！

高等教育秘书学专业本科教材编审委员会

致读者

亲爱的读者：

领导科学是研究现代领导工作的性质、特点、一般规律、工作方法及其领导文化的综合性科学，是随着时代和社会的进步不断创新发展的学科，具有清晰的从传统领导、经验领导、科学领导到文化领导的整体发展脉络，对当代领导实践发挥着越来越重要的指导作用。《领导科学》是中国高等教育学会秘书学专业委员会指定的、北京师范大学出版社出版的全国统编本科教材。编者在力图保持学科视野和知识体系完整的基础上，借鉴国内外领导科学的研究成果，以习近平相关讲话精神为基本，贯彻新思想、新理念，结合当下全面从严从实管理干部的新常态，突出适应现代领导理念的提升、领导素质的提高、领导经验的总结以及领导工作创新的需要。教材面对广大在校大学生专业教学及基层领导干部的培训教育，体现基础性、整体性、理论性、时代性、实践性、人文性、可读性与可操作性，为建构中国特色领导科学学科体系和话语体系奠定基础。本教材具有鲜明的特色和内容框架。

一、学术视野开阔、视角新颖，知识性学习、实践性探索、学理性研究相结合

1. 学术视野开阔

领导科学是研究现代领导工作规律、工作方法及其领导文化的综合性科学，其政治性、理论性、实践性、时代性、文化性、民族性都很强，而且具有鲜明的“二重性”（自然属性与社会属性）特征。因此，教材编写注重领导科学理论的逻辑演进和国内外最新发展前沿动态，借鉴优秀传统文化中的领导智慧，特别是中国共产党不断从胜利走向胜利的成功的领导经验，无论从理论上还是实践上都能给读者丰富的启示，展现出了知识体系的开放性、系统性以及理论内容的实践导向性。

2. 将知识性学习、实践性探索与学理性研究相结合的依次递进、层层深化的逻辑理路

《领导科学》是高等院校本科秘书学专业系列教材之一，属于秘书学专业核心课程教材。教材紧跟学术前沿和时代发展，立足学生教学实际，回应现实新问题新挑战，将领导科学理论与领导科学实践、领导科学艺术相结合；将知识性学习、实践性探索与学理性研究相结合是本教材的突出特色。因此，编者们在坚持理论与实践相结合基础上进行领导科学学科基本建设、学术推广和实践应用，通过最新的案例、事例能够使理论“活”起来。着眼于逻辑结构的合理性和内容表达的精练性，突出领导理念的与时俱进、领导科学知识的普及和领导艺术的总结和提升。

3. 视角新颖

教材基于秘书学专业教学目标和培养要求，以党和国家对领导干部的要求为遵循，站在领导与秘书的双重视角上看问题，如教材对象聚集于大学生及基层干部，培养他们的非权力性领导力的提升等。同时，相对于以往领导科学的刚性和威严，本教材的创新还体现在以人为中心，重视人文关怀和文化引领，如文化领导是以文化为手段的一种领导模式及其实现，以及话语权的领导注重思想领导，是提升领导软实力的重要方面。更能够从精神文化层面对领导者和追随者产生情感共鸣和深层认同，提升现代领导的亲和力、魅力。

二、内容体系完备、逻辑严密，学理性与实践性相结合

教材分为十二章：绪论、领导概论、领导理论、领导的素养和能力、现代领导的职能与权力、领导环境与领导关系、领导的科学决策、领导用人与激励、领导艺术与领导方法、领导绩效与考评、领导力及提升策略、领导文化与文化领导。十二个章节体现出领导科学历史与逻辑的结合，理论与实践的结合。十二个章节上各自独立又相互支撑，层层递进。本教材的逻辑体系和重点内容为：

第一章绪论：重点是中国领导科学产生和发展的历史脉络和必然性，领导科学的性质特点和领导科学研究的意义。第二章领导概论：重点是领导产生和发展的逻辑进路和规律，领导的特征、基本原则和作用。第三章领导理论：重点是儒家、道家领导思想的主要内容，领导特质理论、领导行为理论、领导权变理论、魅力型领导、变革型领导及其应用。第四章领导的素养和能力：掌握有关领导素养的基本内容、构成领导能力的基本要素、领导素养的培育途径以及领导作风的内容和领导作风建设的重要途径。第五章现代领导的职能与权力：重点是领导权力的特征、领导权力的构成；领导用权的原则、正确的权力观以及领导的科学授权原则、模式等内容。第六章领导环境与领导关系：了解领导环境与领导关系含义、特征、构成、作用和影响，掌握和谐领导关系建设的途径和方法，重点掌握上下级关系处理的方法和艺术。第七章领导的科学决策：了解掌握科学决策的基本内涵、类型与决策体制，领导科学决策的程序与方法，重点是探讨领导决艺术和领导决断方法，通过典型案例分析更具说服力。第八章领导用人与激励：掌握领导用人的主要理论、领导用人的艺术以及领导激励理论。在此基础上深刻把握领导激励的着力点以及激励艺术与用人艺术的动态平衡关系。第九章领导艺术与领导方法：了解掌握领导艺术的含义、将性定位及使用，掌握领导思维与工作方法，重点是领导艺术的内容形式和提升途径；领悟成功领导工作方法逻辑规律，第十章领导绩效与考评：掌握领导绩效的内涵与特征、领导绩效考评的内容和原则以及提高领导绩效的途径，重点掌握领导绩效评估的原则和具体方法。第十一章领导力及提升策略：重点是领导力的具体构成、领导力的特征、领导“三力”的构成，掌握领导力提升的实施策略及领导力发展的未来趋势。第十二章领导文化与文化领导：基本掌握领导文化的构成要素和作用，把握文化领导理论及其发展趋势，重点掌握文化领导的战略价值和实现的途径。

三、结构体例上的新特点，将课程知识和能力体系并重，将理论知识与经验知识相结合

鉴于领导科学是综合性、实践性很强的学科，在校大学生没有相关工作经历经验。因此，教材注重把理论和实践结合起来，既重视用领导科学的理论来指导、提升领导实践，又重视实践经验的总结，善于运用典型案例来说明领导理论、总结领导经验，引导学生把书本知识和实践经验相结合，能够增强自身的感悟和体会，真正学会将理论与实践相结合。

为了实现这个教学目标，本教材在结构体例上具有以下特点：每章都有学习目标和重点提示，以引导学生有重点、有目的、有针对性地进行学习；章节中插入相关知识链接；章后有本章小结和复习思考题，帮助学生归纳总结和深入探索；相关章节案例导入、知识链接和经典案例分析，以精心选取的案例资料引出本章的理论知识和相关拓展和深化的知识。具体如每个章节包括知识单元描述、知识点分析、对应能力要求，如领导科学决策的章节的学习，其对应能力要求是掌握领导决策的八个程序和十种方法；战略思维能力、系统思维能力、科学决策能力、总览全局能力、组织指挥能力、观察思考能力、驾驭经济能力、公文写作能力。同时，在教学中，有利于教师对学习效果做“三基”分析。

基本知识：熟悉科学决策的基本内涵、范畴、类型和体制；掌握领导决策的八个程序和十种方法；领导在科学决策中的地位和作用。

基本理论：领导决策理论、领导管理理论、领导统筹理论。

基本能力：战略思维能力、系统思维能力、自我管理能力、科学决策能力、总览全局能力、组织指挥能力、观察思考能力、驾驭经济能力、公文写作能力。

这样能够提升学生运用领导科学的理论知识解决实际问题的能力，提升学生领导力和创新能力。

本教材的编写工作是在中国高等教育学会秘书学专业委员会领导的支持、指导下完成的，感谢北京师范大学出版社的易新老师、马力敏老师的悉心指导和帮助！感谢中共中央党校（国家行政学院）政治和法律教研部舒绍福教授给予的编写思路和框架内容方面的宝贵建议！感谢张东昌教授、马银华教授、赵中利教授的大力支持！感谢所有在教材编写过程中给予真诚帮助的朋友们！正是在你们的支持和鼓励下，教材编写组的老师们倾注很大心血、克服了很多困难，经过多次沟通、研讨、修改完善完成了书稿。在对以往领导科学教材的吸收、借鉴的基础上，坚持守正创新，突破了领导科学编写上的“路径依赖”,遵循领导科学教学规律和学习规律,针对现实需要和学生学习特点,教材将知识体系与能力体系建设并重,将基础知识、基础理论、基础能力分为基本掌握、重点掌握、拓展创新三个层次,对培养学生将理论与实践相结合的能力和初步的科研能力等方面进行了整体性、系统性的建构。教材写作分工:崔德华教授主编第一章、第二章、第三章、第四章、第十一章;孟祥林教授主编第五章、第七章、第八章;谭琪教授主编第九章、第十章;闫红教授统编并主编第六章、第十二章。由于领导科学的博大精深、领导实践的繁复多样,编写组教师力量的微薄,教材中不足之处在所难免,敬请同行们不吝赐教、广大读者批评指正,我们也将在后续的教学研究和学术研究中进一步完善。

《领导科学》编写组

本书使用指南

致读者

亲爱的读者:

领导科学是研究现代领导工作的性质、特点、一般规律、工作方法及其领导文化的综合性科学，是随着时代和社会的进步不断创新发展的学科，具有清晰的从传统领导、经验领导、科学领导到文化领导的整体发展脉络，对当代领导实践发挥着越来越重要的指导作用。'领导科学"是中国高等教育学会秘书学专业委员会指定的、北京师范大学出版社出版的全国统编本科教材。编者在力图保持学科视野和知识体系完整的基础上，借鉴国内外领导科学的研究成果，以习近平相关讲话精神为基本，贯彻新思想、新理念，结合当下全面从严从实管理干部的新常态，突出适应现代领导理念的提升、领导素质的提高、领导经验的总结以及领导工作创新的需要。教材面对广大在校大学生专业教学及基层领导干部的培训教育，体现基础性、整体性、理论性、时代性、实践性、人文性、可读性与可操作性，为建构中国特色领导科学学科体系和话语体系奠定基础。本教材具有鲜明的特色和内容框架。

一、学术视野开阔、视角新颖，知识性学习、实践性探索、学理性研究相结合

1. 学术视野开阔

领导科学是研究现代领导工作规律、工作方法及其领导文化的综合性科学，其政治性、理论性、实践性、时代性、文化性、民族性都很强，而且具有鲜明的"二重性"(自然属性与社会属性)特征。因此，教材编写注重领导科学理论的逻辑演进和国内外最新发展前沿动态，借鉴优秀传统文化中的领导智慧，特别是中国共产党不断从胜利走向胜利的成功的领导经验，无论从理论上还是实践上都能给读者丰富的启示，展现出了知识体系的开放性、系统性以及理论内容的实践导向性。

2. 将知识性学习、实践性探索与学理性研究相结合的依次递进、层层深化的逻辑理路

'领导科学"是高等院校本科秘书学专业系列教材之一，属于秘书学专业核心课程教材。教材紧跟学术前沿和时代发展，立足学生教学实际，回应现实新问题新挑战，将领导科学理论与领导科学实践、领导科学艺术相结合；将知识性学习、实践性探索与学理性研究相结合是本教材的突出特色。因此，编者们在坚持理论与实践相结合基础上进行领导科学学科基本建设、学术推广和实践应用，通过最新的案例、事例能够使理论"活"起来。着眼于逻辑结构的合理性和内容表达的精练性，突出领导理念的与时俱进、领导科学知识的普及和领导艺术的总结和提升。

致读者：简要介绍本书三大创新性特点，介绍本教材的编写团队。

简要目录：一个层级的简要目录让你一眼揽尽全书的章目要点。

简要目录

详细目录：三个层级的详细目录为你提供更具体的页码索引，并展现作者阐述每个章节的角度。

详细目录

参考文献

1. 贺海峰. 领导变革[M]. 北京：研究出版社, 2017.
2. 丁莹莹. 领导科学与领导行为研究[M]. 北京：经济管理出版社, 2017.
3. 刘兰华, 薛博, 伏燕. 领导科学[M]. 北京：中国人事出版社, 2018.
4. 段鑫星. 领导科学与艺术[M]. 徐州：中国矿业大学出版社, 2017.
5. 万良春. 领导科学热点话题文选[M]. 北京：光明日报出版社, 2016.
6. 舒天戈. 领导智慧书：源自哈佛的领导科学[M]. 成都：四川大学出版社, 2016.
7. 张国玉. 青年领导[M]. 北京：国家行政学院出版社, 2016.
8. 曹晓丽, 林枚. 领导科学基础(3版)[M]. 北京：首都经济贸易大学出版社, 2016.
9. 胡月星. 快乐领导[M]. 北京：国家行政学院出版社, 2016.
10. 邱霈恩. 领导理论与实践[M]. 北京：中国人民大学出版社, 2016.
11. 黄东阳, 林修果. 领导科学[M]. 北京：北京大学出版社, 2016.
12. 刘明辉, 郑恒峰. 领导科学与领导力建设[M]. 北京：中共中央党校出版社, 2015.
13. 舒绍福. 文化领导[M]. 北京：国家行政学院出版社, 2015.
14. 刘峰. 领导科学与领导艺术[M]. 北京：高等教育出版社, 2014.
15. 王培芝, 陈彬. 新编领导科学教程[M]. 济南：济南出版社, 2014.
16. 邱霈恩. 领导学(第四版)[M]. 北京：中国人民大学出版社, 2014.
17. 彭向刚. 领导科学概论(第二版)[M]. 北京：
1

章内栏目

章结构图：导入将带你进入新的知识探索。

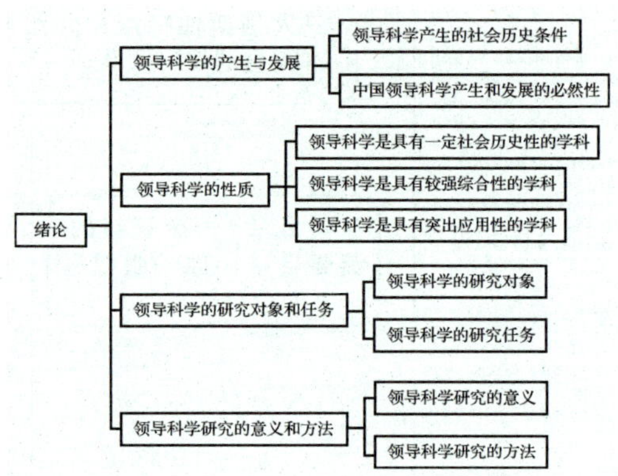
结构图

领导科学

学习目标

通过对本章的学习，要理解领导科学产生的社会历史条件，掌握领导科学的性质，掌握领导科学的研究对象，掌握领导科学的研究任务。

重点提示

本章的重点是中国领导科学产生和发展的必然性和领导科学研究的意义。

第一节

领导科学的产生与发展

任何一种理论都是时代发展的必然产物，绝不是无源之水、无本之木。作为一门学科，领导科学的产生也不是偶然的，而是顺应经济社会发展趋势的，有着深刻的社会历史条件背景。从世界范围来看，随着现代社会化大生产活动规模的扩大、现代科学技术的日新月异、社会分工的日益精细化，以及政府职能的深化变革，在20 世纪中期，领导科学理论登上了历史的舞台。从我们国家来看，党的十一届三中全会以后，我国社会主义现代化建设的逐步深化和快速推进，尤其是当前阶段国际国内形势深刻变革，世界正处于百年未有之大变局，我国也进入前所未有的战略机遇期，面临诸多新问题 、新挑战、新任务，迫切需要领导者具有更先进的领导观念、突出的领导能力，亟待深化对领导科学的研究，这成为一个新的时代课题和必然选择。

章学习目标：清楚了解目标，学习才能更高效。

重点提示：掌握领导环境对领导活动的作用和影响，领导关系的构成和作用，掌握和谐领导关系建设的途径和方法，掌握上下级关系处理的方法和艺术。

章后栏目

本章小结：它概述了本章重要知识点，为你的复习和回顾提供方便。

本章小结

第一，本章探讨了领导科学产生的社会历史条件，主要包括领导科学顺应了现代社会化大生产发展的必然趋势㊂第二，探讨了领导科学产生和发展的必然性，顺应了我国社会主义现代化建设现实需要，深化政治体制改革的必然选择，是对我国经济社会发展面临挑战的主动回应，是提高领导者综合素质的客观需要㊂第三，探讨了领导科学的性质，强调领导科学是具有一定社会历史性的学科，是具有较强综合性的学科，是具有突出应用性的学科㊂第四，简要分析了领导科学的研究对象，主要有对领导系统的静态研究，对领导过程的动态研究，对领导科学的应用研究㊂第五，深入分析了领导科学的研究任务，是要在充分借鉴国内外领导思想的基础上，建立适合我国国情的现代领导科学，培养和造就高素质的领导人才，提高领导者队伍的整体素质，促进领导工作的科学化㊀规范化，增强领导工作成效㊂第六，探讨了领导科学研究的意义，认为学习和研究领导科学，有助于掌握系统的领导科学知识，提升领导科学知识修养，树立正确的领导观念，提升领导能力，掌握领导艺术，增强领导效能㊂

复习思考题：能深化对知识的理解，提升理论与实践相结合的能力，探究性学习提升创新创造能力。

复习思考题

1. 为什么说领导活动是人类社会发展的必然结果？领导活动又是如何反作用于人类社会发展的？
2. 今天我们为什么要学习和研究领导科学？
3. 结合当前阶段的世情㊀国情，你认为如何对领导科学进行发展和创新？

简要目录

详细目录

第一章

绪　论

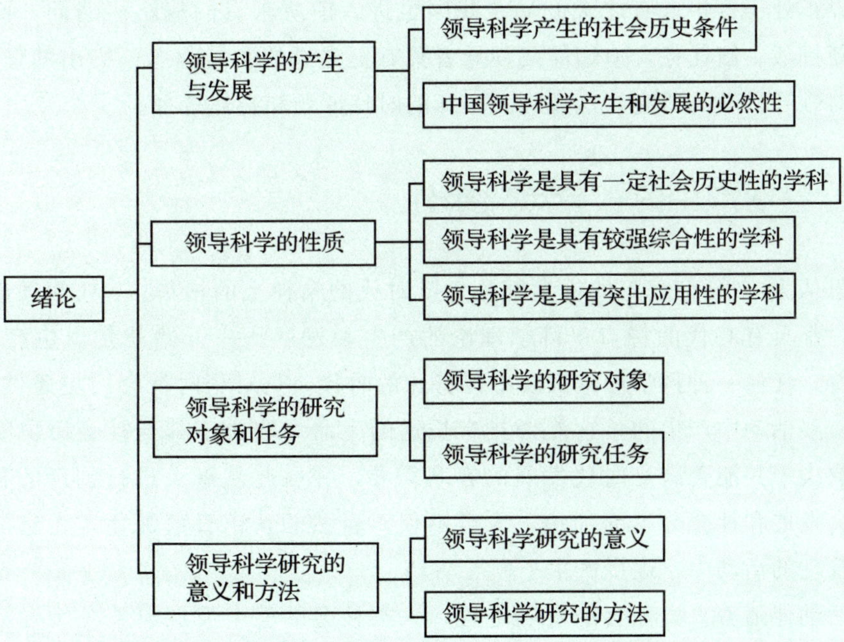
绪论
领导科学的产生与发展
领导科学产生的社会历史条件
中国领导科学产生和发展的必然性
领导科学的性质
领导科学是具有一定社会历史性的学科
领导科学是具有较强综合性的学科
领导科学是具有突出应用性的学科
领导科学的研究对象和任务
领导科学的研究对象
领导科学的研究任务
领导科学研究的意义和方法
领导科学研究的意义
领导科学研究的方法

学习目标

通过对本章的学习，要理解领导科学产生的社会历史条件，掌握领导科学的性质，掌握领导科学的研究对象，掌握领导科学的研究任务。

重点提示

本章的重点是中国领导科学产生和发展的必然性和领导科学研究的意义。

第一节 领导科学的产生与发展

任何一种理论都是时代发展的必然产物，绝不是无源之水、无本之木。作为一门学科，领导科学的产生也不是偶然的，而是顺应经济社会发展趋势的，有着深刻的社会历史条件背景。从世界范围来看，随着现代社会化大生产活动规模的扩大、现代科学技术的日新月异、社会分工的日益精细化，以及政府职能的深化变革，在 20 世纪中期，领导科学理论登上了历史的舞台。从我们国家来看，党的十一届三中全会以后，我国社会主义现代化建设的逐步深化和快速推进，尤其是当前阶段国际国内形势深刻变革，世界正处于百年未有之大变局，我国也进入前所未有的战略机遇期，面临诸多新问题、新挑战、新任务，迫切需要领导者具有更先进的领导观念、突出的领导能力，亟待深化对领导科学的研究，这成为一个新的时代课题和必然选择。

一、领导科学产生的社会历史条件

马克思认为：“任何真正的哲学都是自己时代的精神上的精华。”①任何理论都是时代的产物，都具有时代的特点；科学理论的产生和发展从一开始就是由生产决定的。这就意味着，任何一种科学理论都离不开特殊的时代，是对当时社会历史条件的回应，是从人类实践活动中产生的，它能否具有长远的生命力取决于其与社会历史发展的适应程度，取决于其能否满足时代发展的客观需要，并在此基础上进行创新的程度。随着经济社会发展和社会分工的加快，人类不仅对自然的认识日益深化，而且从改造自然、从事管理的活动中，逐步产生了领导活动。

领导活动伴随着人类社会的发展进程，人类社会的整个发展离不开领导活动的引

① 《马克思恩格斯全集》(第 1 卷)，前言，北京，人民出版社，1956。

导和推动，在浩瀚的人类历史中可以看到无数关于领导活动的文字记载。但是由于诸多因素的影响，领导活动从一开始就是比较零星的、分散的，没有形成系统化、规范化的理论体系。人们开始重视领导活动，深入揭示其中蕴含的规律，并使其成为一门独立的科学，这是20世纪中期以后的事情。究其原因，现代社会化大生产活动的推进和现代科学技术的发展，为领导科学的产生提供了直接的动力。

(一)领导科学顺应了现代社会化大生产发展的必然趋势

所谓社会化大生产，又指生产的社会化，是指同小生产相对立的组织化、规模化生产。它表现在生产资料和劳动力集中在企业中进行有组织的规模化生产；专业化分工不断发展，各种产品生产之间协作更加密切；通过产品的市场化和市场自动调节，使生产过程各环节形成一个不可分割的整体。进入近代社会以来，由科技革命引领和推动的经济社会，呈现出强劲的发展势头，各方面的变革逐步深化，尤其是20世纪30年代以后的西方发达国家，表现更为突出。在以美国为代表的西方发达国家，生产力发展迅猛，社会化程度越来越高，现代化大生产的规模日益扩大，工业专业化分工越来越精细，人们之间的社会交往越来越频繁。在这一背景下，现代社会化大生产涉及诸多领域，是一个极其复杂的社会系统工程，在其运行过程中，具有鲜明的时代特征，主要表现为以下三个方面。

第一，社会化大生产涵盖的领域越来越广泛，涉及关系越来越复杂。随着现代科学技术的发展，在社会化大生产过程中，涌现出越来越多的大科学、大企业。所谓“大科学”，是指规模巨大、人数众多、投资庞大，并有相当大的社会影响的综合性的科学研究。“大科学”具有突出的特点，主要表现为：投资强度大、多学科交叉、需要昂贵且复杂的实验设备、研究目标宏大等。根据大型装置和项目目标的特点，人们常常将大科学分为两类：第一类是需要巨额投资建造、运行和维护大型研究设施的“工程式”的大科学研究，又称“大科学工程”，其中包括预研、设计、建设、运行、维护等一系列研究开发活动，如国际空间站计划、欧洲核子研究中心的大型强子对撞机计划、卫星探测计划等，这些大型设备是许多学科领域开展创新研究不可缺少的技术和手段支撑。第二类是需要跨学科合作的大规模、大尺度的前沿性科学研究项目，通常是围绕一个总体研究目标，由众多科学家有组织、有分工、有协作、相对分散开展研究，如人类基因图谱研究、全球变化研究等。所谓“大企业”，是指由市场规划、研究开发、生产储运、产品营销、服务维修等部门组成的有机统一的规模庞大的生产经营系统。从大企业的规模来看，跨国公司就是典型的大企业。跨国公司是具有全球性经营动机和一体化的经营战略，在多个国家拥有从事生产经营活动的分支机构，是在全球性经营计划之下的大型企业。在世界范围内的各个领域，全面进行资本、商品、人才、技术、管理和信息等交易活动。

“大科学”“大企业”在运营过程中，呈现出规模宏大、功能多元、结构复杂、信息量大、因素众多、参与人员多、涉及关系复杂等特点，要想使其有条不紊地有序运转，发挥应用的功能，需要众多的物力、财力、人力、信息等资源，每一个环节都至关重要，牵一发而动全身，任何一个环节的失误，哪怕是微不足道的错误，都有可能引发“蝴蝶效应”，带来难以预料的后果，因此对这些资源的组织、协调和领导至关重要。更为重要的是，在这一过程中，在对“大科学”“大企业”管理的过程中，领导者必须适应社会化大生产的时代趋势，具有开阔的时代视野，掌握科学规范的领导科学理论和方法，进行合理地组织、规划和领导。

第二，社会化大生产变化迅速，社会各领域日新月异。当今世界唯一不变的，就是变化。20 世纪 80 年代以来，社会生产力快速发展，以信息技术为标志的现代科学技术突飞猛进，使得人类进入了信息时代。以信息技术为核心的新一轮科技革命正在孕育兴起，互联网日益成为创新驱动发展的先导力量，深刻改变着人们的生产生活，有力推动着社会发展，使整个世界变成了近在咫尺的“地球村”，使国家与国家、地区与地区、人与人之间的交流、往来更加方便快捷，国际社会越来越成为你中有我、我中有你的命运共同体。在这一时代背景下，领导者应积极转变观念，具有开阔的时代视野，能够高瞻远瞩、统揽全局、审时度势、随机应变，果断准确而适时地进行决策，融入“人人皆学、处处能学、时时可学”的学习型社会之中，主动学习和掌握科学的领导科学理论和方法，提高自身的综合能力。

第三，社会化大生产带来的影响日益扩大，不确定因素显著增加。随着经济社会的快速发展和科学技术的日新月异，社会化大生产带来的影响日益扩大，任何国家、组织和个人都难以规避社会化大生产带来的影响。在这一过程中，国家、组织和个人不仅面临着千载难逢的机遇，也面临着前所未有的挑战，不确定的因素日益增加，竞争的形势瞬息万变，对领导的领导视野、领导能力都带来了严峻的挑战。领导者很难依据传统的领导理论和方法进行领导活动，必须适应社会化大生产带来的巨大影响和深刻变革，顺应新形势的变化，善于学习和掌握新的领导理论和方法，建立科学有效的领导方式和领导体制，提高超越不确定因素甚至风险的领导能力，提升领导效果，顺利实现组织的目标。

(二)领导科学是现代科学技术进步的必然结果

现代科学技术的发展为领导科学的蓬勃发展提供了强大的推动力。20 世纪五六十年代以来，世界范围内的自然科学取得了突飞猛进的发展，出现了原子能、电子计算机、遗传工程、光导纤维、激光、新型材料、信息网络、生物科技、清洁能源、新材料等一大批具有重大产业变革前景的技术，带来了影响深远的技术革命，呈现出现在科技高度分化和高度综合的发展态势。首先，科学技术成为生产力中最活跃的因素，科学发现和技术发明的数量大大增加，大约每10年翻一番。有关资料显示，仅20世纪50年代以来的30年中，科技新成果就比前两千多年的总和还多。其次，科技新成果从发现、发明到实际应用的周期越来越短，开发速度不断加快。蒸汽机从发明到应用花了80年的时间，而从发现原子核裂变到原子弹爆炸只用了6年；红宝石激光器则不到1年。1945年研制出的计算机，在短短的几十年中，经历了电子管、半导体、集成电路、大规模和超大规模集成电路5代的发展，性能提高了100万倍。再次，由科技创新带来的各学科越来越广泛，分工越来越细化，呈现出既独立发展，又日益交叉融合的大趋势，进一步开辟了许多崭新的科学研究领域和研究方向，出现了许许多多的边缘科学、综合科学和交叉科学，诸如系统论、控制论、信息论这三门边缘学科就是现代科学技术发展的必然结果。它们的出现对科学技术和思维的发展起到了巨大的推动作用，为现代多门新学科的出现奠定了坚实的基础。最后，科学技术产生了越来越广泛的社会影响，不仅从根本上改变了社会结构，包括产业结构、权力结构、生产结构、就业结构和人际关系结构，而且已经渗透到社会生活的各个领域，给社会经济发展带来了深刻的、全方位的影响。由科学技术带来的这些深刻变革，使人类社会进入到一个新的时代——知识经济时代，这些深刻的科学技术发展和变革，既为领导者开展领导活动提供了必要的科学理念、方式，也创造了科学的理论和方法，为领导者更好地摆脱经验主义的影响，充分利用现代化的科学技术，坚持科学领导观念，采取科学领导方式，充分利用科学技术快速发展带来的良好机遇，全面提升自身综合素质，以冷静而积极的态度关注科学技术的发展脉络动向，把握住前所未有的机遇，及时做出必要的科学领导决策，减少领导决策中的失误，最大限度地提升领导职能，最终实现领导效能。

（三）领导科学是在充分借鉴其他学科知识的基础上发展起来的

从领导科学涵盖的内容来看，它是一门综合性的学科。在领导活动中，领导过程的动态性、复杂性和领导对象的多样性决定了领导者必须借助多样化的知识、方法和手段开展领导活动。当今世界，经济社会快速发展和科学技术日新月异，科技成果被各国广泛采用，推动了各学科的蓬勃发展，如管理学、经济学、社会学、心理学、行为学、信息学、金融学、运筹学、决策学等纷纷登上历史的舞台，或者得到进一步的发展。这些学科的发展催生了领导科学这一新兴的学科，为其提供了丰富的理论基础和知识储备，为领导科学的发展提供了更广阔的发展空间。管理学、经济学、社会学、心理学、行为学等彼此交织和影响使领导科学得以在20世纪30年代产生，并迅速成为一门崭新的学科，用以指导和规范政府或企业组织中的领导活动。同时，领导科学的出现和深化研究，也促进了管理学、经济学、社会学、心理学等相关学科的发展，形成了彼此渗透、相互影响的学科关系。

(四)领导科学是对以往领导观念、领导实践的拓展和升华

领导活动离不开生动真实的人类实践，始终伴随在人类社会的发展过程之中。在人类社会漫长的发展过程中，执掌政权的统治者、领导者在对国家、社会进行管理的过程中积累了大量的领导经验。比如，一代帝王李世民认识到“舟所以比人君，水所以比黎庶。水能载舟，亦能覆舟”的领导理念，并在治国实践中尽力践行实施，开创了“贞观之治”；曹操提出了“唯才是举”的用人理念，打破门第限制、不拘品行，使其麾下谋士汇集、猛将如云，最终傲视群雄，统一北方。同时，也有不少学者、思想家著书立说，对领导实践活动进行深入总结和分析，形成了多姿多彩的领导思想。

我国历史悠久，传统文化博大精深，领导思想散落于浩如烟海的历史典籍之中。春秋战国时期，诸子百家竞相争鸣，儒家、道家、法家、墨家、兵家等学派纷纷提出了自己的政治主张，希望统治者能够采用正确合理的治国理念和制度进行治国理政，更好地维护统治秩序。以孔子为代表的儒家，在《论语》一书中，提出“为政以德，譬如北辰，居其所而众星拱之”“其身正，不令而行；其身不正，虽令不从”的领导理念。《墨子》中强调统治者要做到“兼爱”，坚持做到“仁人之事者，必务求兴天下之利，除天下之害”。《孙子兵法》强调“故善战者，求之于势，不责于人，故能择人而任势”。他认为领导者要善于把握局势的变化，要根据全局态势的发展变化，而选择适于担当重任的人才，从而使自己取得决定全局胜利的主动权。《周礼》中的“廉善、廉能、廉敬、廉正、廉法、廉辨”的领导理念；《尚书》中的“敬德保民”“明德慎罚”的领导理念；《国语》中的“以民为本”的领导理念，以及《春秋》《战国策》《史记》《贞观政要》等经典文献都包含了丰富的领导思想和领导理念。北宋司马光的《资治通鉴》是一部充满治国理政智慧的巨著，通过具体翔实的历史实例，诠释领导理念和实践的得失，提出了“驭将之方，在乎操得其柄”“立致政治，必委之君子”的领导理念。由于时代的局限性，尽管这些经典文献阐释了一些领导思想和领导实践，但往往是与统治者、学者的思想觉悟、个人修养分不开的，没有产生普遍的认同和一致遵循，更重要的是没有形成科学系统的领导理论。

对于领导问题，国外也有学者著书立说，开展相应的研究。柏拉图的《理想国》中提出“哲学王”的理念，强调“政治生活与个人价值结合，实现善的政治”；亚里士多德的《政治学》倡导“法治”的领导理念；马基雅弗利的《君主论》强调“君主必须是一只狐狸以便认识陷阱，同时又必须是一头狮子，以便使豺狼惊骇”。洛克和孟德斯鸠倡导的“三权分立”学说，卢梭倡导的“天赋人权”的理念，在一定程度上都涵盖了领导理念，为后来建立真正的领导科学奠定了思想基础和基本借鉴。

随着经济社会的发展和科学技术的推进，西方资本主义国家的生产力得到了迅猛发展，生产方式从相对落后的小生产方式逐步向社会化大生产方式转变，世界市场进

一步扩大，先进机器得到广泛应用，机器大工业时代对企业的生产管理提出了更高要求，必须采取新的科学管理方法。19 年世纪末、20 世纪初，被誉为“科学管理之父”的泰勒提出“科学管理”理论，将“计划职能”与“管理职能”分开，制定相应的执行标准，遵循一定的执行流程，使管理工作更科学。法约尔的“一般管理理论”将管理活动划分为“计划、组织、指挥、协调、控制”五大职能，并对每一个职能进行相应的分析。尽管这些理论没有明确阐释领导概念，但其中蕴含的丰富的领导思想，为后续领导科学的建立提供了基本的思路和素材。

领导科学是人类社会发展的必然产物，从中获得了必不可少的时代要素。马克思主义的产生，也为领导科学的发展和创新增添了浓墨重彩的一笔。伟大的无产阶级导师马克思、恩格斯、列宁、斯大林等人，结合无产阶级斗争、社会主义革命和建设的生动实践，不仅为无产阶级斗争指明了方向，也对无产阶级领导工作进行了深入探讨和独到的阐释，做出了不可磨灭的贡献。以毛泽东为代表的老一辈革命家在我国革命和社会主义建设过程中，高度重视在我们这样特殊的社会主义国家，如何提高自身素质，领导全国人民建设社会主义事业。在这一过程中，毛泽东的《关于领导方法的若干问题》、周恩来的《怎样做一个好的领导者》、刘少奇的《肃清空谈的领导作风》等文章，都深入探讨如何加强领导作风、领导方法、领导素质等建设，是我们党领导理论的经典之作。在社会主义革命和建设过程中，以毛泽东为代表的老一辈革命家，凭借丰富的领导经验，运用高超的领导艺术，带领全国人民冲破一个又一个困难，取得了无数辉煌的成就。

总之，领导科学是人类社会发展的必然结果，适应了经济社会发展的大趋势，是在无数的统治者、领导者和学者倡导的领导思想和领导理念，以及在治国理政的实践过程中逐步积淀和发展起来的，是顺应时代发展的理论成果。

二、中国领导科学产生和发展的必然性

作为一门新兴学科，领导科学在我国的产生、发展和创新，适应了我国经济社会发展需求和社会主义现代化建设现实，具有历史必然性和未来前瞻性，有着直接、必要的社会条件。

（一）领导科学的出现与发展顺应了我国社会主义现代化建设的现实需要

1978 年，党的十一届三中全会顺利召开，做出把党的工作重心转移到社会主义现代化建设上来的战略决策，指出实现现代化是一场广泛、深刻的革命，要求大幅度提高生产力，多方面改变同生产力发展不适应的生产关系和上层建筑，改变一切不适应的管理方式、活动方式和思想方式，借鉴国外有益的管理经验和管理方法，为社会主

义建设服务。

中国的现代化是不同于世界上其他类型的现代化，是在中华民族特殊文化背景下的有中国特色的全面发展的现代化。随着经济社会的发展，我们党对社会主义现代化建设的认识更全面、更深入、更精确。2002 年，党的十六大报告指出，党要承担起推动中国社会进步的历史责任，必须始终紧紧抓住发展这个执政兴国的第一要务……紧紧把握住这一点，就从根本上把握了人民的愿望，把握了社会主义现代化建设的本质。这一论述，深刻揭示了中国社会主义现代化建设的本质，为新阶段全面建设小康社会指明了方向。2007 年，党的十七大报告对我国的新型工业化道路"的表述进行更全面的阐释，拓展为"工业化、信息化、城镇化、市场化、国际化"。2012 年，党的十八大报告指出：全面把握机遇，沉着应对挑战，赢得主动，赢得优势，赢得未来，确保到二〇二〇年实现全面建成小康社会宏伟目标。2017 年，党的十九大报告强调：中国特色社会主义进入新时代，我国社会主要矛盾已经转化为人民日益增长的美好生活需要和不平衡不充分的发展之间的矛盾。中国特色社会主义现代化建设的总任务是实现社会主义现代化和中华民族伟大复兴，在全面建成小康社会的基础上，分两步走在 21 世纪中叶建成富强民主文明和谐美丽的社会主义现代化强国。到建党一百年时建成经济更加发展、民主更加健全、科教更加进步、文化更加繁荣、社会更加和谐、人民生活更加殷实的小康社会，然后再奋斗三十年，到新中国成立一百年时，基本实现现代化，把我国建成社会主义现代化国家。

随着经济社会的迅速发展，我国社会主义现代化建设面临的时代主题和任务发生了深刻的变革，社会主义现代化建设是一项伟大的事业，具有自身的发展规律。我国社会主义现代化建设和小康社会的宏伟目标能否顺利实现，取决于我国各级领导者的领导视野、领导观念、领导能力，取决于我国领导体制、领导机制建设的实际情况。这就要求必须加强对领导科学的研究，充分借鉴国内外领导思想、领导理论的思路和研究内容，从领导科学的指导思想、领导职能、领导理念、领导方式、领导机制、领导体制，到领导者素质、领导者能力、领导者决策、领导者工作作风、领导者人格魅力、领导者权力、领导者用人等内容，建立起完整统一的领导科学理论体系。在当前国际国内形势深刻变革的宏阔背景下，加强领导科学研究，促进领导科学产生、发展和创新就成为重要课题，是摆在各级领导者面前的时代任务。

(二)领导科学的出现与发展是我国深化政治体制改革的必然选择

随着经济社会的发展，我国经济体制改革的逐步深入，政治体制改革也进行了相应的变革，领导体制建设是政治体制改革的重要内容。所谓政治体制改革，就是在社会主义政治总格局和权力结构形式不变的前提下，对政权组织、政治组织的相互关系及其运行机制的调整和完善。党的十一届三中全会以来，中国在进行社会主义经济体制改革的同时，也开展了政治体制改革，但政治体制改革跟不上经济体制改革的步伐。为适应经济体制改革的深入，商品经济的发展加快了政治生活民主化的步伐，1987 年 11 月召开的党的十三大把政治体制改革提上了议事议程。政治体制改革的主题是建设社会主义民主政治，其最终目的是在党的领导下和社会主义制度下更好地发展社会生产力，充分发挥社会主义制度的优越性。我国政治体制改革的长期目标是建立高度民主、法制完备、富有效率、充满活力的社会主义政治体制。

在当代中国改革的时代大潮中，作为推进社会主义民主政治建设的重要手段，作为经济体制改革的配套措施，政治体制改革始终受到我国改革开放的总设计师邓小平的高度重视。在他的设计和指导下，我国的政治体制改革与经济体制改革几乎是同时起步，并有步骤地稳步向前发展。1980 年 8 月，邓小平在回答意大利记者关于如何避免类似"文化大革命"那样的错误的提问时说，这要从制度方面解决问题。邓小平在不同场合，一再强调现在的体制很不适应四个现代化建设的需要，要改革和完善社会主义的经济制度和政治制度，建设高度的社会主义民主和完备的社会主义法制。对于政治体制改革的近期目标，邓小平指出：第一，始终保持党和国家的活力；第二，克服官僚主义，真正提高工作效率；第三，充分调动基层和工人、农民、知识分子积极性。概括起来就是增强活力、提高效率、调动积极性三大目标。1986 年 9 月，邓小平在听取中央财经领导小组汇报时就政治体制改革的内容指出，首先是党政要分开，解决党如何领导，如何善于领导的问题，这是关键。第二个内容是权力要下放，解决中央和地方的关系，同时地方各级也都有一个下放权力问题。第三个内容是精简机构，这和权力下放有关。还有一个内容是提高效率。1987 年 10 月，党的十三大报告指出，进行政治体制改革，就是要兴利除弊，建设有中国特色的社会主义民主政治。改革的长远目标，是建立高度民主、法制完备、富有效率、充满活力的社会主义政治体制。

2007 年，党的十七大报告明确提出深化政治体制改革，必须坚持正确政治方向，以保证人民当家作主为根本，以增强党和国家活力、调动人民积极性为目标，扩大社会主义民主，建设社会主义法治国家，发展社会主义政治文明。2012 年，党的十八大报告指出政治体制改革必须坚持党的领导、人民当家作主、依法治国有机统一，以保证人民当家作主为根本，以增强党和国家活力、调动人民积极性为目标，扩大社会主义民主，加快建设社会主义法治国家，发展社会主义政治文明。2014 年，党的十八届四中全会指出，我国政治体制的改革要全面推进依法治国，总目标是建设中国特色社会主义法治体系，建设社会主义法治国家。这就是，在中国共产党领导下，坚持中国特色社会主义制度，贯彻中国特色社会主义法治理论……，促进国家治理体系和治理能力现代化。2017 年，党的十九大报告强调：要长期坚持、不断发展我国社会主义民主政治，积极稳妥推进政治体制改革，推进社会主义民主政治制度化、规范化、法治化、程序化。2019 年 10 月，党的十九届四中全会强调：要突出坚持和完善支撑中国特色社会主义制度的根本制度、基本制度、重要制度，着力固根基、扬优势、补短板、强弱项，构建系统完备、科学规范、运行有效的制度体系，加强系统治理、依法治理、综合治理、源头治理，把我国制度优势更好转化为国家治理效能，为实现“两个一百年”奋斗目标、实现中华民族伟大复兴的中国梦提供有力保证。坚持和完善中国特色社会主义制度、推进国家治理体系和治理能力现代化的总体目标是，到我们党成立一百年时，在各方面制度更加成熟更加定型上取得明显成效；到二〇三五年，各方面制度更加完善，基本实现国家治理体系和治理能力现代化；到新中国成立一百年时，全面实现国家治理体系和治理能力现代化，使中国特色社会主义制度更加巩固、优越性充分展现。从我们党政治体制改革的历史进程可以看出，社会主义政治体制改革不是孤立的、片面的改革，不仅是对经济体制改革的补充和深化，而且这一改革必然会涉及我国现有的领导体制问题、领导干部人事制度改革，主要包括领导干部产生、选拔、任用、考核、监督、罢免等深层次问题，及政府职能变革和完善、领导干部的观念、思想、作风、能力建设等诸多方面。如何加强领导科学的研究，考察领导活动的运行规律，建立健全适合世情、国情、党情的领导体制，更新领导观念，完善领导职能，提升领导能力，就成为一项重要的时代任务。

（三）领导科学的出现与发展是对我国经济社会发展面临挑战的主动回应

改革开放以来，随着我国经济、政治、社会、文化等方面改革的深化，我国社会主义现代化建设各方面都取得了辉煌的成就，经济平稳较快发展，改革开放取得重大成果，人民生活显著提高，民主法治建设迈出新步伐，文化建设迈上新台阶，社会建设取得新进步。

当前阶段，我国社会进入了一个新的加速转型时期，社会经济成分、组织形式、就业方式、利益关系和分配方式日趋多样化，社会转型的速度、深度、难度等均前所未有，一系列社会矛盾和社会问题不断涌现。同时，我国正处于社会主义初级阶段，全面建成小康社会进入决定性阶段，改革进入攻坚期和深水区，国际形势复杂多变，我们党面对的改革发展稳定任务之重前所未有、矛盾风险挑战之多前所未有，依法治国在党和国家工作全局中的地位更加突出、作用更加重大。在社会主义现代化建设中，我国面临的社会矛盾和社会问题主要是：发展中不平衡、不协调、不可持续问题依然突出，科技创新能力不强，产业结构不合理，农业基础依然薄弱，资源环境约束加剧，制约科学发展的体制机制障碍较多，深化改革开放和转变经济发展方式任务艰巨；城乡区域发展差距和居民收入分配差距依然较大；社会矛盾明显增多，教育、就业、社会保障、医疗、住房、生态环境、食品药品安全、安全生产、社会治安、执法司法等关系群众切身利益的问题较多，部分群众生活比较困难；一些领域存在道德失范、诚信缺失的现象；一些干部领导科学发展能力不强，一些基层党组织软弱涣散，少数党员干部理想信念动摇、宗旨意识淡薄，形式主义、官僚主义问题突出，奢侈浪费现象严重；一些领域消极腐败现象易发多发，反腐败斗争形势依然严峻。对这些困难和问题，我们必须高度重视，进一步认真加以解决。

我们在国内进行激烈的社会转型的同时，也面临着来自经济全球化的冲击和影响，经济全球化的长线进程和社会转型的“时空压缩”，使我们党和政府遇到了前所未有的挑战，涌现出很多需要处理和解决的问题和矛盾，要战胜许多难以想象的艰难和险阻。习近平强调，中华民族伟大复兴，绝不是轻轻松松、敲锣打鼓就能实现的，实现伟大梦想必须进行伟大斗争。2015 年 10 月，习近平在党的十八届五中全会第二次全体会议上的讲话中强调：今后 5 年，可能是我国发展面临的各方面风险不断积累甚至集中显露的时期。我们面临的重大风险，既包括国内的经济、政治、意识形态、社会风险以及来自自然界的风险，也包括国际经济、政治、军事风险等。要把有效防范化解风险，打赢重大风险防范攻坚战，把我国社会主义现代化事业推向前进，全面实现建设小康社会的宏伟目标，就必须加强领导建设，坚持正确的领导思想、领导观念和领导原则，促进领导工作的科学化、制度化和规范化。

(四)领导科学的出现与发展是提高领导者综合素质的客观需要

当前阶段，人类社会进入激烈竞争的阶段，人才的素质是决定胜负的重要因素，谁拥有更多的高素质的人才，谁也就拥有了人才竞争中的主动权和制胜权。领导者在整个社会中具有重要的地位，发挥着重要的作用。领导者作为一个组织正常运作和发展的发动者和推动者，承担着繁重的组织领导和管理工作。他们的素质如何，直接关系到组织领导和管理工作的成败。领导者素质是领导者实施领导行为的内在因素，是开展领导活动的前提、基础和条件，它从根本上能决定领导行为的成败得失，进而影响到群体或组织的命运和利益。因此，领导者素质的研究对领导理论的完善和领导实践的优化都有直接的作用。

毛泽东指出：政治路线确定之后，干部就是决定的因素。邓小平指出：建设有中国特色的社会主义的全新事业和错综复杂的国际环境，对各级领导干部提出了新的更高的要求。他进一步强调：中国的事情能不能办好，社会主义和改革开放能不能坚持，经济能不能快一点发展起来，国家能不能长治久安，从一定意义说，关键在人。江泽民指出：党的领导干部不仅要努力成为有知识、懂业务、胜任本职工作的内行，而且首先要努力成为忠诚于马克思主义、坚持走有中国特色社会主义道路、会治党治国的政治家。2004 年 9 月，党的十六届四中全会要求各级领导干部必须具备驾驭全局，应对复杂局面、科学判断形势、驾驭市场经济、依法执政的能力。2018 年 5 月，习近平在纪念马克思诞辰 200 周年大会上的计讲话中强调：我们要赢得优势、赢得主动、赢得未来，必须不断提高运用马克思主义分析和解决实际问题的能力，不断提高运用科学理论指导我们应对重大挑战、抵御重大风险、克服重大阻力、化解重大矛盾、解决重大问题的能力，以更宽广的视野、更长远的眼光来思考把握未来发展面临的一系列重大问题，不断坚定马克思主义信仰和共产主义理想。2019 年 1 月，习近平在省部级主要领导干部坚持底线思维着力防范化解重大风险专题研讨班开班式上发表重要讲话指出：我们必须始终保持高度警惕，既要高度警惕“黑天鹅”事件，也要防范“灰犀牛”事件；既要有防范风险的先手，也要有应对和化解风险挑战的高招；既要打好防范和抵御风险的有准备之战，也要打好化险为夷、转危为机的战略主动战。领导干部要敢于担当、敢于斗争，保持斗争精神、增强斗争本领。2019 年 9 月，在中央党校(国家行政学院)中青年干部培训班上的讲话中，习近平进一步指出：领导干部要有草摇叶响知鹿过、松风一起知虎来、一叶易色而知天下秋的见微知著能力，对潜在的风险有科学预判，知道风险在哪里，表现形式是什么，发展趋势会怎样，该斗争的就要斗争。

首先，经济全球化时代带来的深刻变化要求提升领导者素质。当前阶段，随着经济社会的迅速发展和科学技术的大力推进，经济全球化呈现出势不可当的强劲发展势头，整个世界已成为一个名副其实的“地球村”，国家与国家、地区与地区之间的经济贸易往来交流日益频繁，形成了彼此交融、保护依赖、不可分割的局面。2001 年，我国成功加入世界贸易组织，十多年来，在国际舞台上发挥着越来越重要的作用，产生了越来越广泛的影响力。人们的生产方式、思维方式、生活方式、价值观念等都发生了深刻的变革。经济全球化带来的不仅仅是千载难逢的良好机遇，也使人们面临着前所未有的挑战和压力。针对新变化、新挑战，党的十六届六中全会要求，要增强领导干部“自我净化、自我完善、自我革新、自我提高能力，着力提高党的领导水平和执政水平、增强拒腐防变和抵御风险能力”。党的十八大以来，国际国内形势发生了深刻变革，当今世界正处于百年未有之大变局，国内也进入前所未有的战略机遇期，比以往任何时候都接近实现中华民族伟大复兴宏伟目标，但同时也面临着前所未有的风险挑战，而且都是更深层次的风险挑战。2018 年 6 月，在中央外事工作会议上，习近平强调：当前，我国处于近代以来最好的发展时期，世界处于百年未有之大变局，两者同步交织、相互激荡。2019 年 1 月，在省部级主要领导干部坚持底线思维着力防范化解重大风险专题研讨班开班式上发表重要讲话，进一步指出：当前，世界大变局加速深刻演变，全球动荡源和风险点增多，我国外部环境复杂严峻。我们要统筹国内国际两个大局、发展安全两件大事，既聚焦重点、又统揽全局，有效防范各类风险连锁联动。2020 年 8 月，在经济社会领域专家座谈会上的讲话中，习近平进一步强调：我们要辩证认识和把握国内外大势，统筹中华民族伟大复兴战略全局和世界百年未有之大变局，深刻认识我国社会主要矛盾发展变化带来的新特征新要求，深刻认识错综复杂的国际环境带来的新矛盾新挑战，增强机遇意识和风险意识，准确识变、科学应变、主动求变，勇于开顶风船，善于转危为机，努力实现更高质量、更有效率、更加公平、更可持续、更为安全的发展。基于此，领导者必须顺应经济全球化发展的潮流，站在时代最前沿，具有宏阔的全球视野、敏锐的风险防范意识、突出的风险防范本领，适时更新领导观念，树立科学领导方式，改进领导体制，增强领导素质，塑造领导能力，提升领导水平，牢牢把握经济全球化带来的机遇，克服适应经济全球化带来的消极影响。

其次，我国面临的风险严峻挑战要求提升领导者素质。当前阶段，我国正处于体制转轨和社会转型的关键时期，这一时期，既是经济社会发展的重要战略机遇期，同时也是各种社会矛盾聚集、突发期，使我国的整体社会结构、社会资源结构、社会区域结构、社会组织结构、社会身份结构等都发生了深刻的变革，带来了一系列不确定因素和社会矛盾，进入了社会矛盾多发高发的关键时期，主要包括社会差别问题、贫富差距和社会贫困问题、社会成员分化和流动问题、社会就业问题、群体性事件问题等，而且这些社会矛盾具有更突出而又鲜明的时代特征，主要表现为干群矛盾突出，物质利益矛盾成为主导性矛盾，矛盾趋于复杂化。国内发展环境也经历着深刻变化，我国已进入高质量发展阶段，社会主要矛盾已经转化为人民日益增长的美好生活需要和不平衡不充分的发展之间的矛盾。2015 年 10 月 29 日，在党的十八届五中全会第二次全体会议上的讲话中，习近平指出：今后 5 年，可能是我国发展面临的各方面风险不断积累甚至集中显露的时期。我们面临的重大风险，既包括国内的经济、政治、意识形态、社会风险以及来自自然界的风险，也包括国际经济、政治、军事风险等。如果发生重大风险又扛不住，国家安全就可能面临重大威胁，全面建成小康社会进程就可能被迫中断。我们党面临着各种重大挑战、重大风险、重大阻力、重大矛盾，必须进行具有许多新的历史特点的伟大斗争。由此可见，当前激烈的社会转型是我国社会建设的时代背景，也是领导干部开展领导活动的客观环境。领导者是社会主义建设的宝贵财富和主导力量，他们综合素质的高低直接关系到能否充分认识到社会转型带来的社会矛盾，有效化解社会矛盾带来的冲击和影响。因此，在社会转型期、各种风险日益凸显的时代背景下，必须加强领导者素质建设，提升领导者的思想素质、政治素质、文化素质、业务素质、心理素质、身体素质，才能形成较强的综合素质，既能准确认识社会转型带来的社会矛盾挑战，又有突出能力化解社会矛盾，促进社会和谐稳定。习近平指出，要切实增强八大执政本领：一是要增强学习本领，在全党营造善于学习、勇于实践的浓厚氛围，建设马克思主义学习型政党，推动建设学习大国。二是增强政治领导本领，坚持战略思维、创新思维、辩证思维、法治思维、底线思维，科学制定和坚决执行党的路线方针政策，把党总揽全局、协调各方落到实处。三是增强改革创新本领，保持锐意进取的精神风貌，善于结合实际创造性推动工作，善于运用互联网技术和信息化手段开展工作。四是增强科学发展本领，善于贯彻新发展理念，不断开创发展新局面。五是增强依法执政本领，加快形成覆盖党的领导和党的建设各方面的党内法规制度体系，加强和改善对国家政权机关的领导。六是要增强群众工作本领，创新群众工作体制和工作方法。七是要增强狠抓落实本领，坚持说实话、谋实事、出实招、求实效。八是增强驾驭风险本领，健全各方面风险防控机制，善于处理各种复杂矛盾，勇于战胜前进道路上的各种艰难险阻，牢牢把握工作主动权。

最后，我国全面建成小康社会的时代要求提升领导者素质。全面建成小康社会，是我们党向全国人民做出的庄严承诺，经历了“小康”到“小康社会”，再到“全面建设小康社会”和“全面建成小康社会”的历史性跨越。追根溯源，1979 年，邓小平在会见日本首相大平正芳时使用“小康”来描述中国式的现代化。他沉思片刻后回答，我们要实现四个现代化，是中国式的现代化。我们的四个现代化的概念，不是像你们那样的现代化的概念，而是“小康之家”。2000 年，党的十五届五中全会提出：从新世纪开始，我国进入了全面建设小康社会，加快推进社会主义现代化的新的发展阶段。2002 年，党的十六大指出：我们要在 21 世纪头 20 年，集中力量，全面建设惠及十几亿人口的更高水平的小康社会，使经济更加发展、民主更加健全、科教更加进步、文化更加繁荣、社会更加和谐、人民生活更加殷实……到 21 世纪中叶基本实现现代化，把我国建设成富强、民主、文明的社会主义国家。2000 年 10 月，党的十五届五中全会提出，从新世纪开始，我国进入了全面建设小康社会，加快推进社会主义现代化的新的发展阶段。2012 年党的十八大首次明确提出要在 2020 年全面建成小康社会。2012 年 11 月 15 日，习近平在中外记者见面会上，全面诠释了全面小康的内涵：我们的人民热爱生活，期盼有更好的教育、更稳定的工作、更满意的收入、更可靠的社会保障、更高水平的医疗卫生服务、更舒适的居住条件、更优美的环境，期盼孩子们能成长得更好、工作得更好、生活得更好。2015 年，党的十八届五中全会首次提出“创新、协调、绿色、开放、共享”五大发展理念，以保障实现全面建成小康社会的目标。2017 党的十九大报告提出，到建党一百年时建成经济更加发展、民主更加健全、科教更加进步、文化更加繁荣、社会更加和谐、人民生活更加殷实的小康社会，然后再奋斗三十年，到新中国成立一百年时，基本实现现代化，把我国建成社会主义现代化国家。从十九大到二十大，是“两个一百年”奋斗目标的历史交汇期。我们既要全面建成小康社会、实现第一个百年奋斗目标，又要乘势而上开启全面建设社会主义现代化国家新征程，向第二个百年奋斗目标进军。突出抓重点、补短板、强弱项，特别是要坚决打好防范化解重大风险、精准脱贫、污染防治的攻坚战，使全面建成小康社会得到人民认可、经得起历史检验。要实现我们党倡导的全面建设小康社会宏伟目标，必须充分发挥领导干部的积极主动性，不断学习新知识，包括党的路线、方针和政策知识、经济知识、金融知识、法律知识、科技知识、管理知识、领导知识等内容，具有敏锐的风险防范意识，突出的风险防范能力，不断丰富知识面，具有扎实的“T 形知识结构”和专业开阔的视野，深刻领会党全面建设小康社会的核心内容和基本要求，以扎实的知识根底、卓越的综合素质投入到小康社会建设中去，推动全面建设小康社会的顺利进行。

2021年2月25日，习近平在《在全国脱贫攻坚总结表彰大会上的讲话》中庄严宣告，我国脱贫攻坚战取得了全面胜利。2021年7月1日，习近平《在庆祝中国共产党成立100周年大会上的讲话》中提出：我代表党和人民庄严宣告，经过全党全国各族人民持续奋斗，我们实现了第一个百年奋斗目标，在中华大地上全面建成了小康社会，历史性地解决了绝对贫困问题，正在意气风发向着全面建成社会主义现代化强国的第二个百年奋斗目标迈进。

第二节 领导科学的性质

领导科学是在一定的社会历史发展阶段产生的，是一门具有较强的综合性和应用性的学科，指导和推动领导活动的开展。因此，领导科学具有三个突出的性质，即社会历史性、综合性和应用性，主要表现为以下几个方面。

一、领导科学是具有一定社会历史性的学科

任何理论都是人类社会发展的必然产物，是经济发展、社会进步的必然结果，是人们的思想觉悟、认识水平提高的深刻总结。从人类社会的发展进程来看，不同的社会发展阶段、不同的社会制度、不同的国家，在此基础上产生的领导活动，具有很大的差异，就是在同一个国家，由于所处的世情、国情等诸多方面的不同，与之相适应的领导活动，各有自己的特点。总之，领导活动是人类社会发展到一定历史阶段，是对人类行为的高度凝练和概括，因而领导科学是一门具有社会历史性的学科，这是领导科学的基本性质之一。

二、领导科学是具有较强综合性的学科

从人类实践活动的构成来看，它是一项高度综合性的、复杂的实践活动，人们需要面对和解决经济领域、社会领域、文化领域等多个领域的问题，而这些问题绝不是单独的、割裂的，而是错综复杂地交织在一起。领导活动是人类活动的重要组成部分，领导科学是在深刻总结人类活动的基础上进行的理论提炼和升华。从领导科学的产生来看，领导科学是对经济、社会、文化等领域活动的深刻总结，它的研究对象是复杂的、综合的；从领导科学的学科关联性来看，它是在充分借鉴管理学、政治学、社会

学、经济学等学科知识的基础发展起来的，所以领导科学的研究内容和知识体系具有较强的综合性；同时，随着经济社会的发展，领导科学需要解决的问题越来越复杂、越来越具有不确定性，要解决这些问题，需要领导者掌握多门学科的知识和更加复杂多样的领导艺术，所以领导科学解决问题的途径也具有复杂性和综合性，是对多种知识、能力的综合应用。

三、领导科学是具有突出应用性的学科

领导活动来源于生动真实的社会实践，是一种伴随着历史发展而不断充实的社会实践活动。领导活动自身、内在的领导规律及其体现这些规律的领导理念、领导原则、领导方法等，都源自社会实践，并反过来直接运用于实践活动，指导和推动着领导活动的发展。这就意味着，源于社会实践的领导科学不仅仅研究基本的领导理论，更重要的是运用这些理论指导领导实践，解决领导活动过程中产生的各种问题。

因此，通过学习领导科学，领导者可以掌握更多的领导科学知识，塑造先进的领导理念，坚持科学合理的领导原则，形成突出的领导能力，运用高超的领导艺术，有效解决我国经济社会过程中的各种挑战和问题，提升领导效能，实现组织目标，维护社会稳定，推进我国社会主义现代化建设，这是领导科学的根本出发点和最终归宿。

第三节 领导科学的研究对象和任务

追根溯源，每门学科都是无源之水、无本之木，都有其产生和发展的特殊时代背景，是对时代精神、时代命题的高度凝练和概括。在此基础上，每门学科还都有自己的研究对象和研究任务，是对研究对象和研究任务的概括和总结。

一、领导科学的研究对象

任何一门独立的学科都有其特定的研究对象，通过对客观世界某一事物、现象或过程进行分析和概括，进而深入分析其中蕴含的规律，建构起基本的概念、范畴、原理和方法的理论体系，这是一门学科得以存在的重要依据。

从根源来看，理论产生于实践的现实需要，实践同样需要科学理论的指导。领导是人类一种特殊的重要的实践活动，这种实践本身包含着极其丰富的科学内容，是产

生领导科学的土壤和源泉。领导科学顺应了人类社会发展的基本进程，是适应经济社会发展的必然结果，是一门系统地研究领导活动过程的普遍规律、基本原理和一般方法的科学。

从领导的概念来看，领导是由特定要素构成的统一体，是领导者影响、率领和引导被领导者在一定的客观环境条件下实现双方共同的价值观和目标的社会活动过程。因此，领导科学的研究对象是现代领导活动，其根本任务是揭示领导活动中各种因素之间的内在的、本质的、必然的联系，即领导活动的规律，主要研究领导者与被领导者之间内在的、本质的、必然的联系；研究领导者与经济、社会、文化等环境之间的联系和规律；研究领导者在领导活动中的地位、职责、作用；研究领导机制、领导体制、领导方式的设置；研究领导者如何提高领导理念、领导能力，增强领导力，促进组织目标的顺利实现。

基于以上内容，领导科学的研究对象主要包括以下内容。

(一)对领导系统的静态研究

领导活动离不开一定的经济社会环境，是对社会生产力、生产关系和上层建筑的适应，是在不断解决其中的矛盾和问题的过程中不断向前发展的。在这一过程中，领导活动的开展、领导目标的实现，需要形成有效的领导系统，充分利用各种客观环境因素，发挥主体因素的积极主动性，利用相应的领导方式，最大限度地形成领导合力，增强领导效能，实现组织目标。基于此，领导科学的研究对象，是作为整体的领导系统，以及这个系统本身有序协调运行的基本规律。领导系统是由领导科学的产生和发展，领导科学的原理，领导者、被领导者、领导理念、领导机制、领导体制、领导环境等因素共同作用，以及内在因素、内在矛盾、内在运行规律构成的动态系统。

(二)对领导过程的动态研究

领导活动是一个协调各方面因素，组织多种力量，利用多种资源，实现组织目标的动态过程。具体而言，领导活动过程就是领导者、被领导者、作用对象和客观环境相互作用、彼此影响的变动不居的过程，主要包括：领导活动的模式、领导活动的基本过程以及在这一过程中呈现出来的活动规律，领导者、被领导者、作用对象和客观环境之间的相互关系，还有领导活动的工作方法及其遵循的原则等内容。

(三)对领导科学的应用研究

研究领导科学的根本目的，在于充分利用领导科学的基本原理、原则、规律和方法指导、推动领导活动的顺利开展，提升领导活动的效能。这就意味着，在领导过程中，领导者要关注如何充分利用各种领导资源，进行有效的计划、组织、控制、协调、指挥、沟通、决策，主要包括领导协调、领导沟通、领导激励、领导用人、领导用权、领导监督、领导方法、领导魅力培养、领导作风塑造、领导能力提升、领导力培植、领导绩效评估等诸多方面。总之，领导科学就是把领导活动作为一个整体系统，研究领导活动的动态过程，考察影响领导活动的诸多要素，探讨领导活动一般规律的学问。

二、领导科学的研究任务

领导科学的研究对象决定了领导科学的研究任务，领导科学的研究任务是对其研究对象的深化拓展。基于领导研究对象的要求，领导科学的研究任务主要包括以下内容。

(一)在充分借鉴国内外领导思想的基础上，建立适合我国国情的现代领导科学

我国拥有五千年的悠久文明，传统文化博大精深，蕴含着丰富的领导理念，对我国领导学科学建设仍具有深刻的启示。在西方国家，柏拉图、亚里士多德、马基雅弗利、卢梭等学者在其著作中也提出了一些基本的领导思想，至今依然具有积极的借鉴价值。西方国家的工业化起步较早，在工业化快速发展的过程中，各种先进的管理思想不断涌现，其中也包含着丰富的领导思想，值得学习吸收，为我所用。

任何理论都必须根植于本国的国情，才能具有长远的、蓬勃的生命力。我们学习和借鉴既有的领导思想和领导实践，必须以我国社会主义现代化建设的实践为服务对象和发展动力，与我国特殊的国情相结合，深化拓展领导科学的研究领域和研究内容，建立起具有中国特色、中国风格、中国气派的现代领导科学。

(二)培养和造就高素质的领导人才，提高领导者队伍的整体素质

在新的历史时期，加强对领导科学的研究，建立起系统合理的现代领导科学，主要致力于领导科学的教学、研究，讲授领导科学的基本理论、基本原则、基本方法、基本技能，使受教者掌握系统的领导科学知识，增强领导科学的理论素养，为我国社会主义现代化建设培养和造就高素质的领导人才，为他们走向领导工作岗位奠定坚实的理论基础，成为未来高素质、强能力的领导者，最终必将提升领导队伍的整体素质。

(三)促进领导工作的科学化、规范化，增强领导工作成效

任何理论都源于实践，最终将服务于实践。领导科学源于生动的人类社会发展实践活动，又反过来用于指导和服务于人类社会，为其提供必不可少的推动力。通过深化对领导科学的研究，建立起系统合理的现代领导科学，是要应用于领导工作的实践

中去，运用科学的领导理念、领导原则、领导方法指导领导工作的开展，指导领导者如何科学计划、组织、指挥、协调、控制、沟通，如何进行科学决策、公平用人，如何加强思想道德建设，改善工作作风，提升领导力，增强领导工作效能。

第四节 领导科学研究的意义和方法

领导科学是在人类社会实践活动中产生和发展的，是一门具有很强实践性的学科，它着重研究领导活动的基本规律、一般过程、主要原则和基本方法，指导领导者掌握领导科学的系统知识，掌握科学的领导艺术，提升领导能力，增强领导工作的整体效能。学习和研究领导科学，对于培养和塑造高素质的领导者，对于我国社会主义建设事业、社会组织、领导者、被领导者等，都具有积极的理论和实践指导意义。

一、领导科学研究的意义

(一)学习和研究领导科学，有助于掌握系统的领导科学知识，提升领导科学知识修养

领导科学是适应现代社会发展的现实需要而出现的一门新兴学科，其研究对象是领导活动，研究任务是揭示领导活动及其内在的基本规律。经过国内外学者的共同努力，在充分适应社会现实需要的基础上，领导科学的研究逐步深化，已经构建起系统的领导科学知识体系。

通过学习和研究领导，可以掌握领导科学的基本知识，诸如领导科学的发展演变过程，领导科学的研究对象、研究内容，领导科学的性质、领导科学在国内外研究的现状、领导科学的学派及其观点，领导科学与政治学、管理学、社会学、法学等学科的关系以及领导的本质、领导的职能、领导的作用、领导的基本原则、领导制度、领导组织、领导体制等方面的内容。学习和掌握这些系统的领导科学知识，可以丰富领导知识的内涵，完善领导知识结构，增强对领导科学的认识和理解，提升领导科学知识理论水平和修养，用科学的领导科学理论知识武装头脑，更新指导领导实践活动，有效解决领导过程中的问题。

(二)学习和研究领导科学，有助于树立正确的领导观念，提升领导能力

随着经济社会的快速发展和科学技术的日新月异，人类社会进入新的社会发展阶段。

当前，经济全球化已成为势不可当的潮流，使得人类社会很多方面都发生了深刻的变革。在经济全球化蓬勃发展这一社会历史背景下，时代主题发生了深刻的变革，人们的思想观念、思维方式、价值观念等方面也发生了显著变化，一些传统的领导观念、领导方式滞后于新的社会形势的现实需要，单纯依靠过去的经验再也无法胜任新的领导任务了。

因此，通过学习和研究领导科学，既可以提升领导者的理论素养，增强领导者的理论视野，也可以使领导者充分认识到领导内涵、领导性质、领导角色、领导职能、领导作用等基本内容，培养科学的、正确的领导观念，以实事求是的态度看待经济社会发展，以与时俱进的开放心态看待领导过程中的机遇和挑战，进一步提升领导者科学判断社会形势、合理驾驭市场经济、有效化解社会矛盾、运筹协调沟通、善于谋断规划、勇于创新开拓的综合领导能力，顺利实现本组织的发展目标。

(三)学习和研究领导科学，有助于掌握领导艺术，增强领导效能

领导科学既是一门理论，又是一门艺术。领导艺术是指在领导的方式方法上表现出的创造性和有效性，是领导者在实际工作中处理事务、问题时所表现出来的创造性的方式、方法，或者说是领导者的经验、技能、技巧。领导艺术体现了领导的“真、善、美”，是“真、善、美”在领导活动中的自由创造性。“真”要求在领导活动活动把握领导规律，在规律中实现领导活动的优化，升华到艺术境界；“善”要求领导活动符合社会价值理念和价值追求；“美”要求领导活动能够产生使人愉悦、舒畅的领导效果。通过掌握领导科学的基本原理、原则和方法，应用到领导实践活动之中，进行创造和创新，产生良好的领导效果，形成领导艺术，更好地开展领导活动，增强整体领导效能，达到领导效果的“真、善、美”。

二、领导科学研究的方法

领导科学是一门新兴的学科，既具有社会历史性，又具有持续的创新性；既具有较强的理论性，又具有生动的实践性；既具有内容的综合性，又具有广泛的应用性。因此，学习和研究领导科学，必须根据其学科性质，适应经济社会的发展，采取积极有效的研究方法。领导科学的研究方法主要有以下几种。

(一)历史研究方法

所谓历史研究方法，就是运用历史的观点，研读相关历史文化典籍，考察重要的相关学术派别及其倡导的领导思想，循着人类社会发展的历史脉络，全面考察领导活动的起源、发展和演变过程，从中找出其中具有的规律性，提升对领导规律的认识，探求对现在仍有意义的领导原则、方式和方法，充分借鉴不同历史时期、不同国家的

领导思想，特别是借鉴我国博大精深的传统文化中蕴含的领导思想，服务于今天的领导活动，做到古为今用。

用历史方法研究领导科学要求我们全面地、发展地看待领导思想、领导理论，既要挖掘出其历史渊源，所具有的历史阶段性以及所服务的阶级，又要看到它的发展变化，具有的时代创新性。更为重要的是，在坚持历史研究方法时，始终要以马克思主义的辩证唯物主义和历史唯物主义为指导，辩证地考察、分析和对待领导思想和领导科学。

（二）比较研究方法

所谓比较研究方法，就是确定事物之间共同点和差异点的思维方法。它是科学研究中较常用的一种研究方法，通过把不同的或相似的事物放在一起做比较，用以鉴别事物之间的异同，分辨出一般性和特殊性的东西，确定哪些东西可以借鉴与利用。运用比较研究方法，可以研究不同历史时期、不同国家、不同组织，甚至不同领导者在领导思想、领导原则、领导方式、领导体制、领导机制等方面的理解和认识，既包括理论层次上的差异，也包括在实践过程中的差异。通过比较，能够做到借鉴更科学、更合理、更全面、更有价值的领导思想、领导理念和领导原则等，用以指导和推进领导科学实践，做到博采众长，为我所用，找到更有效的途径，实现领导活动的科学化、民主化、规范化。

（三）案例分析法

所谓案例分析法，是指选取某一特定的社会问题，通过一定的环节进行评价和分析，根据相应的结果从中总结出解决这类问题的经验、方法。实践证明，案例分析法对于领导科学的研究是行之有效的。这种方法的最大优点是能够体现理论联系实际的原则，使一般领导原理的抽象建立在大量的实际案例分析的基础上。

运用案例分析法，选取已经发生的、真实的、典型的社会问题或领导事件，分析其中的领导现象，从主观因素、客观因素等多个角度剖析案例对领导活动带来的启示和借鉴价值，充分借鉴其中的领导经验成果，反思领导活动中存在的不足，为促进以后领导工作的完善奠定扎实的基础。在选取领导科学的案例时，要充分考虑案例的真实性、新颖性、全面性、经典性、价值性，在分析案例时，要尽量保持理性的认识，防止孤立地分析，就事论事，以偏概全。要立足于特定的社会发展阶段、特定的时代、特定的阶级，对案例进行分析。

（四）系统方法

所谓系统方法，就是利用系统科学的理论和观点，把研究对象放在系统的形式中，从整体和全局出发，从系统与要素、要素与要素、结构与功能以及系统与环境的对立统一关系中，对研究对象进行考察、分析和研究，以得到最优化的处理与解决问题的一种科学研究方法。系统方法是把事物看作一个整体系统，从该系统的结构关系中考察其中的各个组成部分，用系统的观点来分析、研究和学习领导活动的原理和领导实践活动。在学习和研究领导科学过程中，之所以要运用系统方法，是因为领导活动本身就是一个完整的系统，领导活动是由领导者、被领导者、作用对象、领导环境等因素构成的整体，这个系统又处于社会这个大系统范围之内，是社会大系统的有机组成部分，领导活动内部也是一个完整的小范围的系统，包含很多次一级的系统，同时又与领导活动的外部系统有着密不可分的联系。这就意味着，学习和研究领导科学，通过运用系统方法，可以有效地处理领导活动中的全局与局部、整体与个体、内部与外部等之间的辩证关系，增强领导活动的成效。

本章小结

第一，本章探讨了领导科学产生的社会历史条件，主要包括领导科学顺应了现代社会化大生产发展的必然趋势。第二，探讨了领导科学产生和发展的必然性，顺应了我国社会主义现代化建设现实需要，深化政治体制改革的必然选择，是对我国经济社会发展面临挑战的主动回应，是提高领导者综合素质的客观需要。第三，探讨了领导科学的性质，强调领导科学是具有一定社会历史性的学科，是具有较强综合性的学科，是具有突出应用性的学科。第四，简要分析了领导科学的研究对象，主要有对领导系统的静态研究，对领导过程的动态研究，对领导科学的应用研究。第五，深入分析了领导科学的研究任务，是要在充分借鉴国内外领导思想的基础上，建立适合我国国情的现代领导科学，培养和造就高素质的领导人才，提高领导者队伍的整体素质，促进领导工作的科学化、规范化，增强领导工作成效。第六，探讨了领导科学研究的意义，认为学习和研究领导科学，有助于掌握系统的领导科学知识，提升领导科学知识修养，树立正确的领导观念，提升领导能力，掌握领导艺术，增强领导效能。

复习思考题

1. 为什么说领导活动是人类社会发展的必然结果？领导活动又是如何反作用于人类社会发展的？

2. 今天我们为什么要学习和研究领导科学？

3. 结合当前阶段的世情、国情，你认为如何对领导科学进行发展和创新？

第二章
领导概论

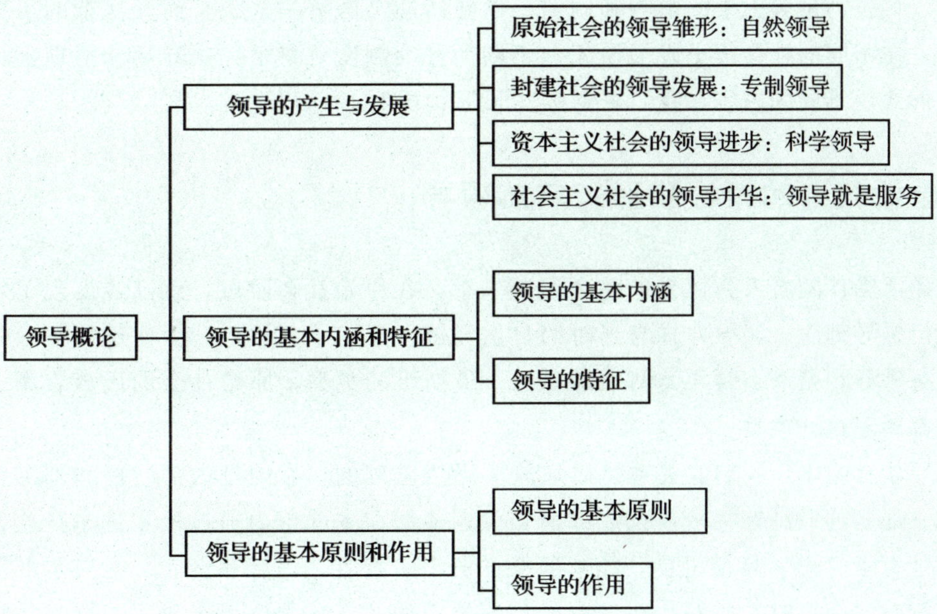
领导概论
领导的产生与发展
原始社会的领导雏形：自然领导
封建社会的领导发展：专制领导
资本主义社会的领导进步：科学领导
社会主义社会的领导升华：领导就是服务
领导的基本内涵和特征
领导的基本内涵
领导的特征
领导的基本原则和作用
领导的基本原则
领导的作用

学习
目标

学习目标

通过对本章的学习，要理解有关领导的产生与发展进程，掌握领导的特征，掌握领导的基本原则和作用，增强对领导的基本认识和理解。

重点提示

本章的重点是领导的特征、基本原则和作用。其中，领导的特征，主要包括领导的动态性、权威性、系统性、综合性、超前性和创新性。领导的基本原则，主要包括统一领导原则、分层领导原则、系统整体原则、权责一致原则、民主公开原则、集体领导和个人分工负责相结合的原则。领导的作用，主要包括服务作用、指挥作用、沟通作用、激励作用、示范作用。

第一节 领导的产生与发展

领导活动是一种社会现象，始终伴随人类社会发展的整个进程，是适应时代发展、人类社会进步的必然产物。领导活动源于社会实践，必然会受到当时所处社会的生产力发展水平、物质条件、生产方式、生产手段、思想观念、道德标准、政治制度、文化水平、科技力量等因素的影响和制约。领导活动经历了一个漫长而又复杂的历史发展进程，在不同的社会历史发展阶段。不同的社会制度背景下，领导活动呈现出不同的表现形式、不同的内容，我们主要从以下几个方面进行分析。

一、原始社会的领导雏形：自然领导

领导活动伴随着人类社会的整个发展进程，在原始社会阶段，就已经出现了领导方式。但领导理念、领导方式与当时的自然经济发展水平相适应，因而这种领导是一种原生态领导，是诸多领导类型中最原始、最初级的类型，原始社会的氏族首领、部落首领都属于这种类型。

在原始社会中，人们的关系是以亲族关系为基础的，靠的是内部习俗和部落首领来维系。部落的最高首领是酋长或部落首领，他们在本部落内通过民主选举产生，他们往往是贡献突出、品德贤良，能够服众的长者、智者、勇者和贤者。在对本部落的事务进行商议表决时，他们往往采取的是原始氏族、部落的议事会形式，这是领导体制的雏形。所谓议事会，是氏族内一切成年男女都可以平等参加的一种民主集会。那些事关全部落共同利益的重大事务则由议事会集体解决，这是一种通过自然组合和依靠习俗调整来维持的原始自然领导体制，是领导方式的雏形，符合当时低下的社会生产力发展水平。

二、封建社会的领导发展：专制领导

从奴隶社会开始，人类社会进入了阶级社会。在奴隶社会中，奴隶主成为社会的统治者，对广大奴隶实行残酷的剥削和压迫，这时的领导制度已由原始社会的“禅让制”转变为“世袭制”，领导方式依靠官吏、法律、监狱等实行统治。

我国封建社会经济上是一种自然经济，以家庭为生产单位，具有自我封闭性、独立性；政治上，实行高度中央集权的封建君主专制制度。在这种体制下，皇帝掌握国家最高权力，是国家的最高统治者，“普天之下莫非王土，率土之滨莫非王臣”。皇帝及各级官员对社会的领导依靠官吏、军队、监狱等暴力工具，实现的是集权统治，是一种专制型的领导，建立的根本目的是维护本阶级的统治地位，但也在一定程度上阻碍了经济的发展。尽管在我国封建社会的专制统治中，也出现了曹操、李世民等贤明的统治者。比如，曹操提出了“唯才是举”的用人政策，促进了北方的统一。李世民提出了“君者舟也，庶人者水也。水能载舟，亦能覆舟”，采取很多进步的政策，创造了“贞观之治”的盛世局面。但这些仍无法改变这种专制型领导存在的弊端，仅仅依靠统治者的个人道德、知识水平、才智胆识、领导经验，无法实现领导方式进步和发展的时代要求。

三、资本主义社会的领导进步：科学领导

18 世纪的工业革命以来，随着资本主义生产的发展，资本主义企业的规模越来越大，企业与企业之间的联系越来越紧密，整个社会的现代化程度越来越高，主要表现在企业生产的集中、生产规模的扩大和生产部门之间相互协作及彼此依存上。社会化大生产改变了企业的生产方式、人们的生活方式、价值方式，使整个世界的联系越来越紧密，对生产进行科学管理和领导的重要性日益凸显。同时，科学技术的发展也为科学管理和领导提供了可能的条件。

20 世纪初到 20 世纪 20 年代，被誉为“科学管理之父”的泰勒提出了科学管理理论。他认为，科学管理的根本目的是谋求最高劳动生产率，最高的工作效率是雇主和雇员达到共同富裕的基础，要达到最高的工作效率的重要手段是用科学化的、标准化的管理方法代替经验管理。科学管理理论的出现，使领导工作有了进一步发展，科学管理思想孕育科学领导的思想，推动了科学领导的发展。随后，管理过程学派的创始人法

约尔将管理活动分为计划、组织、指挥、协调和控制五大管理职能，包含着领导的职能，也为领导活动迈向科学化奠定了坚实的基础。第二次世界大战以后，随着现代科学技术日新月异的发展，生产社会化程度日益提高，管理思想得到了迅猛发展，出现了许多新的管理理论和管理学说，形成了众多学派。美国管理学家哈罗德·孔茨称这些理论为“管理理论的丛林”。他认为这些理论主要包括管理过程学派、经验学派、系统管理学派、决策理论学派、管理科学学派、权变理论学派等。

第二次世界大战后，西方国家的领导理论有了更进一步发展，出现了领导行为领导、领导权变理论、魅力型领导理论、变革型领导理论、自我领导理论等领导理论，形成了更加丰富全面、多姿多彩的领导理论，推动了领导工作的进一步科学化、规范化。

四、社会主义社会的领导升华：领导就是服务

新中国成立后，以毛泽东为核心的党的第一代中央领导集体开始探讨建立适合本国国情的社会主义领导理论。毛泽东指出，人民群众是推动社会进步的最伟大动力，是党夺取胜利、提高执政能力的本源所在。党只有坚持全心全意为人民服务的宗旨，才能赢得人民的信任，增强人民对党的支持力、拥护力，进而实现党的纲领和目标。我们一切工作干部，不论职位高低，都是人民的勤务员，我们所做的一切，都是为人民服务。这是社会主义领导思想的核心，没有正确的领导观念，就不会有正确的领导行为。邓小平进一步诠释了“为人民服务”的观点，他指出，领导的根本问题，是领导和群众的关系问题，归根结底是为谁服务的问题。1985 年 5 月 19 日，邓小平在全国教育工作会议上的讲话中，指出：什么叫领导？领导就是服务。[①] “领导就是服务”就是要以人民群众为中心，根据人民群众的需要而服务。党的宗旨是全心全意为人民服务。胡锦涛指出：树立群众观点，最根本的是要深刻认识群众路线使实现党的思想路线、政治路线、组织路线的根本工作路线，牢固树立人民是历史创造者的观点，全心全意为人民服务的观点，立党为公、执政为民的观点，向人民学习的观点，群众利益无小事的观点，对党负责与对人民负责相一致的观点，等等。[②] 在新的历史条件下，习近平结合世情、国情和党情的深刻变化，提出了“始终把人民放在心中最高位置”的领导理念，把有中国特色的社会主义领导思想继续推向前进，使之更先进、更全面、更彰显时代价值。他强调：领导干部的人生追求和价值目标，应当融入为祖国富强、民族振

① 《邓小平文选》(第三卷)，121 页，北京，人民出版社，1993。

② 《胡锦涛文选》(第三卷)，444 页，北京，人民出版社，2016。

兴、人民幸福的奋斗之中。[1] 2014年，在接受俄罗斯电视台专访时，习近平对此明确表示，作为国家领导人，人民把我放在这样的工作岗位上，我就要始终把人民放在心中最高的位置，牢记责任重于泰山，时刻把人民群众的安危冷暖放在心上，兢兢业业，夙夜在公，始终与人民心心相印、与人民同甘共苦、与人民团结奋斗。实现中华民族伟大复兴的中国梦，就是要实现国家富强、民族振兴、人民幸福。在2019年春节团拜会上的讲话中，习近平指出：人民是我们执政的最大底气。党和国家事业发展的一切成就，归功于人民。只要我们紧紧依靠人民，就没有战胜不了的艰难险阻，就没有成就不了的宏图大业。

我国实行的社会主义制度，我们党的宗旨是全心全意为人民服务，这就决定了我国社会主义的领导思想要充分体现"执政为民"的宗旨，到毛泽东提出的"我们所做的一切，都是为人民服务"，邓小平倡导的"领导就是服务"，再到胡锦涛强调的"为民、务实、清廉"，最后到习近平凝练的"始终把人民放在心中最高位置"，一以贯之地坚持了马克思主义的科学领导理念，对我们党的全心全意为人民服务的宗旨贯彻的力度更加深化，更具有时代价值和现实的必要性，必然会推动我国社会主义领导事业的顺利发展。

第二节 领导的基本内涵和特征

领导是领导科学中最基本的概念和范畴，是研究领导科学的逻辑起点。只有弄清楚领导的基本内涵，才能进一步探讨领导科学的相关问题。领导是在一定的社会历史条件下产生的实践活动，并随着时代的发展而逐步深化，具有鲜明的时代特征。

一、领导的基本内涵

领导是一种社会历史现象，始终伴随着整个人类社会的发展历程。领导是一种社会现象，也是一种社会实践活动。领导活动是一项复杂的社会活动，涉及很多方面，因而要对领导下一个准确、全面的定义，不是一件容易的事情。国内外不同的学者，从不同的学科、立场、视野对领导提出了不同的理解。据美国学者统计，目前世界上

---

① 习近平：《领导干部要树立正确的世界观权力观事业观》，载《中国党政干部论坛》，2010(9)。

关于“领导”的含义有350多种，就是“领导者”的定义也有160多种。[1] 其中具有代表性的观点有以下几点。

（一）国外学者对于“领导”概念的界定

国外学者从不同的角度阐释了“领导”的概念，主要有以下几种观点。

第一，领导是一种影响力。美国管理学家哈罗德·孔茨认为：“领导是影响人们使之跟着与完成某一共同目标的行为”“领导是一种促使下属以其热忱和信心来完成他们的任务的一门艺术”。第二，领导完成目标的影响力。美国学者罗伯特·坦南鲍姆认为：领导是“在某种情况下，通过信息沟通过程所实施的一种为了达到某个目标或某些目标的人际影响力。”第三，领导是一种过程。美国当代杰出的组织理论、领导理论大师沃伦·本尼斯认为：“领导是促使一位下属按照所要求的方式进行活动的过程。”第四，领导是一种程序。G. 海曼、W. C. 施考特认为：“领导是一种程序，使人得以在选择目标及达成目标上接受指挥、导向及影响。”第五，领导是一种能力。K. 台维斯认为：“领导是一种说服人们热心追求一定目标的能力。”第六，领导是一种行为。美国学者沙特尔认为：“领导就是能够带来相应的举动和反应的行为。”第七，领导是组织结构的建立者。美国学者斯托克蒂尔认为：“领导是基于期望相互作用来开创和维持组织结构的角色。”第八，领导是一种创新活动。被誉为“学习型组织之父”的美国学者彼得·圣吉认为：“领导就是要创建一个领域，使得人们在其中持续不断地加深对社会现实的理解，而且在诠释世界的过程中变得更为干练。最终，领导就是创造新现实。”第九，领导是一种相互作用。美国学者巴斯在与斯托克蒂尔合著的《领导手册》认为，领导是“组织内部两个及以上的人之间的相互作用”。有的学者认为“领导就是改变人们原本坚信的理念的过程”；有的学者认为，“领导是一种与众不同的角色”；有的学者强调“领导是一种权力关系”；有的学者坚持“领导是组织工作的核心”；有的学者强调“领导是人的个人品质及其产生的效力”等观点。国外学者对从不同的角度，对“领导”的概念进行阐释，形成了多姿多彩的研究内容，为领导科学奠定了坚实的基础。

（二）国内学者对于“领导”概念的界定

国内学者从不同的角度，对“领导”的概念也进行了探究和阐释。

邱霈恩从三个角度理解“领导”，认为：“第一，领导是服务或活动；第二，领导是行为；第三，领导是过程。”[2]车洪波、郑俊田认为：领导是“领导者为了实现预定目标，运用其法定权力和自身影响力，采用一定的形式和方法，率领、引导、组织、指挥、

---

① 朱立言：《行政领导学》，33页，北京，中国人民大学出版社，2004。

② 邱霈恩：《领导学》，32页，北京，中国人民大学出版社，2004。

协调、控制其被领导者，以完成既定的总任务的过程。”[①]孙立樵认为：“领导是指领导者充分运用各种影响力，在获得被领导者的自觉追随和服从的前提下，引导、率领或鼓励被领导者实现共同目标的过程。”[②]彭向刚认为：“领导就是指领导者为了实现某一特定群体的共同目标，在一定的客观环境影响下，采取恰当的方式方法，率领和领导被领导者完成预定任务的创造性过程。”[③]苏保忠认为：“领导是指在社会组织中，领导者通过影响其下属行为以达成组织目标的过程。”[④]刘银花认为：“领导是在社会的共同生活中，具有影响力的个人或集体，在特定的组织机构中，通过建立和维持健全的关系，让组织成员理解和同意必须去做和如何有效地去做的过程，以及促进个人和集体努力去实现共同目标的过程。”[⑤]

从领导的含义来看，“领导”一词，可以分为名词和动词两种。作为名词的“领导”，是指引领组织成员或被领导者实现组织目标的人，既包括领导者个人，也包括领导者集体。作为动词的“领导”，是指领导者引领组织成员或被领导者实现组织目标的过程。本书说的“领导”，主要是从动词的角度来阐释的。

综合国内外学者对“领导”概念的界定，我们将“领导”定义为：领导是指领导者为实现组织目标，通过施加各种影响，采取多形式的领导方法，引领被领导者共同实现组织目标的过程。结合学术界的研究，我们认为“领导”一词的内涵，主要包含以下几个方面。

第一，领导的主体是多样的，既包括领导者，也包括被领导者；领导者离不开被领导者，被领导者也离不开领导者；领导者和被领导的关系是相对的，领导者可以转变为被领导者，被领导者也可以转变为领导者。第二，领导是一个有目的的活动，领导的根本目的是实现组织目标。组织目标是领导者和被领导者心中的愿景，使他们之间能够形成较强的凝聚力和向心力，共同为组织目标实现而奋斗。第三，领导是领导者对被领导者的一种影响过程。领导的本质是一种影响力，领导者通过权力影响、人格影响、情感影响、行为影响等多种方式，对被领导者产生一定的影响，自觉团结在领导者周围。第四，领导活动是在一定的组织当中产生的。领导活动的产生和发展，离不开一定的社会组织，是在社会组织之内的领导。第五，领导是一种人与人之间的活动。组织目标推进实现，离不开其他组织成员或被领导者的参与、配合和执行。只有领导者，没有其他被领导者积极性的调动和参与，组织目标根本无从实现。

---

① 车洪波、郑俊田：《领导科学》，23页，北京，对外经济贸易大学出版社，2013。

② 孙立樵：《现代领导学教程》，42页，北京，中共中央党校出版社，2006。

③ 彭向刚：《领导科学概论》，24页，北京，高等教育出版社，2013。

④ 苏保忠：《领导科学与艺术》，6页，北京，清华大学出版社，2006。

⑤ 刘银花：《领导科学》，2～3页，北京，东北财经大学出版社，2015。

二、领导的特征

作为一种社会实践活动，领导活动具有动态性、权威性、系统性、综合性、超前性和创新性等鲜明的特征。

(一)领导的动态性

作为一种社会历史现象和实践活动，领导伴随着人类社会的发展而发展。随着社会生产力的发展，社会生产越来越多样化，社会分工越来越细化，社会管理对象构成越来越复杂，社会管理难度也越来越大，推动了领导活动的产生、发展，也对领导活动提出了更高的要求。

资本主义社会是机器大工业快速推进的时代，社会化大生产进一步推进了管理思想和管理实践活动的大发展，科学管理成为时代发展的必然趋势，也为领导活动的进一步发展奠定了坚实的基础。从我们国家来看，作为一个社会主义国家，我们党和政府在治国理政的过程中，结合我国社会主义制度的性质，立足于国情，对领导理念、领导原则、领导方式、领导体制等方面有了更深刻、更科学、更全面、更准确的认识和理解，逐步建立起具有中国特色、中国风格和中国气派的领导科学理论，指导我国社会主义现代化建设。

(二)领导的权威性

从领导活动的运行过程和最终结果来看，领导活动具有权威性，这是领导活动的重要特征。在领导活动中，领导活动要顺利开展，领导者发布的命令或指令被遵循和执行，需要领导者具有一定的权威，这是领导活动开展的前提和基础。领导者的权威主要来自两个方面：一是法律赋予的权威，是按照法律规定授予领导者的权力，法律规定领导享有的权利，领导权力由法律法规配置(主要表现为领导的人事权、决策权、奖惩权等权力形式)，或者是经过组织通过正式的制度和程序赋予的权力，具有较强的执行力。二是非权力的权威，这是一种由领导者的人格魅力所带来的领导权威。

(三)领导的系统性

从领导的构成来看，领导主要是由领导者、被领导者和环境三个方面的因素共同构成的社会组织系统，用公式表示就是：领导＝f(领导者、被领导者和环境)。在这一系统中，领导者起着主导作用，对领导活动的计划、组织、协调、指挥、控制等环节中起着重要的作用。被领导者按照领导的决策意图，跟随领导者，积极主动地参与组织活动，与领导者一起，共同实现组织的目标。环境是独立于领导者和被领导者之外的客观因素，主要包括经济、政治、社会、文化、自然等条件，是对领导活动产生影响的各种因素总和。环境是开展领导工作的客观基础，对领导者领导活动的成败具有影响作用。领导者与被领导者要开展活动，都必须正确认识环境、适应环境、利用环境，充分利用环境的有利条件。领导者、被领导者和环境构成了一个有机统一的、动态的系统，三者辩证统一，共同促进领导活动开展。

(四)领导的综合性

领导的综合性主要包括三个方面：领导内容的综合性、领导环境的综合性、领导者素质的综合性。第一，领导内容的综合性。从研究内容来看，领导主要研究领导的历史发展进程及其中的基本矛盾和规律、领导概念、领导原则、领导职能、领导职能、领导体制、领导机制、领导艺术、领导权力、领导监督、领导效能、领导考核等内容。第二，领导环境的综合性。领导活动是在一定的客观环境下开展的，这些环境主要包括经济环境、政治环境、社会环境、文化环境、自然环境等环境因素。第三，领导者素质的综合性。随着经济社会的发展，领导活动涉及的范围越来越广，领域越来越宽，要求领导者必须具有突出综合素质，包括过硬政治素质、扎实知识素质、突出能力素质、良好心理素质、强壮身体素质等方面。

(五)领导的超前性

在领导活动中，领导者发挥着主导作用，主要体现在制订计划、谋划战略、设计方案等诸多方面，既具有突出的宏观性、战略性，又具有突出的超前性、预期性。

当前时代，社会各方面都发生了深刻而激烈的社会变革，要想在这些条件下顺利完成领导任务，领导者必须具有开阔的时代视野、敏锐的大局观念、强烈的开放意识、突出的远见卓识，准确把握时代的发展变迁，合理设计、规划和实施组织的发展战略。领导者只有具备这些超前性的品质和能力，才能在深刻的时代变迁中，牢牢把握住社会环境提供的各种良好机会，有效应对各种挑战，减少显在的或潜在的困难、矛盾和问题，并在领导者的主导下根据形势的发展变化，实施调整组织的战略决策和战略规划，增强组织对社会环境的适应性，促进组织健康有序、长远合理地发展。

(六)领导的创新性

创新是一个民族进步的灵魂，是一个国家兴旺发达的不竭源泉，也是中华民族最深沉的民族禀赋。领导活动的超前性，决定了领导活动必须具有创新性，创新性是领导活动的重要特征。领导活动的内容应随着人类社会的发展而不断丰富，领导观念、领导原则、领导方式、领导体制等问题，在时代发展的基础上不断充实。当前阶段，人类面临的时代主题发生了深刻的变革，经济全球化蓬勃发展，科技进步日新月异，社会化大生产水平达到前所未有的程度，使领导环境发生了翻天覆地的变化。在领导活动中，要带领被领导者实现组织目标，要求领导者必须具有开拓创新的意识、高瞻远瞩的开阔视野，准确把握住社会环境和形势的深刻变革，勇于开拓，善于创新，确立科学合理的组织发展规划和发展战略，适时调整领导观念，探寻合理的领导方式和手段，建立健全科学的领导体制，增强领导能力，提升领导效能。否则，领导活动就会失去前进的动力和不竭的源泉，组织目标的实现也就无从谈起。

第三节
领导的基本原则和作用

从领导活动的产生和发展来看，领导活动是人类实践活动的产物，具有一定的规律性。同时，领导活动也要遵循一定的原则，在相应原则的指导下从事领导工作，履行领导职能。

一、领导的基本原则

所谓领导原则，是指领导者在进行领导活动的过程中必须坚持和遵循的标准和法则。只有坚持科学合理的领导原则，才能有效地开展领导工作。在领导工作中，领导者自觉坚持和履行科学的、正确的领导原则具有积极的现实意义：一是有助于保证领导工作的正确方向。坚持科学的领导原则，可以帮助领导者在领导者把握领导工作的重点，认清领导工作的价值和努力方向。二是推进领导工作的顺利开展。坚持科学的领导原则，可以帮助领导者采取积极有效的措施，朝着实现组织目标的方向努力。三是有助于提高领导工作效能。坚持科学的领导原则，可以帮助领导者认清形势，充分利用各种有利因素，减少不利因素的影响和制约，变不利因素为有利因素，提升领导工作的整体效能。

从层次上来看，领导工作的原则可以分为总原则、基本(一般)领导原则和具体指导原则。具体而言，领导的总原则是指在我国实际情况中那些传统性和综合性的原则，主要包括党的基本路线原则、解放思想与实事求是原则、群众路线原则、民主集中制原则等；基本领导原则是指反映贯穿在领导活动的各个方面、具有普遍性的共同规律的原则；具体指导原则是指反映领导活动的某一方面的原则，如有领导决策原则、领导艺术原则、领导用人原则、领导用权原则、领导协调原则、领导力原则等。

本书主要探究和研究领导活动的基本原则。在领导工作中，领导者应坚持的基本原则主要有以下几个方面。

(一)统一领导原则

在领导活动中，坚持统一领导原则，就是要求领导活动在一定时期内，整个组织必须有统一的意志、统一的目标、统一的行动规范，朝着共同的组织目标努力。坚持统一领导原则，关键是要有一致的目标、统一的思想和坚强的领导核心，只有这样才能在坚强的领导者或领导集体的率领下，在统一的、科学有效的思想指导下，朝着共同的目标迈进。

统一领导原则是领导的实质内涵，是领导活动成功的保证。坚持统一领导原则对实现组织目标具有重要的意义：一是有助于维护领导者的权威。领导者拥有法律法规或本组织赋予的权威，能够得到被领导者或组织成员的认可，树立起领导者的权威，推动领导工作的顺利开展。二是有助于在领导周围形成较强的凝聚力。领导者的责任就是带领被领导者或组织成员有效地实现组织目标，通过法律法规或组织的授权，领导者得到被领导者或组织成员的认可，从而拥有较强的话语权，在被领导者和组织成员内部产生较强的认同感，他们会自觉凝聚到领导者的周围，自觉自愿地遵循和执行领导者做出的决策。三是有助于增强领导工作的最终成效。领导者可以有效运用手中的权力，引导和率领被领导者或组织成员制定本组织之内的战略规划和战略目标，带领大家努力实现组织设定的未来目标，增强组织的最终成效。

在统一领导原则下，必须处理好两种关系：一是要处理好集权和分权的关系。集权是指将组织中的权力集中到较高的层次，由领导者或领导集体掌握和运用；分权则是指将组织中的权力分散到整个组织之中，每个被领导者或组织成员，按照在组织内不同的分工、不同的任务、不同的角色，拥有相应的权力。既可以保证领导权力的权威，又可以充分调动被领导者或组织成员的积极性、主动性和创造性，保证组织任务顺利完成。二是要处理好原则性和灵活性的关系。“没有规矩不成方圆。”领导者做人做事，对人对事，既要敢于坚持原则，遇事先问法，要从是否符合法律法规的角度来考虑和衡量事情，又要进行有效变通，增强灵活性。要善于根据发生的实际情况，尽量客观辩证、公正合理地分析问题，寻求解决问题的有效方法，因时制宜、因事制宜、因地制宜，坚持原则性与灵活性的辩证统一。

(二)分层领导原则

坚持分层领导原则，就是要在从上到下的领导系统中建立合理的层次系列，各层次领导都应具有一定的职务、责任、权力，都应在其位，谋其政，行其权，尽其责，设置适当的领导幅度，正确处理上下各层次之间的合理关系。在领导过程中，建立合理的层次系列，并正确地处理各层次之间的关系，最终取得最佳的领导效果。当然，分层领导原则不是绝对的，如果一味机械教条地套用这一原则，凡事采取逐级上传下达的方式，势必影响领导效率，在一定的条件下可以越过一定的层级解决问题。

坚持分层领导原则，具有积极的现实意义：一是有助于建立起层次清晰明确的领导层级。通过相应的法律法规或组织结构设置，从组织结构设置上建立层级分明的领导体制，可以深化领导体制的改革，促进领导工作开展。二是有助于明确不同领导层级的职责和功能。通过设置各层级比较明确的领导分层，使分层领导与领导职能相适应，并通过一定的程序赋予每一层级相应职能，厘清相应职责，保障每个层级能够职责分明，在职权范围内开展领导工作，可使主要领导摆脱缠身的日常琐碎事务，集中精力想大事、干大事。三是有助于促进领导工作的有效性。通过建立起不同层级的领导体制，可以使各层级的领导职能更加明确，分工更加合理，能使各级组织对客观情况的变化，迅速做出反应，也可使被领导者准确认识到各层级领导的职责，积极主动地参与到领导中来，切实提高领导工作成效。

（三）系统整体原则

领导活动是社会现象中的一种，是人类的实践行为，也是一个整体系统，既包括由领导者、被领导者、环境构成的人际系统，也包括由制定决策、执行决策、检查评估等环节组成的动态过程系统。

从产生的根源来说，在领导过程中坚持的系统整体原则，是由系统领导方法发展而来的，而系统领导方法源自系统科学这门学科。有的学者认为，被誉为“科学管理之父”的泰勒，在1911年所著的《科学管理原理》，是系统工程与科学管理的开山之作。1945年，美国理论生物学家贝塔朗菲发表了《关于一般系统论》的文章，从而被称为“系统论的创始人”。把系统论应用到领导活动中，就产生了系统领导方法。系统领导方法，“是系统科学与领导科学相结合的产物，是根据领导活动的系统特性，始终从领导活动的整体和全局出发，对领导活动的空间结构和运行过程进行最优谋划、最优设计、最优选择和最优控制，以实现最优效益的一种科学领导方法。”①

在我国古代，就有在领导活动中，灵活运用系统领导方法，有效解决领导问题的真实例子，即“丁谓修皇宫”的故事。沈括在《梦溪笔谈》中记载了一个“丁谓修皇宫”的故事，这是运用系统方法解决复杂问题的典范。北宋年间，一场突如其来的大火把皇宫烧了，皇帝很生气，就责令大臣丁谓限期修复皇宫。要在短短的时间里完成如此浩大的工程，任务非常艰巨，在一般人看来这是不可能的，但聪明睿智的丁谓顶住了巨大的压力，巧妙地运用系统方法，保质保量地按时完成了任务。他是这样做的：他从整体上抓住皇宫修建过程中建筑材料、交通运输、建筑垃圾处理三个关键因素，把它

---

① 李长根：《浅谈系统领导方法在现代领导活动中的应用》，载《闽江学院学报》，2012(3)。

们纳入一个系统进行综合谋划和运作。在这一过程中，他先让人在皇宫门前的大道取土烧砖，解决了最急需的建筑材料砖的问题；再把大道取土烧砖后变成了一条大沟，他让人把皇城旁的汴水接通，把水直接引到大沟里，就可以用船把全国各地的奇珍异石运到皇城，又解决了最头疼的交通运输问题。这样，各种建筑材料齐备了，施工得以顺利开展，皇城很快就修复了。对于建设皇宫产生的垃圾，他让人把建筑垃圾填入皇宫门前的大沟，既解决了建筑废物处理问题，又恢复了过去平坦的大道。丁谓巧妙地运用系统方法，有效地解决了建筑材料、交通运输、建筑垃圾三个难题，保证了皇宫重建工作的顺利完成。对此，沈括是这样评价的："一举而三役济，计省费以亿万计。"

在领导过程中，要充分借鉴系统科学和系统领导的科学方法，坚持系统整体原则。系统整体原则就是要求领导者在领导活动中，在处理上级部门、同级部门、下级部门及部门内部关系时，都应该从系统整体出发，用系统的观点去观察和处理问题，正确处理局部和整体的关系，达到最佳的领导效能。在现代领导活动中，领导面临的经济、政治、文化、社会、生态等环境都发生了深刻的变革，领导系统内部的环境也发生了前所未有的变化，要求领导者必须坚持系统整体原则，以战略眼光处理局部问题，善于协调各个局部工作之间的关系，形成合理结构，发挥交叉关系，获得最佳的整体效应。反之，如果不把领导活动视为一个有机的动态系统，不进行从宏观到微观、从全局到局部、从当前到长远的统筹规划，不懂得运用系统领导方法和坚持系统整体原则来做领导工作，就很难实现真正实现有效的领导。

在客观环境发生深刻变革的背景下，要求领导者必须具有开阔的视野和全局的观念，站在系统的高度去考虑问题、统筹决策、综合协调，着眼全局、审视局部，在科学协调全局和局部的相互关系中有效把握全局、推进工作。要做到这一点，要求领导者要把领导活动作为一个大系统来处置，灵活运用系统领导原则，只有这样，才能更好更快地履行各项领导职责，才能成为一名主抓大事、管好本行、精通全局的高水平领导者。

（四）权责一致原则

所谓权责一致原则，是指各级领导者在领导活动中，既拥有一定的职务、权力，又承担相应的责任义务，做到权力和责任相对应。职务是指领导者一定的职位和由此产生的职能。权力包括履行领导职能所需要的各种权力。责任是领导者必须承担的与权力相对应的义务和履行义务的行为后果。职责权力是实现有效领导的必要条件。职责权力是实现有效领导的必要条件，如果领导职务与权力分离，只有职务而没有相应的权力，就会使领导工作难以开展，领导者权威难以实现，布置的任务难以得到有效执行，从而使领导者工作缺乏必要的动力。

在领导活动中，必须坚持权责统一。有职务就有相应的权力，有权力必须有责任，有责任必须要有担当。领导者的担当首先就是要承担责任，领导干部手中掌握一定的权力，责任无处不在，担当义不容辞。每个领导者都要对负责的事情担责、负责，出了问题还要追责、问责，绝不允许推诿和逃避责任。权力与责任应当保持一致，这是法治国家和法治社会的重要标志，是现代政治文明的必然要求。领导干部作为权力的行使者，更应做到权责统一。领导者行使权力必须做到执法有保障、有权必有责、用权受监督、违法受追究、侵权须赔偿。

在领导活动中，有权必有责，这就要求领导者应增强责任意识。权力和责任是紧密相连、不可偏废的。责任包括权力主体应履行的义务，也包括权力主体违法应承担的后果，或不履行法定义务所应承担的后果。要坚持权责统一，必须严格对领导者问责。问责不仅体现了领导者应该承担责任的理念，也体现了领导者勇于承担责任的姿态。对领导者有令不行、有禁不止、行政不作为、失职渎职、违法行政等行为，要严肃追究有关领导者的责任，坚持严格要求、实事求是、权责一致、依靠群众、依法有序的原则。领导者要秉承权责统一、有责才有权的理念，树立强烈的责任意识，做好本职工作，把组织赋予的权力用在保障和实现被领导者或组织成员的利益上，保障每个人的合法权益都得到有效维护。

（五）民主公开原则

在我国社会主义制度中，公开性原则，是社会主义民主的重要标志，其公开程度如何，表明社会主义民主的广度和深度。历史已经证明：不坚持公开性原则，就不会有广大人民积极性的调动，就不会有真正的社会主义民主。社会主义民主的公开性程度越大，就意味着社会主义的民主越多，社会主义制度的优越性越明显。当前阶段，社会生活的复杂化和社会管理任务的增加，使领导掌握的权力急剧膨胀，现代民主进程的不断推进、政治文明的日益强化，更进一步要求人权保障、尊重民众的参与权和知情权。

在建设社会主义民主政治中，民主主要包括三大原则：公开、公平、公正。公开是前提，公平是过程，公正是结果。领导活动必须遵循社会主义民主政治的要求，坚持公开、公平和公正的原则。本章主要关注的是民主公开原则，这一原则要求在领导活动中必须高度重视发扬民主，在领导制定决策、制定预算、选拔用人、行使权力、发布信息等诸多方面，都坚持公开办事制度，公开办事结果，接受广泛监督。诸如，在领导决策前，要先进行广泛的调研，广泛听取意见，博采众长，最大限度地反映最广泛人群的利益诉求，切实保证决策的科学性、广泛性和民主性；在决策实施过程中，要创造被领导者、组织成员或其他民众参与决策的平台，提供更广泛的参与途径，加强宣传教育和引导，对领导活动进行多元化的有效监督；在领导决策实施之后，也要充分发挥民主，让更多民众参与领导决策的绩效评估，广泛听取他们的意见，对存在的问题进行完善，为以后的领导工作奠定坚实的基础。

在领导活动中，贯彻民主公开的原则，具有积极的现实意义：一是能够较好地体现出社会主义领导的本质，即“领导就是服务”。我们党的宗旨是“全心全意为人民服务”。邓小平高瞻远瞩地提出：领导就是服务。领导者行使的是民众让渡的权力，代表着广大人民的利益，必须毫不动摇地坚持“领导就是服务”理念，自觉坚持民主公开原则。二是能够较好地体现出民众对领导者的监督。在领导活动中，贯彻民主公开原则，防止领导者出现“庸政”“懒政”“怠政”等消极行为，避免出现“越权”“滥用职权”或者腐败等不良行为。三是能够较好地提高领导效率。通过实行民主公开原则，使领导者的权力和行为更多地置于制度的阳光之下，可以减少领导者的错误认知、不良行为，甚至是违法行为，规范自己行为，做出更加积极主动、正确合理的行为，最终会提高领导效率，推动组织目标的顺利实现。

（六）集体领导与个人分工负责相结合的原则

集体领导与个人分工负责相结合的原则，主要是指工作中的重大问题要由领导班子集体讨论和决定，决定时严格执行少数服从多数的原则；集体决定的事情就要分头去做，各负其责，失职者要追究责任。这个原则实际上是民主集中制原则的具体体现。集体领导与个人分工负责，是相辅相成、相互结合的同一问题的两个方面。所谓集体领导，就是只要涉及重大问题的事项都要由党的委员会集体讨论并做出决定，是民主集中制在党的领导制度上的体现和运用。集体领导的实质是集中集体的智慧，即集体讨论问题的时候需要充分发扬民主，集中集体的智慧与经验，使决策具有广泛的群众基础。所谓个人负责，就是领导班子成员要按照集体研究做出的决定和分工，履行好自己的职责，做好所分管领域的工作。只有人人负责，才能更轻易、更完美地实现集体领导的目标。

为更好地坚持集体领导与个人分工负责相结合的原则，领导者正确处理好集体领导与个人负责的关系：一是要自觉提高自己的政治素质和个人修养，树立起四大意识，即表率意识、责任意识、团结意识、大局意识，做到公道正派、豁达大度、广开言路、素质超群，影响和感化其他班子成员，形成一股暖暖的正能量，形成正的外部效应。其他班子成员也要做好分管下属的工作标杆，共同营造一种团结和谐的工作氛围。二是要明确自己的职责，并紧紧围绕集体领导所做出的决策开展工作。权力有大小，责任更重要。领导者应端正态度，摆好自己的位置，正确认识权利与责任担当，不争名夺利，踏踏实实做好自己职责范围内的事情。三是坚持遇事多沟通，坚持大事讲原则，小事讲风格，在广泛沟通交流中促团结、共发展，促进本组织目标的顺利实现。四是要善于从大局出发处理问题。只有对事、对人、对未来高瞻远瞩，才能避免小的纠纷矛盾，避免决策失误，要勇敢承担起自己的领导职责，做好自己的分内事，发挥自己的能力和优势，为领导工作做出应有的贡献。

二、领导的作用

(一)服务作用

领导的服务作用，是指领导者坚持正确的服务理念，依靠领导手段，提升服务能力，实现组织发展和个人发展。

“领导就是服务”是社会主义领导的特殊本质。在总结巴黎公社经验教训时，马克思指出：“旧政府权力的纯粹压迫机关应该铲除，而旧政府权力的合理职能应该从妄图驾驭社会之上的权力那里夺取过来，交给社会的负责公仆。……为组织在公社里的人民服务。”邓小平指出：领导就是服务这是对我国社会主义领导本质的高度概括。领导就是服务，归结为一句话，领导就是要全心全意为人民服务，做广大群众的公仆。在社会主义社会里，生产资料公有制是主体，劳动者不仅是生产资料的主人，而且还是国家政治生活中的主人。社会主义的这种生产关系的性质和劳动者的主人翁地位，决定了社会主义领导的特殊本质就是服务。

在领导活动中，掌握权力的领导者，不论是行使职权，还是发挥个人影响力，都必须毫不动摇地坚持“领导就是服务”的理念，把“服务”作为领导工作的宗旨。领导者履行各种职责，必须以被领导者、组织成员或社会大众服务为出发点和归宿。选拔和任用领导者，必须坚持德才兼备的标准，“德”就是要具有无私奉献、全心全意为社会、为人民服务的人生观和价值观。要求在选拔和任用领导者的时候，居于第一位的就是领导者的“德”。只有具有服务至上的观念，领导者在制定一切路线、方针、政策和重大决策，或制定决策、选拔用人、社会管理的时候，才能坚持充分考虑被领导者，坚持公平、公正、公开的原则，坚持“人民拥护不拥护、人民赞成不赞成、人民高兴不高兴、人民答应不答应”的社会主义服务理念，能够做到艰苦奋斗、奋发图强、吃苦在前、享受在后、依靠群众、发扬民主，做到“想人民之所想，急人民之所急”，维护被领导者、组织成员和社会大众的合法权益。

(二)指挥作用

领导的指挥作用，是指在领导过程中，领导者帮助组织成员认清所处的环境和形势，指明活动的目标和达到的目标的路径。领导者是组织的主导力量，率领和引导被领导者、组织成员通过一定的方式，努力奋斗实现组织目标。对于领导者在团队中的重要作用，人们常常将领导者比作乐队指挥，在乐队指挥的指挥下，整个乐队共同形成了和谐声调，弹奏出美妙动听的乐曲。领导者不是站在群体的后面，默默地做贡献，推动群体中的人们前行，而是站在队伍的前列，引导和率领人们，齐心协力，共同为实现组织的目标而奉献。

曾经有人这样问一个企业家，他为什么喜欢航海。企业家的回答是，航海和经营企业有强烈的共同点：一个企业的发展需要全体员工的共同努力，就像一艘船要破浪前进，需要全体船员各司其职，共同配合，才能顺利抵达目的地一样。其实，企业家和员工都是这条船上的一员，只是分工不同，角色不同而已。在企业这条船上，企业家是船长，这个职位赋予他的不仅有权利，还有责任，他要思考船的航向，要避免触礁或者碰到冰山，还要保障一船人的安全。船长是一艘船的灵魂人物，船长的领导水平和技术能力决定了该艘船是否能够有效地完成任务。在对一艘船进行管理的过程中，船长不仅要拥有良好的个人品质，还要有精湛的航海技术，指挥着全体船员各司其职，共同驶向目的地。

领导者就是组织中的船长，设定组织的发展目标和战略规划，建立健全高效的组织结构，指挥和引领全体组织成员，勇于面对复杂的经济形势、社会动态、竞争压力、良好机遇、巨大挑战，“不畏浮云遮望眼”，操纵好自己手中的“船舵”，鼓起全体组织成员的斗志，规范他们的行为，发掘他们身体里的全部潜能，共同驶向成功的彼岸。领导者能够“带领他人走到他们从未走过的地方”，在指挥组织成员实现组织目标的过程中，施行行之有效的发展策略，为整个组织规划美好可行的未来蓝图，正确引领组织成员砥砺前行，并且能够及时发现组织目标中存在的各种问题，既不是一味地责怪，也不是毫不原则地推卸责任，而是及时寻找解决问题的方案，带领整个组织一起走出困境。

(三)沟通作用

所谓沟通，是指不同行为主体，通过各种载体实现信息的双向流动，形成行为主体的感知，以达到特定目的的行为过程。沟通是人类组织的基本特征和活动之一。现代世界是一个沟通的世界，无论是国家、组织，还是个人，都离不开沟通。沟通是传递信息、交流思想、表达感情的重要手段，也是化解矛盾、解决问题、增进和谐的重要方式。所谓沟通作用，是指在领导过程中，领导者需要协调组织成员之间的矛盾或问题，建立起融洽和谐的人际关系，形成良好的工作氛围，带领大家朝着共同的目标前进。

在治国理政过程中，一代贤相诸葛亮认识到沟通的重要性，他认为：“故为政之道，务于多闻，是以听察采纳众下之言，谋及庶士，则万物当其目，众音佐其耳。”布衣出身的皇帝朱元璋重视统治过程中的沟通作用，他认为：“治国之道，必先通言路，言犹水也，欲其长流，水塞则众流障遏，言塞则上下壅蔽。”美国领导学家米歇尔·海克曼指出："领导是一种特殊的沟通方式，是为了满足共同的群体目标和要求而改变其他人态度和行为的人类沟通。"美国领导学家约翰·艾德尔强调："沟通是领导过程的姊妹。"英国管理学家 L. 威尔德："人际沟通始于聆听，终于回答。"美国管理学大师彼得·德鲁克曾说过："一个人必须知道应该说什么，一个人必须知道什么时候说，一个人必须知道对谁说，一个人必须知道怎么说。"巴纳德认为："管理者的最基本功能是发展与维系一个畅通的沟通管道。"

在领导过程中，沟通是领导的基本行为方式。有效沟通是领导成功的关键，在现代领导活动中具有重要作用。一是沟通是领导者制定正确政策的必要条件。在制定决策过程中，领导者需要进行详尽周到的调研，了解和掌握真实的情况，才有可能制定出科学合理的决策。二是沟通是领导者实现组织目标的重要保证。在制定组织目标和实现组织目标的过程中，都需要领导者进行有效的沟通，让更多的被领导者、组织成员参与到企业目标的制定和执行过程中来，引领全体组织成员为实现组织目标而努力奋斗。三是沟通是领导者促进和谐的润滑剂。在领导活动中，领导者难免会遇到各种各样的问题，面临诸多压力和挑战，要解决这些问题，需要领导者善于走"平衡木"，具有较强的沟通能力，促进问题解决，建立起轻松和谐、安定有序的良好组织关系。四是沟通是领导者引领组织进一步创新的重要条件。创新是一个民族进步的灵魂，是国家兴旺发达的不竭动力。一个组织要实现长远发展，必须进行不断地创新，包括理论创新、制度创新和科技创新，同样包括领导理念、领导方式、领导体制等方面的创新，只有坚持这些方面的创新，才能进一步推动组织目标的顺利实现。

沟通是一门高超的艺术，有效沟通是领导者进行领导活动、增强领导力不可缺少的利器。在领导过程中，每个领导者都应该是优秀的沟通者。在领导过程中，为更好地促进组织目标的实现，领导者可以从以下几个方面努力：一是要不断提高自己主动沟通的意识和觉悟，做一个善于倾听的人。领导者要静下心来，耐心倾听组织成员的心声、意见和反映的问题，把握住各种关键信息，做出合理的判断，及时解决问题。二是要不断学习沟通的知识。在领导过程中，遇到的问题越来越多，领导者难以凭借既有的沟通知识进行领导，必须适应学习型社会、学习型组织的需要，深入学习沟通知识，提升沟通知识素养，为解决沟通问题奠定坚实的基础。三是不断提高沟通能力。沟通是一门领导艺术，更是一种领导能力。领导者要解决存在的问题，化解各种矛盾，就必须不断丰富沟通知识，提升沟通技巧，增强沟通能力，促进各种问题的解决，建立起和谐的组织关系，实现组织目标。

(四)激励作用

所谓激励，是指组织通过设计适当的外部奖励形式和工作环境，以一定的行为规范和惩戒性措施，以此来激发、鼓励、规范、引导和控制组织成员的行为，实现组织目标和个人发展目标的活动。在企业管理过程中，要调动员工参与的积极性，企业的管理者必须重视激励的重要性，采取多元化的激励手段，加强对员工的激励。通过科学合理的激励手段，实行激励政策，其出发点是满足员工的各种内在性需要和外在性需要，对企业人力资源管理具有重要的意义。一是可以激发员工的积极性、创造性，鼓舞他们的士气，使个人的荣誉感、自豪感、责任感、归属感得到发挥，产生"企业兴盛我光荣，企业衰败我耻辱"的感觉，进而激发他们对企业的热爱、对企业文化的认同和对企业发展战略的拥护。二是可以进一步发挥员工的潜能，提高他们的主观能动性。哈佛大学詹姆斯教授通过对人的可激励性问题进行深入研究，认为在缺乏激励的一般岗位上，能力发挥不过20%～30%，如果受到充分激励，则可发挥到80%～90%。这就意味着，坚持科学合理的激励政策，员工就会感到被重视、被认可，他们的内在潜能机会就会被极大地激发出来。三是可以增强组织的凝聚力。通过实行科学合理的激励政策，奖惩分明，根据员工的贡献程度进行奖励，有贡献要奖励，犯错误就要受到一定的惩戒，注重奖励的公平、公正、公开，就可以形成良好的工作范围，增强整个组织、团队内部的凝聚力、向心力和战斗力，促进组织目标的实现。

领导激励是激励活动的一种重要方式，在领导活动中，领导激励的实质，就是如何有效地调动人的积极性、主动性、创造性。在激励活动中，领导者要正确认识人、鼓励人、尊重人、爱护人，准确把握人的各种行为与人的需要和发展的关系，激发人的积极性、主动性、创造性，最大限度地发挥被领导者、组织成员的潜能。领导激励不仅是重要的管理手段，而且是一门高深的领导艺术。领导者实施激励，对组织管理、组织目标实现、组织成员个人发展等都具有重要的现实意义：一是有助于提高组织成员的积极性、主动性和创造性。激励可以提高组织成员接受和执行组织目标的自觉程度，解决组织成员对工作价值的认识问题，使其充分认识所从事工作的必要性。二是有助于激发组织成员的工作热情和兴趣。激励不仅可以提高组织成员对自身从事工作的认识，而且还能够激发组织成员的工作热情和兴趣，解决工作态度和认识倾向问题，投入自己的全部精力为达到预期目标而努力。三是提高组织工作的整体绩效。公平、公正、公开的激励政策可以激发组织成员的积极性，充分挖掘他们身上蕴藏的无限潜力，形成人人努力、共同奋斗的良好局面，"众人拾柴火焰高"，最终将提高工作的整体绩效。四是有助于营造和维持良好的人际关系环境。领导者实施科学合理的激励手段，促使组织成员的动机更强烈，使群体中的个人很好地为共同目标而努力工作，创造出一个良好的工作环境。激励贯穿于领导活动的全过程，是领导行为是否有效的重要标志。

要达到良好的激励效果需要在恰当的时机选用合适的激励类型，运用恰当的激励措施。在总结前任研究的基础上，我们认为领导激励不能拘泥于单一的方法，要根据实际情况，采取不同的激励方法，主要包括以下几种：情感激励法、尊重激励法、赞美激励法、荣誉激励法、沟通激励法、参与激励法、兴趣激励法、尊重激励法、沟通激励法、信心激励法、危机激励法、竞争激励法、惩戒激励法、末位淘汰法、晋升激励法、榜样激励法、目标激励法、地位激励法、薪酬激励法、授权激励法、示范激励法、宽容激励法、关怀激励法、愿景激励法、培训激励法、责任激励法、信任激励法、竞争激励法、文化激励法、目标激励法等。在领导活动中，优秀的领导者必定是一位善于激励的人，在实施激励的过程中，领导者要根据实际情况，采取灵活有效的激励方式和手段，调动组织成员参与管理的积极性，激发他们的潜能，形成强大的组织合力，顺利实现组织目标，促进每个组织成员的长远发展。

(五)示范作用

示范是一种直观的、现实的、可供仿效的形象教育，它可以起到言传身教的导向作用。从根本上说，领导者对被领导者、组织成员的影响也是如此。“教者，效也，上为之，下效之。”“其身正，不令而行；其身不正，虽令不行。”“上者，民之表也。表正，则何物不正?”今天人们常说“榜样的力量是无穷的”“身教重于言教”。领导者的重要作用之一就是在各项工作和日常生活中给广大群众做出表率，起到实实在在的示范作用。

所谓领导示范作用，是指在领导活动中，领导者通过自身的人格魅力和行为，对组织成员带来的广泛影响。领导者要成为被领导者、组织成员的榜样，变“照我说的那样去做”为“照我做的那样去做”。领导者是组织目标制定的组织者、推进者、监督者，更是参与者，必须时时处处发挥带头示范作用。领导者是一个组织内的火车头，其一言一行都影响着组织成员。领导者必须肩负起责任，严格遵守各项规章制度，起好带头作用，充分利用自己的示范作用这个明亮的窗口，坚定不移地朝着远大目标，劈波斩浪，奋力前行。

首先，领导者要树立起示范意识，发挥表率作用。领导是旗帜，是导向，是排头兵。“上梁不正下梁歪”，领导者要增强自律意识、标杆意识、表率意识，只有自己站得端、行得正，事事率先垂范，时时以身作则，处处严于律己，才能形成一种人格魅力，让人心悦诚服、上行下效，从而带动整个队伍形成优良的作风。实践证明，领导者通过以身作则、率先垂范，就能以点带面、以上率下，带动形成良好的风气，反之则带坏班子、带坏队伍、败坏组织内的风气，对组织建设、组织队伍建设都造成消极的影响。

其次，领导者要敢于担当、勇于负责。在组织内，领导者的职位越高，越要严格要求自己模范遵守法律法规和组织内的各种规定。凡是要求组织成员做到的，领导者要身先士卒，自身要首先做到；凡是要求组织成员不做的，领导者首先不做，用更高的标准要求自己，带头参加学习，带头听取意见，带头改进不足，为组织成员做出样子、树立标杆。领导者要做到认识高一层、学习深一步、实践先一着、剖析解决问题好一筹。在实现组织目标的过程中，会面临很多复杂的问题，任务艰巨，压力巨大，领导者要善于担当，敢于担责，不断开拓创新，不怕出错误，即使出现了失误，也要勇于承担起自己应尽的领导责任，尽力弥补，积极寻求问题解决的新方法、新思路和新对策。

最后，领导者要公道正派，一身正气。在领导决策、领导用人、领导激励等方面，领导者要坚持公平、公正、公开的原则，心中要有凛然正气，做到坚持原则不动摇，执行标准不走样，履行程序不变通，遵守纪律不放松。“国家大事，唯赏与罚，赏当其劳，无功者自退；罚当其罪，为恶者咸惧。”领导者要做到秉公办事，顾全大局，做到公平不倾斜，公正不护短，公道不藏私，不畏权势，不徇私情，不左右逢源，敢于亮明自己的观点，做到言行一致，表里如一，切实维护领导工作的严肃性，做到以公正律己，以公正服人。在领导工作中，领导者要坚持公道正派，公正无私，敢讲真话，讲公道话，做公道事，更要严于律己，清正廉洁。要平等待人，客观公正。只有这样，才能树立起良好的示范作用，对组织成员带来积极的影响，就会激发他们的积极主动性，形成公平、公正、和谐的组织氛围。

本章小结

首先，本章分析了领导的产生与发展，认为原始社会产生了领导雏形，是一种自然状态的领导；在封建社会中，领导进一步发展，是一种专制型的领导；资本主义社会中的领导，逐步实现了领导的科学化，在我国社会主义社会中，领导实现了升华，强调领导就是服务。其次，探讨了领导的特征，即领导的动态性、权威性、系统性、综合性、超前性和创新性。再次，探讨了领导的基本原则，即统一领导原则、分层领导原则、系统整体原则、权责一致原则、民主公开原则、集体领导和个人分工相结合的原则。最后，探讨了领导的作用，即领导的服务作用、指挥作用、沟通作用、激励作用、示范作用。

复习思考题

1．简述领导活动经历的发展演变进程。

2．你是如何理解邓小平提出的“领导就是服务”这一理念的？

3．请简述领导具有的特征。

4．请简述领导应坚持的基本原则。

5．请简述领导具有的作用。

第三章
领导理论

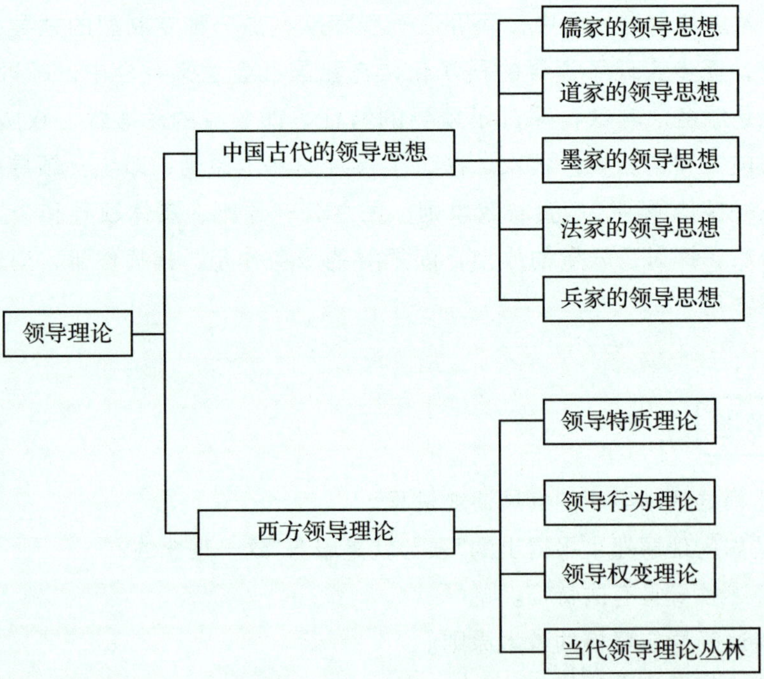
领导理论
中国古代的领导思想
儒家的领导思想
道家的领导思想
墨家的领导思想
法家的领导思想
兵家的领导思想
西方领导理论
领导特质理论
领导行为理论
领导权变理论
当代领导理论丛林

学习目标

学习目标

通过对本章的学习，要掌握我国古代的领导思想，重点是掌握儒家、道家、墨家、法家、兵家等学派领导思想的主要内容，掌握西方领导理论，主要包括领导特质理论、领导行为理论、领导权变理论、领导归因理论、魅力型领导理论、变革型领导理论、自我领导理论、超级领导理论、诚信领导理论等内容，提高领导思想和领导理论的知识素养。

重点提示

本章的重点是儒家、道家领导思想的主要内容，领导特质理论、领导行为理论、领导权变理论、魅力型领导理论、变革型领导理论的知识点。

从产生根源和发展演进过程来看，领导活动并不是偶然产生的，而是伴随着整个人类社会发展的历史进程。在这一过程中，人们开始对领导活动进行探讨和思考，逐渐产生了领导思想和领导理论，形成了系统的领导科学，成为人们开展领导活动的理论工具和实践指南。

本节主要探究中国古代的领导思想、马克思主义领导理论和西方领导理论，探究、分析这些丰富多彩的理论研究内容，充分借鉴合理成分以指导和推进我国领导工作的顺利进行。

第一节 中国古代的领导思想

我国古代领导思想讲究“内圣外王”，维护社会政治生活基本结构，注重统治者“内在修养”，倡导“民为邦本”“政在养民”。由于时代的局限性，古代领导思想具有较强的封建性、人治性、保守性、落后性等特点，我们要坚持马克思主义立场，辩证地看待其观点。本节主要探究中国古代儒家、道家、法家等领导思想，取其精华，去其糟粕，推进领导科学建设。

一、儒家的领导思想

“以民为本”的思想主要体现在儒家“仁”“仁政”的思想上。儒家强调要实行“仁政”，以民为本，“仁者爱人”，改善为政者与民众的关系，“君，舟也；人，水也。水所以载舟，水所以覆舟”，促进社会安定、政权稳定。其“以民为本”观念体现在以下方面。

(一)仁者爱人，为政以德

孔子推行“仁政”，将“仁者爱人”用于治国。孟子主张“王政”。“王政”与“仁政”都主张将“仁”观念与政治相结合，用仁德来治理国家。孔子认为，治理国家最有用的方式是以身作则，用美德来领导，做下位者的榜样，并加以潜移默化。他提出“为政以德，譬如北辰，居其所而众星拱之。”《孟子》中强调：“天下有达尊三：爵一，齿一，德一。朝廷莫如爵，乡党莫如齿，辅世长民莫如德。”这句话的意思是：天下有三样东西被认为最尊贵：一个是爵位，一个是寿命，一个是道德。在朝廷中，首要的是爵位；在乡里，首要的是高寿；在辅佐君子统领百姓方面，首要的是道德。儒家强调“德治仁政”，认为道德乃政治之本，君主应以人格力量感召天下，关爱天下黎民苍生，而不单纯靠刑杀、武力方式去威服天下。这是儒家“德治”思想的主要精髓。

(二)民惟邦本，本固邦宁

我国古代“民惟邦本”领导思想认为民众是国家的根本。《尚书》强调：“民可近，不可下。民惟邦本，本固邦宁。”《管子·霸言》明确提出：“以人为本，本理则国固，本乱则国危。”《晏子春秋·内篇问下》中强调：“卑而不失尊，曲而不失正者，以民为本也。”《孟子·离娄上》“得天下有道，得其民，斯得天下矣。”他提出一个重要命题：“民为贵，社稷次之，君为轻。”《荀子·王霸》“用国者，得百姓之力者富，得百姓之死者强，得百姓之誉者荣。三得者具而天下归之，三得者亡而天下去之。”程颐有言：“为政之道，以顺民心为本，以厚民生为本，以安而不扰为本。”我国古代领导思想重视民众对于国家治理和政权稳定的重要性，只有以民为本，才能本固邦宁，国家安定，政权稳定。

(三)为政之道，在顺民心

在治国过程中，不少统治者和思想家都高度重视民心的重要性，强调民众是国家之根本，要做到顺乎民意，取信于民，才能赢得民心，实现本固邦宁，得民心者得天下，失民心者失天下。古代“民惟邦本”思想认为，设立“君”是手段，为“民”才是根本目的，民为体，君为用。《尚书·周书·泰誓》中强调：“天佑下民，作之君，作之师，惟其克相上帝，宠绥四方”，认为君与师的价值都在于如何“为民”。孔子说：“民以君为心，君以民为本。”《道德经》中强调：“圣人无常心，以百姓心为心。”据《太平御览》记载，孔子的学生子夏将君民关系比喻为鱼水，提醒执政者不要脱离民众：“鱼失水则死，水失鱼犹为水也。”《荀子·王制》中强调：“君者，舟也；庶人者，水也。水则载舟，水则覆舟。”《荀子·大略》中强调：“天之生民，非为君也。天之立君，以为民也。”《国语·楚语上》中强调：“民，天之生也，知天，必知民矣”，认为民众是天生的，君王要顺承天意，就要重视民意、顺应民心，这是大政兴废之所在。西汉初期思想家贾谊在《新书·大政上》中认为民众是国家根本，“闻于政也，民无不为本也。国以为本，君以为本，吏以为本。”宋代程颐也强调：“为政之道，以顺人心为本。”黄宗羲在《明夷待访录》中提出：“古者以天下为主，君为客，凡君之所毕世而经营者，为天下也。”历史表明，为政之道，在于民心向背，其关乎国家稳固和长久，关乎政权兴衰更替。为此，要顺乎民心，顺乎民意，开诚布公，以诚待民，方能取信于民，获得民众支持。

(四)倡导富民教民

民众是国家之本，是国家稳固、政权安定的基石，执政者必须重视民众利益，教化民众。为此就要让民众富裕起来，安居乐业，还要让民众得到教育教化，开启智慧，遵循礼仪。

第一，坚持“政在养民”的富民思想。我国古代“民惟邦本”的领导思想认为“安居乐业，丰衣足食”是国家兴盛、政治昌明的重要表征。《管子·治国》“凡治国之道，必然富民。民富则易治也，民贫则难治也。”百姓丰衣足食，安居乐业，国家就安定。怎样才能富民呢？首先，要兴利于民。《管子·治国》中强调：“先王者善为民除害兴利，故天下之民归之。”《荀子·王霸》中强调：“兴天下同利，除天下同害，天下归之。”《管子·君臣下》认为：“为民兴利除害，正民之德，而民师之。”其次，要实施仁政，节用于民。孟子认为：利民是君主的使命，帝王应当施行以民众利益为己任的“仁政”。《荀子·富国》认为：“足国之道，节用裕民，而善藏其余。”孟子要求统治者要重视民众、关心民众，要施利于民，“有恒产者有恒心，无恒产者无恒心”。最后，要轻徭薄赋，兴富民之策。统治者不仅要有富民之心，还要有富民之策、富民之举。应减轻税负，节约开支，使民富国强。这些思想把百姓富足安乐作为国家繁荣富强的先决条件，认为只有君王“爱民利民”，国家才能长治久安。

第二，坚持教化民众的教民思想。古代领导思想认为，统治者治国之根本在于治民，而治民之根本在于治心，治心就要教民。教化的核心内容是仁、义、礼、智、信、忠、孝、廉、耻等道德规范。孔子认为，在经济上使民众富裕起来之后，统治者就要对民众进行教化，即“富之”“教之”。他极力提倡和推崇德治，认为压迫百姓的政治是“苛政猛于虎”，是吃人的暴政，而行德治才是众望所归，对待老百姓应该“道之以德，齐之以礼”，这样他们才能有耻辱感而安分守己。《管子·权修》中提出：“一年之计，莫若树谷；十年之计，莫若树木；终身之计，莫若树人。”孟子也十分重视“教民”的作用，他说：“不教民而用之，谓之殃民。”又说：“善政不如善教之得民也。善政，民畏之；善教，民爱之。善政得民财，善教得民心。”统治者通过对民众的教化可以改善执政者与民众的关系，从而赢得民心，得到民众的拥护，有利于国家安定。

二、道家的领导思想

老子是我国古代伟大的思想家，道家学派的创始人。他所著的《道德经》一书内容丰富，博大精深，其中“道法自然”“圣人无常心，以百姓心为心”“无为而治”等领导思想，对于我们今天的领导科学建设具有深刻的启迪。

（一）领导者要“以道为尊”

在《道德经》中，在老子的思想体系里，“道”是最核心的思想。“人法地，地法天，天法道，道法自然”，“道”既是万物的本源，又是统领支配天、地、人的总规律和总法则。他提出了领导者治国理政要尊重客观规律，认识客观规律，按客观规律办事。他强调领导者要“处无为之事，行不言之教”，避免主观随意性，防止恣意妄为。他甚至从尊重客观规律出发，把是否合“道”以及合“道”之程度，作为衡量人的行为准则与道德标准，“孔德之容，惟道是从”，指出伟大、高尚的品德就在于遵循客观规律。作为治理国家、管理社会、组织老百姓的领导者，需要有高于老百姓的高尚品德。

（二）领导者要修德

老子曰：“善建者不拔，善抱者不脱，子孙以祭祀不绝。修之身，其德乃真。修之家，其德乃余。修之乡，其德乃长。修之邦，其德乃丰。修之天下，其德乃溥。”老子认为，从一身到天下，不断地充实自我，提高自身道德修养，乃领导者立身处世的根基。

第一，领导者要坚持“三宝”法则。《道德经》中强调：“我有三宝，持而保之：一曰慈，二曰俭，三曰不敢为天下先。慈故能勇；俭故能广；不敢为天下先，故能成器长。”领导者能做到贵“慈”爱民，爱惜民力，就能崇“俭”以富民，从而国力增强，长治久安。第二，领导者要以百姓利益为重，想民之所想，急民之所急，爱民之所爱，乐民之所乐，好民之所好，恶民之所恶。只有为政者心忧天下，心怀天下，才能得到人民的拥护，才能真正做到贵慈爱民，做到“不为天下先”，从而实现“有为”“大为”，乃至“天下先”的大目标。第三，领导者要做到少私寡欲。崇俭而富民，领导者必须做到少私寡欲，廉洁自律。在老子看来，领导者要淡泊名利，控制自己私欲，提出“见素抱朴，少私寡欲”。领导者要珍惜自身价值与尊严，坚决抵制私欲膨胀，摒弃利欲攀比，克己奉公，人格不断完善，达到“可托天下”的最高境界。第四，领导者要具有“四不自”品格。《道德经》中对执政者提出了“四不自”的素质要求，即“不自见，故明；不自是，故彰；不自伐，故有功；不自矜，故能长。”领导者不自我显露，才能潜心前行；不自以为是，才能明辨是非；不自我夸耀，才能建立功绩；不自高自大，才能长远发展。第五，领导者要具有高尚品德。老子认为领导者首要的素质就是具有高尚品德，为人要宽容大度、胸怀开阔。领导者要加强道德修养，有利于一己之身和家庭，治理一乡、一邦和天下，这是领导者立身处世的根基。

（三）领导者要“无为而治”

道家领导思想最核心也是最重要的理念就是“无为而治”。《道德经》中，有10多处提到了“无为”二字。“道”指的就是自然法则。“道”的主流是“无为”，人效法道，也应当以“无为”为主。老子认为“道”是万物的规律，其基本属性是自然无为，人类应顺应自然。领导者如遵循此道，顺应时势，万物将会自觉地受制于它。老子强调领导者要遵循自然法则，以掌握万事万物发展变化的趋势而顺应。“无为”是老子领导思想中的重要命题，“无为”不能简单地理解为消极的“无所作为”，什么事情都消极被动，什么都不去做，但其真正目的是要遵循事情发展的基本规律，避开前进中所存在的矛盾和问题，放眼长远，静观其变，从而占据主动，以达到“无所不为”的最终目的。实践证明，老子倡导的“无为而治”领导思想，遵循了“自然之道”，顺应了自然界万事万物的发展规律，是一种大智如愚的领导理念。遵循这种领导方式，是一种行之有效、弹性化、柔性化的领导策略，能够达到“治大国若烹小鲜”的良好效果。

三、墨家的领导思想

墨家约产生于战国时期。创始人为墨翟（墨子）。墨家思想的主要精髓是“兼相爱”“交相利”“尚贤使能”等方面，这些具有重要的现实意义。

（一）兼相爱，交相利

作为墨家领导思想的精髓，“兼相爱，交相利”，从字面上理解就是既要爱自己，也要爱别人，与人交往要做到彼此有利，实现共赢、多赢。墨子生活的时期，是一个大动荡的年代，各国诸侯争霸，战乱不休，天下分崩离析。墨子认为，当时社会“大乱”的根源，在于国与国之间的战争，人与人之间的争夺，造成这种现象的根本原因就在于人们之间的不兼爱。他认为，“天下兼相爱则治，交相恶则乱”。他主张国与国之间、人与人之间在交往时候，都应当坚持“兼相爱，交相利”“爱人若爱其身”。君臣父子之间都会忠孝慈爱，人伦秩序就不会混乱颠倒，也就不会有盗贼横行，这样天下就可得太平。墨子进而提出“非攻”思想，指出：“爱人运行时，人亦从而爱之；利人运行时，人亦从而利之。”在他看来，国与国、家与家、人与人之间，只要相互兼爱，不要发动战争，相互攻伐，可以共同取利。因此，墨子强调要“务求兴天下之利，除天下之害”。他希望统治者能够心怀天下，兴天下有利之事，少发动战争，少侵略其他国家，少做危害天下的事情，就能做到天下稳定。

(二)尚贤使能

以墨子为代表的墨家，借鉴了儒家和道家关于选用贤良之才治理国家的观点，更希望统治者能够尚贤使能。基于治国安民的根本目的，墨子提出了“尚贤”是“为政之本”的观点，主张人才是“国家之珍”“社稷之佐”和“良医善药”，要“选天下之贤可以立天子”。

墨子之所以提出“尚贤”，主要是针对宗法制度下任人唯亲的不公平现象。墨子假借古代圣王，提出：“古者圣王之为政，列德而尚贤……故当是时，以德就列，以官服事，以劳殿赏，量功而分禄。故官无常贵，而民无终贱。有能则举之，无能则下之。举公义，辟私怨，此若言之谓也。”这段话的意思是，选拔官员要以德能为准，哪怕是出身于工农下层社会，只要他有德有能，就应选拔上来，委以官职，并以劳绩作为考核评价的标准，这样才能做到公道正派，只有公义，没有私怨。墨子强调：“古者圣王甚尊尚贤而任使能，不党父兄，不偏富贵，不嬖颜色。”只有打破讲究血缘关系宗法观念，才能做到任人唯贤，打破任人唯亲的局面。父兄亲戚、朋友同事等，归结为一个字，就是“亲”。“亲”已远远不止是血缘关系，还包括血缘关系的延伸，即所有亲近自己和自己亲近的人。因此，墨子提倡“不辨贫富、贵贱、远迩、亲疏，贤者举而尚之，不肖者抑而废之”。只有不论亲疏远近，一律以德才为准，才能形成有德有能者上、无德无才者下的人才良性循环，避免出现逆淘汰。

四、法家的领导思想

法家是先秦代表新兴地主阶级激进派利益的学派，主张变法革新，要求加强君权，提倡以“法治”代替“礼治”，积极发展封建经济，鼓励“耕战”，力求做到“富国强兵”，达到加强和巩固地主阶级专政的目的。

法家的集大成者韩非子提出了以“法”为中心的法、术、势三者合一的封建君主统治术。他提出有助于国君治国理政、驾驭臣民、称霸诸侯的“法、术、势”相结合的思想。其中，“法”是指法规制度，“术”是指国君驾驭臣民的方法和艺术，“势”是指国君应具有的权势、威势。韩非子认为，国君应该灵活综合运用这些要素，凭借自身的权势和威势，制定相应的法规制度，借助有效的领导方法和艺术来驾驭臣民，实现富国强兵、称霸诸侯。在韩非子看来，国君治理国家必须把“法”“术”“势”三者并用，并以“法”为中心。只有“法”治国不行，还要靠君主的“势”来推行法令，运用法令来统一思想。有了“术”“势”，再依靠严格的“法”，即使平凡的君主也可“抱法处势”，实现“无为而治天下”。

(一)“法”是“王之本也”

韩非子认为，“法者，王之本也”“国无常强，无常弱。奉法者强，则国强；奉法者弱，则国弱”。因此，国君必须以“法”为本，依“法”治国。韩非子还强调国君要秉公执法，“能去私曲就公法者，民安而国治；能去私行行公法者，则兵强而敌弱。”韩非子认为，“法”要顺乎人情，考虑到社会的实际和百姓的真实需求。他还提出“法”要与时俱进，因时制宜，因势而变。他在《韩非子・心度》中强调“故治民无常，唯治为法。法与时转则治，法与世宜则有功。……时移而治不易者乱，能治众而禁不变者削。故圣人之治民也，法与时移而禁与能变。”韩非子认为推行“法”要立信，执法要公平而有信。“法”强调的是立信，推行“法”要平等适用。他在《韩非子・有度》中强调“故以法治国，举措而已矣。法不阿贵，绳不挠曲。法之所加，智者弗能辞，勇者弗敢争。刑过不避大臣，赏善不遗匹夫。”韩非子主张法制要遵循客观规律，符合人的本性。他还提出了“因道全法”“不逆天理，不伤情性”的观点，他认为既要遵循自然规律，顾全国家的法令制度，又不伤害人的本性。他在《韩非子・八经》中说，“凡治天下，必因人情”，“人情”即他所认为的“好利恶害”的人之常情。

(二)“势”是君主权力的保证

韩非子所说的“势”，主要指君王手中的权势、权威即君主统治所依托的权力和威势。韩非子认为“势”是君主权力的重要保证，国君之所以为国君，不在其贤智，而在其有势，这说明“势”对于领导者的重要性。

韩非子将“势”分为“自然之势”和“人为之势”。“自然之势”是领导者继承下来或上级授予的势，属于制度权利或职权；而“人为之势”是领导者本人及其领导行为所形成的权威，依次可以得到众人的拥护。韩非子主张领导者应该加强自己的“人为之势”。“人为之势”的建立，主要是在“法”和“术”的履行中体现公平。韩非子主张的整套“法”“术”“势”思想的最后落脚点，就是为了巩固和扩大君主的“势”。“术”则是统治者控制其臣下的技巧，应当潜藏胸中，择机使用，不轻易示人。韩非主张“法”应是静态的和公开的，“术”则是动态的和隐秘的。韩非认为高明的君王必须善于“操术以御下”。“势”不是自然的势，而是人为的“势”，即君主掌握权位，依靠赏罚这一武器来稳定国家。

(三)“术”是君主驾驭群臣的技巧

所谓“术”强调君主要用权术控制臣下，就是“术者，因任而授官，循名而责实，操生杀之柄，课群臣之能。”这种“术”是君主任免、考核、赏罚各级官吏的手段，君主根据臣子的才能授以官职，依其言论按照职位的名分来衡量其实际功绩，掌握生杀大权，考核各级官吏才能的方法手段。“术”是根据臣子的才能来授予相应的职位，可见，韩非子主张用“术”的根本目的在于驾驭和控制官吏，核心是官吏的使用、监督考核并进行以赏罚为主的激励。

韩非子认为，驾驭群臣之术是君主的特殊需要，君主要使臣下为自己效力，不能只依靠信义，使之不忍欺骗，而要依靠术数，使之不得欺骗。在韩非子看来，君主要使用“术”，必须善于用人，要衡量臣下的才能，按功绩升官赐爵。如果君主用人有术，便能充分发挥贤能的作用，使他们各尽所长，为封建国家服务：“君有道，则臣尽力而奸不生”“臣得陈其忠而不弊，下得守其职而不怨”。这样，君主就会做到令行禁止，法明势固，出现“明君无为于上，君臣竦惧于下”的局面。在对臣下考核的过程中，韩非子明确提出了“法不阿贵”的思想，主张“刑过不避大臣，赏善不遗匹夫”。由此可以看出，韩非子注重君主考核的真实性、全面性和公平性，促进封建政权的稳定。

五、兵家的领导思想

春秋末期出现的《孙子兵法》，作为中国现存最早的兵书，立意高远、深邃独到、哲理性强，素有“兵家圣典”之称，为历代谈兵者所推崇，对中国乃至世界产生了极其深远的影响。孙武是先秦军事理论家的杰出代表，其著作《孙子兵法》不仅是我国，也是世界军事思想发展史上的一座里程碑。《孙子兵法》是兵家思想的典型代表，包含着丰富的领导智慧，至今仍闪耀着理性的光辉，给人以启迪，对于领导建设具有积极的借鉴价值。

（一）“知己知彼，百战不殆”的统筹决策

《孙子兵法》强调在战争中要进行统筹决策和科学决策，主要体现在以下几个方面。

1.“五事七计”

在《孙子兵法·计篇》一文中，在决策之前，要进行深思熟虑的论证，须“经之以五事，校之以七计，而索其情”。具体而言，所谓“五事”，是指“道、天、地、将、法”，所谓“七计”，是指“主孰有道、将孰有能、天地孰得、法令孰行、兵众孰强、士卒孰练、赏罚孰明”，只有掌握了“五事”“七计”的实际情况，才有可能进行科学的、合理的军事决策，制订符合实际的作战计划和作战方案，保证战争的胜利。

2.“知己知彼，百战不殆”

《孙子兵法》坚持朴素唯物主义的观点，认为将帅在作战指挥时要立足客观实际，全面收集军事信息，既对己方的情况了如指掌，又能掌握对方的军事信息。把战争摆在了关乎社稷生死存亡国家大事位置上来，必须谨慎而行，慎重决策。他在《孙子兵法·谋攻》中提出了：“知己知彼，百战不殆；不知彼而知己，一胜一负；不知彼不知己，每战必殆”。《孙子兵法·军争》中他进一步强调将领必须掌握山川、地理、天时、地利等自然情况，“不知诸侯之谋者，不能豫交；不知山林、险阻、沮泽之形者，不能行军；有不用乡导者，不能得地利。”既要知己又要知彼，同时，军事信息必须全面准确，才能为军事决策提供可靠的信息保障，取得战争的胜利。将领要善于谋划，对战争做出正确判断估计，制定最佳作战方案。在他看来，如果谋划达到了出神入化的境界，甚至可以不战而胜，谓之“上兵伐谋”。

3.“兵无常势，水无常形”

《孙子兵法》中强调战争不是孤立的，而是存在很多矛盾，有攻守、虚实、奇正、生死、胜败等矛盾。这些矛盾既相互对立，又在一定条件下向其对立面转化。《孙子兵法》认为“兵无常势，水无常形，能因敌变化而取胜者，谓之神。”他认为将帅要善于分析和把握矛盾的发展变化，及时对原有的军事决策和军事计划进行适当调整，化不利条件向有利条件。战争情况瞬息万变，就像流水一样多变，这就决定了军事计划要因时制宜，伺机而动，顺势而变，才能为赢得胜利奠定坚实的基础。

（二）将帅具有“智、信、仁、勇、严”五德

《孙子兵法》强调了统帅的素质对于战争胜利和国家兴亡的重要作用。《孙子兵法·作战》谈道：“知兵之将，民之司令，国家安危之主也。”他认为“将者，智、信、仁、勇、严也”，统帅要足智多谋、赏罚有信、仁爱部下、勇敢果断、治军明。这五个方面是统帅必须具备的基本素质。所谓“智”，是指智谋才能。《孙子兵·谋攻》中说：“上兵伐谋，其次伐交，其次伐兵，其下攻城”“攻城为下，攻心为上”“不战而屈人之兵”。所谓“信”，是指信用、信任、威信。“信者，使人不惑于刑赏也。”所谓“仁”，是指与人为善，关心下属。要提高军队战斗力，首先要爱兵恤卒。“视卒如婴儿，故可与之赴深溪；视卒如爱子，故可与之俱死”，这种爱是基于统帅对士兵发自内心的关爱和爱护。所谓“勇”，是指勇敢、果敢。“勇者，决胜乘势，不逡巡也。”所谓“严”，是指严格，军队纪律严明。《孙子兵法》还强调统帅要具有“知诸侯之谋”的睿智头脑、“进不求功，退不避罪，唯民是保”的开阔胸襟、“通于九变”的随机应变能力、“兵贵胜，不贵久”的决断魄力和“将在外君命有所不受”的无畏精神。以孙武为代表，兵家在战争实践中提出了“知己知彼，百战不殆”“兵无常势，水无常形”“不战而屈人之兵”“令之以文，齐之以武”等军事思想，是宝贵的兵家智慧遗产。这些思想被广泛应用到军事战争、企业管理方面，也被应用到领导学领域之中，成为提升领导活动中领导手段和领导艺术的重要指南。我国古代的兵家领导思想，既是孙武等卓越军事家智慧的结晶，也是军事战争经验的高度精练，既创造了战争领域的辉煌，推进了管理学、领导学等学科的发展，其中很多领导思想至今依然熠熠生辉，对我国领导科学建设具有借鉴意义。

第二节
西方领导理论

现代西方国家对领导理论研究源于 19 世纪，可以分为四个研究阶段：第一阶段，

从19世纪末到20世纪40年代。这一时期的理论成果是领导特质理论，分为早期领导特质理论和当代领导特质理论，这一理论也称为“伟人理论”。第二阶段，从20世纪40年代到60、70年代。这一时期的领导理论是领导行为理论，主要研究领导者采取的领导行为和领导风格，提高领导效能，实现组织目标。第三阶段，从20世纪70年代到90年代，这一时期的领导理论是领导权变理论，主要研究领导者、被领导者、环境之间的相互影响。第四阶段，从20世纪90年代至今。学术界对领导理论研究更加深化，主要有领导归因理论、魅力型领导理论、变革型领导理论、自我领导理论、超越领导理论等，被称为领导理论丛林。

一、领导特质理论

领导是社会实践发展的必然产物，在领导活动中，领导者应具备哪些基本的素质？领导者的素质是先天的，还是后天学习得到的？领导者的素质与环境有没有关系等，历来都是管理学争论和研究的重点问题。从20世纪20年代开始，管理学研究的重点之一是领导者素质，在此基础上形成了“领导特质理论”，有人将其称为“伟人理论”，或“领导胜任力理论”。领导特质理论主要是通过对大量领导者的考察、分析和研究，从性格、生理、智力、能力、社会因素等方面寻找领导者特有的素质或品质，对领导活动的影响。

按照领导特性的来源阐释不同，领导特质理论分为早期领导特质理论和现代领导特质理论。早期领导特质理论在19世纪末到20世纪上半叶占主导地位，当代领导特质理论在20世纪70、80年代出现。我们来探讨和学习早期领导特质理论和当代领导特质理论的具体内容。

（一）早期领导特质理论

早期领导特质理论认为“领导是天生的”，领导者具有与众不同的优秀品质和特殊能力，这些优秀品质和特殊能力与成功的领导密切关联，构成了领导者的特质。早期领导特质理论主要从以下几个方面研究领导者的素质特性。

一是领导者的生理特质。有人认为有些领导者具有异于常人的身高、体质、相貌、形态举止，所具有的特殊形象或特殊个性使其成了领导。二是领导者的个性品质。主要是领导者的自信、幽默、开朗、善良、诚实、勇敢、负责、自立等品质。三是领导者的智力特质。主要是领导者的智慧、聪明、眼界、判断力、逻辑思维能力、反应能力等。四是领导者的工作特质。领导者在工作表现出来的特质，主要有责任感、认真、谦逊、踏实、热忱、拼搏、进取、创新等品质。五是领导者的社会特质。领导者在社会交往过程中表现出来的品质，主要有计划能力、组织能力、沟通能力、协调能力、控制能力、指挥能力等特质。

1. 法约尔的领导特质理论

在早期领导特质理论中，影响较大的是法学管理学家法约尔的领导特质理论。1916年，法约尔出版了《工业管理和一般管理》一书，他认为，企业领导者应具备体力、智力、品德、文化、专业知识、经验等12个方面的素质，主要包括以下方面：一是成就欲强烈，把工作当成乐趣，对工作成就的关注和追求超过对金钱报酬和职位晋升的关注；二是敢于承担责任，勇于担当，希望迎接工作挑战；三是尊重上级，认为上级水平高、经验多，与上级关系融洽；四是组织能力强，能把事情组织得有条理；五是决断力强，能在较短时间内对各种备选方案加以权衡，迅速做出决断；六是思维敏捷，有较强的预测能力，能从有限材料中预测出事情未来发展方向；七是自信心强，目标坚定，充分自信，不受外界干扰；八是进取心强，勇于接受新任务新挑战，树立新目标，努力前进；九是讲求实际，重视现在，较少受到外界因素影响；十是眼睛向上，亲近上级而对下级较疏远；十一是生活独立，一般不与父母居住在一起；十二是忠于组织，忠于职守。

2. 威廉·包莫尔的领导特质论

美国学者威廉·包莫尔，在对领导者的特质进行调查的基础上，认为一个成功的企业家应具备以下10个方面的条件。

一是合作精神，对人管理靠的不是强制压服，而是感动和说服；二是决策能力，依赖事实进行决策，具有高瞻远瞩的能力；三是组织能力，能发掘下属才能，善于组织人力、物力和财力；四是精于授权，即能大权独揽，小权分散；五是善于应变，机动灵活，善于进取，不抱残守缺、墨守成规；六是敢于求新，对新事物、新环境和新观念具有敏锐的观察力；七是勇于负责，即对上级、下级及整个社会具有高度的责任心和服务意识；八是敢担风险，敢于承担企业发展不景气的风险，有创造新局面的雄心和信心；九是尊重他人，重视和虚心采纳别人的意见，不会盛气凌人；十是品德高尚，个人品德为社会人士和企业员工所敬仰。

3. 斯托格蒂尔的六类领导特质

美国俄亥俄州立大学工商研究所的斯托格蒂尔教授，在研究过程中，把领导者的特质归结为六大类，主要包括：一是身份特性，如领导者的精力、身高、外貌等；二是社会背景特性，如领导者的社会经济地位、学历等；三是智力特性，如领导者的判断力、果断力、知识的深度和广度、口才等；四是个性特征，如领导者的适应性、自信、机灵、正直、情绪稳定、不随波逐流、作风民主等；五是与工作有关的特性，如领导者对高成就的需要、愿承担责任、毅力、首创性、工作主动、重视任务的完成等；六是社交特性。研究表明，成功的领导者具有善交际、广交游、参加各种活动、愿意与人合作等特点。

4. 切斯特·巴纳德的领导特质理论

在研究管理学的过程中，美国管理学家，近代管理理论的奠基人、系统组织理论创始人，被誉为“现代管理理论之父”的切斯特·巴纳德，于1948年出版了《组织与管理》一书，他认为环境和组织对领导者具有极大的影响，领导者的个人品质对组织发展来说至关重要，甚至是决定性的。他认为要成为领导必须具备几个基本的条件：平时要冷静、审慎、深思熟虑、瞻前顾后、讲究工作的方式方法；紧急关头则要当机立断，刚柔相济，富有独创精神。领导者应具备的基本品质：活力和忍耐力、当机立断、循循善诱、责任心以及智力。

早期领导特质理论探讨和发现了领导者所具有的一些素质，但并没有非常直接的证据证明这些素质与非领导者的素质有多大的差异，即使一些人具备了这些素质，也并不一定就会成为领导者。此外，早期领导特质强调领导是天生的，认为领导者的生理特质、个性特质、工作性质和社会性质决定了一些人必然成为领导者，这是一种片面的、机械的观点。

(二)当代领导特质理论

20 世纪 70 年代以来，随着经济社会的快速发展，科学技术的日新月异，知识经济时代来临，对领导者素质提出了更高要求。当代领导特质理论摒弃了早期领导特质理论中认为“领导是天生的”的“伟人论”观点，强调领导者特质在后天实践中形成，是学习和适应社会背景的必然结果，领导者具备多方面特质。

1. 德鲁克的“五项主要习惯”

德鲁克在《有效的管理者》一书中，强调要成为一名优秀的管理者，必须具备五个方面的主要习惯：一是要善于利用有限的时间；二是要注重贡献和工作绩效，确定自己的努力方向；三是要善于发挥人之所长；四是领导者要分清工作主次，集中精力于少数主要领域，建立有效的工作秩序；五是领导者要善于进行有效决策。

2. 吉赛利的八种个性特征

为深入了解和掌握领导者的特质，美国心理学家吉赛利于 1971 年出版了《管理才能探索》一书，提出了领导者的八种个性特征和五种激励特征。他认为领导者应具有八种个性特征，具体包括：才智，即具有语言与文字方面的才能；首创精神，即具有开拓创新的愿望和能力；督察能力，即具有指导和监督别人的能力；自信心，即要自我评价高、自我感觉好；适应性，即要善于同下属沟通信息；交流感情；判断能力，即要判断能力较强，决策果断等。他还认为领导者应具有五种激励特征：对工作稳定性的需要，对物质金钱的需要，地位权力的需要，对自我实现的需要，对事业成就的需要。这五种激励特征刺激领导者不断提高素质胜任领导工作。

综上所述，早期领导特质理论和当代领导特质理论都强调要胜任领导工作，领导者必须具有一定领导特质，为选拔、任用和培养领导者提供了依据和标准。但这些只是其成为领导者的必要条件，不是必然条件，仅有某些方面的特质是远远不够的。要成为领导者，除了拥有领导者的特质之外，还会受到其他因素的制约，更要个人努力奋斗、学习提升和实践锻炼。

二、领导行为理论

20 世纪 40 年代中期，研究者开始把目光投向领导者行为的研究，形成了领导行为理论。领导行为理论主要集中在两个方面：一是领导职能；二是领导风格。领导职能研究要使组织有效地运行，领导者应如何履行自身领导职能，改善自身行为，完成领导任务职能或问题解决职能。领导风格研究领导者为指导和影响下属，应培养哪些良好风格，以及其表现出来的行为方式。领导行为理论认为领导者素质不是天生的，而是在后天形成的，领导者的工作绩效取决于领导者的领导风格和领导行为，强调什么样的领导行为才是有效的领导行为。

（一）早期领导行为理论

自 20 世纪 30 年代起，美国心理学家库尔特·勒温和他的同事们就开始进行关于团体气氛和领导风格的研究。通过研究，勒温等人发现，团体的任务领导并不是以同样的方式表现他们的领导角色，领导者常常运用不同的领导风格，而这些不同的领导风格对团体成员的工作绩效和工作满意度有着不同的影响。根据研究结果，他们提出了三种不同的领导风格，即专制型、民主型和放任型的领导风格。这三种不同的领导风格，会带来三种不同的团体氛围和工作效率，最终将影响组织的整体绩效(表 3-1)。

表 3-1　勒温的三种领导风格

领导风格 形式	专制型	民主型	放任型
权力分配	权力集中于领导者个人手中	权力在团体之中	权力分散在每个员工手中，采取无为而治的态度
决策方式	领导者独断专行，所有的决策都由领导者自己做出，不重视下属成员的意见	让团队参与决策，所有的方针政策都由集体讨论做出决定，领导者加以指导、鼓励和协助	团队成员具有完全的决策自由，领导者几乎不参与
对待下属的方式	领导者介入到具体的工作任务之中，对员工在工作中加以干预	员工可以自由选择与谁共同工作，任务的分工由团队决定	为员工提供必要的信息和材料，回答员工提出的问题
影响力	领导者以权力、地位等因素强制影响被领导者	领导者以自己的能力、个性心理特征影响被领导者	领导者对被领导者缺乏影响力
对员工评价和反馈的方式	采取“个人化”的方式，根据个人情感对员工的工作进行评价	根据客观实际情况对员工进行评价	不对员工的工作进行评价和反馈

首先，专制型的领导者风格。拥有这种领导风格的领导者往往只注重工作的目标，仅仅关心工作的任务和工作的效率，对组织内的成员不够关心。

其次，民主型的领导风格。拥有这种领导风格的领导者注重对团体成员的工作加以鼓励和协助，关心满足团体成员的需要，营造一种民主平等的氛围。

最后，放任型的领导风格。拥有这种领导风格的领导者对工作和团体成员的需要都不重视，工作效率低，人际关系淡薄。领导者缺乏团体目标和工作方针，听任团队成员自主决定。

(二)领导行为四分图理论

领导行为四分图理论是美国俄亥俄州立大学商业研究所于 1945 年提出的研究成果。在斯托格蒂尔教授的组织下，研究领导行为在实现群体和组织目标的过程中所起的重要作用。他们归纳出两类独立因素：一是对人的关心；二是关心组织效率。所谓对人的关心，是指领导者关心下属，愿意倾听下属的意见，注重培养团队精神，其工作主要以人际关系为中心，充满人性关怀，关心下属的需要。所谓关心组织效率，是指以任务为导向的行为，更关心组织建设，追求如何促进组织规范化，实现组织目标。

在研究过程中，他们发现，由对人的关心和关心组织效率，可以构成四种不同的领导方式，即低关心、低组织；低关心、低组织；高关心、高组织；高关心、低组织四种。如图 3-1 所示。

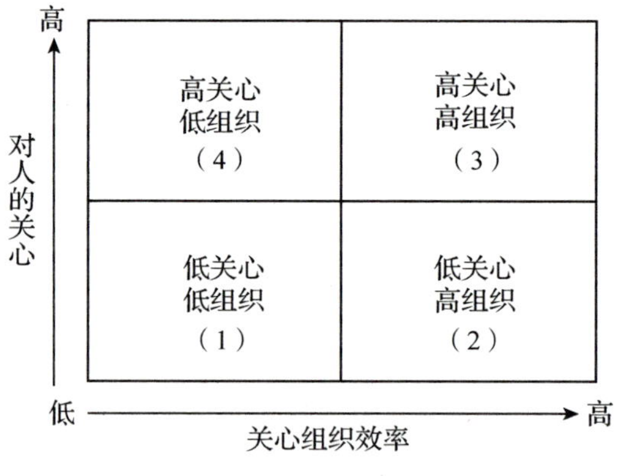

图 3-1　领导行为四分图

从图 3-1 可以看出，(1)低关心、低组织的领导方式，在领导活动中，既不关心人，也不关心组织效率，是一种消极作为、得过且过的平庸型领导方式；(2)低关心、高组织的领导方式，不关心人，忽视员工的情感需要，更多关注企业组织建设和组织效率高低，是一种任务型的领导方式；(3)高关心、高组织的领导方式，领导者把关心人和关心组织效率放到同等重要的位置，在加强组织建设、促进组织效率提升和组织目标实现的过程中，同时重视人的发展，考虑人的需要，实现二者均衡发展，是一种理想的领导方式；(4)高关心、低组织的领导方式，更多地关心人，忽视组织建设和组织效率提升，是一种以人为中心的领导方式。高关心、高组织的领导方式是一种更为科学的领导方式，既能促进组织效率提升，组织目标实现，又能营造良好的工作氛围，促进人发展，领导效果较好。

(三)领导方格理论

在领导科学四分图理论研究的基础上，美国得克萨斯州立大学的心理学家罗伯特·布莱克和简·默顿在充分借鉴领导四分图理论中提出的领导行为两维度的基础上，进一步拓展研究思路，于1964年提出了领导方格理论。在这一理论中，他们将每个维度再进一步细分为9等，纵横坐标的交叉结合点代表一种领导方式，共有81个方格组合，代表着81种领导方式。领导方格理论认为"对人的关心"和"对生产的关心"这两个维度可以在一个领导人的领导行为中有着不同的组合，由此可以区分不同的领导风格。这是一张对等分的方格图，所有领导者的行为都可以投射到这个方格的坐标上，横坐标表示领导者对生产的关心，竖坐标表示领导者对人的关心，如图3-2所示。

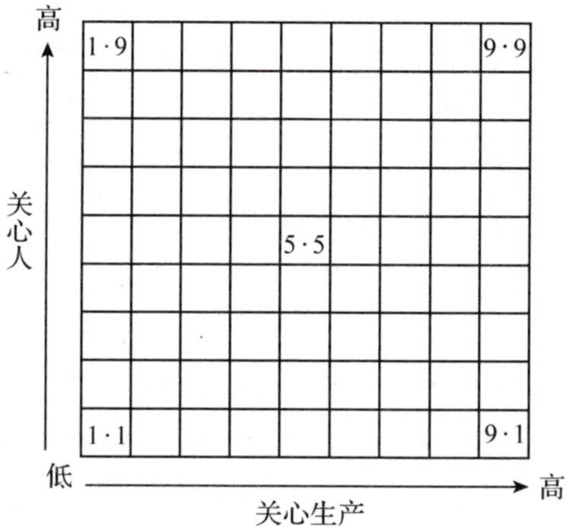

图3-2　领导方格图

在这81种不同的领导方式中，共有五种典型的领导方式，它们分别是：

第一种，"1·1型领导"——虚弱型领导。"1·1型领导"的领导者，既不关心人，也不关心生产，而是采取放任自流的消极态度。这是一种最消极、最低效的领导方式。

第二种，"1·9型领导"——乡村俱乐部型领导。"1·9型领导"的领导者，把对员工关心放在第一位，但对企业生产任务关心极少，会使企业失去继续发展和创新的动力。

第三种，"9·1型领导"——任务型领导。"9·1型领导"的领导者，更多关注的是工作任务安排、生产过程和生产效率的提升。但忽视人的因素，必然会降低员工的主动性、创造性。

第四种，“5·5型领导”——中间型领导。“5·5型领导”的领导者既关心人，也关心生产，尽量实现双方的平衡与和谐统一。领导者实行民主化领导作风，调动员工的积极性，使他们保持常态工作的积极性，不注重激发员工的创造性、创新性。

第五种，“9·9型领导”——团队型领导。“9·9型领导”的领导者，既高度重视人，又高度重视生产任务，使每个员工都了解掌握企业的组织目标，激发他们的主人翁精神，增强员工的创造性。这是一种最理想、最受欢迎的领导方式，为员工所衷心向往和孜孜追求。

(四)伦西斯·利克特的领导模式理论

1967年，美国密歇根大学的伦西斯·利克特提出四种不同的领导方式理论，认为领导者与员工支持关系是双向的，领导者应充分发挥民主，采取商议讨论的方式，及时与下属进行人际沟通，帮助下属实现自身的价值，让下属多参与组织决策，激发下属对领导者工作进行支持的积极性，形成愿意参与、合作的态度，营造团结一致、融洽和谐的组织内部关系。

经过多年的研究，利克特提出了四种领导模式理论，具体表现为：

“专制—权威”式。这种方式也被称为“剥削式的集权领导”，在领导活动中，通常采用高度集权的方式，制定决策、发布命令都依靠领导者拥有的权力，采取强制命令方式，一味地让下属听从安排，被动地执行决策，很少会考虑采取有效措施去激励下属，以调动下属的工作积极性，一旦下属完不成任务，就会采取严厉的惩罚措施，不利于领导工作的开展。

“开明—权威式”。这种方式被称为“仁慈的集权领导”，对下属有充分的信任和信心，注重采取不同的激励方式，愿意让下属参与领导决策和听取员工的不同意见；适当地赋予下属一定的权力，调动员工参与的积极性，同时也对下属进行严格的监督和控制。

“商议—讨论式”。这种方式也被称为“协商式样民主领导”，领导者在决策前能够听取下属意见，进行协商，采用奖励和惩罚相结合的领导方法，对下属意见予以采纳实施。

“群体参与式”。这种领导方式也被称为“参与式的民主领导”，在领导活动中，领导者注重调动员工的积极性，让员工参与到领导决策制定的活动中来，更多地采取激励方式，弱化惩罚方式，使整个组织内形成人人参与、共同管理的和谐局面和良好氛围。

这四种领导方式，利克特比较欣赏群体参与式这种领导方式，他认为该方式有助于发挥全体员工的积极性、主动性和创造性，把组织的整体目标与员工个人目标有机结合起来、融为一体，使员工个人的价值得到充分体现，满足他们对未来发展的需要。

三、领导权变理论

领导权变理论的研究始于20世纪60年代，并于70年代逐渐形成体系。所谓权变，是指权宜之计，是行为主体要根据环境或具体情况的变化而适时调整自己的行为，采取灵活多变的管理方式。领导权变理论认为，领导是一种动态过程，领导者引领和指导被领导者，根据环境变化及时变换相应的领导方式，不失时机地适应外界的变化，采取相应的领导行为，实现领导目标。在领导权变理论看来，领导效果的好坏，不仅取决于领导者自身的素质和能力，还要受到客观环境和被领导者的影响，要依赖于领导者、被领导者和环境，是三个方面因素的相互作用、相互影响的过程。这一观点用公式可以这样表示：$S=f(L, F, E)$。

其中，S代表了领导方式，L代表了领导者特征，F代表了被领导者特征，E代表环境。因此，没有一种普遍适用的领导方式和领导行为，要综合考虑环境的变化，以及领导者和被领导者的情况，因时制宜，及时进行调整，这是领导权变理论的核心。领导权变理论主要包括菲德勒的权变模式、埃文思和豪斯的路径—目标理论、罗伯特·坦南鲍姆和沃伦·施密特的领导行为连续体理论、领导归因理论、魅力型领导理论、变革型领导理论、自我领导理论、超级领导理论、诚信领导理论等。

（一）菲德勒的领导权变理论

菲德勒为美国西雅图华盛顿大学心理学与管理学教授者。1965—1974年，他陆续发表了一些著作和文章，提出了“权变领导理论”，并系统阐释了这一理论的内容，开创了西方领导学理论的一个新阶段，使以往盛行的领导形态学理论研究转向了领导动态学研究的新轨道，对以后的管理思想发展产生了重要影响。

1. 三种领导情景因素

菲德勒认为领导工作的有效性取决于各种因素的相互作用，其中最主要的三个因素如下。

第一，职位权力。职位权力是指与领导者职位相关的正式职权，以及领导者从上级和整个组织各层面所取得的支持程度。职位权力是领导者实际影响下属的能力（包括奖励、提升、工作分配、解雇诸多方面）。第二，任务结构。任务结构是指工作任务的标准化程度、对工作任务描述的准确程度，以及员工对工作任务的熟悉程度。当任务明确时，下属又对任务比较熟悉时，领导者的工作则可以顺利开展，有助于提高领导效率。第三，上下级关系。上下级关系是指领导者拥有的下属支持、忠诚程度，以及领导者与下属之间开展合作配合的程度。领导者的影响力越大，领导者的执行力就越强，领导活动就能顺利进行，领导效能就能显著提高。

2. 提高领导有效性的途径

在菲德勒看来，在领导活动中，领导者的风格是不变的，因而提高领导有效性的途径只有两种；一是改变领导方式；二是改变领导环境。第一，改变领导方式。领导者要根据领导环境的变化，不断调整自己的领导方式，以适应领导环境的变化带来的挑战，使领导方式顺应领导环境，考虑下属的需求和发展。第二，改变领导环境。在领导活动中，领导在适应环境的同时，也可通过改变工作任务、工作环境，形成健康和谐、团结友爱的组织氛围，提高领导有效性。

(二)豪斯等人的目标—路径领导理论

这一理论最初是由加拿大多伦多大学的戴文斯教授于1968年提出的。他的同事罗伯特·豪斯进一步补充和发展了这一理论，后来华盛顿大学的管理学教授特伦斯·米切尔也参与了这一理论的完善和补充。目标—路径理论认为，领导者要充分利用组织结构、任务安排、下属支持和薪酬奖励，建立有助于调动下属积极性，实现组织目标的工作环境。这就涉及两个主要因素：建立目标方向，探讨实现目标的具体路径。其主要内容包括以下几个方面。

1. 目标一路径领导理论的四因素

第一，领导过程。领导者要确认员工各种需要设置供合适的组织目标，明确员工期望与组织目标、个人目标的关系，将实现目标与员工报酬、激励等紧密联系起来，及时给予员工必要指导和帮助。第二，目标设置。领导者要充分考虑组织成员个人需要，将组织成员目标与个人目标相统一，使下属对组织目标有更多认同感。第三，路径改善。在决定顺利实现目标的路径之前，领导者需要将任务分解成更细化、具体可行目标，分析影响任务完成的有利和不利因素，掌握更多权变因素和可供选择的领导方案。第四，领导风格。领导者行为的激励，能使下属需要与有效工作绩效联系在一起，提供有效工作绩效所必需的指导支持奖励。

2. 目标一路径领导理论的四种领导方式

根据目标一路径领导理论的四个因素，豪斯认为有四种典型的领导风格，即指导型领导、支持型领导、参与型领导、成就导向型领导。第一，指导型领导。领导者要明确告诉下属应该做什么、怎么做，告诉他们需要完成的组织任务，对他们提出具体希望，包括如何完成任务，完成任务的时间限制、进度等。第二，支持型领导。领导者对下属的态度友好亲切，平等对待尊重下属，表现出充分的关心和理解。第三，参与型领导。领导者在制定和执行决策过程中，愿意让下属一起参与决策过程。第四，成就导向型领导。领导者为下属确定长远目标，下属朝着目标不懈努力，非常信任下属，相信他们有能力完成具有挑战性的目标。

3. 领导方式连续体理论

领导行为连续体理论是由美国企业管理学家罗伯特·坦南鲍姆和沃伦·施密特于1958年提出的。领导者采用具体领导模式时要考虑以下几方面因素：第一，领导者特征。主要包括领导者的成长背景、教育水平、知识水平、个人经验、价值观、目标和期望等。第二，员工特征。主要包括员工的成长背景、教育水平、知识水平、个人经验背景、教育、知识、经验、价值观、目标和期望等。第三，环境要求。主要包括环境的复杂程度、目标、结构和组织氛围、技术、时间压力和工作的本质等。

四、当代领导理论丛林

20世纪70、80年代以来，尤其是进入21世纪以来，知识经济和信息化成为新时代的重要特征，传统的管理体制和管理模式面临着新的机遇和挑战，组织职能发生了深刻变革，学者们继续深化对领导理论的研究，提出领导归因、魅力型领导等领导理论，称之为领导理论丛林。

(一)领导归因理论

领导归因理论是米切尔在1979年提出的一种领导理论。这种理论认为，在领导活动中，领导者对下属的评判往往会受到领导者对其下属行为归因的影响。领导者对下属行为的归因，尤其是对下属工作绩效的归因会深刻地影响领导者自身的领导理念、领导方式。领导者对下属归因是否准确、全面、公正，反过来必然会影响到下属对待领导者的态度，影响下属工作的积极主动性，影响组织目标能否顺利实现。领导归因理论认为，在领导过程中，领导者最大的归因偏见，就是把组织目标实现、组织效能提高全部归因于自己，认为全部是自己的功劳，是自己制定领导决策科学、选人用人准确、领导能力突出等，一旦领导目标没有实现，遭遇挫折或失败，往往推卸责任，不主动承担责任，而是把责任归结为外在的客观原因，或下属的自身原因。领导归因理论强调，要增强领导工作有效性，必须克服领导归因偏见，对自身作用和行为、下属的作用和行为，做出正确认知和判断，做到“对症下药”，分析领导过程中问题存在的原因，探寻解决领导归因错误的路径，提高领导效能。

(二)魅力型领导理论

20世纪80年代，魅力型领导理论逐渐登上历史舞台，成为一种新的领导理论。魅力型领导理论主要关注和研究领导者与下属相互关系、领导者对下属影响方式和影响效果、领导者和下属的动机、下属对领导者行为感知预期等。1977年，豪斯认为领导者要具有三项特质：一是要有预见，让下属学习怎样可以达到那些目标，这是魅力型领导最重要的特质；二是充满活力，以个人对工作的投入、对自己信仰的坚定信念和表现极高的自信心来推动下属的工作；三是赋予下属能力，经常对下属的工作进行支持，了解他们的需求，帮助他们树立起对工作的信心。1985 年，本尼斯和奈纳斯发现魅力型领导者具有 4 种共同能力：一是有远大目标和理想；二是明确地对下属讲清这种目标和理想，并使之认同；三是对理想的贯彻始终和执着追求；四是知道自己的力量并善于利用这种力量。1998 年，加拿大麦基尔大学的学者康格和凯南格认为魅力型领导具有 5 个行为属性：一是具有远见卓识；二是具有对环境较强的敏感性；三是要掌握和激发成员需求敏感；四是要敢于冒险；五是要敢于反对不合理的传统。

(三)变革型领导理论

20 世纪七八十年代以来，继领导特质论、领导行为论、领导权变论之后，又诞生了变革型领导理论。变革型领导理论非常重视员工自身价值实现，鼓励自我实现，发挥无限潜能。

1. 伯恩斯的变革型领导理论

变革型领导理论出现于 20 世纪 70 年代，这一概念最早是 1973 年由学者唐顿在其《反叛领导》一书中提出来的。1978 年美国政治社会学家詹姆斯·麦格雷戈·伯恩斯在《领袖论》中提出了“魅力型领导”一词。伯恩斯认为“变革型领导”中的“变革”包含两个内容：一是领导者与追随者的关系，即领导者要把追随者的需要和价值目标提升到一个更高位置；二是领导者积极进行组织变革，改变组织文化、结构方式，促进组织发展。伯恩斯认为变革型领导的特征主要包括以下方面：第一，领袖魅力。变革型领导者具有远见和使命感，能赢得下属尊重和信任。第二，感召力。变革型领导者对下属具有较高期望。第三，智力刺激。变革型领导者鼓励下属运用智力、理性活动开展领导活动。第四，个别化关怀。变革型领导者注重对下属关心，有针对性进行培训、指导和建议。第五，把被领导者转化为领导者。注重对下属的培养，把下属培养为领导者，加强下属的道德培养。

2. 巴斯的变革型领导理论

1985 年，巴斯发展了伯恩斯的变革型领导力的概念，提出了变革型领导行为理论。他认为变革型领导是领导者通过影响和激发追随者，实现超越个人利益的转变，共同达成领导者所预期的组织目标。变革型领导的行为方式可以概括为四个方面：理想化影响力、鼓舞性激励、智力激发、个性化关怀。第一，理想化影响力。是指领导者能使他人产生信任、崇拜的行为，得到下属的认同、尊重和信任。第二，鼓舞性激励。是指领导者重视激励，激励下属树立荣誉感和归属感，努力以实现团队目标。第三，智力激发。是指领导者要不断鼓励下属勇于创新，勇于挑战自我，鼓励下属敢于发表新见解，勇于接受挑战。第四，个性化关怀。是指领导者要充分考虑下属的不同发展需要，重视个人需要、能力和愿望，善于倾听下属意见，帮助员工在应对挑战中成长。①

（四）自我领导理论

1980年，美国学者曼兹和西姆斯提出了自我领导的概念。他们认为自我领导是一种特殊的自我影响方式，也是一种自我控制方式，团队成员自己制定目标，提供动力和反馈，自我激励和自我约束。领导者把一定的任务和职责，通过对被领导者进行授权，让他们有更多的权力参与领导工作，把过去的“要我做”转变为“我要做”，培养和塑造被领导者具有高度的责任感和自我控制能力，逐步把被领导者培养成能力突出的领导者，使他们逐步具有领导者的能力。自我领导理论适应了现代企业人力资源发展的趋势，有利于调动被领导者的积极性，让他们学会自我领导、自我控制，培养被领导者的综合能力，不仅有利于推进领导工作的顺利开展，也有利于被领导者的未来成长和发展。

（五）超级领导理论

在超级领导理论看来，所谓超级领导，就是领导者带领下属领导他们自己，超级领导适用于那些有责任领导他人的管理者。在领导活动中，超级领导要通过一系列的程序调动下属的积极性，实现下属自己领导自己。一是领导者要率先垂范，亲自实践和示范给下属看，指导被领导者如何开展工作，让他们掌握一定的领导方法和技巧。二是引导下属参与。领导者要创造条件和机会，引导下属积极参与领导活动，提高下属自我管理水平，激发他们勇于思考，敢于创新，使下属进行自我领导。三是促进下属逐步提高，培养下属自我领导的能力。通过让下属参与领导活动，调动其工作热情和积极性，使他们得到锻炼提高，推动领导活动开展。

（六）诚信领导理论

组织行为学家鲁特汉斯在2003年提出了一种全新的领导理论，即诚信领导理论。鲁特汉斯倡导的领导诚信理论认为，诚信领导者具备四个方面突出的人格品质：一是具有自我意识。诚信领导者能够正确进行自我认识、自我评估，对自身优劣势有清晰判断。二是具有自我调节的积极性。领导者具有自我调节能力，能够调节自我意识和行为，促进自我意识和行为诚信性。三是具有积极的心理能力。四是具有良好的自我拓展能力。诚信领导者具有不断拓展自我的能力，正确认识组织面临的机遇和挑战，

① 谭亭婷：《变革型领导研究综述》，载《社会心理学》，2011(1)。

善于把握整体环境发展的客观规律，依靠自己的诚信品质，赢得下属信任，具有突出的领导力，推动领导工作顺利开展。

萨米尔认为诚信领导者主要具有以下4个方面的特征：一是诚信领导者不伪装自己；二是诚信领导者承担领导职责或从事领导活动时出于秉承服务他人的信念；三是诚信领导者是原创者，诚信领导者的这些价值观和信念不是模仿的结果，而是因为自己的亲身经历证明是正确的；四是诚信领导者的行为是以自己的价值观和信念为基础的。①

随着经济社会的发展，领导环境日益复杂、领导对象日益广泛、领导方式日益多元化，西方学术界对领导活动研究取得了丰硕的研究成果，形成了领导理论丛林。这些理论还包括学习型领导理论、分担式领导理论、复杂领导理论、真实型领导理论、服务型领导理论、内隐领导理论、真诚领导理论、柔性领导理论、道德领导理论、仆从领导理论、共享领导理论、分布式领导理论、共同体领导理论等，促进了领导科学理论的繁荣。

本章小结

本章探讨了我国古代儒家、道家、墨家、法家、兵家学派领导思想的主要内容，循着理论发展的历史脉络，考查了西方领导理论的主要内容，分别阐释了领导特质理论、领导行为理论、领导权变理论、领导归因理论、魅力型领导理论、变革型领导理论、自我领导理论、超级领导理论、诚信领导理论等理论的内容，帮助学生厘清我国古代领导思想、西方领导理论的研究内容，形成系统化的领导理论知识体系，拓展学生的知识面。

复习思考题

1. 简述我国儒家领导思想的主要内容。
2. 结合我国道家领导思想的主要内容，简述在领导活动中，如何做到“无为而治”。
3. 简述领导特质理论的主要内容。
4. 简述领导权变理论的主要内容。
5. 结合魅力型领导理论的内容，简述如何增强领导者的魅力，推动领导活动的顺利发展。

---

① 谭亭婷：《变革型领导研究综述》，载《社会心理学》，2011(1)。

第四章

领导的素养和能力

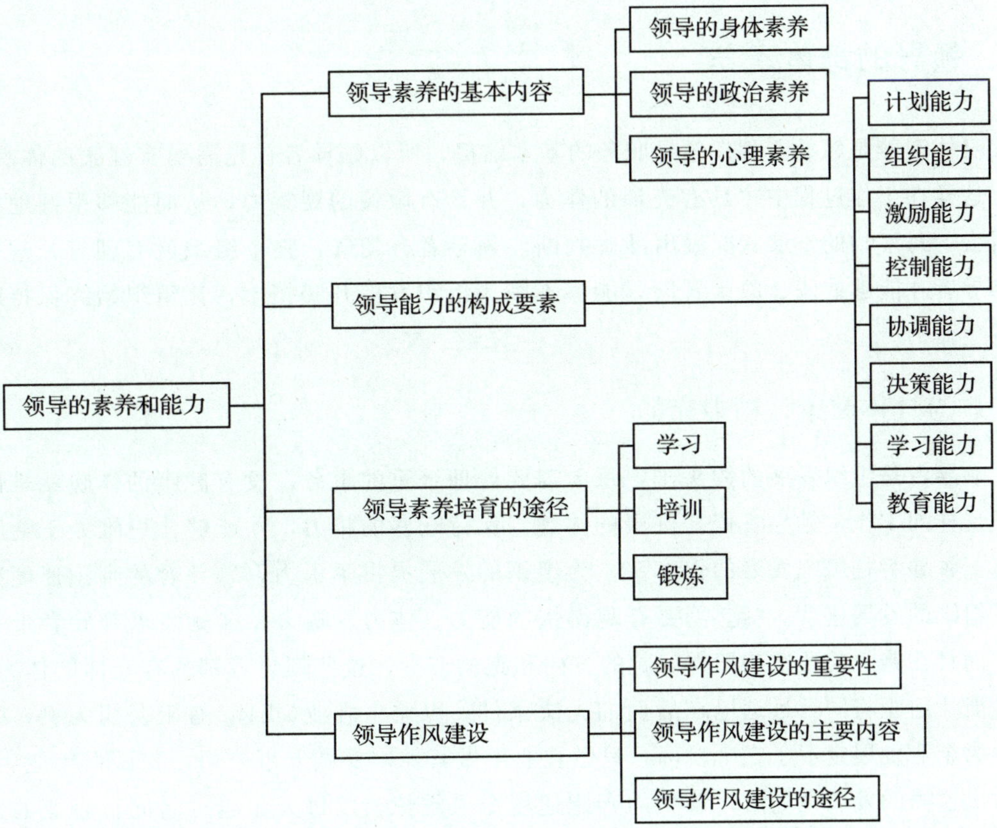

学习目标

学习目标

通过对本章的学习，要掌握有关领导素养的基本内容、构成领导能力的基本要素、领导素养的培育途径以及领导作风建设的重要性、领导作风的内容和领导作风建设的重要途径。

重点提示

领导素养包括的内容是多方面的，主要涉及身体素养、政治素养和心理素养等内容，从不同方面对领导效能产生影响；领导能力包括计划、组织、激励、控制、协调、决策、学习、教育等方面的能力，对其有充分理解，在选拔领导干部时就能够做到选贤任能，这是组织发展的福利。

第一节 领导素养的基本内容

一、领导的身体素养

身体素养是领导者胜任领导职务的基本前提，所以领导者首先需要有健康的体魄，只有这样在工作过程中才具有充沛的体力，并具有敏锐的观察力，从而能够很好地捕捉机会，对事物的发展状况做出准确判断。领导者有朝气，整个组织就有朝气，这样的领导者才能够敢闯、敢于冒险，能够不断为组织发展开疆拓土，让组织始终保持旺盛的生命力。

(一)身体健康，精力充沛

领导者是组织发展的领头羊，每天需要处理繁重的事务，没有健康的体魄就难以胜任这样的工作，领导者依托健康的体魄，保持旺盛的精力，才能够让思维处于活跃状态。领导者是组织发展的火车头，为组织的发展提供牵引力，领导者的奔跑速度决定了组织的发展速度。“跑”需要有跑得快的能力、体力、魄力，这就要求领导者带头跑，而且在跑之前要精确把握好跑的方向和跑的节奏，这些领导者都具有充沛的体力，这是能让组织将同行远远甩在后面的先决条件。以蒙牛乳业(集团)有限公司为例，牛根生为企业发展定下了三个目标：只做乳业不做其他，要做上市公司，要做百年老店。在做出这样的发展规划后，蒙牛的奔跑速度令人震惊，以每天超越一名同行企业的速度三年后成了行业的第一。在人们的印象中，领导者的身体素质都非常高，这是其能够引领企业发展的基本条件。

(二)博闻强记，思维敏捷

领导者不仅要有强健的体魄，还要知识渊博，并且具有超强的记忆力，这是妥善开展工作的基础。知识渊博能够使领导者高瞻远瞩，从更为宽广的视角审视问题，以便做出科学判断，在管理实践中能够将同行的先进管理经验融入，并结合组织实际构建符合本组织的特色管理制度。领导者知识丰富，说明领导者勤于学习和善于学习，这为打造学习型组织提供了必要的前提，这也是企业组织文化的重要组成部分。领导者为了拥有丰富的知识，除了要不断学习外，还要有超强的记忆力，并将涉猎的这些知识进行系统化。超强的记忆力能够让领导者全面把握组织的发展历史，对各种纷杂的信息进行处理、整合，也能够记住对组织发展起着重要作用的人和事，这会增加领导者与组织成员、合作者间的亲和力。在为组织的发展未来进行决策时，能够准确地将有用的信息从记忆中提炼出来，并做出科学判断。管理学家西蒙认为，管理就是决策，决策贯穿于管理过程的始终。但是科学的决策需要依托丰富的信息以及对发展机会的敏锐判断力和捕捉力，不能与领导者博闻强记的素质割裂开来。

二、领导的政治素养

管理学理论认为，企业具有自然属性和社会属性的二重性质，作为自然属性，企业也要经历发生、成长、成熟、衰退、死亡等阶段；作为社会属性，企业只有履行被赋予了的社会职责才有存在的必要。关于企业的社会责任问题，学界已经对其进行了热议，在构建诚信社会的背景下，组织社会责任感问题更成为人们关注的焦点。每个组织都具有鲜明的社会属性，企业社会责任的强弱取决于领导者的政治素养。例如，毒食品问题说到底是领导者的政治素养问题。因此领导者的责任不仅是率领员工向前冲，还在于怎样冲和向着什么方向冲。领导者的政治素养决定了企业生命曲线的长短。领导者的政治素养包括政治理论素养、思想道德素养等。

(一)政治理论素养

政治理论素养是通过加强政治理论学习得以提高的。但是领导者的政治理论素养不仅体现在“如何说”，而且体现在“如何做”。在管理实践中一些领导者经常会将政治理论素养体现在“发指示”“做计划”“做宣传”等方面。在组织发展中，一些形式化的东西固然重要，但若将注意力只放在形式方面就成了形式主义。领导者的政治素养主要体现在做事情能否“务真求实”。任何类型的组织都有其明确的社会职责，领导者在考虑问题的时候，都要以社会责任这个前提为出发点考虑问题，严格恪守职业操守，履行本职工作，在履行职责过程中不能有丝毫马虎。社会环境在发生变化，企业的生存空间也会有不同，但领导者的政治素质与企业的社会责任之间呈正相关关系这一点儿始终不会变化。企业为他人负责就是为自己负责，因此政治素质说到底就是责任心。认真学习政治理论能够强化领导者的责任意识。领导者是实践家而不是理论家，将理论付诸实践，并通过自身的影响力带动组织整体向既定方向发展，在此过程中将政治素养融入一言一行当中。

（二）思想道德素养

“道”和“德”是两个不同的概念，前者即规律、合理、正当、必然之意，后者即人们内心的情感和信念。伦理学认为这是人们坚持行为准则的个人品质或精神境界。学界一般认为，道德是调节人们行为规范的总和。领导者的思想道德素质决定着整个组织的文化氛围。其身正，不令而行；其身不正，虽令不行。“组织理论之父”韦伯认为，领导者的权力通过三种方式获得：其一为君权神授权力，其二为世代沿袭权力，其三为理性合法权力。在如上三种权力中，只有“理性合法权力”才是领导者应该具有的权力。在这种情况下“权力＝权威”，但是权力与权威合二为一的前提是领导者要具有高尚的“德”，“德”是“聚才”与“聚财”的基础。选拔领导者或者在对领导者进行考核的时候，一般都从德、能、勤、绩、廉等几个层面展开，无一例外地将“德”放在了第一位，这足以说明“德”的重要性。“德”是领导者的“软权力”，“软权力”对“硬权力”的实施具有重要的影响。为了具有较高的思想道德修养，领导者需要从生活和工作的各个方面做起。

1. 树立服务意识

领导者凭借管理权，往往会将工作着眼点停留在“下命令”方面。但是只有建立在充分调查的基础上的符合实际的命令才更加有效，组织成员也才能高效率地履行命令，否则组织成员在执行命令过程中就会掺水。领导者需要具有服务意识：服务员工和服务社会。前文论及，服务心态就是领导者应该具备的德，在组织中服务是对价关系，领导者诚心服务组织成员，组织成员执行领导者的命令就不会打折扣，这就是组织成员对领导者的服务。做事有两种心态：要我做，我要做。前者是被动做事，后者是主动做事。领导者具有服务心态，就会有第二种做事境界，员工在领导者的影响下自然也就会有“我要做”的心态。做事有两种境界：一是做完，二是做好。两者之间会存在质的差别，后者当然优于前者，质的差别中体现着服务意识。法约尔在论及管理的十四项原则的过程中提出，将计划职能与执行职能分开，计划职能主要是从管理职能出发考虑问题，执行职能主要是从劳动职能出发考虑问题。将二者分开后，为了保证劳动质量，就需要增加监督成本。作为经济人的组织成员，在工作过程中总会存在机会主义行为，在领导者不具备充分的服务意识的情况下，组织成员就会将做事停留在“做完”而不是“做好”层次，领导者为了督促组织成员更加认真地做好本职工作，加强过程监督就成为必然，但这种举措只能使领导者与组织成员间的关系恶化。因此“服务意识”应该是领导者在先，组织成员在后。

2. 谦逊正派

领导者要有谦逊的品德，这是领导者能够凝聚人心，从而以自己为中心组建团队的基本前提。通过“理性合法”程序走上领导岗位的领导者，在组织成员中应该是最优秀的。所以管理就意味着奉献，领导者不但要在工作上奉献出更多的时间，而且要为组织发展贡献出更多智慧，于是领导者会具有更多话语权。在长时间的管理过程中，领导者会拥有更多的机会阐述观点，并有将个人意愿强加于组织发展的可能。在组织有所进步后，在组织成员面前可能过分张扬自身的贡献。在这样的组织中，领导者的个人智慧取代了组织成员的智慧，组织成员完全失去话语权，组织就会遇到发展瓶颈。领导者凭借管理职位过分张扬自己，实际上已经忽视了组织成员的贡献，这样的领导者就会曲高和寡。谦逊是与正派联系在一起的。谦逊的领导者需要通过正派的为人处世方式表现出来。在领导者的带动下制定组织发展章程，领导者首先应该是这种章程的践行者。在组织发展中，不贪图私利，不结党营私。领导者能够正视自身的优势与不足，不张扬优势，也不掩饰不足。在工作上能够不耻下问，通过汲取组织成员的智慧制定更加合理的组织规范。“谦逊正派”是领导者的美德，这需要从日常工作中的点滴做起，不能只“做样子”。谦逊正派是组织发展的发动机，领导者具备这样的优秀品质，就能对组织成员形成强烈的感召力，组织中不会存在隐藏区，组织发展就如同顺水行舟。

3. 开朗豁达

领导者需要心胸宽广，性格开朗豁达，能够与所有性格的人打交道。组织为了发展，需要汇聚不同性格的人才，不同员工的发展要求不同，对个人职业生涯设计也有较大差异。领导者需要与组织内的所有成员打交道，心胸豁达的领导者让员工更易接近，从而易于与员工沟通，有利于领导者开展工作。心胸豁达的领导者不拘小节，能够容忍员工的过失，甚至理解员工对自己的反驳。这样的领导者能够妥善地建构良性的冲突，从而让组织成员能够坦诚表达观点，在虚心接受批评的基础上为改进工作汲取智慧。由于领导者与组织成员的地位不对等，组织成员一般不会犯直言领导者的错误。如果领导者给组织成员开朗豁达的印象，组织成员就会直言不讳，这样的组织才不会带病运转。德国一个技术指导团队到中国进行技术培训，团队领导在发言过程中，一名员工看到这位领导的领结戴歪了，然后就快速走到台上给这位领导将领结矫正了过来。领导不但没有嗔怒，反而马上非常严肃地向这位员工行鞠躬礼表示感谢。员工当面矫正上司的错误，一般人看来这是在让上司当众出丑，但这位领导由于心胸豁达，非常从容地接受了员工的批评。领导者心胸豁达，是组织的福利，也是领导者自身的福利，这可以让员工具有主动帮助领导者进入最佳工作状态的激情，从而吸引更多优秀人才加入团队当中。

4. 严以律己

“宽以待人，严以律己”是领导者树立威信的重要前提。“规则”是组织得以高效运转的保障，这是由领导者带头制定并在组织内颁布由全体组织成员共同遵守的行为规范，领导者需要率先垂范，其行为就是组织成员的标杆。领导者无意中违反了行为规范时，应该首先进行自罚。否则组织制度就会成为“破窗”。领导者需要意识到，在既定行为规范面前，组织的所有成员都是平等的。这样的制度才能够做到公正透明。“身教重于言教”，领导者的行为实际上就是制度，“言必出行必果”。“令出即行”而不能“朝令夕改”，制度是以组织发展为前提而设计的，不能因领导者个人的意志改变而改变，这样才能保证制度的严肃性。为了做到严以律己，领导者不但要虚心接受他人的批评，还要真心做自我批评。很多革命老干部如焦裕禄、杨善洲等都是严以律己的楷模，要求别人做到的，自己首先要做到。领导者处于组织的核心位置，在荣誉、利益等方面会有更多机会，能够对这些泰然处之，也是领导者严以律己的重要表现。组织成员间始终存在着缘于权利的博弈，领导者需要在该博弈过程中首先满足组织成员利益最大化的愿望，对自己严苛就会换取组织成员的努力工作。因此严以律己是组织发展的另外一个动力。

三、领导的心理素养

领导者一定要具有很好的心理素养，这是由领导者的心理过程、心理特征、心理状态表现出来的综合特征。领导者具有较好的心理素养，组织就能够处于健康发展状态。从某种程度上讲，领导者的性格就是组织的性格，领导者的情绪会传染到组织中的每一个成员。领导者的心理素养包括多方面的内容，思维认识素养、情绪控制素养、持之以恒素养、心理成熟程度也等在其中。心理学理论认为，个性心理特征包括能力、气质和性格三个方面。能力是人能够完成某项活动的心理特征，气质是与生俱来的心理特征，巴甫洛夫在提出四种高级神经活动类型的基础上将人的气质分为四种类型。性格是人基于现实形成的稳定的态度和习惯化了的行为方式。对领导者进行心理素养的衡量，也应该从以上三个方面进行。就能力而言，一般认为领导者应该具备沟通能力、协调能力、统驭能力、决策能力、培训能力和创新能力，与此同时领导者还应该具备艰苦朴素的基本素质，艰苦朴素是一种精神，而不是要刻意追求形式，这样的领导者才能够具备以上六种能力。就气质而言，不同气质的领导者都可以成为领导者，但组织的氛围会有很大差别：兴奋型和活泼型的领导者会让组织非常有朝气，但有时会疏于沉稳；安静型的领导者会让组织稳步推进，领导者做事沉稳，但有时会出现组织气氛沉闷的问题；抑制型的领导者懒于与组织成员交流，不易在组织中形成裙带关系，组织中不会过多出现基于人际关系的负面问题，但组织有时会陷于裹足不前。就性格而言，性格虽然与人格不同，但对领导者形成完善的人格具有重要的影响，这会进一步影响领导者待人接物的方式。健全的人格包括勤奋、踏实、认真、宽容、厚道、谦虚、开朗，并且具有强烈的责任感、使命感以及自我牺牲精神，这样的领导者才能具有较强的凝聚力。与此相反，领导者如果具有观点偏执、妒忌下属、思想狭隘、独揽大权、懒于沟通、孤芳自赏、自吹自擂等不良人格，就会陷入孤掌难鸣的境地。为了保证领导者具有较好的心理素养，就需要在选拔领导者时确立科学标准，避免让心理素养有缺陷的组织成员走上领导岗位，影响组织高效发展。

第二节
领导能力的构成要素

中国科学院"科技领导研究"课题组在大量研究基础上提出了领导"五力模型"，认为感召力、前瞻力、影响力、决断力、控制力五种能力非常重要。"五力模型"认为：感召力是领导者最基本的能力，组织成员在领导者的感召力下凝聚成为团队。前瞻力是领导者预测和把握未来的能力，是对感召力的扩展。影响力是领导者积极地对组织成员施加影响的能力。决断力是领导者面对突发事件时快速做出有效决策的能力。控制力是领导者把握组织发展方向的能力。该理论认为，感召力是核心层，前瞻力和影响力是扩展层，决断力和控制力是实施层。除此之外，也有学者提出领导能力的六要素模型，包括学习能力、决断能力、洞察能力、教导能力、执行能力和激励能力。领导能力的构成要素是一个非常复杂的问题，任何一个理论都不能将所有要素囊括其中，例如，制定目标、激励下属、诚实守信、适度分权等也都应该是领导能力中应该包括的要素。本书编写组认为，领导能力的构成要素需要服从管理职能的需要，而领导者应该具备计划能力、组织能力、激励能力、控制能力、协调能力、决策能力、学习能力、教育能力等多种能力。

一、计划能力

凡事预则立，不预则废。计划就是要为组织的发展未来制订清晰的轨迹、目标，并且在用什么样的人、怎样用人等问题上也要进行战略设计。领导者把握着组织发展的方向盘，也控制着刹车和油门，以多高的速度和以何种姿态前行，领导者的计划能力在其中扮演着重要角色。领导者要为整个组织布置棋局，让组织中的所有员工成为棋盘上的棋子，通过周密计划进行排兵布阵，依据泰罗的“第一流工人原理”让组织资源发挥最大的效用。领导者的计划能力充分体现在预先确定做什么、怎样做、谁来做、何时做、做到什么程度、达到什么样的效果等方面，这些都要事先制订出计划。领导者不具备高瞻远瞩的思维方式，就不能站得高、看得远，也就不能制订出切实可行的计划。“不积跬步，无以至千里”，组织发展的每一步都是在为未来奠定基础，每一步出差错都会导致下一步付出更多的成本，因此每一步计划都应与企业愿景发展紧密联系在一起。领导者一定要具备制订科学计划的能力，也要具备组建管理团队，进而构建集体制订计划的机制的能力。前文论及的牛根生在蒙牛诞生之初，就为蒙牛制订了长远发展轨迹即远景计划，上市公司的计划已经成为现实。无论是做大事情还是做小事情都要有计划。诸葛亮备受刘备赏识，刘备三顾茅庐终于得到了这个心仪的军师，在诸葛亮出山后，刘备每次打仗都能顺风顺水，这与诸葛亮的精密计划是分不开的。诸葛亮在草庐中与刘备的一番对话即《隆中对》中就已经展示出了诸葛亮的计划能力，按照诸葛亮的计划，则“霸业可成，汉室可兴矣”。后期的七擒孟获、六出祁山等也都充分展示了诸葛亮卓越的计划才能。唐僧也具有超凡的计划能力，在《西游记》中，唐僧与几个徒弟相比没有高超的武艺，但懂得怎样让徒弟以自己为核心到西天取经。因此，计划能力就是综合利用资源使其发挥最大效用的能力。作为领导者首先要具备计划能力，否则组织就会成为盲人瞎马。

二、组织能力

组织能力就是领导者动员组织中所有人力，通过合理分工与协作，使得资源得以优化配置，从而让组织得以高效运转的能力。领导者的组织能力不同，同样的资源就能够发挥出不同的效用。田忌赛马就是典型例证。先前在赛马过程中，田忌总是以输结束比赛。但是在孙膑的组织下，同样的几匹马只是在顺序上稍微做了一下调整，田忌就能轻松取胜，组织方式在其中发挥了重要的作用。同样在电视剧《亮剑》中处处能够彰显李云龙的组织才能。在别人与敌人对峙屡攻不下的情况下，首长派李云龙啃下这个硬骨头。李云龙在观察了地形后，决定以“战壕掘进”的方式消灭敌人，即通过挖战壕向敌人接近，将战壕一直挖到能将手榴弹扔到敌人的阵地为止，这样不但能够有效避开敌人的重武器对我军造成杀伤力，而且能够有效打击敌人。同样的士兵，不同的领导者指挥就能得到不同的战果，组织才能发挥重要的作用。一个组织中有很多员工，也会有很多不同的岗位，领导者的责任就在于将合适的员工配置在合适的岗位上，让其发挥最大的效用，员工做事感到得心应手，组织才会得以高效发展。组织能力也是领导者的号召力，组织成员首先要信服领导者，听从领导者的指挥，然后在步调一致的基础上进行集体作业。法约尔有一次在给矿业工程师的讲话中说：你们中的每个人都是非常优秀的，但是这些优秀的人才集中在一起反而不能做出优秀的事情，原因就在于你们没有合作共事的愿望。这段话的意思很明确，领导者在组织人力资源做事情的时候，不但要能够利用优秀人才，而且还要合理利用优秀人才，在组织发展进程中，人才一定要合理分层，才能使每个人都心安理得地做自己最擅长的事情。这就涉及领导者选人的能力，选人能力就是组织人的能力。不同领导者的组织能力有差别，能力强的领导者能够驾驭上万人的大公司，一般的领导者只能驾驭十几人或者几十人的小公司。因此组织能力需要分层，不同能力的领导者应该在不同层次中找到其准确坐标。

三、激励能力

激励能力就是激发组织成员以饱满的热情投入工作的能力。领导者不是在孤军奋战，要整合组织中的所有人力进行团队作战。领导者一定要具有激发成员努力工作的方法，否则优秀的人力资源也不能为领导者所用。组织不是因为有了优秀的人才就能高效运转，而是有了能够激励优秀人才努力工作的机制才得以高效运转。超级课程表的老板余佳文开创了“让员工给自己定工资”的先河。此前人们的习惯思维是“老板给员工定工资”，而在余佳文这里则是“员工给自己定工资”，然后老板要按照员工定的工资付薪水。领导者在公司与员工间进行合理的利益分割，领导者不但要能将蛋糕做大，还要能将蛋糕分好，才能使员工有较高的工作热情。在利益分割和分配的过程中，能够充分展示领导者的激励能力。优秀的领导者能够少花钱多办事，能够以最低的成本激励员工高效率做事。蹩脚的领导者在管理中会出现“高薪不能取得高效”的问题。一般而言，激励的手段可以区分为物质激励和精神激励，但精神激励一定要转化为物质激励，才能够较好地产生激励效果。领导者需要不断创新管理方法，对员工发挥很好的激励作用，这是领导者综合素质的表现。为了产生较好的激励作用，领导者在激励员工过程中一定要注意以下几个问题：激励措施应该与员工奋斗目标相结合；注意激励措施的引导性；激励应适度；激励应有明确性；激励应注意时效性；激励应注意方向性；激励应对症下药。因此，同样的激励措施要对不同的员工产生不同的效果，领导者在提升激励能力的过程中，不但要懂得管理学还要懂得心理学。要将员工分层进而辨证施治，激励措施要对症下药，在员工的劳动热情得以提升的同时，也能够树立领导者的威信。将合适的激励送给合适的人，在激励的“需”与激励的“供”之间实现对称。这需要领导者不断总结经验，与员工进行沟通，全面掌握员工信息，了解员工需求，基于组织发展水平，通过恰当的激励方式展示为员工提供的真诚服务。

四、控制能力

控制能力是领导者不断地在组织运行中与既定计划之间进行对照，从而保障组织运行符合计划的能力。根据前文，计划能力是领导者需要具备的首要能力，但是在制订计划后，还需要组织围绕计划不断发展，在发展过程中会出现各种扰动因素，使得组织运行偏离预期轨道，这会为组织造成不必要的损失。所以能否适时发现组织运行中存在的问题，并且对其进行纠偏，反映了领导者的控制能力。按照问题发展的时间，控制可以区分为事前控制、事中控制和事后控制。事前控制即防患于未然，这对领导者的控制能力要求较高，需要领导者能够“一叶知秋”。领导者只有见多识广才能够做到这一点。事前控制是在问题还没有发展之前就能够意识到问题的控制能力，这需要领导者时刻提高警惕，将判断建立在充分的市场预测、技术预测以及竞争对手预测的基础上，以便前瞻性地做出科学判断，并预先采取妥善的应对措施。事中控制是对正在发生的问题进行控制，这需要领导者能够当机立断，根据已经掌握的信息尽快做出决定，事态瞬息万变，机会转瞬即逝，优柔寡断的领导者是不能胜任的。事后控制即亡羊补牢，这要求领导者通过收拾残局尽力挽回局面，以便重整旗鼓，东山再起。以上三种类型的控制对领导者要求都比较高。冰冻三尺非一日之寒，这要求领导者在日常工作中不断积累经验，富有事前控制的智慧，具有事中控制的魄力，充满事后控制的底气。具有较高控制能力的领导者，不但要时刻准确把握方向盘，还要时刻当心踩刹车或踩油门，保证组织不偏轨，充分调动组织内的一切积极因素，保证组织高效运行。为了达到高效控制的目标，领导者需要具有适度分权的能力，让属下分担职能，为组织发展构建控制团队，从而为自身设计合理的管理幅度，处理好管理幅度与管理层次间的关系。控制能力较强的领导者，其管理幅度稍大些，这样组织就能够实施扁平化管理，避免高层领导者与基层领导者之间在进行沟通过程中，由于层次过多而造成信息失真。

五、协调能力

协调就是正确处理组织内部的各种关系，为组织发展营造较好的环境。管理学理论认为，人是最宝贵的资源，但每个人都有自己的思维方式，对组织、领导者的诉求不尽相同。再加上同事间、领导者与员工间存在着信息不对称，因此矛盾会时有发生。如果不及时处理这些矛盾，就会影响组织成员间的和谐人际关系的建立，从而影响组织正常发展。但是组织中的这些矛盾并非全部摆在明处，这就需要领导者具有敏锐的观察力，并具有妥善处理这些矛盾的能力，因此协调能力是领导能力的一项基本要素。领导者需认识到，协调在组织发展中具有重要的作用：可以使得组织目标与个人目标相一致；能够及时解决组织内部的冲突；可以树立领导者的权威并保障各项工作顺利开展。管理学理论认为，管理既是科学也是艺术。协调能力就需要讲求艺术性。领导者的协调能力与管理者自身的整体素质相关，领导者的处事风格、思维方式、知识底蕴等都会影响到协调效果。在协调过程中，领导者既要讲求原则，也要合理化解矛盾。协调在一定意义上与激励是相通的，好的协调对员工可以产生好的激励作用。组织成员、部门间在出现冲突时，说明管理出现了问题。领导者不能将矛头直接指向问题本身，同时也不能“拉偏架”。领导者需要从管理制度考虑，认识到自身的缺陷，从制度角度理顺利益相关者间的关系。组织成员间虽然具有明确的分工合作，但由于资源总是存在竞争性，所以领导者需要有效处理成员间的矛盾，但一定要站在客观的立场上解决矛盾，这就涉及领导者坚持原则的能力。在协调过程中，首先要让产生矛盾的双方消除在制度理解中存在的偏差，然后让各自重新思考出现问题的原因，也许矛盾就能自行化解。一般而言，领导者在协调过程中，需要在矛盾双方间通过竞争、迁就、回避、妥协、合作等方式使得问题得到妥善解决。这需要领导者掌握多种协调技巧。

六、决策能力

西蒙认为，管理就是决策，决策贯穿管理过程的始终。就一般意义而言，决策就是为了达到某种满意程度，领导者在两个或者两个以上的备选方案中选择一个最佳方案的行为。在决策过程中，作为经济人的领导者总是要遵循效用最大化原则。决策不是简单的拍板，而是在基于丰富的管理经验以及确凿信息的基础上做出科学拍板。领导者的决策不仅涉及组织发展，也涉及个人威信。因此为了做出科学决策，领导者需要进行充分调研。决策需要满足以下几个条件：决策目标应该明确；从多个备选方案中选择；需要遵循完整的决策程序；在操作上一定要可行。目前已经形成一些比较经典的决策方法，包括确定性决策方法、风险性决策方法和非确定性决策方法等。确定性决策方法诸如量本利决策方法，风险性决策方法如决策树方法，非确定性决策方法如后悔值方法等。领导者需要对这些决策方法了如指掌，知道各种决策方法的优缺点，并知道各种决策方法的适用条件。科学的决策需要建立在科学计划的基础上，这与前文论及的计划能力紧密联系在了一起。同时决策能力也是与预测能力联系在一起的，没有科学的预测，决策也就很难具有科学性。因此决策能力是对领导者综合能力的考量。决策实际上并不是由领导者一个人做出的，领导者需要构建起决策团队，这样就会有更多的大脑思考，有更多的眼睛捕捉信息。领导层需要辨别真伪信息，这就需要财务部、市场部、技术部等各个部门能够及时为决策者提供准确信息。领导者不但要掌握决策的技术，还要有决策的魄力。在该决策的时候就要当机立断，这样便于把握时机为组织发展创造更好的环境，使得组织保持较好的发展势头和强劲的竞争力。组织发展过程中要面临多种决策，这些决策的重要程度有差异。领导者需要在重大决策方面做出抉择，其他次要决策则交给中层或者基层管理人员做出，这也是领导者决策能力的重要组成部分。

七、学习能力

学习能力是领导者的另外一项基本要素，这项能力的强弱涉及组织的总体战斗力。学习能力是学习方法和学习技巧的总称，评价学习能力的指标一般有学习专注力、思维灵活度、学习自信心、学习成就感。组织的内外部环境都在不断发生变化，领导者只有不断学习才能更新知识结构，并且能够了解同行正在做的事情，保证组织发展步调在行业内不落伍。领导者需要有超越自我的精神，这需要有很好的学习能力基础。组织发展就是不断实现目标以及不断设定新目标的过程，这需要领导者具有前瞻性，能够准确判定事物的发展趋势。领导者需要在变化中认识自己的优势与不足，并通过学习弥补这些不足，这要求领导者善于和敢于探索未知，将组织引向新领域。领导者的学习不只是单纯地吸收知识，也不是盲目地学习，因此学习能力体现在捕捉知识的方向性和积极性上。学习也体现在向消费者汲取营养，消费者（市场）的需求就是组织的努力方向。领导者向消费者学习，就是要了解消费者对产品的评价，从而决定发展方向。领导者还要积极向下属学习，从组织成员中汲取智慧，从而掌握更多解决问题的办法。学习就要不耻下问，要求领导者将心态放平，时刻认识到不足，这样才会有充分的学习动力，这是具有学习能力和提高学习能力的首要条件。

八、教育能力

领导者自身具有学习能力还不够，还要组织全体成员具有较好的学习能力，向其他企业学习和向同事学习。为此领导者需要将自身的学习能力和学习愿望转化为组织成员的学习能力和学习愿望，这就要求领导者具备教育的能力。员工到组织中就职，不但要为了获得生存，也要为了发展，这就是管理学理论中论及的人力资源管理是选人、用人、留人、育人的完美结合的道理，领导要与组织成员的职业生涯发展结合在一起，教育在此间发挥着重要的作用。教育能力作为领导的一项基本要素，就是要通过教育将组织的发展目标、规章制度、组织文化、考核方法、薪酬标准、用人要求、发展愿景等问题一一向员工讲清楚，将组织文化变为成员的行动。组织履行教育职能并非由领导者独自完成，需要在组织内构建诸如培训中心等类似的教育部门，让教育职能部门将领导者集体的发展思路转变为具体的教育行为，从而转化为组织成员的实践行为。教育能力是领导者感召力的重要表现方式。教育能力的高低需要依托教育意识、教育方法和教育环境。领导者要以身作则，通过规范自身言行对组织成员形成潜移默化的影响，领导者的一言一行都会对组织成员产生影响，因此教育无处不在，领导者只有时刻保持教育意识，才能够产生较好的教育结果。教育方法是将领导者的思想转化为实际行为的通道。典型示范、参与活动、举办比赛、设立制度等都是让组织成员接受教育的常规做法，只要能够将教育实践常态化，外在约束就会转变成员工的日常习惯，教育就会潜移默化地融入员工的日常工作中。除了以上两个层面外，领导者还要在组织中形成较好的教育环境，通过工作氛围（组织文化）的渲染，让组织内的所有成员自觉履行组织制度。综上所述，领导者的教育能力不只是表现在说什么，还表现在做什么，更重要的是员工在做什么，管理的教育思路就是组织的发展方向，教育要对员工产生较强的影响力。

第三节
领导素养培育的途径

一、学习

系统的学习能够拓宽人的眼界，让人增长才干。很多领导者在走上领导岗位之前都是技术人才，但个人优秀与整个团队成员都变得非常优秀是两个不同的问题，前者是技术问题，后者是管理问题。当技术人才成为领导者后，其职责就发生了变化：由个人冲锋陷阵变为整个团队冲锋陷阵。组织成员之间会存在矛盾，自己与组织成员间会存在信息不对称，领导者要将组织内的所有成员整合在一起形成一股强大的力量。从技术人员到领导者的角色变化，要求领导者尽快完善知识结构，因此，需要系统学习管理学知识，在脑海中构建起管理理论的框架，保障在管理实践中不会犯原则性错误。通过学习，了解其他企业成功经营的技巧，从中汲取更多的营养。在学习中也会与更多同行交流，分享同类问题的解决措施，共同探讨某些疑难问题的解决思路。同时还会为企业的发展发现更多机会，物色优秀员工加盟，使企业具有更强的竞争力。

二、培训

培训是人力资源管理的重要板块，领导者自身也是组织中人力资源的重要组成部分，所以也应该成为培训的对象。针对领导者的培训内容与普通员工对培训的预期之间当然会有很大的差异，前者主要是针对组织职能、组织发展战略等“管企业”与“管员工”等方面的培训，目标在于强化领导者“管”的技巧，将组织的人力资源整合在一起。后者的培训主要致力于加强员工个人的业务水平。企业发展的内外部环境在不断变化，领导者需要不断更新观念，面对新的挑战。为此要不断接受新信息，培训能够让领导者迅速接受管理学前沿的发展动向，了解同行正在发生的事情，在与同行沟通过程中保持与业内同步。培训必须成为组织发展中的常规制度，要持续不断地进行培训。领导者在培训问题上要积极主动，同时也要有针对性地参加培训，要将高规格、信息容量大的培训纳入常规计划，让所有的领导者都要有秩序地接受此类培训。

三、锻炼

挂职锻炼目前已经成为常态，很多年轻人为了开阔眼界，增加与同行的交流机会，锻炼在实际工作中的能力，将自己置身于具体环境中接受锻炼。要想了解某个事物，就要到那个事物存在的环境中去。在接受锻炼的岗位上，领导者会遇到很多具体问题，为了解决这些问题，领导者都要开动脑筋，通过解决这些具体问题，在实际工作中得到锻炼。锻炼让领导者将所学理论与实践紧密结合在一起，在实际工作中体会管理理论，从而增强管理理论活学活用的能力。为了取得预期的锻炼效果，领导者一定要到对口岗位上进行锻炼，在锻炼岗位上有较多的做事机会，在锻炼过程中不能做“见习者”，而要做“实干家”，领导者在接受锻炼的岗位上要有吃苦头的准备。在接受实际锻炼的同时，领导者还要与经验丰富的领导者多交流，充分汲取间接经验，尽快增长管理才干。

第四节
领导作风建设

一、领导作风建设的重要性

领导作风是领导在管理实践中的态度和言行的综合表现。领导作风对组织发展很重要，优良作风能够使领导者具有优良的形象，密切联系领导者与组织成员间的关系，为领导者调动员工劳动的积极性创造条件。领导作风优良能够使得组织制度公开、公正、透明，组织成员在工作中顺心顺气。因此领导者的优良作风就是组织发展的引擎。组织保持强劲的发展动力，需要以良好的领导作风为基础。

(一)增强组织凝聚力

领导作风关乎组织的持续发展。领导者作风优良，组织就会具有凝聚力，在发展过程中就会有强大的竞争力。在转轨经济中，一些领导干部存在服务意识不强、责任意识不强以及创新意识不强等问题，管理者精神懈怠，组织成员就缺乏奋斗激情。在组织成员心中，优秀的领导应该全方位的素质都非常优秀，由于具有强大的人格魅力而在组织发展中能够起到一呼百应的作用。在新的时代背景下，各种意识形态叠加存在，传统文化的优秀成分在不同程度上受到冲击。部分领导干部的负面行为损害了整个领导群体的形象，在企业发展中，当部分领导干部出现了问题时，领导干部的形象就会存在晕轮效应，存在这种刻板印象时，领导干部就不易开展工作，组织凝聚力就会受到负面影响。前文论及，组织凝聚力就是组织的发展动力，为了组织的长远发展着想，建设具有优良作风的领导集团刻不容缓。

(二)构建组织文化

领导的言行是组织文化的重要组成部分。领导者如果斤斤计较，组织成员在名利问题上就会互不相让，因此有什么样的领导就会有什么样的组织文化。组织发展也需要和睦的内部环境，领导在塑造组织环境过程中发挥着重要的作用。在领导者的影响下，组织成员间可以形成互尊互敬的风气，从而形成更好的士气。关于这一点，梅奥在霍桑试验得出的结论中进行了详细论述。士气是组织成员中通过良性互动表现出来的蓬勃向上的朝气。小说《狼图腾》中就再现了狼群的互帮互助，年轻的狼将羊咬死放在狼群经过的地方，在人类看来这是损人不利己的行为，但是在狼群中这是年青一代对老一代的帮助，年迈的狼由于体力不支而不能抓到猎物，经常会吃不饱肚子，年轻狼的义举就完全解决了这个问题。这在狼群中代代传承，年轻力壮的狼年老后也不会挨饿。这种氛围的形成与狼的首领不无关系。因此领导作风就是组织文化的重要依托。

(三)凝聚优秀人才

人力资源是组织发展过程中最重要的因素，领导者凝聚人才并非轻而易举，这需要领导者有较好的德行即优良的领导作风。在对领导者进行考核时，总是将德放在第一位，这样做并非说其他方面不重要，只是说德在领导所具备的所有素质中是最重要的。大凡成功的企业家都具有让人称道的领导作风，领导者懂得管理的科学性，更懂得管理的艺术性，能够很好地处理二者的关系，同时尤其懂得与组织成员分享利益。领导聚财的结果是散人心，散财的结果是聚人心，懂得与下属分享劳动成果，就能够凝聚人才。刘备就是善于聚才的领导。徐庶跟随刘备后，为刘备打了几场漂亮的仗，刘备的事业蒸蒸日上。但是当徐庶接到曹操派人送来的母亲的信后，徐庶执意要走，刘备为此大哭不止，觉得这样的人才辅佐了曹操，自己就多了一个劲敌，事业就变得非常渺茫。徐庶为了让刘备放心，发誓终生不为曹操献一计。徐庶离开时，刘备亲自为徐庶牵马送了一程又一程。后来在长坂坡之战中徐庶向曹操献计为刘备保住了赵云。刘备与其他的领导不同，留人就是要留心，这样才会使其他优秀人才为其效力。

二、领导作风建设的主要内容

(一)思想作风

领导思想作风是领导在认识问题、分析问题和解决问题的过程中所采取和运用的思维方式与思想方法。它是领导者世界观的体现，是领导者思想意识、道德品质、文化修养、工作方式和生活方式的综合反映。在领导实践活动中，领导者在思考、处理、探索、研究问题时，就会表现出独具自身特点的、一贯的思想认识和思想行为，这种思想作风作为领导者的习惯和特点，是在较长的时间内形成的，这种因人而异的思想作风能反映出不同领导者的不同风格。思想作风一旦定型，不仅对领导者思考和解决问题产生重要的影响，更对组织中的其他成员产生重要的影响，进而会直接影响到领导绩效。因此，我们党高度重视领导干部的作风建设，解放思想、实事求是，是我们党的根本的思想作风。这要求领导者在观察和处理问题时，要坚持一切从实际出发，理论联系实际，在观察和处理问题时坚持历史思维、辩证思维、战略思维、创新思维、底线思维，积极发挥主动性和创造性，不断研究新情况，解决新问题。

新时期领导干部的思想作风建设一定要紧密结合不断变化的现实需要，必须坚持理论与实际相结合的学风，并在理论与实践的结合中勇于创新。2014 年 3 月 9 日，习近平总书记在中华人民共和国第十二届全国人民代表大会第二次会议安徽代表团参加审议时，关于推进作风建设的讲话中，提到“既严以修身、严以用权、严以律己；又谋事要实、创业要实、做人要实”的重要论述，即“三严三实”的讲话。领导干部要按照“三严三实”要求加强党性锻炼和自身修养，坚定理想信念，增强宗旨意识，严以修身、严以用权、严以律己，这样才能更好地引导激励领导干部树立正确的政绩观，谋事要实、创业要实、做人要实，强化责任担当，创造经得起实践、人民、历史检验的实绩。

(二)工作作风

工作作风是领导者在工作中表现出来的一贯态度和言行，是领导者在领导实践中坚持的观点、原则，采取的策略、方法以及表现出来的态度、言行的总和。工作作风虽然是领导作风的一种外在的表现，其本质反映的是领导者的世界观、人生观和价值观，也是领导者的思想道德素养和科学文化素养等在日常工作中的具体反映。领导者的工作作风因领导者的个性特点、学识修养、工作分工、服务对象等不同而显示出不同的风格，但其具有从属性、外在性、时代性、行业性、稳定性的共同特征，在工作中都必须坚持群众观点和群众路线，做到全心全意地为人民服务，以为人民谋福利、谋幸福作为工作的根本宗旨。领导者良好的工作作风是提高领导者绩效的关键因素，也是赢得下属尊重和拥护的巨大力量。具体来说，领导工作作风主要包括：办事认真，一丝不苟；讲究效率，雷厉风行；谦虚谨慎，忠于职守；勤奋好学，精通业务；遵守纪律，严守机密；尊重领导，团结群众；任劳任怨，脚踏实地；勇于开拓，顾全大局等。由此，加强和改进工作作风建设，必须坚持群众观点和群众路线，坚决反对形式主义和官僚主义，真正做到权为民所用、情为民所系、利为民所谋。

打铁还需自身硬。2012 年 12 月 4 日，中共中央政治局召开会议，审议通过了中央政治局关于改进工作作风、密切联系群众的八项规定。各级领导干部要切实改进工作作风，领导多深入基层调查研究，主动解决实际问题，必须坚持重实际、说实话、求实效，必须大力发扬脚踏实地、埋头苦干的工作作风。充分发扬民主，维护集中统一，是我们党的优良的领导作风。党的十八大以来，以习近平同志为核心的党中央坚定推进全面从严治党，制定和落实中央八项规定，开展党的群众路线教育实践活动，坚决反对形式主义、官僚主义、享乐主义和奢靡之风。这对于我们党始终保持党的先进性和纯洁性，始终保持党同人民群众的血肉联系，使我们党始终成为中国特色社会主义事业的坚强领导核心，具有十分重要的意义。

（三）生活作风

生活作风是领导者在日常生活中表现出来的一贯态度和行为。生活简朴、助人为乐、待人热情等都是领导者的优良作风。人的本质是一切社会关系的总和，任何人都不能离开日常生活，从日常生活状况就能够看出领导者的内在品质。毛泽东在生活作风上为领导干部树立了楷模。在井冈山时期，生活条件很艰苦，毛泽东以身作则倡导艰苦朴素的优良作风，当时将自己的生活供给量降到了普通战士的2/3。在延安时期，虽然生活条件稍微有所好转，但毛泽东仍然坚持“四菜一汤”的规定，即一个荤菜、一个素菜、一碟咸菜、一碟辣椒，而后再加上一碗米饭和一碗汤。延安时期，他的一个木薯棉的睡衣一直穿到北京，这件衣服上已经有了73块补丁，几乎看不出它本来的布料。领导在生活作风方面严格要求自己，才能够在组织成员面前树立光辉的典范。领导者只有立端才能够做到行直，也才有足够的理由要求他人，这就是身教胜于言教的道理。在组织发展中，领导者本身就是一本书，组织成员都要读这本书，一本好书能够让员工从中汲取营养，获得智慧，并为组织发展注入动力。领导者要从我做起，严格日常生活的点滴行为，为组织成员奉献上一本好书。

三、领导作风建设的途径

（一）夯实思想基础

1. 培养服务意识

领导者一定要更好地培养服务意识，主动发现管理中存在的问题，为组织成员创造更好的工作环境。领导者的任何一项决策都应该以服务员工为目标：在招聘与甄选过程中要将最适合在本组织中发展的员工纳入，这不但是对员工的负责（尽量降低员工的择职成本以及降低员工的职业转换成本），也是对组织的负责（避免由于聘用不合适的员工而影响组织发展）；在考核过程中通过科学的考核制度让优秀员工脱颖而出，考核制度真正能够做到奖勤罚懒；薪酬制度要实现付出与报酬相对称；在对员工进行严格管理的同时，还要为员工创造合理的发展空间，让优秀员工具有永远留在组织中工作的愿望。

2. 让员工表达思想

聪明的领导者不是让员工不说话，而是让员工多说话。领导者应该意识到，组织成员的批评是对领导者的无私帮助，所以当有组织成员提出负面意见时，领导者应该闻过则喜，领导者应该为员工的这种无私奉献而感动。让组织成员说话不会塌天，不让组织成员说话反而会塌下天来。管理包括“管”和“理”两个层面的意思，前者是自上而下，体现权力强制；后者是自下而上，体现民主作风。领导者让组织成员打开话匣子，才能够真正走到组织成员中间，使"计划职能"与"执行职能"实现了完美统一，这一点儿是法约尔在其管理理论中提出的，分工提高了工作效率，但也在加大信息不对称，在岗位部门精细化、多元化的过程中，组织成员在增加了选择权的同时也可能会失去话语权。让员工表达思想就能够及时发现管理漏洞，提升管理效率，领导者与组织成员也会走得更近。

3. 树立责任意识

管理者有责任意识，企业就会有责任意识。责任与作风是紧密联系在一起的，责任在前，作风在后。责任也是领导者政治素质的重要表现。绷紧责任这根弦，领导者生产的产品(包括实物产品和服务产品)就会具有过硬的品质，以领导者为首，全体组织成员就会具有强烈的规则意识，每个人都会尊重规则、坚守规则，不会发生机会主义行为，整个社会的诚信水平就会得到提高。组织成员的责任意识是从领导者的决策意识开始的。责任意识的形成需要制度的外在强制，更需要道德自律，这种内在强制力发挥的作用会更加持久。责任意识增强后，在组织内就会形成"务实"的氛围，组织发展就会形成良性循环。自己的责任就是他人的受益，而他人的受益又会强化他人的责任，于是在"责任—意识—作风"间就会形成良性互动，领导作风与组织发展之间也随之会形成良性互动。

(二)注意生活方式

1. 从生活细节做起

领导者的生活方式能够很好地展示工作作风。领导在日常管理中需要迎来送往，与更多的同人打交道。但是只有将正常公务与个人交往严格分开，在组织成员间树立廉洁的形象，才能够做到与组织成员心贴心。因此领导者在生活细节上一定要注意修身、正心、节约。生活简朴的领导者容易让组织成员接受。领导者不但要严格要求自己，还要严格要求整个管理层，因此要订立规章制度使领导者的行为受到约束。公司的规章制度在宏观和微观方面都要做出要求，如果单纯强调宏观而忽视微观，制度就会形同虚设，组织成员就会认为领导层在"唱高调，不务实"。领导者的衣食起居等各个方面都会受到组织成员的关注。养成良好的生活作风，需要领导者首先从自己做起。领导者是组织成员的行动标尺，良好的生活作风会在组织内形成良好影响，有助于形成健康向上的组织文化。

2. 培养健康生活情趣

领导者要积极培养健康的生活情趣，如健身、远足、读书等，带领组织成员养成健康向上的生活情趣。领导者与组织成员间的关系在于沟通情感，便于开展工作。领导者需要正确处理"关心工作"和"关心员工"间的关系，在组织内部构建张弛有度的工作氛围。齐景公有一次在宴后射箭取乐，他即使没有射中靶心，随同官员还是齐声呐喊“景公箭法如神”。齐景公将这件事告诉了大臣玄章，玄章说，主公不要责怪臣子，国君需要什么，臣子自然就会给你送上什么。齐景公由此非常想念晏婴，因为晏婴能够执着地纠正齐景公的错误。组织成员就是领导者的影子，领导者的生活方式就会影响整个组织，领导者从我做起就能够在整个组织内风清气正。

（三）打造学习风气

1. 认真钻研专业技术

组织内形成“求真务实”的风气会使组织所有成员受益。领导者的职责不仅在于管，还在于学，领导者首先要有“学无止境”的意识，将学习与创造紧密联系在一起。领导者首先要让组织成员具有学习意识，然后要在整个组织内打造学习平台，如成员间相互学习，聘请专家到企业讲学，与同行联合展开技术比武。有这样一个企业，组织中的优秀员工在企业内的技术比武中遥遥领先，两年下来后无人能及，于是拿着高工资却没有了奋斗的激情。领导者后来想出这样一招：组织企业间的技术比武。这一招果然很灵，让那些已经处于低迷状态的优秀员工短时间内得以激发活力，学习的热情迅速高涨了起来，该企业的技术水平也有了较大幅度提升。领导者将求学上进的意识转变为让组织成员求学上进的行动。优良学风的养成实际上就是“塑心工程”，领导者的学风引领组织成员的学风。

2. 更新观念，强化人格魅力

很多企业缺乏竞争力的原因在于领导观念滞后，不愿意尝试新事物，不愿意冒险，求稳心态会让企业总是拘泥于传统而不愿改弦更张。领导者的思维方式决定了组织的发展轨迹，所以更新观念就成为管理者的一门必修课。领导者更新观念需要从廉政观念、创新观念、法制观念和群众观念等方面着手做起。在廉政观念方面要过人情关、金钱关、权力关，通过强化责任意识保持平常心态。在创新观念方面要不断了解新事物和融入新事物当中。在法制观念方面要严格做到依法办事，学习最新的法律制度，让守法成为行为习惯。在群众观念方面要不断向组织成员学习，了解管理中存在的问题，本着为组织成员服务的态度进行管理。领导者并非在孤军奋战，为了赢得组织成员的支持，就要与组织成员走在一起，领导者与组织成员的心理距离越近，领导者的人格魅力就会越强，领导者与组织成员相互学习的氛围就越浓。

本章小结

本章对领导素养的基本内容、能力构成、培养途径与作风建设等问题进行了分析。领导素养主要包括身体素养、政治素养、心理素养等，这是领导能力形成的基础，知识素养也是身体素养中的重要层面。领导能力包括计划能力、组织能力、激励能力、控制能力、协调能力、决策能力、学习能力、教育能力等。领导能力包含的内容也是不断丰富和发展的，随着社会环境变化以及人们互动方式的变化，对领导能力的要求也在不断趋向于多元化。因此领导自身也需要不断学习，从而使得领导能力不断得到提升。领导素养的培养途径是多样的，一般而言，学习、培训和锻炼是最基本的途径。领导作风对组织发展具有重要作用，在增强组织凝聚力、构建组织文化以及凝聚优秀人才等方面都会产生重要影响。加强领导作风建设需要从思想作风、工作作风和生活作风三个方面着手进行。为了建设领导作风，需要开辟多条途径，包括夯实思想基础、注意生活方式、打造学习风气等。

复习思考题

1. 领导的基本素养包括哪些内容?
2. 什么是学习型组织? 你认为怎样才能建立起学习型组织?
3. 领导应该具备哪些能力? 请进行详细解释。
4. 通过哪些途径可以提升领导素养?
5. 领导作风建设的重要性包括哪些方面?
6. 什么是第一流工人原理?
7. 领导作风建设的主要内容有哪些?
8. 什么是组织文化? 你是怎样理解的?
9. 领导作风建设的途径有哪些?

第五章

现代领导的职能与权力

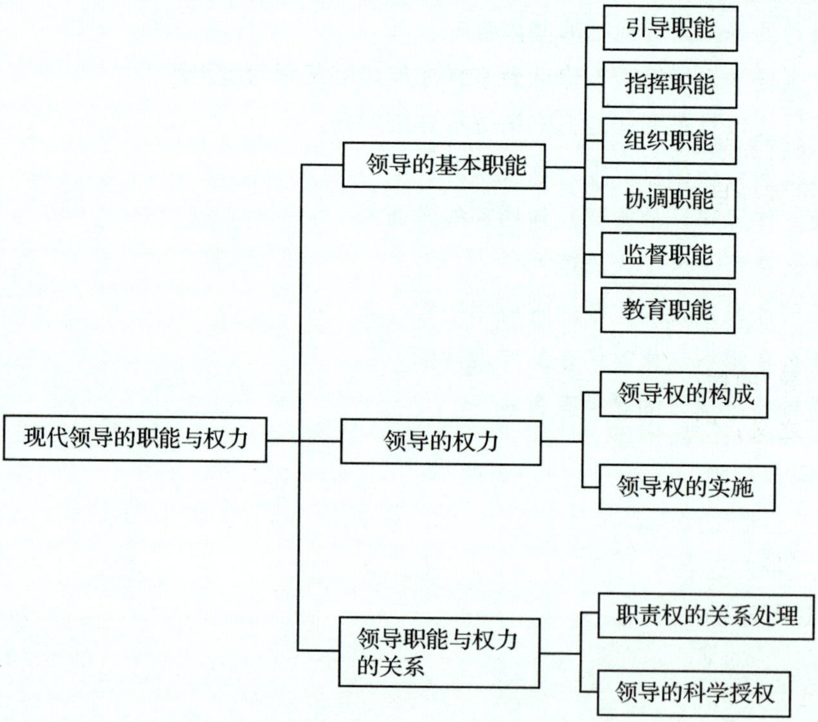

学习目标

学习目标

通过对本章的学习，要掌握领导的基本职能；理解权力的含义、领导权力的含义，掌握领导权力的特征、领导权力的构成，掌握领导的科学授权原则、模式，增强对领导职能和领导权力知识的理解和把握，解决领导过程中的现实问题。

重点提示

现代领导的职能和权力，是领导活动开展的前提和基础。本章要使学生掌握的重点内容是：领导权力的特征、领导权力的构成；领导用权的原则、正确的权力观；领导的科学授权原则、模式等内容，教师在讲授时，可以着重围绕这些内容进行。

第一节 领导的基本职能

在领导活动中，领导职能是领导职责和领导本质的具体体现。领导职能主要包括引导、指挥、组织、协调、监督、教育等方面，是实现领导效率和效果的灵魂，领导过程的核心环节。当前阶段我国正处于世界百年未有之大变局和国内战略机遇期，对领导职能履行和领导能力提出了更高要求，要求领导者积极发挥领导职能，提高领导效率，推进领导目标顺利实现。

一、引导职能

从“领导”的构成来看，是由“领”和“导”两个字组成的。“领”就是“引领”“率领”“带领”“领航”之义；“导”就是“导向”“导航”之义。综合来理解，“领导”是指领导者依靠影响力，指挥、带领、引导和鼓励被领导者或追随者，实现组织目标的活动。如果把组织比喻成一艘在茫茫大海上航行的大船，领导者就是一艘大船的船长，要具有突出的领导能力，带领这艘大船驶向目标的彼岸。领导的具体任务就是为组织内的成员引路和导航，进行正确的规划，提出任务和制定实现任务的方法。

（一）提出合理的目标，是领导引导职能的起点

在组织发展过程中，领导者为组织制订合理的发展目标，是领导者开展领导活动

的起点，也是领导引导职能的核心工作。没有良好的目标，领导活动难以进行，组织目标难以实现。拿破仑曾说过，领导是希望的批发商。领导者要创造一个令下属追求的前景和目标，并将转化为大家的行动，去完成或达到所追求的目标①。

1. 领导目标的类型

在领导活动中，根据领导工作需要，领导可以确立不同目标。例如，按领导领域划分，领导目标可以分为经济领导目标、行政领导目标、科技领导目标、教育领导目标、组织人事目标、社会管理目标等；按领导职能划分，可以分为决策目标、计划目标、组织目标、协调目标等；按领导层次划分，则有高层领导目标、中层领导目标和基层领导目标；按领导目标实现期限划分，可以分为长期领导目标、中期领导目标和短期领导目标，具体而言，通常十年以上为长期领导目标，五年左右为中期领导目标，一年以内为短期领导目标。

2. 目标学习和借鉴目标管理

在领导活动中，领导者要学习借鉴目标管理知识，在领导实践中坚持目标管理，带领组织内的成员齐心协力朝着组织目标奋斗。“目标管理”概念是德鲁克于 1954 年在《管理的实践》中提出的，其后他又提出“目标管理和自我控制”主张。德鲁克认为，并不是有了工作才有目标，而是相反，有了目标才能确定每个人的工作。确定组织目标后，必须对其进行分解，转变成各个部门以及各个人的分目标，管理者根据分目标的完成情况对下级进行考核、评价和奖惩。

（二）科学合理的目标是决定领导引导职能的成效的重要因素

领导目标是领导活动不可缺少的基本构成因素，是领导活动的终点和起点，它贯穿于整个领导活动的全过程，是领导活动的内在动力。领导者要制订科学合理的目标，才能引导和带领组织成员朝着正确方向前进。对此，领导者必须充分发扬民主精神，坚持实事求是的原则，进行周密调研、民主参与、广泛调查、审慎论证。制订出科学合理的目标后，还要将目标进行进一步分解和细化，让每个组织成员都清晰地认识到组织总目标和具体目标，个人在实现目标的过程中所享有的权利和承担的责任。这样，领导者确定的领导目标，才有可能顺利实现。

（三）科学的领导方法是领导引导职能的重要途径

在领导活动中，制订科学合理的领导目标只是领导活动的起点，还要坚持科学的领导方法。领导方法是领导者从事领导活动所运用的方式和手段。毛泽东曾形象地把“方法”比喻为过河的桥和船，指出，我们不但要提出任务，而且要解决完成任务的方

① 王鸿春：《成功领导者的习惯：企业领导者必备 20 条素质》，54 页，北京，企业管理出版社，2002。

法问题。我们的任务是过河，但是没有桥或没有船就不能过。不解决桥或船的问题，过河就是一句空话。不解决方法问题，任务也只是瞎说一顿。领导者要坚持科学的领导方法，如坚持理论联系实际的领导方法、密切联系群众的领导方法、注重人格魅力的领导方法、坚持民主决策的领导方法、敢于创新的领导方法等方法。只有坚持科学的领导方法，才能有利于调动组织成员的积极性，提高领导活动的效率，在领导者的引领下，顺利实现组织的目标。

二、指挥职能

在领导活动中，领导是组织的核心，领导的主要作用就是指挥、带领、引导和鼓励下属为实现目标而努力协作。在这些领导职能中，指挥职能是领导者运用所拥有的权力，组织、指挥、协调和监督下属人员，完成指挥的职责和功能。

(一)指挥的重要作用

有人将领导者比作乐队的指挥，领导者不是站在群体的后面去推动群体中的人们，而是站在群体前列指挥和鼓舞人们去实现目标。领导的指挥职能包括决策、选人用人、指挥协调、激励和思想政治工作等，指挥职能的“职”代表职责，“能”代表能力。作为一个指挥者，其主要的责任是激发下属人员的潜能，让每个人员的潜力得到充分发挥。在领导活动中，领导涉及的环节越来越复杂，工作范围越来越广泛，参与部门和人群越来越多，牵一发而动全身，需要进行有效、统一的指挥。如果没有统一的指挥，组织内的成员各行其是，不服从统一指挥和调度，很难实现强大的合力，领导目标就无从实现。

(二)领导指挥的方式

指挥作为领导者最基本的职能之一，是领导者对组织成员进行人员调度、人与事配合、任务指派等一系列命令与行为过程。以领导组织领导活动的方式为标准，可划分为命令式、说服式和示范式的领导指挥方式。

1. 命令式的指挥方式

在领导活动中，领导者拥有组织赋予的权力，往往通过发布命令的方式，对组织内的成员提出相应的要求和约束。领导目标能否实现，组织成员工作的积极性、工作效率的高低，在很大程度上都与领导者下达的命令有关。在下命令时，领导者要认识到发布的命令是否科学合理、是否严谨准确、是否有发布的必要。在制定命令后，领导者有必要向下属全面介绍相关的工作情况，向组织成员讲清楚、说明白，以让组织成员把握全局，增强工作的主动性。

2. 说服式的指挥方式

在领导过程中，领导者可能面临着一系列矛盾与问题，要处理这些矛盾与问题，需动之以情、晓之以理，开展细致入微的说服教育工作，坚持以下几个基本原则。

第一，应摒弃专制蛮横和等级意识，彰显民主和平等作风。在说服组织成员时，领导者不要动辄就以领导者自居，方式简单粗暴，要拿出诚意和耐心，选择恰当的时机和场合，运用恰当的语言解释清楚，善于用民主和平等的方式说服人。

第二，应做到既要有理有据，又要谦逊有礼。领导者向组织成员传达自己的意见时，要做到摆事实，讲道理，力求让组织成员心情愉快、心悦诚服地接受意见。

第三，应积极说服人，也要随时准备被别人说服。在领导过程中，领导者也要积极听取意见，虚心纳谏，取长补短，接受和采纳别人的正确观点。

第四，既要以言动人，更要以诚感人。在领导过程中，领导者既要靠诚挚的语言说服人，以理服人、以法化人，真正设身处地为他人着想，真切地体察别人的切身感受，以情近人、以情感人、以情动人、以情暖人，关心人、理解人、尊重人、成全人，使组织成员认同。

3. 示范式的指挥方式

领导者的示范作用都起着很大的影响力和带动力。领导者要充分发挥指挥功能，还要通过自身的示范作用，影响和带动组织成员。“若安天下，必须先正其身。未有身正而影曲，上治而下乱者。”领导者示范带头是一种榜样力量，是最好的执行力。首先，领导者要当好“排头兵”。“火车跑得快，全靠车头带。”所谓“排头兵”就是指在领导活动中，领导者要时刻站在队伍前列，既要运筹帷幄，决胜于千里之外，更要身先士卒，一马当先，冲锋陷阵，勇当提供前进路标的“先行者”。其次，当好“指挥员”。领导者必须具有开阔的视野，高瞻远瞩，掌握全局，善于谋断，指挥组织内所有成员，精诚合作，奋勇向前，不遗余力，可以起到良好的督导作用，也能使领导者切实了解民情，体恤民情，掌握真实情况，推进领导工作的顺利进行。最后，当好“责任人”。领导者要勇于承担责任，不推卸责任，依然坚定初心不改、勇往直前的自信心和勇气，带领组织成员努力奋斗。

三、组织职能

在领导活动中，组织职能是领导的基本职能。领导者的组织能力，需要依赖于组织结构的合理设置，组织结构内部各种要素的有序配合，以及组织成员之间的协调合作。领导者的组织功能是合理设置机构、建立体制、分配权力、使用人员等，是实现领导任务的可靠保证。

(一)组织的构成要素

根据组织表现出的性质，可以把组织的构成要素确定为：组织环境、组织目的、管理主体和管理客体四个部分。这四个基本要素相互结合、辩证统一，共同构成完整的组织系统。

第一，组织环境。组织环境是组织的必要构成要素。组织是一个开放系统，任何组织都处于一定的环境中，并与环境发生着物质、能量或信息交换关系。

第二，组织目的。建立一个组织，首先必须明确建立的目的，在此基础上确立组织的目标，如果没有目的，组织就不可能建立。

第三，管理主体。管理主体是指具有一定的管理能力，拥有相应的权威和责任，掌握一定的组织权力，承担管理责任，决定管理方向和进程的有关组织和人员。

第四，管理客体。管理客体是管理过程中在组织中所能预测、协调和控制的对象。在管理的过程中，管理主体领导管理客体，管理客体实现组织目的，管理客体对管理主体又有反作用，管理主体根据管理客体对组织目的的完成情况，调整自己的行为。

(二)组织的作用

第一，组织能把组织资源有效地统一起来。组织能把内部的各种资源组合起来，形成一个有机的整体，形成强大的合力，推动组织有序发展。确立清晰的组织目标，建立健全组织机构，能有效调动起组织内的人力、物力、财力等各种资源，最大限度地提高非组织的整体效能。

第二，组织是实现组织目标的重要载体。只有依靠组织内所有成员的力量，制定科学领导决策和领导目标，才能得到有效的组织保障；只有依靠组织内所有成员的团结，才能创造相互激励、相互促进的环境；只有依靠组织内所有成员的奉献，才能形成团结和谐的组织氛围；只有依靠组织内所有成员的聪明才智，才能集腋成裘，聚沙成塔。

第三，组织是领导者行使职能的实体。领导工作是领导者对组织成员思想行为施加影响，做到人尽其才、物尽其用、才尽其能，对财、物、事、时等进行统筹安排，成为有机整体。

四、协调职能

领导的协调职能，是领导者运用各种措施和手段，发现问题、克服困难、化解矛盾、平衡利益、解决纠纷，使其所领导的系统同外部环境以及系统内各个部分和组成人员协调一致，关系融洽，相互配合，步调一致，以形成最大的组织合力，高效率地实现领导目标的活动。

(一)领导协调的要素

在领导活动中，面临一系列问题和矛盾，领导者要高度重视协调工作，要深入学习协调的基本规律，掌握协调的基本技巧。领导开展协调的过程，主要包括四个基本要素，即领导者、协调对象、协调手段以及目标。这四个要素只有合理搭配和结合，才能使领导协调顺利开展。领导者是开展协调活动的主体，发挥着主导作用，直接影响和制约领导协调的效果；协调对象的范围极其广泛，既包括组织外的各种因素，也包括组织内的要素，通过协调使这些要素处于整体和谐有序的状态；协调手段是领导者开展协调活动的中介和载体，包括协调工作所采取的一切措施和方法；目标是领导协调要达到的结果，也是领导协调的努力方向。领导协调的根本目的在于提高组织的整体效能，即高效率地实现领导目标。

(二)领导协调的类型

在领导活动中，根据不同的标准，领导协调可以分为不同的类型。

按领导工作内容划分，可以将领导协调划分为领导职能协调、组织同环境协调、组织机制协调、领导班子内部协调、人际关系协调等。领导职能协调，即领导活动中组织、决策、用人、指挥、控制等各项职能活动之间的协调，也可称之为领导活动各个环节之间的协调。组织同环境协调是领导协调的主要内容，是增强组织活力的关键所在；组织机制协调，是指组织内部各层级、各部门的协调。领导班子内部协调，领导班子是组织的核心，因此，领导班子内部协调运转，是整个组织协调运转的关键。人际关系协调包括上行协调、平行协调和下行协调几个方面，人际关系协调是领导协调中最为复杂，也是最为重要的任务。

以领导活动的领域或部门为标准，可以分为政治领域的领导协调、经济领域的领导协调、社会领域的领导协调、文化领域的领导协调、军事领域的领导协调等。各个领域的领导协调也就具有各自不同的特点，采用不同的协调方式。

以领导层次为标准，可以分为高层、中层、基层的领导协调。各个层级的领导协调的任务也有各自的情形和特点，可以相互借鉴，但不能相互取代。

从领导过程看，领导协调可以分为事前协调、事中协调和事后协调。从事情发展演变来看，任何一项事情都有酝酿、发生、发展和结束过程，因此，具体的领导协调工作可分为事前、事中和事后的过程和阶段，在事情发展不同阶段对领导协调必然会产生不同的要求。

从领导工作的状态看，领导协调可划分为静态协调和动态协调两大类。静态协调是一种组织环境变化较少，组织中成员认识一致、行动统一的相对稳定局面的协调。

动态协调是在变化发展不平衡、不稳定的条件下，采用变化多样的协调方式有效控制各方面因素的协调。

(三)领导协调的功能

领导协调职能是领导者从实现组织总体目标出发，依据正确的政策、原则和工作计划，运用恰当的方式方法，及时排除各种障碍，促进组织正常运转和工作平衡发展的一种管理职能。

第一，领导协调是领导的一项基本职能。1916 年，法约尔在《工业管理与一般管理》一书中认为，任何组织运行都要有计划、组织、指挥、协调和控制五种职能，将协调作为管理中的基本要素。美国的哈罗德·孔茨和西里尔威·奥唐奈在合著的《管理学》一书，强调“协调是管理的本质”，可以反映出协调在领导活动中的重要作用。

第二，领导协调可以合理配置组织资源，减少矛盾，促进和谐。领导工作是一项极其复杂的活动，从事的角度来看，领导协调可以免除工作中的扯皮和重复，使事物在时间、空间上的发展中相互配合和支持，减少冲突和摩擦，提高效率，增进效益。从人的角度来看，要同上级、同级、下级等人员发生多层次、多方位、多向度的复杂关系。要把这些人的积极性统一在实现领导目标上，需要领导者加以协调，才能紧密团结、相互支持，实现组织目标。

第三，领导协调可以促进沟通，充分调动人的积极性。人的因素是第一位的，离开了人的因素，任何领导活动都无从谈起，领导目标就会难以实现。领导协调是人才成长的重要途径，领导协调工作做好了，组织内的成员在心理上就会得到平衡，其聪明才智就能得到发挥。

(四)领导协调的基本原则

领导协调原则是对领导协调行为的本质和必然联系的概括和总结，是以领导活动规律为基础的，是领导协调行为的准绳和尺度，对各种领导协调活动具有积极的指导意义。

第一，目标原则。在领导活动中，目标原则是领导协调的首要原则。领导者在协调活动中必须树立清晰明确的目标，要着眼于组织目标，同组织目标保持一致，服从和服务于组织目标。只有确定了协调目标，领导协调才有努力的方向，自觉地、有秩序地开展协调工作，使协调成为整个领导活动的一个有机组成部分。领导者确立的目标，要科学合理、切实可行。

第二，统筹原则。在进行协调时，领导者要坚持从整体效益出发，正确处理整体与局部、宏观与微观的关系。要求领导者综合衡量、全面考虑、统筹安排，从整体效益出发，把当前和长远事务协调起来，正确处理当前与长远事务的关系，要立足于当下，做好眼前工作，也有高瞻远瞩的意识，认识到眼前利益必须为长远战略服务。

第三，公正原则。在协调过程中，领导者应坚持公正原则。首先，领导者要树立公正意识。在协调工作中，综合考虑各方面的利益和需求，尽量做到一碗水端平，秉公处理各项事务、矛盾和问题。其次，领导者要具有公正能力。领导者不仅要具有公正意识，还应具有公正处理事情的能力，做到公平、公正、公开，不藏私心，不假公济私，不护短，不偏袒，不压制，不打击报复。最后，领导者应具有公正魄力。具有公正的勇气和魄力，正确对待职位和职权，正确对待各种人际关系，有魄力、敢担当、谋公正、存善念、求和谐、促发展。

第四，求同存异原则。在对领导工作进行协调时，领导者在协调工作中要遵循求同存异原则，坚持在大局上求协同，细节上允许有小异，争取以大同引导小异，共同发展、和谐共赢。既要肯定相同，达成一致意见，也要允许不一致、不和谐，发现协调它们的关键点，然后找出不协调各方的一致性，从而使不协调变为协调，这就是求同存异。

第五，动态原则。在领导过程中，领导面临的领导环境不断变化，对领导者的协调能力提出新的挑战，要求领导者不断更新协调观念、增强协调能力。领导环境的动态发展变化决定了领导协调必然也是一个动态过程，新的问题不断涌现出来，协调活动不断循环往复。

（五）领导协调的方法

要增强领导协调的效果，领导者要掌握一定的协调方法，提升协调艺术，增强协调成效。

第一，坚持目标一致法。领导者要把组织目标和个人目标紧密结合起来，既要用组织整体的共同奋斗目标来进行人际关系的协调，也要用个人目标的实现调动成员的积极主动性。

第二，坚持统一指挥法。领导者要坚持用统一指挥的方式，运用组织赋予的权力，凭借人格魅力开展协调活动，增强协调的权威性，有利于达到组织成员思想行为上的一致性。这种方法既是对组织成员思想的协调，也是对其行为的协调，可推动协调工作的顺利进行。

第三，思想教育法。领导进行协调主要是对组织成员进行思想上的协调，使组织成员在思想认识上得到提升，认清问题症结所在。思想教育协调方法丰富多样，可采取个别谈心、座谈会、关怀激励、表扬批评等方法。要做到以理服人、以情感人、以情暖人、以情化人，使当事人心悦诚服，净化心灵、提升思想、调整行为，最终事情得到解决，组织内人际关系得到协调。

第四，影响吸引法。影响吸引法是指在协调过程中，领导者依靠自己的威望、影响力、人格魅力进行人际协调的一种方法。如果领导者在组织成员内具有较强的影响力和人格魅力，就会在组织成员中产生崇高的威望，影响和吸引他们自觉听从领导者的协调安排，心甘情愿地按照领导者的指令工作，减少人际关系间的矛盾和掣肘，使矛盾和问题得到完满的解决。

五、监督职能

领导监督是指领导者根据领导目标通过一定的组织和手段实现领导者与被领导者、领导者与组织、组织与组织之间的相互监察与督促，保证领导职能正确贯彻执行，实现领导目标的活动。一般说来，领导监督包括两个方面的监督：一是领导者对被领导者的监督，即上级对下级的监督，监督下级履行职责和工作任务完成情况；二是被领导者对领导者的监督，即下级对上级的监督，下级对领导者进行监督，提出相应意见建议，促进领导者改进领导工作。

(一)领导监督的类型

领导者的监督内容多样、监督环节复杂，因此领导监督可以划分出不同的类型。

第一，领导者个人监督和授权监督。领导者个人监督是指领导者个人对被领导者的工作进行监督，这是直接监督的一种方式。领导者可亲临现场，获得第一手真实资料，推动领导协调工作顺利进行。领导者也可授权某一部门或个人，代替自己行使监督权，对相应工作进行监督。然后把监督情况及时反馈给领导者，领导者根据报上来的情况，采取相应的处理办法。

第二，事前监督、事中监督、事后监督。事前监督是指在组织某项活动付诸实施之前，对决策、计划和方案进行的预防性监督；事中监督是指在执行领导决策、计划、方案过程中进行的监督；事后监督是指一项决策、计划、方案执行完成以后，通过总结检查，看是否达到决策、计划、方案的预期目标，决策是否科学、执行是否得力、管理有无失误、制度是否严密等，以便发扬成绩、克服不足，为下一步决策、计划、方案的制定实施打好坚实的基础。

第三，经常性监督和重点性监督。领导通过经常性监督，可以防微杜渐，及时发现问题，减少隐患，降低问题发生的概率；重点性监督是指领导者要对领导活动中的重要工作，决策、计划、方案执行中的重要阶段等进行监督。在经常性、普遍性监督的同时突出重点，不仅对整个领导活动有重大影响，而且会不断提高领导者的监督水平，丰富领导者的监督经验。

(二)领导监督的原则

在监督过程中，为提高领导监督的成效，领导者应坚持一些基本的原则，主要表现为以下几点。

第一，依法监督原则。领导者必须严格遵守国家的法律、法令和有关领导监督法令、法规，依法进行监督和接受监督，在法律框架和范围内进行监督。一旦领导监督工作离开了法律制度的制约，就可能出现两种偏差，甚至是两种极端：一是领导监督突破法律制约，使监督工作“无法无天”，不受任何约束；二是“无法监督”，使领导监督工作处于瘫痪状态。坚持依法监督原则，明确领导监督权力、职责、内容和程序，促进领导监督顺利进行。

第二，公开监督原则。在监督过程中，领导监督要坚持公开原则，包括公开领导监督主体、对象和范围、公开领导监督制度、公开领导监督程序、公开领导监督结果，等等。实施公开原则，领导者同组织成员要直接协商对话，向他们公开报告，听取他们的意见和建议，及时准确了解他们的愿望、要求、建议和批评，使监督工作更符合实际，更具有针对性和实效性。

第三，时效监督原则。领导监督本身必须讲究效率、追求效果，领导监督的时效原则就是领导监督要具有及时性和有效性，通过及时有效的领导监督，领导者对组织成员工作安排和任务完成情况进行监督，可促进领导者决策、执行等及时运行，促进领导目标早日实现。

第四，层级监督原则。在领导监督过程中，层级监督原则是指在监督检查中按照纵向分为若干层次，每一个下级层次都对上一个层次负责。在一个领导工作系统中，领导者能够直接领导的部门在数量上应有一定的限度，数量少了，领导的监督作用就越能充分体现出来；层级过多，就会加大监督的难度，难以兼顾和协调，会大大降低监督的实效。

(三)领导监督的作用

监督是领导具有的一项基本功能，组织目标设定后，领导工作的开展，组织成员对工作任务的承担和完成情况，应通过各项监督制度，采取一定的监督方式，对组织成员进行监督。

领导监督的保障作用表现在以下几个方面。

第一，防范作用。领导监督的防范作用主要表现在进行事前的监督上。领导者要结合经济社会发展的形势和组织内的实际情况，包括组织面临的宏观环境因素(国家政治、经济形势、法律状况、国际形势等)，微观环境(组织机构、规章制度、人际关系等)，以及组织成员的个性因素(思想水平、道德素质等)进行综合分析，从中找出漏洞和由此产生的种种问题，提出相应的防范措施，做到防患于未然，从而保证组织目标得以顺利的进行。

第二，补救作用。由于领导环境的复杂性，领导者在实施领导过程中，可能使组织目标遭遇意想不到的困境和失误，或由领导者对客观情况了解不全面，或由组织成员对领导目标认识不清晰、理解不准确、把握不全面等原因造成。通过加强领导监督，有助于及时发现组织目标难以顺利推行的真正原因，找到问题的症结所在，采取必要的措施予以补救，减少组织目标实现过程中的障碍。

第三，督促作用。领导者监督的督促作用主要表现在通过领导监督，既可以对组织成员工作进行有效的监督，帮助他们端正认识，改正错误，及时发现和解决问题，也可以通过下级对上级的监督，对领导者形成巨大的推动力或压力，促使其认真工作、遵纪守法、承担职责、提高效率，不断提高政治思想素质和领导水平，提升领导效能，力争早日实现领导目标。

第四，制约作用。通过上级对下级的领导监督和下级对上级的监督两种监督形式：一方面，可以加强领导者对组织成员的监督，对他们的思想进行净化，对他们的行为进行引导，发现和解决存在的问题；另一方面，通过下级对上级的监督，对领导者的行为进行监督，防止一些领导者组织观念淡薄、纪律松弛，出现腐败现象。

第五，桥梁和纽带作用。领导活动的监督绝不是单向的、封闭的，既需要领导者对被领导者的监督，又需要被领导者对领导者的监督，实现双方的交流沟通。通过自上而下和自下而上的监督，起到良好的桥梁和纽带作用，把双方的思想和行为集中到如何顺利实现组织目标上来，成为领导目标沿着正确的轨道运行的重要保证。

六、教育职能

教育职能是领导者的主要职能之一，对组织成员承担着教育和塑造的功能。领导教育职能是领导者对组织成员进行宣传、引导、动员、培养，从各方面提升其素质和能力的活动。

(一)领导教育职能的内容

领导者扮演着不可替代的角色，是知识、经验和智慧的传播者，被称为“教师”“师傅”“教练”和“导师”。领导者承担着重要的教育职能，在领导活动中，以自己的人生经历、能力、智慧，影响和教育成员。领导者的教育职能主要通过对组织成员的思想政治教育、专业技能教育两个环节体现出来，具体表现为以下几个方面。

1. 思想政治教育

在领导过程中，必须重视对组织成员的思想政治教育，思想政治工作是组织持续快速发展的活力之源，也是组织深化改革、转型升级的精神动力和思想保证。新形势下组织成员的开放意识、竞争意识都在增强，与此同时，他们的思想意识也在不断变化，在社会不良倾向的影响下，个别成员对组织的亲切感、信任感、责任感、荣誉感日益淡薄，这给组织的思想政治教育带来了极大的挑战。通过对组织成员的思想政治教育，他们认真学习党的路线、方针和政策，努力提高自己的政治理论水平，形成正确的世界观、人生观和价值观，正确理解自己的人生价值和意义，明确自己的本职工作，增强社会责任感和职业道德，焕发出对人生、工作、未来的积极性，爱岗敬业、忠于职守、无私奉献。

2. 专业技能教育

在教育活动中，领导者除了对组织成员进行思想政治教育之外，还应当加强对他们的专业技能教育。所谓专业技能，是在教育者的指导下，被教育者通过学习和训练，日渐形成的操作技巧和思维活动能力，指的是掌握和运用某个专业专门技术的一种能力。在知识型社会中，组织成员越来越需要"T"形知识结构，掌握纵横交错的知识结构。所谓"T"形知识结构，具体来看，"T"的上面一横代表个人知识面的宽度、长度、广度，下面一竖代表的是个人对某一方面知识研究的高度、深度、厚度。"T"形知识结构的特点是既注重知识的广度，又注重知识的深度，做到"博"与"专"的有机结合，做到"博"学多才。

（二）教育的途径

领导者可以采用多样化的教育形式，加强对组织成员的教育和培养，增加其专业知识，提升专业技能，更好地适应和胜任本职工作。教育途径主要包括在岗培训、脱产学习和轮训等。

1. 在岗培训方式

在岗培训是指为提高在职劳动者的技术技能水平，由用人单位直接或委托其他培训机构对劳动者实施的培训和提高教育。在岗培训一般采用岗位培训、各种短期培训班、系列讲座、各类培训中心以及电大、业大、夜大、函大和高等教育自学考试等形式。

当前阶段，越来越多的组织积极建设学习型组织，学习型组织是指其员工不断尝试学习新东西并运用于实践以提高产品和服务质量的组织。它的特征是持续学习，员工共享学习成果并把工作作为知识应用和创造的基础；知识创造与共享；严格的系统化思维，鼓励员工用新的方式思考；学习文化，组织的管理人员和公司目标明确对学习的奖励、促进、支持；鼓励具有灵活性与实践性；珍视员工价值，注重对每一位员工的培训开发和福利。在岗培训已不仅仅局限于新员工的岗前教育和员工基本业务技能训练，而是变成动员、激发和启发员工发展与企业战略目标一致的观念、态度、行为和技能的重要工具，成为破旧立新的孵化器。

2. 脱产学习方式

在组织的发展过程中，为了提高组织成员的素质，对一些综合素质较高、工作积极认真、综合能力强的骨干，让他们在一段时间内脱离生产岗位，到科研院所、企事业单位等集中学习某一方面的知识，受到某一方面的训练，既可以提高他们的专业理论修养，也可以增强他们的综合能力，更好地胜任自己的本职工作，为增强自己的成长力奠定坚实的基础。

3. 轮训方式

根据组织发展的需要，组织可以有计划地、循序渐进地组织成员参加培训，通过轮流培训的方式，可以让更多的成员得到再教育的机会。为了更好地推进组织成员的轮训工作，领导者要事先进行广泛的调研，深入组织成员中间，了解他们对轮训的看法和意见，探讨后制订科学合理的轮训计划，有组织、有层次、有分批地进行轮岗培训，提高员工的综合素质。

为增强领导教育的实效性，除了上述教育形式之外，领导者还可以采取考察、社会实践、听课、实习等多元化的教育方式，加强对组织成员的教育，既注重提升他们的专业知识，增强专业技能，又要增加他们理论联系实际，解决现实问题的能力。

第二节 领导的权力

一、领导权的构成

(一)权力的含义

权力是理解领导权力的前提和基础，要领会领导权力的含义，首先必须领会权力的含义。不同学者从不同的视角对权力的含义进行了阐释。塔尔科特·帕森斯认为，权力是一种保证集体组织系统中各单位履行有约束力的义务的普遍化能力。”米歇尔·福柯强调，权力是各种力量关系的集合。一般而言，权力有广义和狭义之分，广义的权力是指某种影响力和支配力，它分为社会权力和国家权力两大类。狭义的权力是指国家权力，即统治阶级为了实现其阶级利益和维护治秩序而具有的一种组织性支配力。所谓权力，是指改变个人或团体行为的能力。权力是一种控制力和影响力，是引起他人或团体采取与原来不同的行为的力量。

(二)权力的构成

从权力的构成来看，主要包括法定权、强制权、奖赏权、专长权和表率权。

第一，法定权。法定权是指组织中各职位所固有的合法的、正式的权力。这种权力来自一个人在组织中的职位，代表一个人在正式层级中占据某一职位所相应得到的一种权力。第二，强制权。这是建立在惧怕之上的权力，是对不遵从上级意图所可能产生的负面结果的惧怕，促使他对这种权力做出反应。第三，奖赏权。奖赏权与强制权相对应。下属服从上级命令，是因为他认识到这种服从会带来正面的、有利的结果，即奖励与赏识。第四，专长权。专长权是来自特殊技能或专门知识的一种影响力。第五，表率权。这是与个人的品质、魅力、经历、背景等相关的权力，是建立在一个人对另一个人认可和信任的基础上的。

在研究过程中，弗伦奇和瑞文提出了权力的5个基础或源泉。

第一，强制性权力。这是建立在惧怕基础上的，如果不服从就可能产生消极的结果。第二，奖赏性权力。人们服从于一个人的愿望或指示是因为这种服从能给他们带来益处。第三，法定性权力。它代表一个人通过组织中正式层级结构中的职位所获得的权力。这是获取权力的基础的最经常的途径。第四，专家性权力。它来源于专家的技能和知识，这日益成为权力的主要来源之一。第五，参照性权力。它的基础是对于拥有理想的资源或个人特质的人的认同。

(三)领导权力的含义

领导者在组织中居于主导地位，行使的是组织赋予的权力，这种权力就是职权、领导权，是通过法律、法令的形式授予的，具有法定性和较高的权威性，包括强制权、奖赏权、法定权等。领导者要充分利用组织赋予的强制权、奖赏权和法定权，有效开展领导工作。领导权力是领导者开展领导工作，制定组织目标，带领和引导组织成员的重要保障。所谓领导权力，就是领导者(权力所有人)，遵循相关的法律法规，运用多种方法与手段，在实现特定目标的过程中，对被领导者(权力相对人)做出一定行为与施行一定影响的能力。这是领导者的法定权力，被称为“非人格权”和“硬权力”。

领导权力大致包含以下几个方面的主要内容。

第一，领导权力的主体。领导权力的主体包括党政机构的领导者、企事业单位的领导者以及广大社会组织中的领导者。第二，领导权力的目标。领导权力的目标是通过贯彻执行国家法律、法令和各类政策有效实现国家意志。第三，领导权力的作用方式。领导权力的作用方式主要是推行政令。第四，领导权力的客体。领导权力的客体包括所有的居民以及由居民组成的不同社会组织和社会集团。可以说，领导权力的客体囊括了领土范围内的整个社会。

(四)领导权力的特征

第一，权力的法定性。法定性是指领导权力是通过法律、法令的程序，接受任命后才有效的一种法律上的认定，并受法律的约束和保护。只有在法律认定了职位权力之后，领导者才能进行领导活动。权力的法定性不但赋予了领导者一定的权力，也明确了领导者的相应责任。

第二，权力的强制性。领导者获得法定赋予的权力后，就可以实施对组织成员的指挥或支配，为实现已经确立的目标而努力。在这一过程中，可以要求组织成员必须服从自己，对违背组织目标的行为可以通过命令、纪律警示或者批评、惩罚等措施迫使其扭转。

第三，权力的职务性。领导者的权力和职位与其担当的职务相一致的。有了领导职务才有权力，才能在法律赋予的范围内行使相应的领导职责，行使对他人的指挥权。

第四，权力的层次性。所谓层次性，是指一个组织系统按照纵向划分为若干个层次，各个层次都有相应的领导权力。下级要对上级负责，依据上级的指示、决定和命令办事，及时请示汇报工作，在自己管辖的范围内，有权自主地决定问题。

第五，权力的有限性。领导者的权力是与职位、职责相对应的，要受到相关法律制度的制约。领导者的权力是有限的，不能超越法律、制度随意行使权力，必须按照法律制度规范自己的言行举止，绝不能随心所欲、为所欲为，超越自己的权力界限。

第六，权力的服务性。领导者手中的权力，是民众权利的让渡，“权为民所赋”，必须维护被领导者的根本利益，贯彻“执政为民”服务理念，为民众服务，切实考虑民众利益。

(五)领导非职位权力(人格权力)

领导非职位权力，是指与组织职位无关的权力，是领导者个人体现出来的人格魅力而形成的控制力和影响力，是一种“软权力”。主要包括领导个人的高尚道德品质、突出领导才能、坚忍不拔毅力、果断准确判断力、非凡气魄胆识等，影响他人，使权力得到有效执行。

非职位权力的表现。非职位权力是领导者由于自身的某些特殊条件才具有的。非职位权力主要有专长权、个人魅力、背景权、感情权等。第一，专长权。谁掌握了知识，具有了专长，就有了影响别人的专长权。这种权力源于信息和专业特长，谁掌握的知识、信息越多，谁拥有的专长权就越大。专长权与职位没有直接的联系，许多专家、学者，在组织和群体中具有很大的影响力，其基础就是专长权。第二，个人魅力。这是一种无形的权力。这种素质吸引了欣赏它、希望拥有它的追随者，从而激起人们的忠诚和极大的热忱。第三，背景权。背景权是指个体由于以往的经历而获得的权力。第四，感情权。感情权是指个体由于和被影响者感情较融洽而获得的权力。

(六)领导权力的构成

领导权力大体可分为以下几种。

决策权。决策权是领导者拥有的诸多职权中最重要、最基本的领导权力。决策是领导工作的核心，是领导者最根本的职责。领导活动实际上是领导者制定决策和实施决策的过程。没有科学合理的决策，就不会有正确的领导活动。

组织权。组织权是领导者在领导活动时，根据组织目标的需要，对机构设置、权力分配、岗位分工、人员安排等做出决定的权力。组织目标确定之后，为保证组织目标的实现，领导者还要设计合理的组织架构，设立不同的组织部门，选用一定的人员，进行人员编制，使其履行相应的责任。把领导者提出的总任务和组织目标，根据组织结构的设置情况，进行层层分解，使不同部门承担这些任务和分目标，并赋予其相应的权力，规定相应的责任。既保证领导者组织权的充分发挥，也使不同组织部门之间相互配合协作，发挥组织的整体合力。

指挥权。指挥权是领导者为实现组织目标，向其下属或组织成员下达命令、指示，发号施令，推动领导工作顺利开展的权力。这是领导者实施领导决策或规划的基本保障。指挥权是决策意图的直接体现，决策指出应该做什么和如何做，指挥则要求下属做什么和如何做，决策通过指挥才能转化为现实。离开统一指挥，组织成员和部门各行其是，组织也就不存在了。指挥是领导不可分离的职能，是领导者职权的实现途径。领导者可以采用命令、说服、示范三种领导方式，既可以通过发布命令的方式，强制组织成员开展工作，也可以根据具体情况，采用说服方式，循循善诱，讲事实，摆道理，领导者还要重视示范作用，以自己的人格魅力影响组织成员，率先垂范，以身作则，带领组织成员为实现组织目标而奋斗。

人事权。人事权是领导者对下属人员，有选拔、录用、教育、培养、升降、调配、使用、任免等权力。这是领导者职权充分发挥作用的客观基础。领导者人事权的内容是人事管理权主要包括对单位人员的招录(聘)、调配、培训、考核、晋升、任免、退休退职、辞职辞退、工资福利、奖惩等进行计划、组织、指挥、监督和协调的一系列工作。领导者的人事权归根结底就是如何选人、用人的问题，能不能秉公用好人事权，是检验领导者是否真正树立正确权力观的试金石。领导者要坚持用人“十要”：一是要有爱才之心；二是要有识才之眼；三是要有求才之渴；四是要有引才之法；五是要有用才之能；六是要有育才之道；七是要有励才之术；八是要有容才之量；九是要有荐才之德；十是要有护才之魄。只有恰当合理地选拔人、使用人、培养人，才能推进领导工作的顺利开展。

奖惩权。奖惩权(奖励和惩罚)是领导者根据其下属的功过表现，对其进行奖励或惩罚的权力。奖惩权是领导者用来调动各种积极性的“软”和“硬”两种手段，这种权力形式伴随着领导活动的全过程，正确合理地运用奖惩权是实现有效领导的重要条件。善于运用奖赏权来激励员工是领导者的一项重要工作。领导者要制定科学的奖赏标准、物质奖励与精神奖励相结合、奖励及时并适度、奖励方法从员工的实际需要出发、注重奖励的公平合理。当组织成员由于工作失误、责任心不强等造成一定的损失时，领导者要根据具体情况进行相应惩罚，做到有功奖励，有错则罚，惩罚有度，以理服人。

调控权。调控权是领导者根据实际情况，对其所属的机构、人员、工作等进行及时调整控制，使全局工作能相互配合，协调一致，以便更好地完成预定任务，达到既定目标。领导调控是领导者监督、检查组织的活动，以保证领导决策、组织目标的实施与组织目标的实现。领导调控是保证领导活动有序运行的重要环节。要使领导工作顺利开展，组织目标顺利实现，领导者就必须运用有效的方式和手段，进行宏观分析和把握，有效调控全局，协调各部门之间关系，使各部门、各环节节奏一致、步调统一，做到分工合作、协调融洽。

监督权。监督权是领导者通过一定的组织和手段实现领导者与被领导者、领导者与组织、组织与组织之间的相互监察与督促，以保证领导职能的正确贯彻执行，实现领导目标的活动。领导监督包括两个方面的监督：一是领导者对被领导者的监督，即上级对下级的监督，主要是监督组织运行、下级履行职责、工作任务进展及完成情况、组织财务、组织人力资源情况等内容；二是领导者还应该属于下属监督领导的权力，下属对领导者的决策、用人、用权等领导活动进行监督，提出相应的意见和建议，促进领导者改进领导工作。在领导活动中，领导者行使监督权，要做到实事求是、客观公正、迅速及时、民主科学、追求实效，防止出现监督的缺位、越位、错位。领导者要不断完善监督权，加强对下属的监督，保证下属对领导者的监督，真正发挥监督的有效作用，保证组织制度、组织架构、组织改革等有序运行。

二、领导权的实施

领导者的权力，既包括组织赋予的职务权力也包括自身体现出来的非职务权力。在运用实施权力过程中，领导者要正确认识手中的权力，坚持正确的用权原则，树立起正确的权力观，保持对权力的敬畏之心，才能公正用权、合理用权、适度用权，承担领导职责，顺利实现组织目标。

(一)正确认识权力

领导在行使权力时，要认识到权力是一把“双刃剑”，既可以造就人，也可以腐蚀人。如果领导者用权得当，则会利国利民；反之，则会害人害己，甚至祸国殃民。权力具有诱惑力，易使拥权之人失去清醒，将权力与自己混为一体，对权力失去敬畏，萌生特权思想，混淆公私界限，造成公权私用、公权滥用。英国史学家艾克顿勋爵在总结人类历史经验后得出两大警世语：一是“权力导致腐败，绝对的权力导致绝对的腐败”；二是“历史的教训就是，所有的人都不会从历史的教训中，真正学到教训”。孟德斯鸠说：“一切有权力的人都容易滥用权力，这是万古不易的一条经验。有权力的人们使用权力一直到遇到界限的地方才休止。”在权力的运用中，往往都伴随着个人的私念或阴谋。如果权力不受到制度的限制，掌握权力的人就有可能把权力为己所用、为私所用，作恶或犯罪，最终滑向罪恶的深渊而不能自拔。权力者会侵占他人的利益，扩大自己的利益。

2010 年，中央党校校长习近平在中央党校春季学期开学典礼上的讲话中明确提出，领导干部的权力是人民赋予的，只能用来为人民谋利益，决不能把它变成牟取个人或少数人私利的工具。对各级领导干部来说，权力就是责任，权力越大，责任也越大。各级领导干部在任何时候、任何情况下都要全心全意为人民谋利益，把执政为民、为民用权作为正确使用权力的基本要求，做到立身不忘做人之本、为政不移公仆之心、用权不谋一己之私。2013 年 1 月 22 日，在十八届中央纪委第二次全会上的讲话中，习近平强调：要加强对权力运行的制约和监督，把权力关进制度的笼子里，形成不敢腐的惩戒机制、不能腐的防范机制、不易腐的保障机制。2015 年 2 月 2 日，习近平在省部级主要领导干部学习贯彻党的十八届四中全会精神全面推进依法治国专题研讨班开班式上强调，权力是一把双刃剑，在法治轨道上行使可以造福人民，在法律之外行使则必然祸害国家和人民。把权力关进制度的笼子里，就是要依法设定权力、规范权力、制约权力、监督权力。领导者在运用权力时，要时刻保持清醒认识，正确用权，用权力服务人民，而不是为了一己之私；要对权力保持敬畏之心，而不是凌驾于权力之上。

（二）领导用权的原则

民主原则。领导的权力来源于民众，权力用于民众，权力受民众监督。民众可以直接或间接地授予领导者一定的权力，也可以因其不称职而收回这种权力。领导者在行使权力的过程中要坚持民主原则，要充分发挥民主意识，深入民众，善于自觉地倾听、了解民众的意愿、建议和意见，及时改进自己的工作思路和工作方法，推动领导工作的顺利开展。

为民原则。领导者是代表人民掌握和行使权力的，要毫不动摇地坚持“立党为公，执政为民”的原则，正确行使人民赋予的权力，坚持原则，敢抓敢管，依法办事，清正廉洁，勤政为民，以身作则，艰苦朴素，勤俭节约，密切联系群众，真正做到“想群众之所想、急群众之所急、解群众之所困”，才能切实维护民众利益，切实为民众办好事、办实事。

合法原则。领导者只在法律和制度允许的范围和程度之内运用权力。领导者必须牢记：必须在法律允许范围内行使权力，任何权力都不能凌驾于法律制度之上。权力是一把双刃剑，在法治轨道上行使可以造福国家和人民，在法律之外行使就会祸害国家和人民。

监督原则。领导者在运用权力的时候，要受到法律的限制、社会的监督。行使权力必须为人民服务、对人民负责并自觉接受人民监督，把领导者的权力关进法律制度的笼子里。

（三）树立正确的权力观

所谓权力观，是指人们对权力的总的看法，包括对权力的来源、掌握权力的目的、行使权力的方式、为谁掌权、为谁服务等问题的认识和态度。领导者必须正确理解和牢固树立正确的权力观，真正做到“权为民所用”“情为民所系”“利为民所谋”“政为民所执”。2014 年 3 月 9 日，习近平在党的十二届全国人大第二次会议安徽代表团参加审议时，关于推进作风建设的讲话中，提到“既严以修身、严以用权、严以律己，又谋事要实、创业要实、做人要实”的重要论述。严以用权就是要坚持用权为民，按规则、按制度行使权力，把权力关进制度的笼子里，任何时候都不搞特权，不以权谋私。

坚持为民用权。宪法规定，一切权力属于人民。领导者必须树立用权为民的正确权力观，把人民赋予的权力用来为人民服务，多想群众利益、多听群众意见，着力解决好人民最关心、最直接、最现实的利益问题，不断让群众有更多的获得感、幸福感和安全感。

坚持敬畏用权。领导者要坚持用权为民，心存敬畏。要时刻对权力存有畏惧之心，在用权时战战兢兢、如临深渊、如履薄冰，保持心有所畏、言有所戒、行有所止的约束。

坚持审慎用权。在运用手中的权力时，领导者慎言慎行，把情况搞清楚，把问题想明白。要多深入实际，开展调查研究，深思熟虑，集思广益，发扬民主，博采众长。

坚持为公用权。林则徐曾说：“苟利国家生死以，岂因祸福避趋之。”领导者坚持为公用权，牢牢把握公与私的分界线，时刻把公共利益放到第一位，毫不动摇地践行党“全心全意为人民服务”的宗旨。

坚持依法用权。领导者要依法用权，在宪法和法律的框架内行使权力，自觉给权力“画红线”“布雷区”，让权力在安全线内运行，永远不碰权力的“警戒线”和“高压线”。

坚持履责用权。领导者要切实履职尽责，增强责任意识、使命意识、担当意识，能尽责、敢负责、勇担责，时刻把自己的责任放在心上。

坚持务实用权。在运用手中的权力时，领导者要坚持“谋事要实、创业要实、做人要实”，谋事、创业过程中，脚踏实地，切实解决民众的实际问题和实际困难，做到“想群众之所想、急群众之所急、解群众之所难”，真正做到把好事办好、实事办事。

坚持刚直用权。领导者做到立场坚定、旗帜鲜明，坚守正道、弘扬正气，襟怀坦白、光明磊落，讲真话实话；敢于坚持原则、恪守规矩，严格按党纪国法办事；敢于严肃纲纪、嫉恶如仇，对一切不正之风敢于亮剑；做到正确行使权力，在各种诱惑面前经得起考验。

坚持阳光用权。领导者在运用权力时，要做到用权必须透明，推进权力运行的公开化、规范化，严格落实党务公开、政务公开、司法公开等。敢于接受民众监督，让民众监督权力，让权力在人民眼皮底下运行，逐步习惯于在聚光灯下工作，在“放大镜”下开展工作。

坚持廉洁用权。领导者要一身正气，做到心有戒尺，干净做事，廉洁律己，廉洁用权。坚定理想信念，心系群众服务人民，为民谋利，踏踏实实做事，堂堂正正为人，身体力行，率先垂范，从小事做起；规范言行砥砺品格，发扬不畏艰苦、奋力拼搏、克己奉公、乐于奉献的精神；能够应恪守勤俭节约、艰苦创业的原则，清正廉洁，让群众得利，让群众满意。

坚持公正用权。公平正义是权力使用的根本标准。在运用权力时，领导者要做到公正用权。首先，为人要公道正派。领导者必须心正、身正、行正，不断提高人格修养，始终坚守道德阵地，做到心有所畏、言有所戒、行有所止，在民众中树立起良好的形象。其次，处事要公平公正。领导者只有做到用权公正，秉公办事，才能得到民众信任，增强在民众中的公信力、凝聚力、号召力。最后，做出判断要客观公正。办事用人时，做到正确评价他人，妥善处理问题，力争做到公正公平。

第三节
领导职能与权力的关系

一、职责权的关系处理

“不在其位，不谋其政。”要充分发挥领导者在领导活动中的主导作用，做到既具有一定的职务，又具有相应的权力，并承担起与之相适应的责任。领导者的职务、权力和责任，三者是密切相关、相互依存的。在领导活动中，职务、权力和责任，共同体现在领导者的身上，掌握在领导者的手中，通过领导者来完成和实现。只有做到三者有机结合、协调统一，才能更好地实现有效领导，达到最优化的领导效能，实现领导目标。

（一）领导者是具有职务的人

所谓职务，是指领导者在一定的社会组织中按其任务和职能所处的法定地位。具体而言，职务是人们在某一职位上所应完成的工作任务和所应具备的任职资格。在法律意义上，职务意味着获得一定的法定身份，能够代表国家、集体或者社会团体执行一定的事务。与“职务”相对应的是“职位”（也叫岗位），它是指在一个特定的企业组织中、在一个特定的时间内、由一个特定的人所担负的一个或数个任务组成。

（二）领导者具有一定的职权

所谓职权，是指一定的社会组织为保证领导者履行其领导职能，完成领导工作，对其赋予的强制性力量。职权是领导职位所固有的发布命令和希望命令，并能得到执行的一种权力。领导者的职权分为三种形式，即直线职权、参谋职权和职能职权。其具体表现为：一是直线职权。直线职权是指给予一位领导者指挥其下属工作的权力，也就是通常所说的指挥权，每个领导者都具有这种职权。二是参谋职权。参谋职权是指领导者拥有某种特定的建议权或审核权，可以评价直线方面的活动情况，进而提出建议或提供服务。三是职能职权。职能职权是指参谋人员或某部门的成员所拥有的原属直线领导者的那部分权力。领导者仅依靠参谋的建议很难做出最后的决定，为了改善和提高领导效率，领导者可将职权关系做某些变动，把一部分原属自己的直线职权授予参谋人员或某个部门的成员，这便产生了职能职权。

（三）领导者必须承担相应的职责

所谓职责，是指领导者为履行一定的组织职能或完成工作使命，所负责的范围和承担的一系列工作任务，以及完成这些工作任务所需承担的相应责任。职责是领导者从事职务行为应该承担的责任，哪些事是领导者在自己的职责范围之内必须做的，不做或做不好，就是不尽责，要被追究相应的领导责任。对于领导者而言，有职务就要权力，有权力就要有责任，这是由领导权力的本质性决定的。有权必有责，用权受监督，要落实在对领导者的明确责任和主动接受监督上面。职务、权力和责任是矛盾的统一体，相互配合、彼此制约，共同推动着领导活动的开展，也在一定程度上使领导活动更规范、更合理、更有成效。

(四)坚持职、权、责统一，职、权、责分离

在领导活动中，要坚持职、权、责，即职务、权力与责任的辩证统一、相互配合，推进领导工作的顺利开展。一是坚持职与权统一，防止职与权分离；二是坚持职与责统一，防止职与责分离；三是坚持权与责统一，防止权与责分离。领导活动中，领导者在行使职权时，要让其做到权力与责任的统一，避免出现有责无权、有权无责现象。必须要做到权力与职责的统一，避免出现权力与责任的分离，无论是有责无权，还是有权无责，都不利于领导活动的开展，阻碍着领导目标实现，有百害而无一利，要尽力解决和克服。

二、领导的科学授权

所谓领导授权，就是在组织系统内部，领导者将组织和人民赋予自己的部分职务权力授予下级行政机关或职能机构，以便下级机关能够在上级监督下自主行动和处理行政事务，为被授权者提供完成任务必需的客观条件。领导者必须正确理解认识手中的权力，勇于授权、善于授权、科学授权，让下属得到锻炼机会，提高他们的综合素质。领导者学会授权、愿意授权、善于授权，这既是领导实践过程中的现实问题，也是领导科学的艺术问题。

(一)领导科学授权的原则

在领导活动中，领导必须遵循客观规律，坚持多元化的原则，推进领导工作的顺利开展。

1. 授权合理原则

授权合理原则，是指领导者通过一定的法定程序，为实现组织目标，完成某一任务，对下属进行的正当授权，这是领导者授权应当坚持的基本原则。授权合理原则要求领导者对其下属授权要做到适当，不能事事管辖，管得过多、管得过宽，事无巨细，都亲自过问，做出决定，什么事情都是自己说了算，不给下属锻炼的机会和平台，就会让自己特别累，下属也难以得到有效的锻炼。

2. 明确职权范围原则

在领导活动中，领导者要对下属进行授权，必须首先弄清自己的职权范围，对下属进行授权，这是授权的前提。领导者如果不能准确把握自己的职权范围，就有可能将本属他人的权力当成自己的权力授予下属，这种超越自己职权范围的授权，必然造成权力关系上的混乱，破坏正常的领导秩序，影响关系和团结。一个聪明睿智、理性思考的领导人，必须学会积极授权，做到借力成事、用人成事，针对某一项任务，将

部分权力授予给下属，同时对下属明确职权范围，提出相应的任务要求，指导让下属竭尽全力去完成相应的任务。

3. 以能授权原则

领导者在选定授权对象之前，要充分考虑被授权的下属所具有的能力，应注意根据其能力大小和个性特征授予相应权力，防止出现超出下属能力范围的过度授权，给组织带来损失。领导授权不是单纯权力和利益的再分配，必须对下属的素质进行全面考察和较为深入详细了解后，根据每个人的才能和特长授予相应的权力，力争做到视能授权、视才授权。作为一个领导者，必须懂得有效授权，面对很多才华突出的下属，要授予他们权力，把事情交给他们来办理。这样，既有利于自己集中精力办大事，为组织规划更加宏阔的蓝图，又有利于增强下属的信任感、责任感，充分发挥他们的积极性和创造性。

4. 权责明确原则

在授权过程中，领导者要做到授权的事项必须明确，要让下属清楚地知道他的工作是什么，他有哪些职权，对工作的完成负有哪些责任，他必须做到什么程度。现实工作中，常常出现授责不授权的情况，从而导致工作因缺乏必要的权力而难以开展。如果对下属授予的权力过大而缺乏相应的责任约束，这样作为权力委授对象的下级往往因为缺乏必要的约束机制，可能脱离领导的控制，表现为对权力的过度滥用，从而偏离授权目标。因此，科学授权必须坚持权责明确统一的原则，使下属既有一定的权力开展事务，又必须承担起相应的责任，使整个授权行为都围绕着授权目标而展开，确保领导工作的顺利开展。

5. 适当控制原则

领导者在对下属进行授权的同时，必须进行有效的指导和控制。领导者既要授权又要避免失控，既要调动下属的积极性和创造精神，又要保持领导者对工作的有效控制。在下属履行责任过程中，领导者不能听之任之，要保持高度的警惕性，注重与被授权者的沟通联系，进行随时指导、考核以及监督。一旦下属在工作中发生偏差时，领导者应予以及时纠正并予以指导；当下属工作出色时，领导者要及时予以表扬，以增强下属的自信心；如果下属工作严重失误时，领导者应立即收回权力或完全接手过来，并立即采取相应的补救措施。

6. 授权留责原则

领导者在授权时，只是出于工作的需要，把一部分权力分散给能力突出、敢于承担、值得信任的下属，而不是把拥有的全部权力进行授权，更不是把与“权”同时存在的“责”分散下去，全部让下属来承担。在授权以后，如果下属在工作中出了问题、犯了错误、造成了损失，要承担起相应的责任，但作为授权的领导者也应该承担相应的领导责任。领导者应意识到自己对这些错误有义不容辞的责任，领导者要提前进行规划和设想，未雨绸缪，减少下属犯错的机会，并做好承担责任的各种准备，而不是一味地把责任推卸给下属。

7. 逐级授权原则

在领导过程中，领导者对下属的授权，只能是逐渐进行授权，必须是对自己的直接下属授权，绝不可越级授权。领导在授权时，既不可代替上级把权力授予下属，也不能将权力授予给下属的下属，更不能代替自己的下属把权力授给他的下属，而是要在自己的权限范围进行授权。如果进行越级授权，就会混淆了领导层次，搞乱了权力纵向隶属关系，引起领导者与领导者之间、领导者与下属之间的矛盾，造成麻烦，最终造成领导工作的被动。

8. 信任授权原则

在对下属进行授权时，领导者要坚持信任授权原则，在对下属的能力进行综合衡量后，对有能力胜任某项工作的下属进行相应的授权。领导者一旦对下属进行授权，就要对下属给予充分信任，做到“疑人不用，用人不疑”。为调动下属的积极性，领导者要充分信任下属，让他们大胆独立地完成任务。这样就会让下属有一种被信任感，激发出他们的积极主动性，认真踏实地履行自己的职责，尽早完成相应的工作。

（二）领导授权的模式

在领导过程中，领导要想让领导才能得到发挥，维护权力系统有机运转，必须在抓住主要权力的同时，分析具体情况，综合考虑下属能力，采取不同的授权方式，达到不同的领导效果。

1. 充分授权

充分授权也叫一般授权，是指上级在下达任务时，允许下属自己决定行动方案，进行创造性工作。适合领导者充分授权的情况主要包括以下几种：一是整个组织运行情况良好，管理水平较高，组织机构设置合理，人员配置完整，具有较强的团队凝聚力和向心力；二是被授权的下属能力较强，可胜任相应任务，能承担起相应责任，较好地完成领导者安排的工作；三是领导者要下属承担的任务，重要性较低、对全局工作影响不大、完成难度不是很高；四是任务比较紧急，也可采用这种模式，这对被授权者素质要求较高，具有果敢机智、灵活应变、善于决断能力。充分授权这种模式，领导者将权力全部授予给下属，让其有更大的自主空间，是对下属的极大信任和支持，有助于调动下属的积极性，有效完成工作任务。

2. 有限授权

在领导活动中，对于那些比较重要、复杂的任务，领导者一般不应进行充分授权而应进行有限授权。领导者可指派有关下属对问题进行调查研究，提出若干可行性方案，再报上级领导研究决定；也可由下级提出较完整的可行性计划，在行动之前请示有关上级，经上级领导同意后付诸实施。究竟在什么情况下，领导者可以采用有限授权模式，领导者要进行综合考虑、慎重选择。比如，对那些任务较重要而对被授权者素质条件没有把握时，一般可选择有限授权模式。有限授权比较适合能力一般的下属，领导者在授权之前，应先向被授权的下属讲清要求，明确任务，避免下属因理解上的偏差而导致工作失误，造成麻烦和损失。

3. 弹性授权

弹性授权原则介于充分授权和有限授权之间，具有较强的灵活性，领导者根据具体的情况进行考虑和判断。如果领导者希望下属完成较为复杂的任务，或对授权对象的水平和能力没有充分把握，领导者可以实施弹性授权。领导者在面对复杂的工作任务或对下属的能力、水平无充分把握，或环境条件多变时，可以采用弹性授权法。领导者要掌握授权的范围和时间，并依据实际需要对授给下属的权力予以变动。在下达任务时，为稳妥起见，领导者可以先选择适当有限授权，在执行过程中视具体情况的进展再做调整，如果进展顺利再逐步对下属放手，直至改为充分授权，让下属逐步扩大相应的领导权限，推动领导工作顺利开展。

4. 制约授权

制约授权是领导者把某一任务分解成不同的部分和内容，授权给不同的下属，使下属之间或组织之间相互制约的一种授权方式。它是领导者将某项任务的职权，分解成若干部分并分别授权，使他们之间相互制约、互相钳制，以有效地防止工作中出现疏漏。领导者在进行制约授权时，不能将任务分解得过细、过多，不能授予过多的个人，否则就会造成混乱，加剧组织成员之间的矛盾，最终会影响工作完成的效率。

本章小结

本章主要考查了领导的基本职能，主要包括引导职能、指挥职能、组织职能、协调职能、监督职能、教育职能等内容，阐释了权力的含义、领导权力的含义，分析了掌握领导权力的特征、领导权力的构成，探究了领导权的实施内容，主要从正确认识权力、领导用权的原则、正确的权力观等方面进行分析，深入分析了领导的科学授权原则、领导的授权模式，有助于学生增强对领导职能和领导权力的认识和掌握，丰富了学生的领导科学知识。

复习思考题

1. 简述我国现代领导活动的主要职能。
2. 简述领导权力的特征。
3. 简述领导权力的构成。
4. 简述领导权变理论的主要内容。
5. 结合习近平倡导的“把权力关进制度的牢笼”，你认为如何使领导者有效地用权?

第六章

领导环境与领导关系

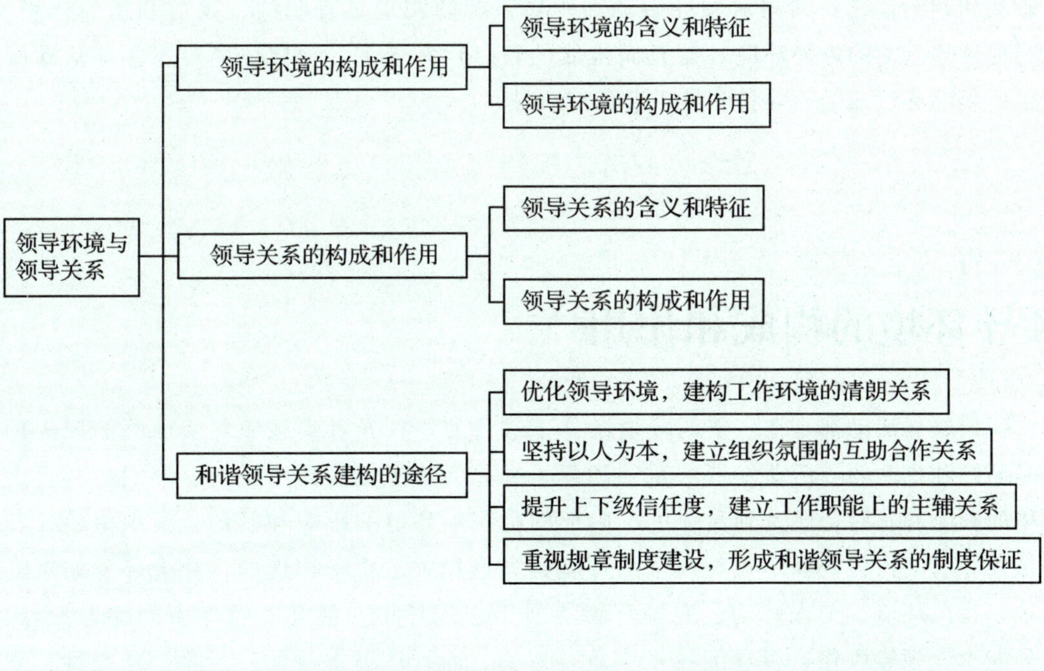

学习目标

学习目标

通过本章的学习，要求了解领导环境的含义、特征、内容和层次，掌握领导环境对领导活动的作用和影响，了解领导环境的发展过程和未来趋势；了解领导关系的含义、特征、构成、作用和影响，掌握和谐领导关系建设的途径和方法，掌握上下级关系处理的方法和艺术。

重点提示

掌握领导环境对领导活动的作用和影响，领导关系的构成和作用，掌握和谐领导关系建设的途径和方法，掌握上下级关系处理的方法和艺术。

环境一般是指人类生存发展所需的条件，既包括以空气、水、土地、植物、动物等为内容的人类赖以生存的自然环境，也包括以观念、制度、行为准则、经济发展等为内容的社会环境，还包括一定社会共同体的文化传统、社会心理、意识形态、价值追求的特定背景下的人文环境。因此，通常所说的环境是指围绕、影响和制约着人类生存发展的外部世界，本质上体现着事物间的相互联系，是一个发展着的综合性概念。随着人类生活和工作实践的不断演化和发展，环境对于人类的影响更为深远。领导活动随着人类社会的产生发展而不断变化，任何领导活动都是在一定的环境中展开的，环境的特点及其变化必然制约和影响着领导活动方向和内容的选择，是制约和影响组织生存和发展的外部因素，这是与组织发展相关的自然环境、社会环境、人文环境。同时，领导活动不但受到广泛的、外围的环境的影响和制约，还受到内部组织的环境的影响和制约，二者共同对领导活动和领导目标的实现具有制约、规范和指引作用。在当前领导活动的内外环境日益充满挑战的新时代背景下，领导环境对于领导活动所产生的影响必然成为领导科学的重要研究领域。

第一节

领导环境的构成和作用

任何领导活动都是在一定的环境条件下进行的，领导者实施领导所面临的周围环境是制约和推动领导活动发展的重要因素。领导活动不但受到广泛的、外围的社会大环境的影响和制约，还受到具体的、内部的组织小环境的影响和制约。组织中领导者和被领导者的行为处事作风与周围的环境是息息相关、紧密相连的，社会环境如家庭环境、社区环境、工作环境、舆论环境等属于宏观环境，都会对领导者的综合素养、领导能力、领导风格、领导绩效产生重要影响，而且环境本身的广泛性、动态性、复杂性等特点会对组织中的个体的行为产生复杂而深远的影响。

一、领导环境的含义和特征

（一）领导环境的含义

领导环境就是指领导者（或领导集团）在实施领导过程中，必然遇到的那些直接或间接地影响和制约领导行为过程的各种内外部因素的总和，是领导者（或领导集团）赖以生存发展和实施领导的综合性客观环境，主要包括自然环境、社会环境、人文环境等外环境和组织内环境。领导环境是领导活动的基本要素之一，它与领导者、被领导者和领导目标共同构成了领导活动的基本要素。

领导环境随着时代的变化而发展变化，领导者和被领导者的特质和行为也可以在特定的情境中得以培育和塑造，领导者可以通过与特定情境因素的相互作用来增强领导行为的有效性，领导环境在不断的发展变化中，其内涵不断得到充实和丰富。根据最新研究成果显示，领导环境的基本内涵包括以下五点。

第一，领导环境为领导活动的开展提供了基础。领导环境既包括客观的物质因素和条件，也包括主观的精神因素和条件，如人的思想、心理活动、精神状态等，它们都是领导者认识和实践的对象。

第二，不断变化的领导环境影响领导任务目标的实现。环境还是一种态势，其各个方面的条件、因素都处在动态发展中，由此派生出诸多矛盾和变化，形成领导者及其追随者客观上面临的新任务、新问题。

第三，领导环境是一个多层次的开放的有机系统。它是指领导者所在的组织系统，也包括领导集体，还包括上下左右各类相关系统。在最广泛意义上，它还涉及整个国家、社会乃至国际环境的大系统。

第四，领导环境制约和决定着领导目标的实现，对领导方式和领导方法也有着一定的制约和影响作用。

第五，与一般环境的客观性相比，领导环境具有特定性，领导环境中还包含着组织特有的工作任务。①

（二）领导环境的特征

领导者（或领导集团）在实施领导过程中，离不开其赖以生存和发展的客观环境，必然会与对其产生直接或间接影响的内外部环境发生各种各样的联系，外在的环境因

① 丁莹莹：《领导科学与领导行为研究》，51页，北京，经济管理出版社，2017。

素会影响领导方式和方法，影响领导者和组织成员的情绪，塑造领导者的作风和素养，进而最终影响领导智能的发挥和组织绩效。要充分认识领导环境的特点，领导环境主要包括以下五个方面的特点。

1. 客观性

领导环境是领导活动开展的前提和基础。领导环境主要包括自然环境、社会环境、人文环境等组织外环境和组织内环境，领导环境独立于领导活动之外并制约和影响领导活动，具有不以领导主体的意志为转移的客观存在性。领导环境既蕴含着物质实体或物质关系，又蕴含着意识形态或人际关系，这一切又都有其各自的存在方式和运行规律，都是不依人的主观意识为转移的，都对领导活动发挥着各种作用。良好的领导环境，如得天独厚的自然环境、稳定繁荣的社会环境、文明和谐的人文环境、科学高效的组织内环境，是领导主体充分发挥才干、做出显著政绩的有利条件。反之，恶劣的自然条件、混乱的社会环境、落后的人文环境和无序的组织内环境，即使是有才华、有能力的领导也无法在这样的领导环境中有所作为。领导主体必须依据领导环境来进行领导思维、领导决策及其他领导活动，以期获得理想的领导目标。同时，领导环境的客观性对领导实践活动具有双重的意义和价值，一方面可以是领导活动目标得以实现的根据、条件和有利资源，另一方面也可能成为阻碍领导活动目标实现的阻力、局限和不利因素。

2. 动态性

任何事物都处于不断发展变化的运动之中，环境本身就是一个不断发展变化、动态的多种因素的集合体。领导环境中的自然环境、社会环境、人文环境和组织内环境也随着时间、空间以及其他因素的变化而处于不断的发展变化过程之中。随着组织系统的日益开放性，内部领导环境与外部领导环境也必然处于一个相互作用、动态的变化过程中。外部领导环境制约和影响着组织内部宏观指导思想和总体战略的实施，内部领导环境制约和影响着领导活动的具体任务和领导方式，它们之间一个相互影响、彼此制约的动态变化过程。同时，从领导活动过程的动态视角来看，领导主观指导和领导环境之间也存在矛盾运动，即表现为领导意图、目的和实现领导意图、目的所需要的手段、资源和条件之间的矛盾运动。领导活动过程是领导目标与客观实际之间矛盾的具体展开和不断解决的过程，是领导目标实现过程中领导者的主观指导和与实现领导目标相关的领导环境之间不断调整、不断磨合、不断修正、不断完善、不断适应的矛盾运动过程，这个矛盾运动过程贯穿于领导目标实现的全过程。

3. 复杂性

构成领导环境的各种因素多种多样，自然环境、社会环境、人文环境等外部环境和组织内部环境，它们相互交织，相互联系，相互制约，其中某一因素的变化可能会引起一系列环境因素的连锁反应，导致领导环境结构上的复杂性。领导环境的这种复杂性，不仅表现在诸因素的相互交叉和运动上，而且当领导活动与领导环境结合的时候，则更表现出错综复杂的情况。首先，领导环境是动态的、不断发展变化的。在领导环境发展变化过程中，往往出现使领导者难于把握的趋向和规律。其次，领导环境所包含的各种因素中，有的是可控的，可定性或定量分析的，但有的是不可控的，无法用定性或定量方法分析，加之领导环境在其自身发展过程中，可控和可分析的因素与不可控和无法分析因素间发生各种作用和转换，尤其是一些潜在因素的涌现更使领导环境复杂化了。最后，领导环境中既有固定因素，又有随机因素，这两种因素在领导主体意志的参与下也会发生变化。一种可能使不清晰的因素进一步清晰化了，另一种可能会使出现清晰的因素模糊化和模糊因素更加不清晰化，这样一来领导环境就会更为复杂化。领导环境的复杂性特征要求领导者必须全面了解和把握影响领导活动的内外环境因素，发现其中的运行规律，以提高利用环境的意识和能力，实现领导目标。

4. 可塑性

领导环境的可塑性主要是说明领导环境本身是一个弹性系统，具有可塑性，是可以被领导者改造和利用的。其中要注意分析领导环境的特定性因素，特定的领导环境因素有两层含义：其一，领导环境只围绕并适合于领导这种最重要的社会活动，其他一般意义上的环境并不构成领导环境；其二，微观领导环境对于特定主体，特别是领导者的特别适合性。例如，某一领导者在某一社会系统中工作起来得心应手，并能够取得显赫成绩，但在另一领导环境中工作起来却异常困难，难有成效。[①] 因此，优秀的领导者要能够清醒地认识和把握领导环境，充分运用有利环境，做出显著政绩，或积极改造不利环境使之转化为有利环境。领导环境的可塑性特征要求领导者要认识和掌握环境的发展规律和趋向，要正确地认识环境和利用环境，考虑到环境与领导的相应作用，进而推动领导内外环境的发展，使环境为领导活动服务。

5. 系统性

领导环境是一个系统，是一个不断变化的多种因素的集合体。组成领导环境系统的基本要素有自然条件、社会条件和文化条件。这三个方面不但各自都是一个系统，而且它们之间相互关联、相互制约，形成了一定的结构，体现出客观实在性和部分可塑性的统一、多样性与类别性的统一、稳定性和动态性的统一等特点，因此，在领导实践中，领导者必须注意一切从实际出发，才能确保领导活动的顺利和成功。同时还要注意，领导环境中的不同因素对领导活动和领导者的影响不尽相同，如外部领导环境对领导活动的影响和作用是从根本上决定领导活动的特性和功能的，具有宏观性、整体性、战略性的特点。内部领导环境则具体规范了领导活动的目标、管理模式，领导者的价值标准、心理特征等，内部领导环境对领导活动的影响是影响方式直接、影

---

① 丁莹莹：《领导科学与领导行为研究》，52页，北京，经济管理出版社，2017。

响频率更高、影响程度更深入和相对的不稳定性特点等。领导环境的系统性和发展性决定了外部领导环境与内部领导环境必然处于动态的相互作用过程之中，这就要求领导者应当树立正确的环境意识，在开展领导活动时要充分考虑到各种内外环境内素。

二、领导环境的构成和作用

领导环境的含义和特征说明领导环境是一个动态的、复杂的综合体系。我们以组织为边界，将领导环境划分为外部领导环境和内部领导环境。外部环境即指组织外部对领导活动发生影响和作用的各种有效因素的总和，即对领导环境产生的长期的、重大的、整体上的影响的因素，如自然环境、社会环境、人文环境等。内部领导环境指组织内部对领导活动产生制约和推动作用的各种要素的总和，即领导活动发生的具体的内部环境，对领导活动的开展具有最为直接、最为迅速的影响。内部领导环境和外部外部环境之间也是相互作用的，外部领导环境对内部领导环境产生动力或制约作用，内部领导环境对外部领导环境存在着适应和抵制的两重性，外部领导环境和内部领导环境在一定条件下会发生转换。

(一)领导环境的构成

1. 外部领导环境

外部领导环境是相对独立于领导系统之外，是领导活动中所有能直接、间接地参与或影响领导行为或领导过程的外部有效因素的总和。外部领导环境是同领导工作成效直接相关的外在条件，是领导主体赖以生存、发展和发挥作用的综合性客观基础和客观条件，对领导活动的类型、方式、过程、功效等都有深刻的影响。外部环境包括自然环境、社会环境、人文环境及外在于组织的体制性、机构性环境等。外部领导环境包括以下几种。

(1)自然环境。自然环境是指围绕领导活动的自然条件和与其相关联的自然因素，是领导过程中不以领导主观的意志为转移的客观条件，包括地理环境、气象环境、生态环境、自然资源等。这些自然环境不仅构成了人类生存必需的环境，也是构成领导环境的最基本因素和领导活动的必要前提。自然环境对领导的工作成效有重要意义。自然环境不仅是人类赖以生存和发展所必需的自然条件和自然资源，即地球的空间环境，如阳光、地磁、空气、气候、水、土壤、岩石、动植物以及地壳的稳定性等自然因素，这些是人类赖以存在的物质基础。它们都有各自的存在方式和运行规律，是独立于领导活动之外并制约着领导活动，形成了领导活动开展的物质基础，决定了领导活动的投入情况和领导成效。自然环境在领导活动中的地位和作用不可低估，领导者应追求人与自然的和谐相处，把生态平衡作为可持续发展战略的基础，适应、把握和利用自然环境实现领导目标。

(2)社会环境。领导活动都是在一定的社会环境中展开的，必然受到社会环境的影响和制约。领导活动的社会环境是指组织外部的、围绕领导活动的社会物质、精神条件的总和，包括一定时期整个社会的政治法律制度、经济发展状况、科技教育水平、人口结构以及整个社会文明水平等因素。在领导过程中，社会环境具有不以领导主观意志为转移的客观性。不管领导者承认与否，认识到或认识不到，它都存在着，并对领导活动产生影响。例如，政治环境安定、经济繁荣、科技教育水平高、人口结构合理等就会形成领导主体的良好社会环境，为领导主体充分发挥才干、做出显著政绩提供有利条件。同时，社会环境对领导活动所产生的作用是多样的、复杂的。社会环境的不同决定了领导方式的不同性质和特点，会对领导主体产生不同的心理影响，制约着领导活动的成效。对于同一领导主体来说，有利的社会环境可以使领导者充分发挥才干，使领导活动硕果累累。不利的领导环境可能限制、阻碍领导主体才干的正常发挥，无法实现其领导效能。社会环境主要包括政治环境、经济环境和教育技术环境。

(3)人文环境。人文环境是领导者可能面临的区域性的文化状况，是影响领导活动的"软环境"，它是一国或一个地区文化传统、教育水平、道德规范、价值观念、宗教信仰以及世代相传的风俗习惯等被社会所公认的各种行为规范的总和。人文结构的复杂性体现在它既包括社会的教育体制、教育机构、教育政策、国民义务教育的范围与年限、接受高等教育的人数在总人口中的比例、职业培训体系、人口素质与人力资源状况，又包括国家知识创新体系、科技体制、科研机构、科研政策、科技人才储备、专利数量、科研成果推广应用开发机制、科技普及程度，还体现在文化设施、文化团体、文化市场及其管理，社会道德风尚、精神风貌、民族习惯、传统观念等方面。领导者不仅能认识环境和利用环境，而且还可以改造人文环境，这就要求领导者在充分认识和掌握人文环境发展规律和趋向的基础上，积极发挥领导者的主观能动性和创造性，对人文环境加以科学的和恰当的引导，主动推进人文环境的建设。

2. 内部领导环境

内部领导环境是指组织内部对领导活动产生制约或推动作用的因素总和。领导内部环境包括领导班子、领导组织、领导对象、领导中介，其中包含着政治素养、思想修养、组织结构、人际关系等，是领导者制定目标和战略的出发点和基本依据。领导活动与内部环境的关系最直接、最现实，内部环境的存在形式和作用机制对领导活动的开展具有最为迅速的影响，直接影响领导活动的效率。从组织层面和领导实践来看，内部领导环境的构成因素主要包括以下几方面的内容。

(1)组织的性质与类型。领导环境建设基于组织的物质基础和经济基础，不同的组织具有不同的经济基础和物质需求。组织体现了一种共同的、正式的目标，它对组织成员的思想和行为具有制约关系。组织的性质和类型不同，对成员的制约程度和行为规范就有所不同，在领导活动中采取的方式方法也会出现不同程度的差异。组织的物质基础不同，会使领导活动面临不同的经济境遇，并对领导决策、领导方式、领导目标等诸多问题产生较大的影响。在经济基础较薄弱和物质条件较差的组织中，领导活动在战略创新、研究开发、人才吸纳等方面会处于不利局面，并进一步制约着领导决策的实施、领导活动的开展和领导绩效的提高。而在经济基础较强和物质条件较好的组织中，领导者在人才招聘、战略创新、研究开发等方面会处于竞争优势。

(2)领导者与被领导者。在领导活动过程中，领导者和被领导者在特定的环境中实现动态的相互影响、相互作用，并构成内部领导环境的直接主体与客体。由于领导者合法拥有领导职位，具有一定的领导职权并承担领导责任，具有领导、指挥、督促、检查和奖惩等一系列职位权力，因此，领导者在内环境中处于主导地位。这就需要领导者具有与组织的要求相应的知识、经验、技能、气质、性格等综合特征，具有较强的领导能力，才能对被领导者产生巨大的号召力、磁石般的吸引力，才能在一定的领导环境中成功地进行领导活动。在领导实践中，被领导者是指被领导者所指挥、引导的个人或组织，履行着服从领导、支持领导、监督领导的职责。被领导者是领导活动中的基本要素，对领导效能起决定作用。被领导者是内部领导环境的直接客体，领导过程是领导者和被领导者相互作用的过程，被领导者能力和素质的高低是领导效能发挥的直接因素。同时，被领导者是一个相对的概念，在一个领导活动或过程中，某个人或某个组织是被领导者，但是在另一个组织活动中，可能就成了领导者。

(3)领导关系。领导关系是内部领导环境中的一个重要内容，在领导环境中起着重要的关键作用。在一定的内部领导环境中，领导者与被领导者及领导者与领导者之间发生、发展和建立起来的一种工作和感情交往的关系，即领导主体在领导活动中与组织系统中的其他成员发生的工作关系和非工作关系的总和。与外部领导环境相比，内部领导环境属于微观层面的环境类型，或称微观领导环境。美国学者菲德勒认为，微观领导环境包含三个关键的方面：职位权力，任务结构，领导主体与领导客体的关系。从内部领导环境层面来看，领导关系就是领导者之间及其与所在组织之间的关系。鉴于领导关系内涵上的广泛性、丰富性和在领导科学研究中的重要意义，在第二节中本书对领导关系进行了专门论述。

(4)组织条件和组织文化。组织即由若干个人或群体所组成的、有共同目标和一定边界的社会实体。正式组织一般是指组织中体现组织目标所规定的成员之间职责的组织体系，是在一定的环境中，为实现某种共同的目标，按照一定的结构形式、活动规律结合起来的，具有特定功能的开放系统。在正式组织中，其成员保持着形式上的协作关系，以完成组织目标为行动的出发点和归宿点。而组织条件主要包括组织的物质基础和制度现状。物质基础是领导工作开展的基础条件，不同组织的物质基础不同，领导者掌握的物质资源有差异，导致领导活动开展的条件和方式也不同。组织的物质基础较好，领导者在领导实践过程中就会得到更多来自人才招聘、资金投入和组织变革等方面的支持，有利于组织采取积极有效的手段调动员工的积极性，实现组织的目标。而组织的物质基础薄弱，将会影响组织目标的实现程度。组织文化是在一定的组织条件下，组织的生产经营和管理活动中所创造的具有该组织特色的精神财富和物质形态。它包括价值观念、组织精神、道德规范、行为准则、历史传统、组织制度、文化环境、组织成果等，其中价值观是组织文化的核心，是推动组织发展的不竭动力。组织文化的本质和功能，就是为组织成员提供明确的价值观、基本的行为准则和领导关系模式，具有导向、凝聚、激励、约束、调适、辐射等功能，不仅对组织的生存发展、荣誉形象具有重要的保障作用，而且对领导价值观、领导行为、领会作风也会产生潜移默化的作用。

(5)领导的机构性环境和制度性环境。领导的机构性环境和制度性环境是领导内环境重要的制约性因素。机构性环境泛指机关、团体或其他工作单位，不同功能的机构组合在一起构成开展领导活动的机构环境，具体来说是指领导主体所在的组织系统各组成部分及其相互关系和运作模式等要素构成的组织单位。对于领导来说，机构性环境是最具体、最实在的，也是最重要的领导实践的具体环境，一些组织的制度性环境相对简单、明确，而有些机构性环境则体现出多层次、多方面、多门户、多重点、多中心、多交叉等复杂性特征，这些复杂性关系处理不好就会造成组织的内耗、失控和失调等不良现象。因此，领导的机构性环境的复杂性因素直接影响着领导主体的行为模式和心理特征，这需要领导者对机构性环境要加以认识、把握、规范、改造和优化。领导的制度性环境是指由各种不同的具体制度所构成的规范结构和行为准则等，主要包括社会体系性制度、规模法度性制度和程序准则性制度三层含义。它依据制度的结构性差别而存在不同的层面，并因此而存在不同的具体内涵和作用，领导主体只有遵循领导体制才算合法，并且依法进行领导，要求全体成员共同遵守。

(二)领导环境的作用

领导环境为领导活动的开展提供了前提和基础，是领导主体赖以生存、发展和发挥作用的综合性客观基础和客观条件，领导活动的很多方面都受制于领导环境，领导环境主要有以下作用。

1. 领导环境制约和决定着领导决策和决策目标

领导决策是领导者的一项基本工作职能。在领导决策过程中，领导者面对着各种影响决策的因素，必须从实际领导环境出发，在权衡领导系统与领导环境的基础上，必须依靠自身领导能力、经验、思维等特质对环境因素进行筛选和运用。同时，在对领导环境进行综合考量时，要观察环境的历史、现实和未来发展，不仅要考虑眼前和局部利益，还要考虑到长远及宏观利益，不仅要立足区域，还要立足全国，放眼世界，因此，领导环境制约着领导决策和决策目标。从当前组织的领导制度环境和工作环境来看，确实还存在一些领导环境不理想的因素。如权力制度的不完善，缺乏应有的制约性与连贯性，导致一些领导者我行我素，搞一言堂，容易造成相关领导者及被领导者产生不良情绪，增加其工作中的焦虑、紧张和不公平感，久而久之，下属就会丧失工作热情，甚至会造成不正之风在组织中的滋生蔓延。在不和谐的领导环境中，领导者单凭主观臆断，必然会导致领导决策的失误。因此，领导的任何一项决策的出台，都必须从实际情况出发，高度重视领导环境的制约性，领导者要在权衡领导系统与领导环境的基础上做出科学决策。在和谐融洽的领导环境中，领导者的职责是为人民服务，为组织和下属服务，在公仆意识、服务意识强的领导环境中，领导者就能够顺利地做出科学决策、实现领导目标。

2. 领导环境制约和决定着领导方式和领导方法

领导方式和领导方法是领导者实现领导目标的中介，领导方式和领导方法的正确与否直接关系着领导目标的实现程度。大量的领导实践证明，科学的领导方式和领导方法的选择和确定往往是由领导目标的性质和具体的领导工作的内外环境决定的。对于领导活动而言，组织环境为其存在和发展提供了土壤。良好的组织环境氛围会对领导者的思想与行为产生正向的引导与规范作用。相反，不良的组织环境氛围定会给领导者造成思想上的扰乱、行为上的误导。当领导环境因素清晰、处于有序的状态下，领导者比较容易采取正常的领导方式和方法从事领导活动，如直接领导的方式、民主方式、协调方式和相应的领导方法等；但当领导环境因素模糊且多变，领导环境处于无序的状态下，领导者须采取灵活多变的领导方式和领导方法，如间接的领导方式、沟通的方式，甚至采取必要的强制领导方式和相应的领导方法等。领导环境的突发性转变也会影响领导行为的实施与领导方法的选择，因此，领导者要提升环境适应能力，依据变化的环境，找准领导活动的定位，科学选择领导方式和领导方法，正确处理人际关系，关注领导环境的变化。这样才能提高领导效能、实现组织目标。

3. 领导环境影响领导效能的高低和领导目标的实现

从环境的特点来看，在很大程度上，领导环境是影响领导效能的高低和领导目标的实现的重要因素之一。从环境的客观作用来看，领导环境的不同决定了领导效能的不同。对于同一领导主体来说，有利的领导环境可以形成充分发挥其才干的舞台，导致其领导的高效能和领导目标的顺利实现；不利的领导环境，则会限制、阻碍领导主体才干的正常发挥，甚至会使领导主体的才干湮没在无谓的纠缠之中，而得不到应有的发挥，导致领导效能不佳、领导目标不能实现。因此，领导者在实施领导过程中，首先要正确地认识领导环境，科学地利用领导环境。因为领导环境对领导效能的影响是多途径的、多层次和多方位的，或影响领导效率，或影响领导效益，或影响领导效果，或从总体上影响领导效能，这就需要领导者在适应领导环境的基础上优化领导环境，和谐、有序、协调的领导环境才是保证领导活动高效能的充分且必要条件。同时，我们在评价领导效能和领导目标的制定和完成情况时，也要充分认识到领导环境的作用，科学地分析领导环境因素对领导效能的影响情况，对领导绩效做出客观、合理的评价。

4. 领导环境考验领导对环境的认知和分析能力

领导环境对领导活动的制约和影响是客观存在的，领导者就应该对领导环境的影响力和作用方式进行了解和把握。领导环境对领导活动的影响力主要有三个层面：一是有利影响。由于环境的影响而强化了正确的领导行为的效能，从而有助于正确的领导目标的实现；或者由于环境的影响而阻碍了错误的领导行为的实施，从而弱化了错误的领导行为可能招致的不良后果。二是不利影响。由于某些环境因素阻碍了正确的领导行为的实施，影响了领导效能的提高，妨碍了正确的领导目标的实现；或者某些环境因素可能诱发错误的领导行为，或是有助于错误的领导行为的贯彻实施。三是双重影响。领导环境对领导活动既有有利影响，又有不利影响；既是威胁，又是激励；既是机遇，又是挑战。因此，领导者要正确认知和分析外部领导环境与内部领导环境的相互作用，了解和把握外部领导环境的宏观性、整体性、战略性的特点，了解和把握内部领导环境的直接性、微观性、战术性特点，领导者应以高度的洞察力和敏锐感来认识影响领导活动的内部环境和外部环境，因势利导地适应环境，使得领导活动在有效的环境中有序进行。

领导环境对领导活动发生明显的作用和影响，但领导活动作为人类有意识、有组织、不断发展的高级的实践活动，领导者对环境的科学认识、把握、利用和优化的过程，正是领导发挥主观能动性的充分体现。我国改革开放 40 多年取得的令世界瞩目的辉煌成就证明领导活动对领导环境的重大改造成果。因此，领导活动正是通过不断地认识领导环境、适应领导环境、利用领导环境、改造和优化领导环境过程反作用于领导环境、影响领导环境，不断克服领导主观意识与领导环境之间的矛盾，不断推进更高的领导目标的实现。

第二节
领导关系的构成和作用

在领导实践中，领导需要在一定的领导环境中处理与上级、下级、同级之间的关系，还要不可避免地和其他部门及社会上各种各样的人产生关系，只有把各种各样的关系处理好，才能更好地实现组织目标。在领导活动中，由于领导关系的社会性、动态性、复杂性等特征，目前国内对领导关系的研究还不够深入和具体，但领导关系在领导活动中的作用是举足轻重的，下面对领导关系的含义、特征、构成和作用等做出积极探索。

一、领导关系的含义和特征

（一）领导关系的含义

领导关系是指领导者在进行领导活动的过程中，领导者与被领导者及领导者与领导者相互之间发生、发展和建立起来的一种工作和感情交往的关系，即领导主体在领导活动中与组织系统中的其他成员发生的工作关系和非工作关系的总和。从外部领导环境来看，领导关系包括所有领导者与被领导者、领导者与领导机构、领导机构与领导机构、领导者与领导环境之间的关系，而从内部领导环境来看，主要包括领导者、被领导者与领导环境之间的关系。本书中的领导关系，是从内部领导环境来说，领导者、被领导者、领导环境等共同构成了领导实践和领导关系的基本要素，其中领导者与被领导者的关系是最重要的领导关系。在实际领导过程中，领导关系的认同首先是指领导者与被领导者在一定的领导环境中对于双方是否存在领导与追随关系的认知，二者之间的信任程度不仅决定着领导者的工作效率、决定着被领导者工作的积极性和主动性，也会影响到双方的动机、思维、情感和行动等，二者的关系对领导目标的实现和领导效能的提高具有极为重要的意义。因此，领导者要重视建立与维护和谐稳定的领导关系，以此推进领导活动的顺利发展。

（二）领导关系的特征

根据领导学的基本原理，影响领导关系的因素有很多，其中，领导关系的两种属性决定着领导关系的特征，主要表现在社会因素和领导者个人主观因素等方面的自然属性两方面，其社会属性决定其自然属性，反过来自然属性又对社会属性产生影响。因此，不仅是社会的经济、政治、文化与环境会对领导关系产生影响，而且拥有不同价值观、性格、道德、能力等的领导者、被领导者个体因素也会对领导关系产生很大的影响。其主要体现出以下几个方面的特征。

1. 客观性

领导关系的客观性是指领导关系作为领导活动过程中人与人相互交往的一种现实结果，其形成与运动，有着不以人们意志为转移的客观必然性。同时，沿袭传统的领导模式，领导实践偏重从结构维度出发，习惯于把领导角色固化，领导活动局限于体制和规则之中，通过官僚体系和组织层级的构建，把领导者与被领导者严格区分开来，并依赖制度化、法规化明确界定每个人的责、权、利，领导关系就是一种刚性约束的工作关系，领导模式凸显的是层级和权力控制，这也是一种客观性的存在。

首先，领导关系的产生和发展都来源于人类丰富的领导实践，具有不以人们的意志为转移的客观必然性。其次，领导关系作为一种特殊的社会现象，一旦形成就具有相对的稳定性，自身运行也有其内在的规律性，人们对领导关系的认识和调控，归根结底是对领导关系客观存在的反映。最后，领导关系是一种与领导活动关系密切的人与人、人与群体或群体与群体之间的关系，具有闭合性，影响和制约领导关系的各种因素具有客观性，它们包括：既定领导关系、领导体制、领导环境等。因此，对领导关系的改变也不是随心所欲的，是以各种客观条件为前提和基础的。

2. 社会性

领导关系的社会性是指任何时代、任何社会的领导关系都是一种社会关系，是社会成员和社会团体中的权力主体与权力客体之间的关系。离开了社会，领导关系既不能存在，也不能发展。领导关系的社会性表现在于，领导关系必然受制于一定的历史条件的经济关系、政治关系、思想文化关系、道德伦理关系，具有鲜明的社会特征和时代特点。领导关系的社会性，还表现在它与社会环境的相互作用上。领导过程是独立于正式角色和层级结构的一种广泛弥散于任何社会系统和领导环境的成员之间的互动影响过程，任何领导实践活动都不能脱离动态社会关系的影响。随着社会的发展进步，领导关系越来越适应领导环境并表现出人文关怀的维度，即领导者越来越依靠道德领导、诚信领导、智慧领导等柔性领导力来建构与被领导者的关系，产生更适合现代社会的领导行为，在领导理念、方式方法上形成不同于和谐领导关系的领导模式，进而极大地推进组织氛围和工作绩效提升。

3. 动态性

由于构成领导关系的两极，即权力和服从都是不断变化着的，因此它们的变动使领导关系呈现出一定的动态性。导致领导关系发生变化的因素是多方面的，如领导体制、领导素质以及包括政治、经济、文化、意识形态在内的各种环境因素。其中最根本的是社会生产力的发展。随着生产力的进步，生产关系以及与一定社会形态相适应的领导关系，也必然会随之发生改变。从领导关系发展演变的历史形态来看，领导关系与人类社会形态的发展演变是一致的。随着社会历史形态的发展变化，领导关系相继经历原始社会的领导关系、奴隶社会的领导关系、封建社会的领导关系、资本主义社会的领导关系和现代开放型社会的领导关系五种类型，领导关系随着社会历史的发展演变一直都在动态变化之中。从构成领导关系的主要因素领导和被领导者的关系来看，正是二者在领导实践过程中通过互动形成的领导者与追随者角色及关系的认知、确认和认同，领导关系认同与否也在动态变化中，并且极大地影响着领导关系的质量。

4. 强制性

领导关系的强制性主要基于使权力客体服从的需要。权力和服从是领导关系的实质。不论是何种类型的领导关系，总是伴有一定的强制机制，以保证被领导者的服从。当然，强制性并不排除被领导者的自觉自愿服从，也不排除领导者采取非强制手段，使被领导者就范。同时，在当今法制行政时代，任何领导都会存在权力监督机制，领导者与各类权力监督主体之间的关系也具有强制性。

组织中的领导关系是一种法律化、制度化、程序化、规范化的领导关系。在一定的组织环境条件下，领导者以人为中心，对组织所拥有的资源进行有效的决策、计划、组织、领导和控制，以便达到既定的组织目标的过程。成功的领导管理说明，严格地做好领导管理工作的基本要求和有效手段，这体现出领导管理工作内在的强制性特点，是确保领导管理本身得以存在、持续运行并取得有效性的主要外力。领导实践表明，实现组织目标效益的最大化是衡量领导绩效的关键指标，严格、刚性的管理制度的有效实施才是其根本保证。

5. 复杂性

中国文化语境中的“关系”，从表面上看是工作关系，但有着更为深层的情感关系、利益关系等，无论是在领导内环境中还是在外环境中，都承载着各种重要信息、核心关系或利害得失的人脉资源。从领导的组织结构上来看，一个组织系统内部有不同的领导层次和领导跨度，这本身就有一定的复杂性。在领导实践中要处理很多纵向性的隶属关系和横向性的各部门之间的协作关系，这也体现出复杂性。从领导活动的方式来看，领导关系表现为直接领导与间接领导关系、正式领导与非正式领导关系、指令性领导与非指导性领导关系、支持性领导与参与性领导关系等多样性和复杂性特点。而从领导关系的方向性上看，可以分为上行领导关系、下行领导关系和平行领导关系三种；其他还包括党、政、企不同组织领导者之间的关系；党、政、企不同组织领导机构之间的关系；领导集团中各成员之间的关系；领导者个人与组织之间的关系；领导者同亲属之间的关系等复杂性的特点。随着组织规模的不断扩大和组织成员的不断增加，领导关系的复杂性越来越突出，如一个组织的成员之间有父母与子女的关系、兄弟姐妹等血缘关系，有同学、老乡、朋友甚至邻里等亲朋故旧关系，有同一年进单位的，还有因共同的兴趣爱好而结成的关系，如球友、棋友、驴友等，这一类非工作关系往往比较常见，在领导关系中或多或少地影响工作中的正常秩序。

二、领导关系的构成和作用

领导关系是领导工作分工的必然产物。在领导实践活动中，领导者要重视领导关系建设，要认真对待领导关系中出现的新情况和新问题，认真研究和遵循领导关系发展变化的规律性，才能更好地处理好领导者与被领导者、领导者与领导者等之间的组织关系。如何正确对待和处理好这些关系，不仅考验着领导者的素质、能力和领导水平，还影响着领导最终目标的实现。

(一)领导关系的构成分析

领导关系的构成因素，从宏观范围来看，包括所有领导者与被领导者、领导者与领导机构、领导机构与领导机构之间的关系；从微观范围来看，领导关系就是领导者之间及其与所在组织之间的关系。本章节的领导关系界定在组织内部的正式领导关系，即领导者与上级的关系、领导者与平级的关系以及领导者与下级的关系的分析与处理。

1. 领导者与上级的关系及处理

在领导活动中，领导者与上级之间的关系主要体现为政治上的同志关系、人格上的平等关系、组织上的上下级关系、工作目标的一致性关系、工作职能上的主辅关系等，但下级与上级最核心的关系还是工作职能上的主辅关系。从领导管理实践来看，上级领导对下级具有指挥、指导、命令、引导、监督、说服等职责，对下级的工作能力和业绩给予评价，激发他们的工作热情，或对他们工作的不足提出批评或惩戒。同时，上级也需要通过及时了解和掌握下属的需求并对下属的需求予以适当的满足。上级领导者会通过经常有效的沟通，与下属分享信息，帮助下属了解组织对员工的要求、明确工作努力的方向。领导者与上级的关系就是这样十分自然又具有隶属性、依存性和职能责任不同的工作关系。领导关系中的上下级关系本身就是工作体系中的隶属关系，在领导实践中，上下级之间的关系最为密切，互动频繁，下级领导者都隶属于上级领导者，二者在工作职能上的实质是被领导与领导的关系。那么，下级必须服从上级，必须接受上级的命令指示、实现上级意图，这是领导活动规律的客观要求。那么，领导者工作成绩的取得，离不开上级的正确领导和工作支持，领导者要想负责并高效地胜任领导职务，就必须从上级那里获得理解、支持、信息、资源和帮助。因此，领导者与上级建立及维持良好的关系是非常重要的，这就需要领导者能正确处理与上级的关系，具备与上级相处的艺术。基于工作职能上的主辅关系，领导者与上级相处时要注意做到：第一，正确理解上级的意图，做好辅助管理工作；第二，尊重上级，维护上级领导权威；第三，讲究说服技巧，赢得上级支持；第四，摆正位置，杜绝与上级之间的不正常关系。总之，领导者处理与上级领导的关系时要对自身定位有一个清醒的认识，领导者与上级领导的关系是基于共同事业和目标之上的，这种关系是双向的、互惠的，在积极主动的交往中形成与发展的。

2. 领导者与同级的关系及处理

在一个组织内部，工作是一个整体，是由各个不同的业务部门组成的。领导者与同级关系是指在领导活动过程中，处于同一层次和级别领导者之间存在的一种横向人际关系，即不同业务部门领导者之间的关系。各个部门的领导，属于同一领导层次，只是分工不同，彼此之间既互相联系、互相合作，又具有各自的独立性。因此，领导者与同级领导之间是相互尊重、相互配合、相互合作的关系。随着领导实践的不断发展变化，领导者们越来越感觉到同级关系的重要性，各部门之间的联系具有直接、经常、密切、频繁的特点，因而既容易相互沟通，也容易在一些问题上产生分歧和矛盾。因此，领导者要认识和明确与同级领导之间既合作又竞争的协同关系，一个部门的工作是需要其他部门大力支持和全力配合才能顺利完成的。因此，同级领导者在工作交往时，要首先从自身的角度出发，思考如何在交往过程中找到最佳的理解点或接触点，领导者要讲究处理同级关系的原则和艺术，要注意以下几点：第一，互相尊重，不越俎代庖；第二，彼此信任，以诚相待；第三，相互学习，积极支持；第四，彼此宽容，和谐共处。同时，领导者在与同级领导交往过程中，由于各自职责和站位不同，往往在某些事情上意见、态度、看法不一致而发生分歧，甚至会出现争吵、发脾气的现象。这就要求同级领导者要有高尚的综合素质和容忍的雅量，而且还要有发现他人错误，及时提醒、真诚帮助的境界，这样才能更科学、理智地处理好领导者与同级领导之间的关系。

3. 领导者与下级的关系及处理

在一定的领导环境和领导关系中，领导者处理好与下级之间的关系是领导者一切工作的起点。在整个领导活动过程中，领导者的主要职能和作用就是通过一系列领导活动方式，引导和率领下级制定和实现领导目标。因此，最主要的职能和作用，就是激发和调动下级认同并参与领导活动实践的积极性、主动性和创造性，只有得到被领导者的认同和参与，领导活动过程才能顺利开展。因此，领导者要主动关心、关注下级的工作和生活，做好引领和服务工作，及时发现下级的工作成绩、工作特长等，及时鼓励和支持，搞好上下级关系，从工作上、生活上、心理上使下级感到温暖和激励，以提升个人工作绩效。

领导者和被领导者的关系是领导环境、领导关系中的主要关系，二者之间关系的和谐与否直接影响领导环境与领导关系的质量，最终影响组织绩效的实现。在组织中，领导者对于下级起着组织、指挥、管理、协调、平衡、服务等作用，领导者在依据工作安排和需要给被领导者布置任务或督促检查时，要注意协调、改善、加强工作环境内的人际关系，对于容易产生的问题和矛盾，领导者要充分考虑、合理解决，正确处理好上级与下级的关系，以便更好地开展工作。领导者处理下级关系时应坚持服务的原则、民主的原则、公平的原则、监督的原则。领导者要正确地处理好与下级的关系，要注意以下几个方面：第一，坚持原则与率先垂范相结合；第二，关心爱护与一视同仁相结合；第三，信任培养下级与严格要求相结合；第四，知人善任与教育引导相结合；第五，大胆授权与督促检查相结合。这样，领导者最基本的职能就是能够集中组织全体成员的全体力量去做更大的事情，实现组织目标。

(二)领导关系的作用和影响

领导关系是组织行为学和人力资源管理的一个重要领域，领导关系的和谐与否直接影响领导的有效性。领导关系的好坏直接影响领导能力、领导效能、领导发展和组织和谐。因此，各级领导干部非常重视领导关系的建设。领导关系的作用分析如下。

1. 关乎领导能力

在领导实践中，良好的领导关系能够形成良好的领导格局，提升领导能力，激发领导活力。从领导能力的角度来看，从领导职能上来说，领导能力是指一系列领导行为的组合，从构成层次可分为职业能力和职业拓展能力，职业能力包括观察能力、思考能力、判断和决断能力、管理和协调能力等，职业拓展能力是指领导的预测能力、前瞻能力、创新能力、人际关系能力。随着社会变革的加速，领导活动的范围越来越广泛和深入，领导的人际关系能力越来越突出。在领导活动的内环境中，即领导的直接管辖范围内，领导的职业能力起着重要的作用，领导的管理、指挥、协调、控制、督办等职能都能得到有效的发挥。但是在领导的外环境中，即领导直接管辖范围之外，领导的拓展能力则起着关键性的作用。在当代领导工作中，领导工作的开放性、多样性越来越强，有很多工作具有跨区域、跨领域的特点，领导的职业拓展能力就显示出越来越重要的作用。领导者的这些能力会激发组织成员的信心，会激励组织成员自愿追随领导者，不是简单地服从和听命领导者，能在一个组织氛围中或相关领域产生极大的促进作用，会使领导集体富有活力和创造力，从而创造出优秀的领导业绩。

2. 关乎领导效能

良好的领导关系有助于提高领导效能。领导效能是指领导者在实施领导过程中的行为能力、工作状态和工作结果，即实现领导目标的领导能力和所获得的领导效率与领导效益的系统综合。领导效能的高低与领导能力、领导效率和领导效益密切相关，但衡量领导效能的最重要的指标就是实现目标的程度。领导效能作为一个综合指标，涉及领导方方面面的不同工作内容和工作关系，由此领导绩效可分为任务效能和关系效能。任务效能是可量化的、完成工作任务的硬性指标，关系效能是指在良好的领导关系氛围中组织成员的自愿工作行为，如自愿承担额外的工作、帮助同事、维持良好的人际关系、建立良好的合作关系等。这些行为虽然不直接产生领导效能，但却有利于促进组织有效运作，有助于组织长期稳健发展。因此，良好的领导关系有助于提高领导效能，能够有效整合领导活动中的各个方面，并使各类人员合理配置、组合，能充分调动各类人员的积极性和创造性，促进各种信息的交流，使各种领导资源得到有机的结合和充分的利用，极大提升领导效能。

3. 关乎领导发展

良好的领导关系有利于领导者职位的晋升和地位的稳固，有利于保证领导活动和领导事业的可持续发展。领导的地位和晋升是基于领导职责的上下级关系的建构过程。领导职责是领导者的职能和责任，即在领导活动中担负着确立目标、建立组织和制度、选人用人、科学决策、监督检查、引导教育等职责。从领导实际过程看，领导的职责可以概括为八个方面：第一，调动一切积极因素，不遗余力地去实现群体或组织目标；第二，在领导范围内充分、正确、恰当地使用权力权威；不能滥用权力和权威。第三，恰到好处地利用各种社会资源；不能浪费或荒废这些资源。第四，建立、健全和维护群体或组织乃至社会的制度或法律；第五，对群体或组织乃至社会的信任和委托做出令其感到满意的回答；第六，接受群体或组织乃至社会的检查监督；第七，成为清正廉洁、言行一致、品质高尚的实践者和楷模，当好组织的栋梁和轴心，保证群体或组织乃至全社会崇尚真理和正义，营造良好的道德环境；第八，必须确保整个领导行为都有最充分、最饱满的服务性质。这八项领导职责事关领导主体能否真正履行和完成领导职能，更关系到组织目标能否实现、组织成员的利益能否真正得到实现和保护，也关乎领导事业的发展。这一切都是以良好的领导关系为基础的。

4. 关乎组织和谐

良好的领导关系能够化解领导者与领导者、领导者与被领导者之间的矛盾，促进组织和谐。组织和谐是指组织内部各构成要素之间形成的互相协调、互相配合、互相作用、互相促进的一种关系状态，是一种良性的领导生态环境。要实现组织和谐，就必须从以下方面做出努力：一要形成组织成员基本价值观的认同，这是组织和谐的基础条件；二要培育组织和谐的制度环境，为组织和谐提供制度保障；三要发展以体现人民群众主体地位的民主，增强组织凝聚力；四要加强党风廉政建设，形成和谐氛围。组织和谐会对内外领导环境产生巨大的示范和推动作用，积极促进社会和谐。

领导关系既是重要的工作关系资本，也是一种重要的社会资本，在领导绩效和组织目标的实现中起着重要作用，领导干部都很重视各种关系的建立。在实际领导工作中，领导关系主要表现为领导者与被领导者的关系，领导者与被领导者对彼此关系的认知、确认与认同是领导有效性发挥的关键，因此领导关系的实质是领导者与被领导者关系认同建构与发展的过程。而在组织内部，和谐的领导关系是基于组织共同价值观认同和目标认同基础上的，尤其是被领导者对其所在组织或团体的关心程度，他们自身的素质和能力等条件，以及对本职工作的主动性和积极性等，对于提高领导活动成效、促进组织的和谐具有举足轻重的作用。总之，在和谐高效的领导关系中，领导者往往能够在工作中获得更多被领导者的认可和支持，而良好的领导关系反过来也会使关系双方在互动中不断获得对方的支持，进而促使个体间的领导关系认同持续发展，进而推进组织的和谐发展。

第三节 和谐领导关系建构的途径

在领导实践中，领导者与被领导者的关系是最基本的领导关系，二者之间相互依存、制约及协调统一的程度反映了领导系统中结构与功能的平衡状态。领导关系是自上而下的层级性关系，并且是一种正式与对等的监督关系。在此关系中，领导者是核心，处于领导、支配和服务的地位，被领导者处于支持、服从、辅助和监督的地位，二者之间的关系决定了领导决策是主动认同还是被动服从，是支持还是反对，并且直接影响领导绩效、被领导者的工作成绩，最终影响组织目标的实现。因此，和谐领导关系与领导环境建构是领导活动的重要工作，也是领导者的综合素质和领导能力的综合和体现，为了实现高效的领导，就需要在适应领导环境的基础上，创造条件，利用、改造和优化环境，才能建构和谐的领导关系。和谐领导关系的建构主要包括以下几个层面的内容。

一、优化领导环境，建构工作环境的清朗关系

任何组织都存在于一定的环境之中，环境对组织中个体的行为产生着重要的影响。领导关系都是在特定情境的社会互动过程中确定和认同的，领导环境既是领导者生存和适应的客体，也是领导者认识和改造的对象，这与领导活动所要达到的目标有一致性。因为领导环境影响了领导主体的价值与行为理念，决定了领导者的行为风格和变革限度，有效的领导方式还取决于这种领导关系对领导环境的主动适应。只有当领导者和领导环境双方都达到最优时，才能取得最佳的领导效能。因此，作为领导者，应该从以下方面着手去营造和优化领导环境。

第一，领导干部提升综合素质，增强适应和优化领导环境的能力。

领导活动是人类有意识、有组织、不断发展的特殊的实践活动。领导活动过程表现为主体与客体、主观与客观之间既相互矛盾又相互适应的能动发展过程。在领导能动地改造现实世界的复杂的社会实践活动中，领导要实现预期目标，就需要缜密谨慎地选择和确立领导目标，客观冷静地分析现存的客观环境、各方面条件和可以利用的有效资源，尊重、适应和优化领导环境，审时度势，才能付诸领导实践。我们要认识到环境对人的影响是潜移默化和深远持久的，领导者个人的道德品质素质、职业操守和领导作风等都是在领导环境中形成和发展的，与领导所处的外环境和内环境息息相

关、紧密相连，而且领导环境的客观性、动态性、复杂性、可塑性、系统性等特点决定了领导干部必须充分认识领导环境的重要性，才能清楚地了解领导目标与领导环境之间存在的客观性矛盾，才能对领导活动主体的需要、利益、愿望、期盼及其能力、素质进行全面把握，领导目标的确立才能体现出应有的价值，以适应新形势优化提升领导环境的需要。

第二，树立正确的权力观，提升领导者影响环境的能力。

要优化领导环境，就必须先增强领导者的自身影响力。领导者的自身影响力能够对领导环境产生潜移默化的效应，这种影响力多来自领导的非职务权力，即在组织合法授予的权力的基础下，依靠领导者自身的品德、知识、能力、魅力等因素形成的领导力。在领导实践过程中，领导活动主体主观愿望的实现和能动性的发挥，特别是对领导活动目标、计划、步骤、方案的选择、制定和实施，必然要受到领导内外环境的影响和制约，领导目标的可行性和现实性，必须是在客观条件和外在环境允许的前提下，才有可能付诸实施。这就需要领导者自身充分发挥影响力，转变传统强硬式的权力性领导，凭借自身的魅力与情感能力潜移默化地感召下属心甘情愿地自觉服从和支持领导。例如，在具体工作中，领导尊重被领导者的需要和感受，关心、关注和关怀下属的工作和生活，带给下属心理安全感和信任感，会直接领影响下属对工作环境安全的感知。领导与被领导者建立了比较高的信任关系，才能使下属更可能感到工作安全感，并全身心地投入工作中，产生较高的工作满意度。因此，领导者要提升自身影响力，增强人格魅力，提高领导才能，营造出良好的组织工作环境，逐渐渗透自身积极的情感影响，提升领导效果。

第三，通过学习型领导环境建设，营造上下级互动学习氛围。

良好的工作环境既是人们的共同追求和普遍愿望，也是领导者顺利工作和成功发展的重要因素。世界范围的社会经济环境面临着多方面的转变，这些变化都会对领导环境带来挑战和机遇，对领导者素质提出新的更高的要求，由此而引发领导者素质和能力的各种要求和变革，学习型领导环境建设已迫在眉睫。那么，通过学习型领导环境建设，营造上下级互动学习氛围，需要领导者做好两个方面的工作：首先，领导者要带头学习，并组织培训被领导者，积极营造互动学习的氛围。学习型组织建设中，领导者不仅自己善于学习，更重要的是引导、培训被领导者进行学习，这也是改善领导者的领导方法、获取新的领导知识和技能的重要途径。其中，还要引领、培训被领导者学习相关知识和技能。两者在学习中持续互动，使有效的学习和高效的领导相互促进，被领导者能够理解和领悟领导者的培养意图，影响和激励被领导者自觉学习、主动参与领导工作，也因而构建了良好的组织学习文化氛围。其次，领导者要充分运用行政手段和非行政手段，采取多种方式实现高效学习的目的。领导者要想方设法丰富学习资源、拓展学习途径。领导者需要解决学习方法、技术、资源、工具运用问题，结合学习实际需要搭建适合内外学习交流的平台，采取纸质资源、电子资源、现场学习、自主学习、集中讨论、线上线下等多种方式方法，以便学习者及时获取最新学习信息和资源，聚集一定的人力和物力满足学习者对学习硬件和软件的需要，保证学习资源得到优化，促进学习者高效地学习。

二、坚持以人为本，建立组织氛围的互助合作关系

要高效实现组织目标，领导者必须树立威信，提升非权力影响力。但最关键的是坚持以人为本、公开公正的组织公平感，建立组织氛围的互助合作关系。成功的领导实践表明，领导过程是领导者成功地吸引被领导者自觉追随并促使其充满信心、满怀热情地完成任务的过程。可见，领导过程不仅是领导职业权力实施的过程，更是领导者善于把控和疏导被领导者情绪，通过人际关系的沟通、协调以及营造组织公平感的过程，这样才能形成组织上下关系和谐、同心同德，从而更好地实现组织目标。这就要注意营造组织公平感，善用激励之道。领导者首先要营造组织公平感。营造组织公平感是和谐领导关系和实现组织目标最关键的因素。组织公平感是组织或单位内人们对与个人利益有关的组织制度、政策和措施的公平感受。组织中的公平也可划分为两个层面：第一层面为组织公平的客观状态。在这一层面上人们可以不断地改善和发展各种组织制度、建立相应的程序和措施来达到组织公平，但是绝对的、终极的组织公平是很难实现的。第二层面为组织公平感，即在组织中成员对组织公平的主观感受。这二者有联系，也存在差别。因此，从组织行为学的角度上讲，组织公平感更为重要。

这就需要领导者要善于发挥非权力影响力、营造组织公平感，即分配公平感、程序公平感、互动公平感。组织公平感对组织成员的个人价值实现和工作满意度都有积极的影响。这就需要领导者在工作中坚持以人为本，提高管理措施，如建立科学的绩效考核系统和薪酬系统、完善员工参与制度、建立申诉制度、保持分配政策的稳定性和可完善性、建立监督制度、建立上下级对话制度等，以减少领导环境的不公平感，建立公开公平的评价机制，同时确保群众的知情权和监督权。公正管理，让组织成员心悦诚服。要提高组织公平感，领导者还要给予不断的激励。领导激励是指领导者激发、鼓励和调动人的热情和动机，使人潜在的工作动机尽可能充分发挥和维持，从而更好地实现社会和组织目标的过程。领导激励的实质，就是如何有效地调动人的积极性、主动性和创造性。对此，在领导者物质激励与精神激励相结合、个人利益与社会利益一致性及时适度与因人而异等原则的前提下，还必须把握以下几个方面：一是领导者对组织成员的不同需要和价值取向必须具有敏感性。二是领导者必须努力增加下属的“努力工作可以产生好绩效”的期望。三是领导者必须保证下属员工感到组织的公平对待。四是领导者要善于鼓励下属员工设立具体的有挑战性的现实合理的绩效目标。

这样不仅使下属拓宽自我的发展空间，满足自我更高级别的需求，实现自我价值的提升，而且下属将个体目标和工作目标相结合，个人良好的工作状态有利于组织共同目标的实现。因此，优秀的领导者必须知道如何运用有效的激励措施，必须在新的环境中定位激励、审视激励、谋划激励、运用激励，让组织获得源源不断的动力和活力，不断开创工作新局面。

三、提升上下级信任度，建立工作职能上的主辅关系

信任是良好人际关系的基础，也是上下级工作中密切配合的基础和先决条件。在领导活动中，领导者是组织的决策制定者和发起者，也是组织的责任人，扮演着主导者、统率者和引领者的角色，优秀的领导者总能够以身作则、以上率下，在工作中充分信任和支持被领导者，直接影响被领导者的成长、发展和工作表现，由此能够高效地赢得下级的拥戴。上下级之间构建起较强的信任度，才能更好地建立起工作职能的协同关系，才能更好地推进组织事业的良性发展。为此，领导者在工作中要注意提升三种能力。

(一)提升沟通能力

沟通是领导者日常工作和生活中不可缺少的行为。在领导和管理中，沟通能让领导者和被领导者彼此更加了解对方的想法，能让员工更好地理解工作目标、领导意图，也能让领导者更好地了解群体成员的诉求、希望，从而及时调整工作目标，改变工作方式。在任何组织中，畅通有效的沟通都是实现领导者和组织成员同心协力的保障，是协调组织的每个个体、每个要素的重要途径。在领导活动中，沟通具有不可取代的重要作用，它是建立和保持良好的领导关系、有效地解决冲突和避免冲突的根本方法和首要前提。沟通内容广泛，形式多样，最根本的是语言沟通，包括口头语言、书面语言、电子语言以及其他信息符号。非语言沟通是沟通的另一种重要类型，包括表情、姿势、形体动作、身体距离等。从途径上分，有内部沟通和外部沟通、群体沟通和个人沟通、正式沟通和非正式沟通等。在工作的日常沟通中，在沟通的内容和方式上都应遵循一定的原则。在沟通内容上要坚持完整、简明、清楚的原则，在沟通方式上要坚持尊重、适度、了解、积极的原则，掌握有效沟通的方法，如树立有效的沟通意识，理解和把握沟通的目标，注意换位思考，掌握在沟通的四个环节上即信息、信息发送者、信息接收者、信息渠道的选择方面克服沟通障碍的方法，就会获得积极的沟通效果。总之，有效的沟通把组织中的领导者及其组织成员联系起来，使他们相互理解、相互支持、团结一致，减少彼此间的隔阂和误会，有助于建立稳定、和谐的领导关系，进而促进领导工作的顺利进行。这需要领导者在沟通中讲究策略，提升沟通能力。

（二）提升协调能力

协调能力是指领导决策过程中的协调指挥才能，是领导者其他能力的基础。在领导实践活动过程中，领导者需要面对方方面面的工作，有时面对不同的复杂多样的利益群体，需要对复杂多变的人际关系进行正确而有效的调和调整的能力，这就需要很强的协调能力，具备妥善处理各式各样的矛盾、解决各种实际问题的能力。在实际工作中，领导者的协调能力主要体现为人际关系协调能力和工作协调能力两个方面。这就需要领导者在工作中既要协调处理好上下级的关系，又要协调处理好所管辖范围内的各种矛盾关系；既要协调处理好自身与组织成员的关系，又要协调处理好与平级或部门之间的关系。因此，在很大程度上，领导过程就是协调过程，领导者的职责就是协调的职责，提升领导者的协调能力就是要提升化解矛盾的能力、增进团结的能力，能够充分调动组织成员的主动性和积极性的能力。同时，对于领导者来说，要具备较好的人际关系协调能力和工作协调能力，要有健康积极的心理品质、公道正派的工作作风、高度负责的工作态度、诚实守信的工作品德、廉洁奉公的工作形象、科学有效的工作方法等，这就需要决策的领导者应该懂得一套科学的组织设计原则，应该熟悉并善于运用各种组织形式，在协调工作中善于用权动员和组织成员，能够控制有方、指挥自如，协调组织的人力、物力、财力，以获得最佳的匹配效果。这就需要领导者在协调工作中注意协调方法，讲究协调艺术：第一，协调突出目标导向，加强职能定位。第二，领导协调贵在主动和及时，这样才能做到未雨绸缪。第三，领导者要注意提升人际交往能力，协调工作才能更顺畅。

（三）提升服务能力

在领导工作中，领导就是服务，领导者要为上级服务、为部门服务、为基层服务，因此，要处理好领导关系，必须提升服务能力。领导干部在工作中必须坚持人民群众的主体地位，自觉树立公仆意识，把党的群众路线贯彻到每一个领导实践活动中，学会站在群众感情和利益的角度换位思考，深入基层，与群众打交道，接地气、办实事，解民忧、暖人心，最大限度地服务群众，能够高质量地提升领导服务能力。

领导干部要提升服务能力，一方面要树立公仆意识，应具备的换位思维，设身处地地为人民群众着想，做人民群众的贴心人，从群众的角度看待问题、解决问题，进而提高服务质量与行政效能。另一方面要贯彻“从群众中来，到群众中去”的工作方法，始终相信群众的实践是丰富而生动的，坚信群众中蕴含的智慧和力量是巨大的。例如，领导者在提升服务力的具体措施上，要注意实施“三不”策略，以快速提升下属的能力：第一，调动下属，不事必躬亲。领导者在服务下属的过程中，要想方设法调动下属的积极性，发挥下属的主观能动作用，引导和激发下属的聪明才智，领导者不须事必躬亲也可以大有作为。第二，明确职责，不越俎代庖。领导者提升服务力的目的是提升下属的能力、正确地引导下属使个人目标与组织目标相一致，快速实现组织目标，在具体工作中尊重下属、任用下属，不包揽副手和下属分内的事情。第三，减少管理，不妄加干涉。领导者要舍得授权，而且授权后不加干预、不插手、不求全责备，使下属能够将职、责、权、利相统一，下属能更快速地提高自身能力。

四、重视规章制度建设，形成和谐领导关系的制度保证

现代领导活动要涉及方方面面、上下左右的多层面关系，领导者都十分重视各种关系的建构，这就需要高度重视规章制度建设和完善，树立健康的组织文化，形成和谐领导关系的制度保证。和谐领导关系的制度保证主要体现为领导的机构性环境和领导的制度性环境两个方面。领导的机构性环境具体指领导主体所在的组织系统各组成部分及其相互关系和运作模式等要素的综合，即不同功能的机构组合在一起构成开展领导活动的机构环境，对领导者来说，机构性环境是领导实践活动最具体、最实在的重要微观环境，组成环境的机构数量、机构功能和机构性领导环境要素的结合模式是影响机构性领导环境的主要因素。机构数量少、机构功能单一特征的机构环境中领导关系较为简单明确，而机构数量多、机构功能复杂性特征下的机构性环境下领导关系复杂、多样，领导者要对机构性环境加以认识、把握、规范、改造和优化。而领导的制度性环境是指由各种不同的具体制度所构成的规范结构和规范要素综合。它依据制度的结构性差别存在不同的具体内涵和作用，第一层面的体制性环境是与领导关系最紧密的具体体制(如集权制与分权制)，它们直接决定着领导的主体和运作等基本现实，领导者必须依据决策体制才能正常进行。第二层面的制度环境关涉的是方略性制度环境，通常指具体体现和落实统治思想的基本路线、方针、政策和主要策略，规范着领导的性质与取向，指导和约束着领导的思想与行为。第三层面的制度环境是属于程序准则性制度，是指领导者在直接掌管的组织体系或机构范围内行使权力、实施管理和领导的办事规则或行动准则，要求领导者和组织成员必须共同遵守。

任何组织系统内的领导活动都有一套固定的规则、规定或组织章程，各种领导关系、权限和职责具有一定的稳定性和长期性。组织系统内领导活动的这些特点是由组织系统的机构性环境和制度性环境所决定的，没有规章制度建设组织系统内的领导活动就不能正常进行。因此，健康和谐的领导关系是需要科学合理的系列规章制度来保障的。近年来，特别是党的十八大以来，随着党纪政纪的进一步严格，巡视、审计、干部交流制度等全覆盖，领导工作的透明化、制度化、规范化进一步凸显，都为建构和谐的领导关系的建设提供了规章制度的保证。同时，和谐领导关系也可以通过科学合理的规章制度的建设而日臻完美。例如，激励和晋升是领导者处理组织中的优秀员

工常用的两种方法。相比传统的激励与晋升机制相比，当代有更灵活多样的方式，如物质激励与精神激励相结合、定量激励与定性激励相结合、事前激励措施的制定等。如果激励措施只偏重物质的话，就不能体现激励的本质。因此，激励要更多地体现为较高层次的价值性和精神性，如荣誉激励、学习激励、创新激励等，体现为把精神激励放在更重要的位置。同时，要有公平公正的晋升机制。晋升作为一种长效的激励机制，对组织成员的影响广泛而持久。良好的晋升机制不仅可以提升组织成员的忠诚度，还可以让组织成员在相互竞争中认识到自己的不足，促进各自的完善和成长。

本章小结

本章对领导环境与领导关系的含义、特征、构成、作用以及领导关系建设的途径和方法进行了较为科学的分析和阐释。领导环境就是指领导者(或领导集团)在实施领导过程中，所必然遇到的那些直接或间接地影响和制约领导行为过程的各种内外部因素的总和，是领导者(或领导集团)赖以生存发展和实施领导的综合性客观环境，主要包括自然环境、社会环境、人文环境等外环境和组织内环境。领导环境主要包括客观性、动态性、复杂性、可塑性、系统性五个方面的特点。领导环境由内部领导环境和外部领导环境两个部分构成，内部领导环境指组织内部对领导活动产生制约或推动作用的因素总和，主要包括组织的性质与类型、领导者与被领导者、领导关系、组织条件和组织文化、领导的机构性环境和制度性环境。外部领导环境是同领导工作成效直接相关的外在条件，包括自然环境、社会环境和人文环境。领导环境制约和决定着领导决策和决策目标、领导方式和领导方法，影响领导效能的高低和领导目标的实现，领导环境考验领导对环境的认知和分析能力。领导关系的构成和作用是本章节的重点知识。领导关系是指领导者在进行领导活动的过程中，领导者与被领导者及领导者与领导者相互之间发生、发展和建立起来的一种工作和感情交往的关系，即领导主体在领导活动中与组织系统中的其他成员发生的工作关系和非工作关系的总和。领导者和被领导者是领导关系中最重要的因素。领导关系具有客观性、社会性、动态性、强制性、复杂性特征。领导关系主要由领导者与上级、同级、下级关系构成，这里要重点掌握领导者处理与上级、同级、下级关系的技巧和方法，这在一定程度上关系着领导事业的成败。因为如何处理领导关系是关乎领导能力、关乎领导效能、关乎领导发展、关乎组织和谐的大问题。本章节的重中之重是对和谐领导关系建构的途径的把握，这需要结合现实中的典型案例深刻领会和灵活运用：第一，优化领导环境，建构工作环境的清朗关系；第二，坚持以人为本的组织公平感，建立组织氛围的互助合作关系；第三，提升上下级信任度，建立工作职能上的主辅关系；第四，重视规章制度建设，形成和谐领导关系的制度保证。

复习思考题

1. 简述领导环境的含义和特征。
2. 分析领导环境的构成因素。
3. 结合案例说明领导环境的作用。
4. 简述领导关系的含义和特征。
5. 结合实例说明领导者与上级、同级和下级关系处理的方法。
6. 通过实证分析领导关系对领导绩效的影响。
7. 论述和谐领导关系建构的途径。
8. 结合实例分析上下级之间如何建立信任度。

第七章

领导的科学决策

- 领导的科学决策
  - 科学决策的基本内涵和范畴
    - 科学决策的含义及要素
    - 科学决策的范畴和作用
    - 建立领导决策责任制
  - 领导决策的类型和体制
    - 领导决策的类型
    - 领导决策的体制
  - 领导决策的程序和方法
    - 领导决策的程序
    - 领导决策的方法
  - 领导在科学决策中的地位和作用
    - 把握决策方向
    - 制定决策程序
    - 排除各种干扰因素
  - 现代领导智库建设
    - 智库发展与领导智库建设的特点
    - 领导智库建设的作用

学习
目标

学习目标

通过对本章的学习，要掌握科学决策的基本内涵，领导科学决策的类型与决策体制，领导科学决策的程序与方法、领导在科学决策中的地位与作用，以及现代智库建设等内容。对管理实践加强指导，保障管理者做出科学决策。

重点提示

管理学家西蒙认为，管理者就是决策，决策贯穿管理过程的始终。管理者为了进行科学决策，就要掌握多种不同的决策方法。根据不同的划分依据，决策可以划分为不同的类型。领导决策体制在此过程中扮演着重要角色。定量决策方法在决策过程中应用比较普遍，但以主观性较强的量化结果为决策依据时需要慎重考虑。决策树法、马尔可夫方法需要熟练掌握。

第一节 科学决策的基本内涵和范畴

一、科学决策的含义及要素

（一）决策的含义

决策就是为了达到组织的预期目标，基于充分信息并采用科学方法从两个或者多个备选方案中选择一个最佳方案的行为。决策就是要决定“做什么”和“不做什么”，或者说是“怎样做”和“不怎样做”的问题。从管理学理论上讲，决策就是对组织发展的全局性、根本性问题做出抉择，这是对组织的发展方向和发展未来做出的重要选择。关于决策有狭义和广义两个层面的理解；狭义的决策是指，管理者从多个备选方案中进行优化选择，决策在该层面的含义只是限于“做出决定”，并不包括决策之前的准备工作和决策之后的相关工作。因此广义的决策含义应该在狭义含义的基础上，包括提供方案、选择方案和实施方案的整个过程。

（二）决策的构成要素

科学决策需要包括以下几个要素：决策者、决策目标、备选方案、决策环境、决策结果。决策者是决策的主体，在决策过程中起着最重要的作用。管理者的综合素质以及人格特征等都会影响决策的质量。虽然很多决策是管理者集体的行为结果，但核心管理者在决策过程中的作用是无可替代的。决策目标是决策的行为方向，为组织成员的实践活动提供了科学依据。备选方案是组织行动可资选择的方案，组织在发展过程中会面临多种选择，管理者要从多个备选方案中做出最恰当的选择。决策环境即管理者做出抉择时所处的环境条件，危机环境需要管理者当机立断，宽松环境可以让管理者从容思考，因此决策者需要兼备应对不利和有利环境的素质，通过科学决策拓宽组织的发展环境，保证组织运行在正确轨道上。决策结果是组织进一步发展的基础，组织是一个系统，每一个决策与其他的决策都是紧密相关的。因此决策者要从系统角度认识决策结果，并不断为做出科学决策结果构建决策机制。

二、科学决策的范畴和作用

科学决策是决策者立足于充分信息和科学思维，运用科学方法做出决策。科学决策需要立足严格程序、具有较强的创造性、从众多的备选方案中择优产生、对生产实践具有较好的指导作用，因此科学决策一般具有程序性、创造性、择优性和指导性等特点，这也是制定科学决策必须坚持的一般原则。

(一)决策决定了管理的各项职能

决策的科学性是管理其他各项职能具有科学性的开始，在组织发展中具有重要作用。科学决策是各项管理职能得以顺利实施的重要保障。前文论及，管理具有计划、组织、指挥、控制、协调、人事、激励、领导等多项职能，这些职能都需要建立在科学决策的基础上。决策决定了组织“从哪里走”“向何处走”“达到的目标?”以及“行走过程中的姿态”等诸多问题。决策是基于过去、立足现在、决定未来。只有决策科学，组织才不会走“重复路”或者“回头路”，为组织发展节省时间和降低经济成本。

(二)决策决定了组织工作的成败

前文论及，组织发展就是不断决策的过程，每一个决策都是进一步决策的基础。第一步决策存在失误，组织走得越远就会背离发展初衷越远，虽然发生失误后还会有得以纠正的机会，但势必要付出较大的代价。在《西游记》的“三打白骨精”片段中，唐僧由于不听孙悟空的劝告，将孙悟空赶回花果山，以至于自己被白骨精捉住险些丧命，该片段中唐僧决策失误的代价也是巨大的，但经过一番周折后唐僧认识到了自身的错误。在随后的故事中，唐僧在孙悟空打妖精这个问题上，给了孙悟空充分的自主权，该决策对于西天取经是一次制度层面的改进，师徒间的关系更加融洽，孙悟空在工作上也有了充分的自主权。因此决策决定了组织的发展轨迹、发展速度，实际上就是决定了组织的发展未来。

(三)决策决定了组织的发展目标

决策的高度决定了组织的发展高度。决策者需要审时度势，需要基于充分的信息做出战略决策。许攸在不被袁绍重视的情况下，做出投奔曹操的决策。而曹操在得知许攸来投奔的时候，赤脚出帐相迎。因为曹操知道，许攸前来是送来了一座江山，以怎样高的礼仪接待都不为过。袁绍将许攸赶走是一种决策，曹操恭迎许攸也是一种决策，在这样的决策中，曹操越来越壮大，而袁绍则一败涂地。因此管理者的思维高度、战略意识就决定了决策的质量，进而决定了组织的发展目标。

(四)决策质量决定了人才队伍质量

有什么样的领导就有什么样的团队。决策质量就决定了人才队伍的质量。管仲在年迈时告诉齐桓公，一定要将易牙、开方、竖刁开除，这三个人会对江山社稷产生严重的负面影响。齐桓公起初应承了管仲的建议，这种决策是正确的，该科学决策实际上是在纯化管理团队、为组织的未来发展构建起强大的“发动机”。但是在上述三人被贬出皇宫后，齐桓公觉得身边太冷清了，于是又将此三人召进宫来，这是一种错误的决策，该决策导致能人贤士不能为国效力。决策“本于心、发于形”，组织成员在不停地琢磨管理者，管理者的决策就是汇聚人才的信号，继而决定了决策者的号召力。人才队伍质量与组织文化氛围以及组织的凝聚力、竞争力，与组织的未来捆绑在了一起。

三、建立领导决策责任制

领导决策涉及组织的长远发展，决策的质量既体现着领导的智慧也体现着领导集团的水平。建立领导决策责任制，是对管理者的负责，也是对组织的负责。科学的决策责任制，能够强化管理者的责任意识，使管理者在做出决策时更加慎重，管理者阶层在做决策时会更加注重决策的质量，也会加大管理者落实决策的紧迫感。法约尔对权力与责任的关系进行了如下论述：“人们在想到权力时不会不想到责任，也就是说不会不想到执行权力时的奖惩，责任是权力的孪生物，是权力的当然结果和必要补充，凡权力行使的地方就有责任。”

(一)领导决策责任制度的构成要素

领导决策责任制度由责任主体、责任内容和责任制度构成。责任主体是对相应的决策结果承担责任的管理者个人或者集体。这里的责任主体与决策主体是相同的，只有决策主体才具有决策权力并具有执行决策结果的权力。责任内容非常复杂，一般包括经济责任、政治责任、技术责任、法律责任等方面，在决策失误时，责任主体要根据其决策所造成的负面影响程度而受到相应惩罚，从而使决策者的决策行为更加慎重，使决策行为在一定程度上受到约束。责任制度是使决策主体能够严格承担决策责任的各项规定，企业发展历史越悠久，责任制度就越详细和科学。责任制度已经成为企业文化的重要组成部分。

(二)领导决策责任制度的内容

领导决策责任制度涉及很多方面的内容，主要包括决策报告制度、决策监督制度、决策检查制度、决策奖惩制度、决策引咎制度和决策弹劾制度等。第一，决策报告制度。该制度是决策者应该将决策的预期目标、决策的过程和决策的结果等向决策授权部门适时回报，能够保证决策授权者对决策者进行实时监督，保证决策按照组织发展的方向进行，如果决策出现了问题能够在第一时间内得到纠正。第二，决策监督制度。该制度也是为了保证决策的科学性，涉及员工对管理者的监督、上司与下属的监督以及领导集体对领导者个人的监督。有效的监督制度能够保证决策按照组织的预期目标进行，防止决策过程中个人行为代表集体行为问题的发生。第三，决策检查制度。在检查制度不健全的情况下，决策者在决策过程中会发生机会主义行为，滥用职权问题会不同程度发生。因此决策检查制度能够最大限度上对决策行为起到控制作用。第四，决策奖惩制度。该项制度的目的在于奖勤罚懒。低质量的决策在受到惩罚的同时，高质量的决策也应该受到奖赏。在这种制度下，决策者在决策时会更加具有责任心，保障高质量决策的形成和实施，更加有利于组织可持续发展。第五，决策引咎制度。管理者在不能做出高质量决策甚或做出错误决策的情况下，会给组织发展造成较大的损失，这样的决策者是不能原谅的，因此需要建立起完善的决策引咎制度，在决策失误时，决策者应该主动引咎辞职。第六，决策弹劾制度。决策质量的提升不能单纯依靠管理者具有高尚的道德品质，设计完善的弹劾制度对决策者进行行为自律也是不可或缺的，通过检举、控告等制度让缺乏领导素养的管理者尽快离开管理岗位，避免为组织发展造成更大损失。同时也为能人贤士走上领导岗位创造更多机会。

(三)领导决策责任制度坚持的原则

1. 权力与责任对等

权力与责任对等原则是领导决策责任制度坚持的第一原则。责任是对权力的约束，如果决策者只看到了权力而没有履行相应的责任，就是对权力的不负责任。因此在组织发展中，一开始，就应该明确相应权力应该履行的责任，责任就是对权力的“紧箍”。责任与权力对等，就意味着责任不能大于权力，责任也不能小于权力。如果责任大于权力，就意味着决策者在相应的权限范围内不能履行权力，这不是由于决策者的能力，而是因为制度设计不合理；如果权力大于责任，就意味着决策者“牛刀杀鸡”，在组织结构上存在着职能虚置问题。监督部门向决策者问责的依据也应该是与权力对等的责任。

2. 排除情感因素的影响

管理者与被管理者、监督者与被监督者都是熟人关系，于是在管理实践中不可避免地会掺杂感情成分，但是只有剔除情感因素才能体现制度的客观性。在对决策者进行监督的过程中，就要最大限度地避开情感因素的影响。管理学理论认为，管理是艺术与科学的统一，这要求决策者从管理规律出发研究管理实践，但是在管理实践中又要非常巧妙地、艺术性地张扬管理者的魅力，从而让管理者更具有人格魅力。在管理实践中主观性的东西不可或缺，但“客观”是管理的准绳。决策者代表组织做出决策，也要对组织的未来负责，当做出有悖组织意愿的错误决策时，就需要接受来自制度的惩罚。

3. 教育与惩戒相结合

惩戒会让决策者做出决策时更加慎重，从而对组织成员更加负责，但是也要给决策者犯错误的机会。决策与预测不可分开，但预测并非未卜先知，而是基于决策者个人或者决策者集体的智慧对事物未来发展做出判断，但决策者的经验是有局限的，决策者掌握的信息也并非完全信息，同时决策对象以及决策对象所处的环境也在不断发生变化，这都可能造成决策失误，因此在对决策者进行惩罚的制度设计中，应该坚持教育与惩戒相结合的原则，让决策者知道错在哪里，并让决策者心服口服地接受惩罚，这对后继决策者也具有一定的警示作用，在以后的决策实践中可以尽量提升决策的质量。

第二节 领导决策的类型和体制

一、领导决策的类型

根据不同的依据可以将决策划分为不同的类型。根据决策的重要程度可以将决策划分为战略决策、战术决策与业务决策。根据决策的重复程度可以将决策划分为程序化决策与非程序化决策。根据决策的可靠性程度可以将决策划分为确定性决策、风险性决策与不确定性决策。根据决策的风格可以将决策划分为命令性决策与民主性决策。根据决策的方法可以将决策划分为直觉决策与理性决策。根据决策的数据依据可以将决策划分为定量决策与定性决策(表 7-1)。

表 7-1　决策的依据与类型

决策依据	决策类型	备注
重要程度	战略决策	从全局角度决策
	战术决策	从中观角度决策
	业务决策	从微观角度决策
重复程度	程序化决策	对经常性、反复发生事情的决策
	非程序化决策	对偶发事件进行决策
可靠程度	确定性决策	具有百分之百的确定性
	风险性决策	在一定程度上可以确定发生概率
	不确定性决策	不确定发生概率
管理风格	命令性决策	自上而下的强制执行
	民主性决策	自下而上的集思广益
决策方法	直觉决策	凭借主观经验判断
	理性决策	凭借充分信息决断
数量依据	定量决策	依据数学方法进行决策
	定性决策	不借助数量分析进行决策

(一)战略决策、战术决策与业务决策

根据决策的重要程度进行划分，决策分为战略决策、战术决策与业务决策。战略决策是关于组织发展未来的带有全局性、长远性、根本性的决策，一般与组织发展的战略规划整合在一起。该种类型的决策至少要影响到组织未来 10 年的发展轨迹。战术决策相对于战略决策，在时间方面跨度较小，涉及层面也相对较少，一般只涉及局部问题，该项决策不会影响组织长远发展战略。业务决策是非常具体的决策，这是针对具体事情而在业务关系做出的合理决策。

(二)程序化决策与非程序化决策

根据决策的重复程度进行划分，决策可以区分为程序化决策与非程序化决策。前者可视为标准化决策，这是针对经常性、重复发生的事情而进行的决策。因为已经形成了标准化、制度化的决策程式，所以决策相对比较简单，只需要按照惯常性的决策办法进行决策即可。非程序化决策则是针对偶发性、随机性事项进行的决策。此类事

情是由诸多偶发因素所致，所以没有办法形成标准化的制度对其进行处理，只能尽快形成非常规化的临时性预案，且该种预案在未来时间内可重复采用的概率极低。因此非程序化决策也可成为应急决策。

（三）确定性决策、风险性决策与不确定性决策

根据决策的可靠性程度进行划分，决策可以区分为确定性决策、风险性决策与不确定性决策。确定性决策的决策信息是充分的，决策者可以据此做出完全有把握的决策，其中不存在任何不确定性。因此该种决策也可称为完全信息决策。风险性决策相对于确定性决策而言，决策者掌握的信息不充分，但是根据以往经验可以预知事情发生的概率。决策者可以根据概率对事物发展的未来做出一定程度的估计，但决策失误的可能性较高。因此该种决策也可称为不完全信息决策。不确定性决策相对于前两种决策而言，决策者掌握的信息更加匮乏，也完全不知道事情发生的概率。目前较为经典的决策方法包括冒险法（大中取大法）、保守法（小中取大法）、拉普拉斯法（等可能性法）、乐观系数法、最小后悔值法等。

（四）命令性决策与民主性决策

根据决策的风格进行划分，决策可以区分为命令性决策与民主性决策。前者是自上而下"传达式"决策，以决策者的思考为前提。该种方式下的决策结果有可能不符合实际情况，而导致下级部门在完成任务的过程中阻力较大，影响组织的进步效率。后者是自下而上的"讨论式"决策，决策结果是在充分咨询基层部门意见的基础上做出的，所以在完成任务过程中能够较好地调动组织成员的积极性。

（五）直觉决策与理性决策

根据决策的方法进行划分，决策可以区分为直觉决策与理性决策。前者是决策者在没有掌握充分信息的情况下做出的决策，这种决策主观臆断较多，决策质量较差。制度较为成熟的大企业不会发生这样的事情。后者则是建立在充分信息的基础上，基于科学方法而做出的决策。在决策过程中核心管理者扮演重要角色，其他管理者的意见也会充分考虑和采纳。这样的决策出现失误较少，有利于组织健康发展。

（六）定量决策与定性决策

定量决策即依据确定性的数量关系进行的决策。这需要在占有大量数据的基础上，通过构建数学模型并进行推导，从而得出数量结论，为定量决策提供重要参考。定性决策不像定量决策那样构建数学模型，而是将决策建立在理性分析的基础上。后者相对于前者，虽然没有借助数学模型推算，决策的科学性并不逊色于前者。人们通常认

为定量决策由于将决策建立在具体的数据上，所以决策相对更加准确。实际上决策依托的一些数据有些是一次量化数据，有些是二次量化数据，数据的准确程度、完整程度以及处理数据的方法等都会在一定程度上影响决策的质量。有些时候，数量虽然能够做到精确，但基于此而得出的结论不一定合理，定性决策的优势反而会更大。

二、领导决策的体制

领导决策体制即领导进行决策的机构设置和组织形式，即在领导决策过程中，与决策相关的组织结构各层次、各系统间的关系得以制度化的表现形式，因此领导决策体制是管理者为保证组织活动正常进行而建立的组织机构以及相应组织制度的有机统一体。一般认为，领导决策体制包括 6 个分系统，即信息系统、智囊系统、决策系统、执行系统、监督系统、反馈系统。领导决策体制的组织形式包括直线制、职能制、直线职能制、矩阵制、事业部制等多种决策形式，每种组织形式的效率有所不同。

(一)领导决策体制的机构设置

决策是一个非常复杂的过程，虽然最终由核心领导决断，但科学的决策程序必须履行，避免在决策过程中出现意想不到的问题。根据前文，领导决策系统至少应该包括以下几个层面的机构：决策中枢机构、智库参谋机构、信息搜集机构、决策执行机构、决策监督机构、信息反馈机构。决策中枢机构的主要功能在于最初最终决策，由担负决策责任的领导集体组成。智库参谋机构的功能是为领导决策提供咨询的服务机构。信息搜集机构的功能是搜集、统计和分析情报资料的机构。决策执行机构的职责在于执行决策中枢系统做出的决策。决策监督机构的职责在于监督决策执行的过程，保证决策不折不扣地执行，避免决策执行过程中出现问题。信息反馈机构的职责在于及时将决策执行过程中存在的问题反馈到决策中枢系统，以便对决策做出适当调整，提升决策质量，保证决策更加符合客观实际。如图 7-1 所示，智库参谋机构和信息搜集机构为决策中枢机构提供信息支撑，决策中枢机构最终做出决策，由决策执行机构负责执行决策，在执行过程中将适时向决策中枢机构反馈信息，以便下一轮决策更加科学。决策过程受到决策监督机构的监督，保证决策程序科学，决策执行严谨，也

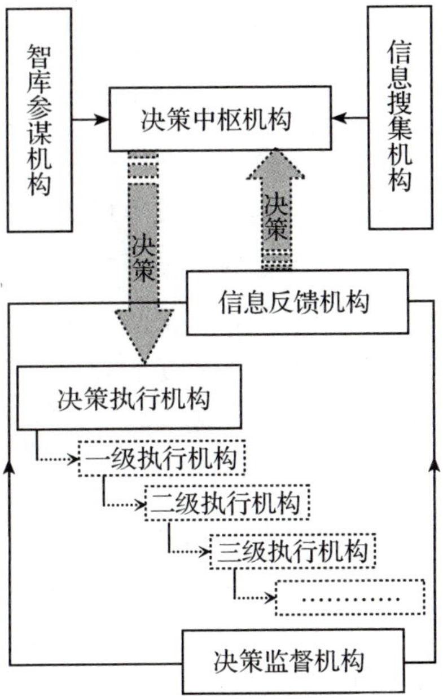

图 7-1　领导决策机构示意图

保障信息反馈及时。在图 7-1 中，决策执行机构分成很多层，这是因为任何一个决策都需要不断细化和分解，最终由基层部门完成，这就需要经过层层分解过程。从做出决策到最终执行决策，都要在如上六个核心机构的互动中完成。此间作为决策中枢机构的支撑机构的智库参谋和信息搜集两个机构的质量，在很大程度上就决定了最终做出的决策的质量。因此提升智库质量和构建信息搜集的专业化队伍就显得非常重要。这两个机构并非附属机构，而是中枢机构的外展。

(二)领导决策体制的类型划分

1. 集权决策与分权决策

集权制是权力集中于高级管理者的决策机制，分权则是各级管理组织通过上级授权而具有一定的决策权。因此前者是决策权在高级管理者那里一定程度的集中，而后者则是决策权在中低底层管理者那里一定程度的分散。前者的优点在于高级管理者能够更好地把握全局，从而在重大决策问题上能够做到统筹兼顾，并且在较短时间内就能够做出决策，其缺点在于不能考虑到各个部门的实际，从而使得决策执行过程中在一些具体部门产生“不服水土”的问题，而且给组织成员的印象是管理者群体独断专行，不能充分体恤下情，信息不能做到上传下达。后者的优点在于各个部门能够根据实际做出决策，决策在部门内容易施行，其缺点在于各个部门由于制定的决策都是基于本部门的，不同部门的决策会存在不一致的问题，从而会影响在整个组织内实施决策的效率。

2. 个人决策与集体决策

个人决策即在决策过程中单个决策者扮演无可替代的角色，属于个人专断的决策模式。集体决策则是由担负组织发展主要责任的管理者群体进行决策的模式，在决策过程中主要管理者阐发各自的想法，最终结果是所有人的意志的表达。因为决策过程中没有纳入组织成员的想法，所以决策结果很可能在一定程度上不能代表组织成员的利益，决策在执行过程中受阻的可能性较大。个人决策的优点在于省去讨论占用的时间，使得决策过程缩短，缺点是个人智慧往往存在缺陷，不免存在挂一漏万的问题。集体决策在很大程度上避免了个人决策的缺陷，但讨论过程相对较长，在权力制衡过程中往往不能形成一致意见，错过最佳决策时机。

3. 首长制与委员会制

首长制与前文论及的个人负责制相似，由于这种决策机制在实践中存在着较大的缺陷，虽然决策效率较高，但由于首长个人的智慧约束，决策不免会出现失误，于是委员会制成为更多组织愿意采用的决策机制。这种决策机制较前文论及的集体决策机制更加科学，原因在于不仅将组织内的主要领导包括其中，而且纳入了更多的职工代表，这些职工代表作为委员会成员，会从基层部门的立场出发审视问题，不同层级的职工愿望也会成为决策的权重，这样最终决策不但代表了管理层的意志，也代表了员工的意志，这样的决策相对比较全面。委员会制决策机制下讨论问题也会消耗较多的时间，往往需要多次讨论才能形成定论。讨论的质量取决于委员的质量，所以在选拔委员的过程中一定要形成民主推选机制。为了提升讨论效率，在讨论前要事先拟定多个可供选择的方案，供委员会讨论，从而形成了扩展的委员会决策机制。

（三）领导决策体制的组织形式

1. 直线型组织决策形式

这是最简单的组织结构形式，也是最简单的决策形式。上下级间是直线联系。如图 7-2 所示，各层管理者之间有直线连接的就存在“命令与被命令”的关系。高层管理者将决策结果传达给中层领导，中层领导将决策结果传达给基层领导。在民主型决策方式下，上一层管理者的决策会充分考虑下层管理者的意见或者建议。在命令型决策机制下，高层管理者的决策结果由低层管理者执行。这种决策形式的优点是：效率高、成本低、执行快。其局限性在于：只适用于规模较小的组织。在这种决策形式下，高层管理者不但要考虑组织的长远发展，还要处理好日常业务。这对决策者的综合素质要求较高，在其他条件都满足的情况下，身体素质一定要达到较高水平才能够胜任决策者的角色。

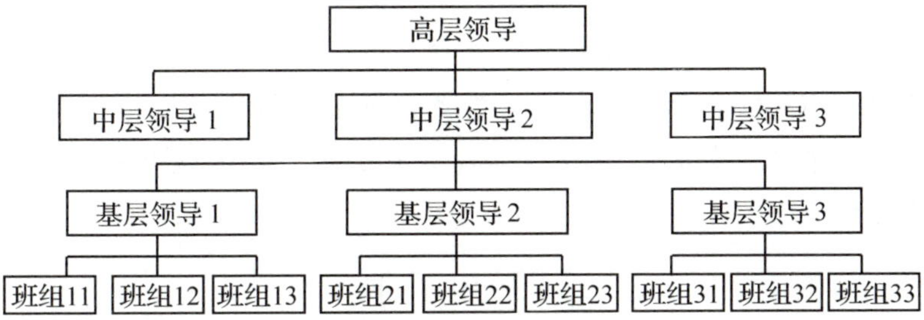

图 7-2　直线型组织结构示意图

2. 职能型组织决策形式

相对于直线型组织决策形式，职能型组织决策形式下，在高层管理者下面分出多个职能部门，分别履行决策者的部分职能。如图 7-3 所示，高层领导与职能部门间有实线相连，说明高层管理者可以对职能部门发号施令。职能部门与基层部门间有实线相连，但是每个基层部门与多个职能部门都有实线相连。这说明多个职能部门可以同时对一个基层部门发号施令。上级部门的多个决策结果由基层部门完成，在基层部门能力允许并且多个命令间不存在矛盾的情况下，决策能够较好地得到贯彻。但是这种决策形式中存在多头领导问题，很多时候会导致基层部门无所适从。在出现问题后，各个职能部门会相互推诿。因此这种决策形式的优点在于：管理者可以从纷杂的事务中挣脱出来集中精力筹划组织发展战略。其缺点在于：多头领导导致多头决策，交叉管理导致管理效率降低。

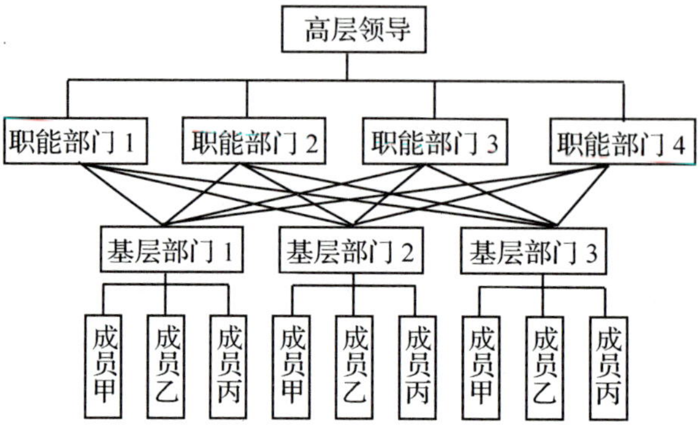

图 7-3　职能型组织结构示意图

3. 直线职能型组织决策形式

该种决策形式是对职能型组织决策形式的改进。从图 7-4 中可以看出，在这种决策形式下，职能部门与基层部门间的实线已经取消，即职能部门不能对基层部门发号施令。但是基层部门与高层管理者之间有实线相连。因此在这种决策形式下，基层部门只听命于高层管理者。这种决策形式既继承了职能制组织决策形式的优点，又克服了其缺点，彻底解决了职能制组织决策形势下存在的“多头管理”问题。这种决策形式对于中等规模的组织相对较为合适。高层决策者根据组织规模可以适当设置相应的职能部门。既体现了决策者完善处理分权与集权关系的智慧，也能够充分调动职能部门、基层部门的积极性。

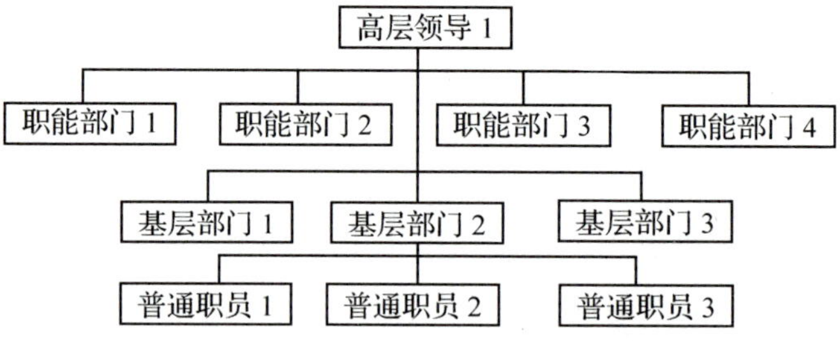

图 7-4　直线职能型组织结构示意图

4. 事业部制组织决策形式

这种组织决策形式较直线职能制更加先进（图 7-5），组织结构中不但有职能部门，而且有专司综合职能的事业部。随着组织规模的增长，高层决策者需要更多的分权，让组织得以“集成块”状发展，这时候就有构建事业部的必要性。每个事业部都是一个相对独立的部门，都具有相对独立的自主权。于是在整个组织内部实际上就形成了“总决策—分决策”的机制，在整个组织内部形成了“分散—集中”的管理体制。每个事业部都具有了充分的决策权，只要事业部的决策与公司的决策在战略发展方向上一致，就应该得到公司层面的肯定。决策权下放并没有削弱公司高层对公司发展的总体控制权，在实践中越来越多地被规模较大的公司所采用。

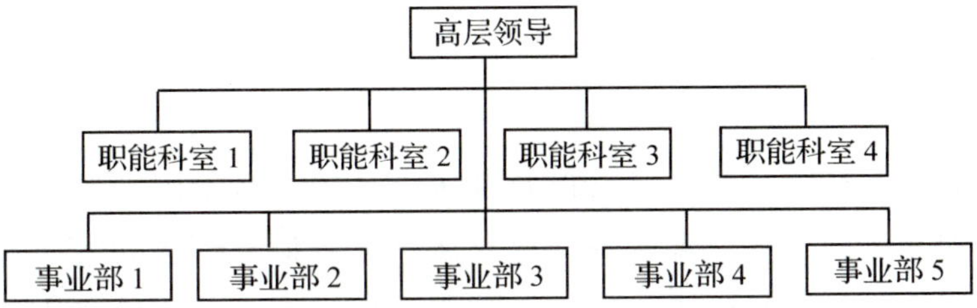

图 7-5　事业部制组织结构示意图

5. 矩阵结构组织决策形式

矩阵结构组织形式是把按照职能划分的部门和按照产品划分的小组结合起来形成一个矩阵，职能部门是固定的组织，项目小组是临时性的组织。在该组织结构形式下，每一名管理人员既要参加项目小组的工作，同时又负责原有部门的相关工作。这种组织结构形式便于项目小组与职能部门间适时进行信息沟通，有利于决策者进行科学决策。在图 7-6 中，每个职能部门和每个产品项目间都有交叉点（如 X_{11}，X_{12}，…，X_{44}），这可为管理者决策提供充分的信息。该种决策形式也是建立在“总决策—分决策”的决策机制基础上的。该种决策形式便于在组织内部建立横向联系和纵向联系，将各部门的决策与组织的总体决策紧密联系在一起。

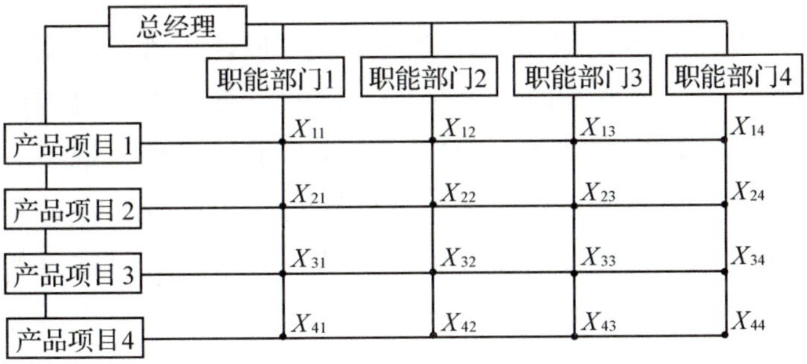

图 7-6　矩阵组织结构示意图

第三节
领导决策的程序和方法

一、领导决策的程序

决策程序因行业特点、领导风格以及具体事务等有所不同，但决策一般都会遵循如下程序：对相关问题展开调查→确定发展目标→拟定备选方案→对方案进行评价→从备选方案中进行选择→方案实施→监督反馈。在具体决策过程中，虽然决策步骤会根据具体需要有所取舍，但如上这些步骤一般而言都是必选项目。第一，调查研究。在进行决策前首先要对相关问题展开调研研究，只有在掌握全面信息的基础上，才能够做出相对科学的决策。这是科学决策的开始，在调查过程中如果发现目前不能解决的问题，就需要暂缓拟定决策。在调查研究中既要了解有利信息，也要了解不利信息，对不利信息要足够重视，为科学决策奠定扎实的基础。第二，明确发展目标。发展目标就是决策目标。决策目标不但要以社会环境为基础，也要以组织自身的发展条件为基础，组织在发展过程中，机遇与条件都在不断发生变化，决策目标也要因地制宜。第三，拟定备选方案。为了实现预期目标，在条件允许的情况下应该准备出更多的可行方案。组织在发展过程中会受到各种偶发因素的干扰，多种备选方案可以保证决策得以顺利实施。在设计多种备选方案的过程中，可以在时间成本、人力成本、经济成本等方面考虑的侧重点有差别。这样可以在对方案进行评价时，对不同方案给出差别化的评价权重。第四，评价各种备选方案。条条大路通罗马，但每条大路通向罗马的成本是不一样的，根据组织目前的发展状况，有些备选方案虽然会取得较好的效果，但对于组织目前的发展状况不一定很适合。每种备选方案由于是基于不同考虑做出的，在实施过程中需要具备特殊条件。在对方案进行评价的过程中，应该尽量采用较为客观的评价方法，目前比较典型的评价方法包括经验判断法、数学分析法、实验法等，当然在评价过程中不可能完全避免主观因素。时间最短、人力最少、成本最低的方案是经济学意义上的最佳备选方案，但这样的理想方案不一定具有可操作性，在对方案进行评价的过程中，一定要从组织发展的实际情况出发做出抉择，按照“最适合原则”对方案做出评价。第五，选择最佳方案。在已经对方案给出合理评价的基础上，就要从方案中做出最佳选择。在选择最佳方案时，核心领导要做出最后裁定。对于规模较大的企业，方案选择需要建立在集体协商的基础上，在充分考虑各个方面的意见或者建议后做出选择。在做出选择的过程中，作为经济人的利益主体都会存在机会主义心理，放弃的方案就是备选方案的机会成本。第六，实施最佳方案。在选择出最佳方案后，就要准备条件对其实施。在定出最佳方案后，还需要确定合适的人选实施方案，否则也不会出现预期效果。失策的方案会为后期的决策造成诸多障碍。第七，反馈信息收集并有效控制实施过程。在最佳方案付诸实施后，决策者不能掉以轻心，因为方案制定过程只是理论论证，在方案实施过程中会遇到各种偶然因素的影响，有时会与事先估计大相径庭。这就需要不断收集方案实施过程中的信息，尤其要注意负面信息，以便决策者对方案实施过程中出现的偏差及时进行处置，保证方案有条不紊地进行。

二、领导决策的方法

(一)定性决策方法

1. 德尔菲法

德尔菲法是在多轮匿名函询的基础上，通过专家背对背地对相关论题表达意见，最后总结归纳而进行决策的方法。该决策方法具有匿名性、反馈性和统计性的特点。"匿名性"即参与讨论的专家彼此间并不发生联系，每个专家都不知道专家组成员是谁，彼此都是在完全匿名的情况下讨论问题的。"反馈性"即这种决策方式需要经过 3～4 轮反复讨论，专家通过不断深入讨论论题，最终形成较为一致的意见。"统计性"即讨论结果并非一次形成，经过多轮函询最终形成的一致意见，是在观点交锋过程中形成的，其间不会形成马太效应或者其他各种误区。这种决策综合考虑了专家组的意见，考虑问题比较全面。而且所有专家都是在匿名情况下进行讨论的，结果具有客观性和科学性。

2. 头脑风暴法

该种决策方法也是综合百家智慧形成的，但是在讨论过程中，专家成员会彼此见面。一般过程是这样的：会议主持人在会议上让与会专家围绕相关论题展开讨论，但不指定具体议题，当大家讨论的问题已经切入预期要讨论的主题后，主持人让专家开始进一步深入讨论。与会者针对选题畅所欲言，在发言过程中没有任何芥蒂，在这样的氛围中，人们都能够将内心的实际想法表达出来。讨论过程中会激发出很多富有见地的思想，将会为管理者的最终决策提供重要参考。

(二)定量决策方法

1. 决策树方法

决策树方法是一种典型的风险性决策方法。图 7-7 表示的是决策树方法的一般思想。该图由决策点、方案节点、概率支等构成。该种决策方法下，每个概率支的概率已知，每种概率下的损益值已知，这样就能够计算出方案节点处的预期收益，然后对各个方案节点处的预期收益进行比较，将预期收益值最高的节点定位为被采用的方案节点。图 7-7 中只存在一级方案节点，在存在多级方案节点的情况下，计算方法与此相同。需要说明的是，在图 7-7 中对于方案节点 A 的三个概率支，$P_A^1+P_A^2+P_A^3=1$。其他方案节点上所对应的各概率支也是如此，即 $P_B^1+P_B^2+P_B^3=1$，$P_C^1+P_C^2+P_C^3=1$。方案节点 A 处的预期损益值计算方法为：$R(A)=P_A^1\cdot R_A^1+P_A^2\cdot R_A^2+P_A^3\cdot R_A^3$。同样，方案节点 B 和方案节点 C 处的预期损益值的结算方法为：$R(B)=P_B^1\cdot R_B^1+P_B^2\cdot R_B^2+P_B^3\cdot R_B^3$，$R(C)=P_C^1\cdot R_C^1+P_C^2\cdot R_C^2+P_C^3\cdot R_C^3$。在计算出各个方案节点处的预期损益值后比较大小，按照 $\text{Max}\{R(A), R(B), R(C)\}$ 的原则进行抉择。

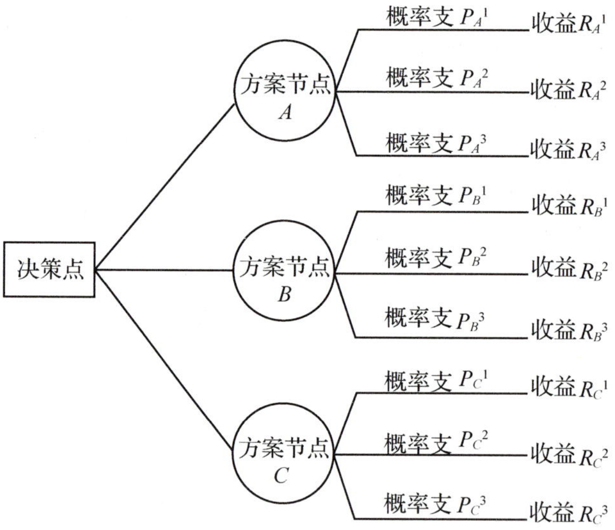

图 7-7　决策树示意图

【例】某企业在经营过程中，利润状态严格受到市场价格的影响，在价格低时亏本，价格中等时赢利甚微，只有市场在保持高位价格时，才有赢利可能。管理层针对这种局面决定对生产过程进行改造，以期降低生产成本，为了改善生产工艺可以有两种选择：其一是自主研发技术；其二是全套购买工艺。前者的成功率为 0.7，后者的成功率为 0.6。无论采用哪种选择，生产工艺改造后，产量都有增加或者保持原有产量不变两种可能。根据企业市场部提供的信息，未来该产品的市场价格降低、持平以及涨价的可能性分别是 0.2，0.4，0.4。各种情况下的损益值如表 7-2 所示。请根据以上提供的条件，用决策树方法进行决策。

表 7-2　某企业的决策表

	不改变工艺	自主研发(0.7)		购买工艺(0.6)	
		产量增加	产量持平	产量增加	产量持平
价格降低(0.2)	−150	−180	−240	−230	−250
价格持平(0.4)	0	100	50	150	−100
价格升高(0.4)	150	170	240	270	300

根据例题中给定的条件，该问题的决策较图 7-7 上给出的一般意义上的决策显得复杂一些。在方案选择上存在两种情况：成功或失败。在产量改变上存在两种情况：增加或不变。因此该决策应该存在两级决策，其一是针对改变工艺或者不改变工艺的决策，其二是在改变工艺后针对增加产量或者产量不变的决策。在厘清上述思路后就可以构建决策树进行决策了(图 7-8)。下面就根据图 7-8 进行计算并对方案进行决策。

在决策点 Y 处，

$R(U)=0.2\times(-180)+0.4\times100+0.4\times170=72$，

$R(V)=0.2\times(-240)+0.4\times50+0.4\times240=68$。

因此，$R(U)>R(V)$，舍掉方案节点 V，在此基础上考虑方案节点 M。

在方案节点 M 处，

$R(M^y)=72$，

$R(M^w)=0.2\times(-150)+0.4\times0+0.4\times150=30$，

因此 $R(M)=0.6\times72+0.4\times30=55.2$。

在决策点 Z 处，

$R(J)=0.2\times(-230)+0.4\times150+0.4\times270=122$，

$R(K)=0.2\times(-250)+0.4\times(-100)+0.4\times300=30$。

因此，$R(J)>R(K)$，舍掉节点 K，在此基础上考虑方案节点 N。

在方案节点 N 处，

$R(N^z)=122$，

$R(N^L)=0.2\times(-150)+0.4\times0+0.4\times100=10$。

因此 $R(N)=0.7\times122+0.3\times10=88.4$。

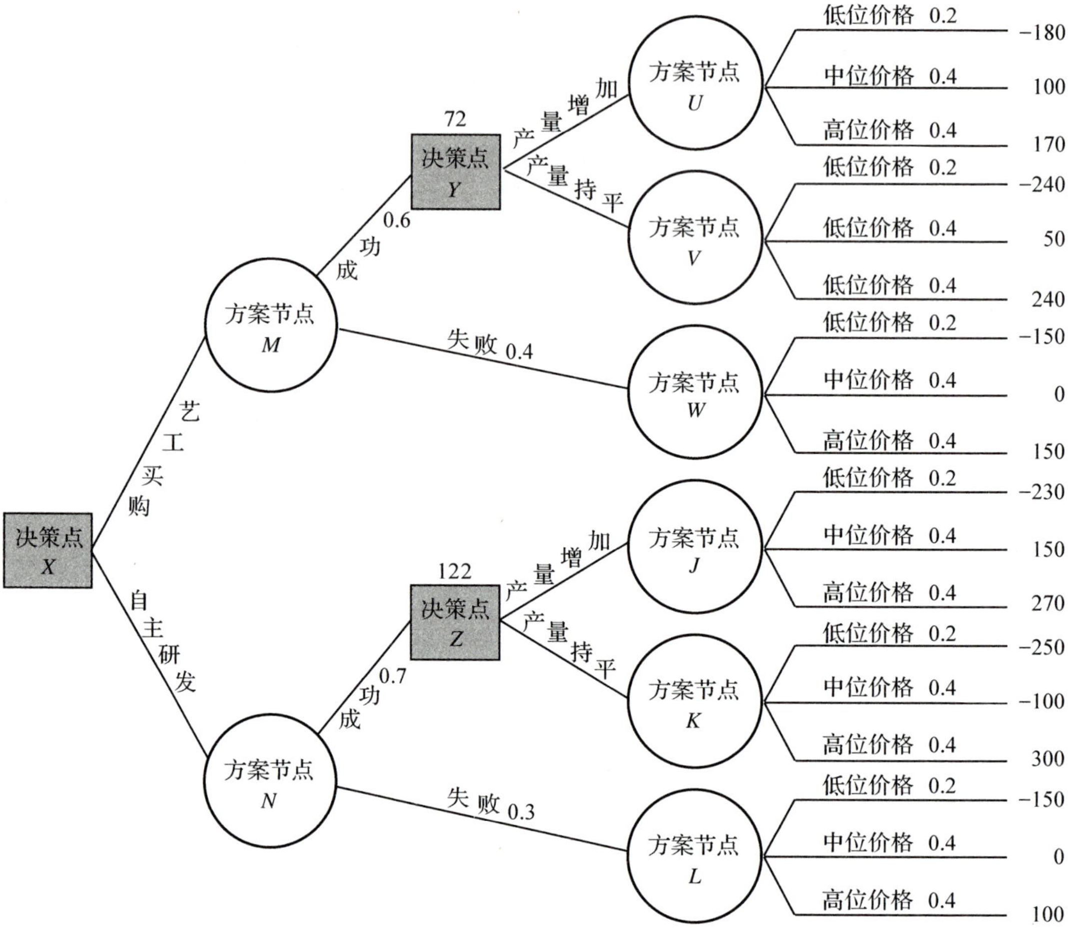

图 7-8 决策树决策实例

根据以上计算结果可知，$R(N)>R(M)$，最终的决策是“自主研发”。

该题目中讨论的是二级决策树，当决策树的级别增加时，计算方法与此相同，二级及以下的决策树在决策过程中可以通过人工计算得出结论，在级别较多时可以借助电脑软件完成，可以更加方便地得出决策结果。

2. 马尔可夫决策方法

马尔可夫决策方法的前提是知道确切的转移概率矩阵。例如，在设计人力资源利用规划过程中或者市场占有率的决策过程中，管理者可以用马尔可夫模型进行决策。该模型通常需要事前在多个连续的时期内收集数据并计算出平均值，然后利用这些数据计算出从一种情况转变为另外一种情况的概率，据此得出转移概率矩阵。转移概率矩阵一般表述为图 7-9。该图中，P_{ij} 表示下一期从第 i 种类型转化为第 j 种类型的可能性。例如，P_{11} 表示下一期从第一种情形转化为第一种情形的概率，P_{21} 表示第二种情形转化为第一种情形的概率，P_{31} 表示第三种情形转化为第一种情形的概率，其他以此类推。前文论及，马尔可夫决策方法是基于转移矩阵，根据本期的状况决策下期的状况的，所以转移矩阵的科学程度就非常重要。从该角度看，这种决策方法也属于风险型决策方法。

$$
\begin{array}{cc}
 & \begin{array}{cccccc} 1 & 2 & 3 & 4 & \cdots & k \end{array} \\
\boldsymbol{P}= & \left\{\begin{array}{cccccc}
P_{11} & P_{12} & P_{13} & P_{14} & \cdots & P_{1k} \\
P_{21} & P_{22} & P_{23} & P_{24} & \cdots & P_{2k} \\
P_{31} & P_{32} & P_{33} & P_{34} & \cdots & P_{3k} \\
P_{41} & P_{42} & P_{43} & P_{44} & \cdots & P_{4k} \\
\vdots & \vdots & \vdots & \vdots & \vdots & \vdots \\
P_{k1} & P_{k2} & P_{k3} & P_{k4} & \cdots & P_{kk}
\end{array}\right\}
\begin{array}{c} 1 \\ 2 \\ 3 \\ 4 \\ \vdots \\ k \end{array}
\end{array}
$$

图 7-9　转移矩阵示意图

【例】某企业有 5 类工作人员，转移矩阵如图 7-10 所示。该企业年初第 1 类、第 2 类、第 3 类、第 4 类、第 5 类的员工人数分别为 220，250，150，320，190。如果每年给每一类职位补充 200 名员工，根据转移矩阵，下一年各类职位的员工人数分别为多少？

$$
\begin{array}{ccc}
 & & \begin{array}{ccccc} 1 & 2 & 3 & 4 & 5 \end{array} \quad \text{离开} \\
\boldsymbol{P}= & \begin{array}{c} 1 \\ 2 \\ 3 \\ 4 \\ 5 \end{array} &
\left\{\begin{array}{ccccc}
0.30 & 0.20 & 0.00 & 0.10 & 0.40 \\
0.12 & 0.25 & 0.15 & 0.00 & 0.40 \\
0.00 & 0.00 & 0.50 & 0.40 & 0.00 \\
0.20 & 0.50 & 0.30 & 0.00 & 0.00 \\
0.60 & 0.10 & 0.00 & 0.15 & 0.15
\end{array}\right\}
\begin{array}{c} 0.00 \\ 0.08 \\ 0.10 \\ 0.00 \\ 0.00 \end{array}
\end{array}
$$

图 7-10　某企业的转移矩阵

此问题用马尔可夫方法可以得到解决。根据题目，在考虑下一期每类职位上的员工人数时，不仅要考虑到根据转移矩阵计算出来的员工类型转化的结果，还要考虑到企业为每一类职位补充的员工人数。计算过程如下。

下一期第 1 类的员工人数为：

200＋220×0.3＋250×0.12＋150×0.00＋320×0.20＋190×0.60＝200＋274＝474。

下一期第 2 类的员工人数为：

200＋220×0.2＋250×0.25＋150×0.00＋320×0.50＋190×0.10＝200＋285.5＝486。

下一期第3类的员工人数为：

200＋220×0.00＋250×0.15＋150×0.50＋320×0.30＋190×0.00＝200＋208.5＝409。

下一期第4类的员工人数为：

200＋220×0.10＋250×0.00＋150×0.40＋320×0.00＋190×0.15＝200＋110.5＝311。

下一期第5类职位上的员工人数为：

200＋220×0.40＋250×0.40＋150×0.00＋320×0.00＋190×0.15＝200＋216.5＝417。

如果在此基础上再行决定$t+2$期各职位的工作人员数量，则需要以如上计算结果根据转移矩阵按照同样的方法进行测算。一般而言，用本期的数据决定下期的数据相对比较准确些，如果按照同样的方式再向下计算，对未来远期的情况进行预测和决策，数据失真就会较为严重。前文已经论及，即使是对下期进行测算，转移矩阵的状况对测算结果也会产生很大的影响，所以一定要将重要精力放在构建转移矩阵方面，以保证决策结果的科学性。

第四节 领导在科学决策中的地位和作用

一、把握决策方向

在决策过程中，管理者要为最终决策掌握方向，因此决策是在管理者指定的方向上进行的。领导在方向上的决策是在最终决策前的决策。如果组织在发展过程中没有正确把握方向，后期的决策即使再周到细致，也会与组织发展的初衷相悖。好的开始是成功的一半，把握好决策方向就为组织发展设定了好的开端。组织的发展方向并非一成不变，在社会环境发生变化的情况下，方向也会发生改变。越王勾践卧薪尝胆，等待的就是时机，也是在不断审时度势把握决策方向，终于通过厉兵秣马而东山再起。勾践的决策方向就是复兴越国，但在该决策方向下需要做很多细致入微的事情。刘永好由于能够正确把握决策方向，才有了“别人养鹌鹑我做饲料”的正确选择。空调市场也是如此，谁走在前面就能够把握住更多的市场，空调产品也经历了“一般制冷→超静音→变频空调”的发展过程，空调的样式也由原来只有挂壁式，逐渐发展为立柜式、窗式和吊顶式等多种样式。领导指出的新方向，都是建立在消费者的新需求基础上的。决策方向正确，就能够为组织打开新的财富之窗，这也是领导才能的重要体现。

二、制定决策程序

管理学的连续统一体理论以及管理方格理论认为，由于管理者个人综合素养有差异，所以管理风格也有很大不同。连续统一体理论将管理者区分为独裁式领导、民主式领导以及很多中间层次，管理方格理论则通过研究管理者处理工作任务的方式以及其与组织成员的相互关系，将管理风格划分为多种不同类型。无论何种理论，分析管理风格的时候都是将“民主”与“独裁”作为两个极端，然后在两个方面给予不同的权重，就得到了不同的风格。不同风格领导者的决策方式是有较大差别的。“独裁式”的管理者习惯独断专行，组织的发展方式实际上就是该种决策者个人的思路。虽然这样的管理者非常有魄力，但由于决策过程中没有参考“智囊团”的智慧，所以出现失误的可能性较大。“民主式”的管理者在决策过程中会充分汲取组织成员的智慧，该决策者的重要工作之一就是制定决策程序即决策制度。核心领导者主持召集相关会议，拟定决策委员会，制定重大事务的决策程序。科学的决策程序是组织发展的重要制度依托。只有核心管理者有这方面的意识，决策程序才能够得以制定。但是“独裁式”的决策者并不倾向于秩序严格的决策程序，认为这样的决策程序浪费时间而且运行效率较低，关键是个人意志在表达过程中可能受阻。

三、排除各种干扰因素

决策过程中，出于各方面的考虑，不同知识背景以及不同风险偏好的人，对决策所持态度会有差别。一些人会过高估计组织发展过程中的风险因素，因而可能会导致一项重大议题不能执行，这会使组织失去较好的发展机会。领导在决策过程中一定要有力排众议的魄力，但力排众议并非一意孤行或者独断专行。核心管理者通过摆事实、讲道理，阐述进行决策的理由。前文论及有关决策的多种方法，虽然需要尽量掌握充分信息，但主观成分是不能完全摒除的。每个参与决策的人的立场会有差别，考虑问题的侧重点也会有所不同，所以对讨论议题尤其是具有一定风险的议题，会有较多的人持反对意见。为了把握住组织的发展方向，决策者必须能够及时捕捉发展机会，清除组织发展进程中的杂调，形成发展的合力。排除干扰因素是决策者综合素质的表现。该决策者如果在以往决策过程中失误较多，从而不具更强的个人魅力，在决策中即使能够力排众议，也不会得到更多组织成员的支持。当然，好的决策有时也并不一定能够顺利通过，这需要决策者在决策过程中不但要坚持原则，还要有足够的技巧，从而能够得到组织成员中绝大多数人的支持，促使组织进入新的发展轨道。

第五节 现代领导智库建设

一、智库发展与领导智库建设的特点

（一）智库发展简介

智库是通过提供专业领域的知识为政府部门提供政策支持的机构。智库也可以称为思想库或者思想工厂。智库的发展历史很长，但是现代意义上的智库发端于第二次世界大战以后。智库从发端到目前可以分为三个时期：第一次工业革命到第一次世界大战；第一次世界大战到20世纪90年代；20世纪90年代到现在。三个阶段分别是智库建设的初创期、发展期和创新期。智库首先诞生于西方国家，我国智库建设起步较晚，可以分为三个阶段：新中国成立后到20世纪80年代初；20世纪80年代初到90年代初；20世纪90年代初到现在，目前我国的智库建设已经呈现大发展格局。

（二）领导智库的特点

1. 研究领域专业化

智库涉及广泛的学科内容，管理者对很多领域的技术问题并不是非常了解，但一定要为相关领域的发展制定正确的政策。为此，智库人才必须专业化，纳入智库的人才必须是该领域的顶尖人才，研究问题深入，看问题透彻，有自己的独到见解。只有每个人才对研究领域都非常专业，整个智库才能够做到非常综合。同时要构建各种专业化的智库，各种类型的智库在发展思路上各有侧重、相互补充，为管理者提供最专业、最准确、最前沿的信息，帮助管理者做出正确决策。

2. 以组织发展目标为准绳

智库是为组织发展而设，所以组织发展目标就是智库建设的准绳。管理者在组建智库的过程中，要具有前瞻性，并相对具有弹性，要不断储备人才，构建人才蓄水池。为此管理者首先要明确组织发展目标，并确定合理的发展步骤，智库建设应该与组织发展保持同步。组织发展目标是组织发展战略的重要组成部分，智库建设也需要随着发展目标的精细化而不断更新，让更多更优秀的年轻人成为智库成员，在相对稳定中保持动态更新，为高效实现组织发展目标服务。

3. 智库成员多元化

英雄不问出身，智库成员也不问出身。智库成员可以是成绩卓著的学者，也可以是生产一线的技术工人。人们在认识问题时，由于所处的位置不同，关注点就会有差别，得出的结论也会不一样，提出的建议就会更加全面。虽然这会加大管理者提炼信息的成本，但会让管理者做出的决策更加富有智慧。多元化的智库成员带来了多元化的信息资源，管理者思考的空间会更大，发展思路会更宽，有助于管理者把握住更多的发展机会。

二、领导智库建设的作用

前文论及，智库就是智囊团，就是企业的顾问班子或者思想库。其目标在于为管理者决策提供参考，让管理者的决策更加科学，西方发达国家的智库建设先于我国，事实表明智库已经在社会经济发展过程中发挥了较大作用。我国的智库建设已经进入了大发展时代，在国民经济发展中发挥的作用正在显现。

(一)决策更具前瞻性

智库不仅要为组织当前发展建言献策，还要为其未来发展布局谋篇。智库专家会从更加专业的角度看问题，思维起点较高，思考问题时考虑更加全面，根据组织发展趋势做出的预测会更准确，所以智库专家的思考结论预警性更强。决策者虽然在某一领域并非专家，但借助智库专家的智慧，可以在短时间内了解该领域的前沿状态，有助于管理者能够更好地把握组织发展方向。

(二)从宏观角度把握组织发展状态

智库专家不但擅长理论研究，而且擅长通过对大数据分析得出更加全面的结论，这样就可以从全行业角度以及行业间相互联系角度把握组织发展状态，从而为管理者进行决策提供重要参考，根据智库专家提供的信息在组织发展决策中分出轻重缓急。将管理者的决策依据从“凭感觉”到“凭科学”，从经验管理尽快转轨到科学管理上来，并尽快形成宏观战略思考的习惯。

(三)提供更高的对话平台

智库专家都是某一领域的优秀人才，把握事物更加精准。借助智库专家的智慧，管理者的思维高度也能够得以提升。智库专家虽然在专业方面非常优秀，但不一定精通管理，而决策者并非各个领域的行家里手，不熟悉专业领域是其进行科学决策的短板。智库能够很好地克服这方面的问题，决策者依托智库专家可以成为各个方面的高水平专业人员，与同行进行高水平对话，保持强劲的竞争力。

本章小结

本章对决策的内涵、决策的类型与体制、决策程序与方法、决策的地位与作用以及智库建设等问题进行了阐述。决策贯穿管理的全过程，组织发展过程中时时刻刻要面临决策，因此组织的发展过程就是决策过程。一个完整的决策包括决策者、决策目标、备选方案、决策环境、决策结果等多个要素。科学的决策对组织发展具有重要意义：决定了管理的各项职能、决定了组织工作的成败、决定了组织的最终发展目标和人才队伍的质量。根据不同的分类原则，决策可以分为不同类型。根据决策的重要程度进行划分，决策分为战略决策、战术决策与业务决策；根据决策的重复程度进行划分，决策可以区分为程序化决策与非程序化决策；根据决策的可靠性程度进行划分，决策可以区分为确定性决策、风险性决策与不确定性决策；根据决策的风格进行划分，决策可以区分为命令性决策与民主性决策。领导决策需要遵循严格的程序，这样能够保证决策的科学性，一般而言可以将决策区分为定性决策与定量决策两个方面。科学的决策能够把握组织发展方向、制订合理的决策程序和排除各种干扰因素。为了在最大程度上保证决策的科学性，智库建设应该提到议事日程，智库能够使决策更加具有前瞻性，从宏观层面把握组织发展方向，为组织发展提供较高的对话平台。

复习思考题

1. 什么是决策？影响科学决策的因素有哪些？
2. 科学决策的重要作用表现在哪些方面？
3. 根据不同的分类原则，领导决策包括哪些类型？
4. 领导决策体制包括哪些类型？请简述其内容和各自的优缺点。
5. 简述领导决策的程序。
6. 简述定性决策的内涵及主要决策方法。
7. 简述定量决策的内涵及主要决策方法。
8. 简述领导在科学决策中的地位和作用。
9. 简述智库的发展过程以及智库的作用。

第八章

领导用人与激励

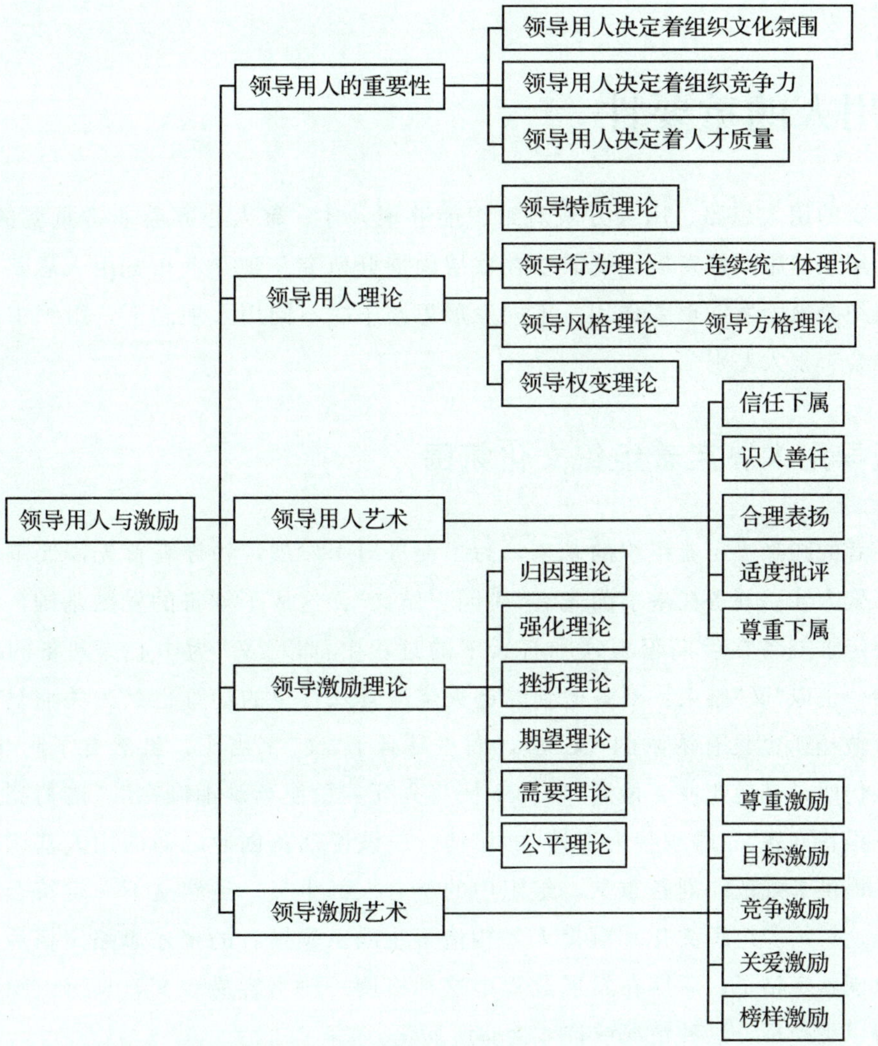

领导用人与激励
领导用人的重要性
领导用人决定着组织文化氛围
领导用人决定着组织竞争力
领导用人决定着人才质量
领导用人理论
领导特质理论
领导行为理论——连续统一体理论
领导风格理论——领导方格理论
领导权变理论
领导用人艺术
信任下属
识人善任
合理表扬
适度批评
尊重下属
领导激励理论
归因理论
强化理论
挫折理论
期望理论
需要理论
公平理论
领导激励艺术
尊重激励
目标激励
竞争激励
关爱激励
榜样激励

学习目标

通过对本章的学习，要了解领导用人的重要性，掌握领导用人的主要理论、领导用人的艺术以及领导激励理论。在此基础上深刻理解领导用人艺术在管理实践中的重要意义。

重点提示

领导用人理论是管理学发展的基础，为了深入理解领导的用人艺术，首先需要掌握一些必要的理论，如连续统一体理论、管理方格理论、随机制宜理论、情境理论、不成熟—成熟理论等。同时要熟练掌握归因理论、强化理论、挫折理论、需要理论、公平理论等。

第一节 领导用人的重要性

领导者的用人思路、用人方式对组织能够聚人才、聚人心起着非常重要的作用，为了推动组织健康高效发展，就需要在该层面展开研究。领导者拓宽用人思路，从而为提升组织凝聚力发挥重要作用。不同发展思路下、不同用人理念下，组织中聚集的人力资源会有很大差别。

一、领导用人决定着组织文化氛围

领导者的胸襟决定着组织的未来。为了促进组织发展，领导者首先需要围绕组织发展目标聚人才。刘备在举事前先有“桃园三结义”，这成了刘备的发展基础，而这个开始也决定了刘备在后期聚人才和打天下的过程中都以“义”为中心。刘备的故事以“义”开始，也以“义”结束：刘备遭到陆逊火烧连营八百里的劫难也是为关羽复仇的义举，白帝城托孤也具有浓浓的“义”蕴，而正是有了“义”字当头，虽然有了阿斗不才，但诸葛亮仍然是兢兢业业，最后“出师未捷身先死，长使英雄泪满襟”。诸葛亮这样做也是为了报答刘备“三顾频频天下计”的恩情，应该说刘备创业之初的用人基调为西蜀后期纳才提供了规范。刘备重义，组织中的所有人都重义。虽然这不一定符合管理学规则，但这对培养组织文化和凝聚人才构造了主线。领导者的聚才思路定格后，组织的文化氛围就定格了，后期在发展过程中这种格调一般不容易改变，只有组织的核心领导者得以更换后，这种情况或许才会有所变化。

二、领导用人决定着组织竞争力

组织成员组成了领导的智囊团，但是该智囊团的人员结构决定了智慧的高度。如果领导者以自己为标准选人，智慧高于领导者的人力资源就很难成为组织成员，组织就会出现“武大郎开店”的问题。在这种压制人才的管理氛围中，既有的优秀人才会离开组织，组织就很难吸纳更加优秀的人才加盟，组织当然也就缺乏竞争力。如果领导者积极吸纳精兵良将进入组织中，领导者就会将组织成员的智慧变为自己的智慧，组织成员就会积极思考、建言献策，将为组织贡献智慧作为个人荣耀，这样的组织就会有很强的竞争力。有关唐太宗李世民的故事有很多，这些故事大多是反映魏徵忠言进谏，李世民在魏徵的辅佐下成就了辉煌的事业的。其实魏徵这样的诤臣起初让李世民很难接受。一次李世民散朝回到后宫大发雷霆，长孙皇后见状很诧异，问李世民出了什么问题，李世民说魏徵在朝堂上不给自己面子，公然反对自己，他一定要将魏徵杀掉。长孙皇后听完李世民讲话后没有说什么，而是换上一身非常正式的服装后到李世民面前行君臣之礼后说，祝贺皇上得到了这样一个忠心耿耿的臣子，您不应该杀掉而应该保护，只有这样才能够江山永固。历史表明，没有杀魏徵是正确的抉择。有了魏征这样的诤臣，更多的贤德人才才会心甘情愿地追随李世民，这正是李世民的事业飞速发展的重要原因。有了人才就有了组织竞争力，组织就会高速发展，领导的用人思维决定了这一切。

三、领导用人决定着人才质量

《史记·高祖本纪》论述了刘邦对属下进行表扬的史料。高祖置酒洛阳南宫。高祖曰：“列侯诸将无敢隐朕，皆言其情。吾所以有天下者何？项氏之所以失天下者何？”高起、王陵对曰：“……然陛下使人攻城略地，所降下者因以予之，与天下同利也。项羽……战胜而不予人功，得地而不予人利……”高祖曰：“……运筹策帷幄之中，决胜于千里之外，吾不如子房。镇国家，抚百姓，给馈饷，不绝粮道，吾不如萧何。连百万之军，战必胜，攻必取，吾不如韩信。此三者，皆人杰也，吾能用之，此吾所以取天下也。项羽有一范增而不能用，此其所以为我擒也。”在这段话中，高起、王陵等人的分析固然有道理，但刘邦不以为然，认为这并不是自己最终取胜的根本原因。刘邦认为，自己之所以能最终取胜，关键在于有张良、萧何和韩信等能人贤才衷心辅佐自己。而项羽手下只有一个范增，并且不能得到项羽重用。组织发展过程中，领导者手下有无人才以及能否合理用人才是两个不同的问题，领导者具有科学的用人思路，就能够更聚拢多的人才。

第二节
领导用人理论

一、领导特质理论

领导理论经历了性格理论、行为理论和权变理论三个阶段，性格理论阶段是领导理论发展的初始阶段，在该阶段内主要侧重于研究领导人的身体特征、个性特征和才智特征。身体特征如相貌、身高、体重、个性、智力、性别、自信心、首创能力、决断能力、声音与语言表达能力等诸多方面。领导给人们的一般感觉是身材高大、声音洪亮并且非常健谈、精力非常充沛、说话风趣幽默、做事果断干脆、能够带领组织成员冲锋陷阵。这样的领导一般比较容易在组织成员中树立高大形象，从而容易成为组织的核心。但是这些都属于领导者性格、素质方面的特征，都是与自然属性相联系的特征。研究的侧重点都是在强调管理者的外在特征，认为管理者的自然属性在塑造个人魅力方面发挥着重大作用。研究表明，声音在与人交往中发挥着重要作用，粗犷、高亢的声音较尖细的声音更加能够给人以镇定和沉着的印象，与这样的人打交道，一般人会觉得此人靠得住。在社会经济发展进程中，人们越来越觉得单纯从领导特质方面进行研究，显得缺乏全面性，从领导行为方面展开研究就逐渐提升到意识日程。这种转向使得对领导的研究向领导方式、领导作用、领导方法方面转变。领导的外在形象与内在素质不完全一致，强化领导方式、领导作用和领导方法的研究才能够深入把握领导规律，引领组织高效发展。

二、领导行为理论——连续统一体理论

连续统一体理论是由坦南鲍姆和施密特提出的。该理论认为，领导方式是一个连续的变量，领导方式存在两个极端即独裁式领导、放任式领导。在独裁式领导方式下，完全以领导为中心，领导权威在管理过程中发挥着绝对重要的作用，下级在这种领导方式中没有任何自由。在放任式领导方式下，下级具有绝对自由，领导过程中完全以下级为中心，上级根本不参与管理。应该说两种领导方式都是不可取的，独裁式领导方式完全限制了下级的工作积极性，而放任式领导方式让下属感觉到组织像一盘散沙。

连续统一体理论认为，现实中的领导方式应该是上述两个极端间的领导方式。沿着“独裁式→放任式”的变化顺序，领导者要逐渐放权，同时要逐渐增加下级的权力。如图 8-1 所示，左半部分表示领导权威度，右半部分表示下属自由度。沿着 l^z 向上为下属自由度降低方向，沿着 l^z 向下为领导权威度降低方向。图中的 l^1 与 l^2 将左右两部分图形整合成的矩形区域等分为三部分，l^1 以上的部分领导权威度较大而下属自由度较低，而 l^2 以下的部分领导权威度较低而下属自由度较高。只有 l^1 与 l^2 之间的部分领导的权威度和下属自由度都处于相对较为合适的状态。按照连续统一体理论，领导一定要适度分权，以便下属具有充分的工作积极性。领导者与下属间的关系需要定格在 l^1 与 l^2 间的某个位置上。

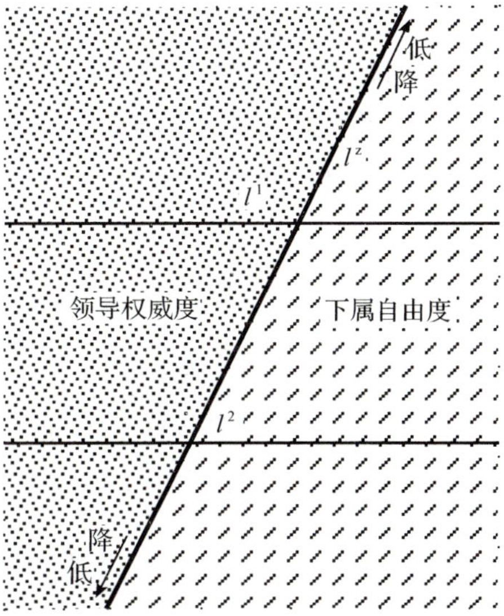

图 8-1 连续统一体理论示意图

三、领导风格理论——领导方格理论

领导方格理论由布莱克和莫顿提出。该理论考虑领导对人的关心度和对工作的关心度两个因素，并以两个因素为坐标轴构建起坐标系，将横坐标划分为 9 等份，同时将纵轴划分为 9 等份。如图 8-2 所示，图中的 1・1 格、1・9 格、9・1 格、9・9 格、5・5 格分别与 A_1 区、A_2 区、A_3 区、A_4 区、C 区相对应，分别代表贫乏式、逍遥式、任务式、协作式和中庸式等几种领导模式。图中的横轴方向为对生产关心程度，向右为程度增加方向，纵轴为对员工关心程度，向上为增加方向。贫乏式领导对生产和对员工都不关心，A_1 区基本属于这种情况。逍遥式领导对员工非常关心而对生产并不关心，这样的组织中大家能够保持一团和气，但生产一直会在低位徘徊，A_2 区基本上属于这种情形。任务式领导对生产非常关心但对员工不是很关心，该种组织中工作的员工比较压抑，A_3 区属于这种情况。协作式领导对生产和员工的工作都比较关心，组织中的士气相对较高，A_4 区属于这种情况。中庸式领导对生产和对员工的关心程度都属于中等程度，两个方面的要求都不会过高，图中的 C 区属于这种情况。除了以上论及的五种情况，图中还存在 B_1 区、B_2 区、B_3 区、B_4 区四种过渡状态。从图中可以看出，B_1 区为 A_1 区和 A_2 区的过渡状态，领导虽然对生产不关心，但是对员工的关心程度高于 A_1 区弱于 A_2 区。与此类似，B_2 区是 A_2 区与 A_4 区的过渡区域，对员工的关心程度很好，对生产的关心程度处于中等水平；B_3 区是 A_4 区与 A_3 区的过渡区域，对生产的关心程度很高，对员工的关心程度处于中等状态。B_4 区是 A_1 区与 A_3 区的过渡区域，对员工的关心程度较低，但对生产的关心处于中等状态。从领导实践角度看，极端的领导状态都不会达到较高的管理效率，领导者应该对生产和员工都要关心，随着企业的发展变化，在不同时期内对二者的关心程度的权重会有所调整，极端领导方式都会引起员工不满，图中以 5・5 格为中心围成的圆形区域应该是领导实践的理性选择。

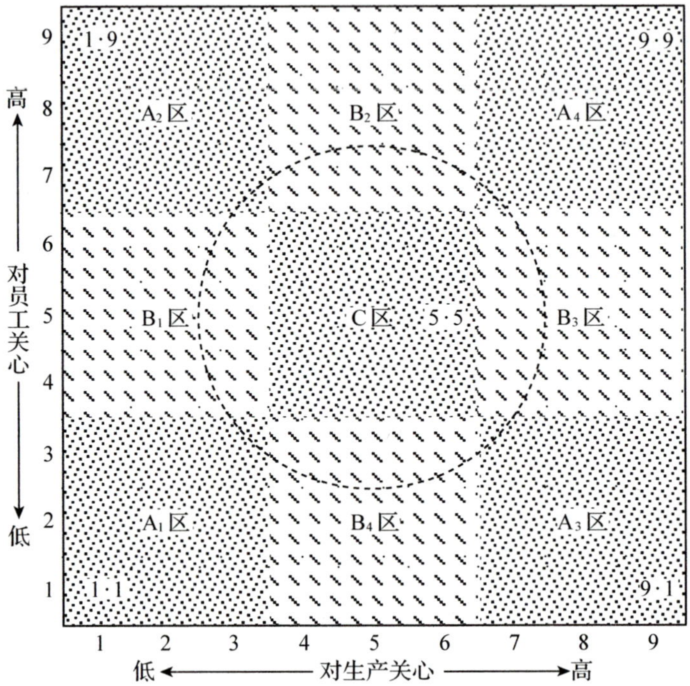

图 8-2　领导方格理论示意图

四、领导权变理论

领导权变理论方面已经取得了非常丰富的研究成果，其中主要有菲德勒的随机制宜领导理论、赫塞—布兰查德的情境领导理论以及阿吉里斯的不成熟—成熟理论等。

(一)随机制宜领导理论

菲德勒认为，有三个重要因素对领导效果会产生重要的影响作用，即上下级关系、任务结构和职位权力。上下级关系即基于行政层级而产生的领导者与其组织成员间的关系。任务结构即任务的重要程度、数量多少、难度以及明确性等。菲德勒认为，任务结构对领导效能会产生重要影响。职位权力即领导者被赋予的权力的大小，一般而言，领导者被赋予的权力越大，领导效能就会越大。图 8-3 展示了如上三种因素影响领导效能的四种情况：U_0是三种要素的影响力相差不大的情况，U_1、U_2和U_3分别表示级别关系、职位权力和任务结构的影响力在三个因素中相对较强的情形。在U_1、U_2和U_3三种情况下，领导的决策倾向就会分别沿着 l_j 轴、l_z 轴和 l_r 轴发展，领导效能受三个因素的影响力不均，在一定程度上会影响领导效能整体水平的提升。在领导实践中，必须正确处理三者间的关系，针对不同性质的组织以及同一组织在不同发展阶段都要权宜应变。

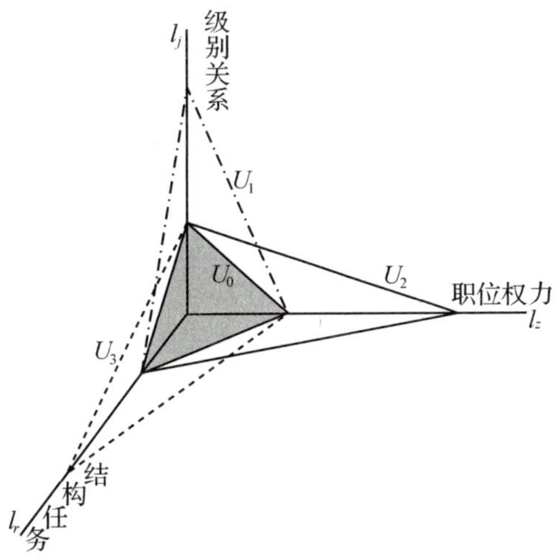

图 8-3　影响领导效果的三要素

(二)情境领导理论

该理论认为，下属的成熟度以及领导风格等都是领导情境的构成要素，领导者针对不同成熟度的员工，应该辨证施治。该理论认为，下属的成熟度即下属愿意承担工作任务的能力与意愿。成熟度应该从两个方面进行衡量：心理成熟度和能力成熟度。前者成熟度高表现为具有主动承担较大、较多工作任务的意愿，后者成熟度较高表现为具有较厚的知识和较强的能力。该理论根据“工作—关系”的配伍方式差别，将领导风格分为四种类型：“高工作—低关系”即告知式风格、“高工作—高关系”即推销式风格、“低工作—低关系”即授权式风格、“低工作—高关系”即参与式风格。四种领导风格中领导者扮演的角色不同，第一种情况中，领导者非常详细地告知下属做事的任何细节，下属不需要创造性地完成任务；第二种情况中，领导者只提出指导性意见，下属在做事过程中需要有更多的创造性，下属在做事中参与了部分决策；第三种情况中，领导者委托下属工作，几乎不给予任何提示，完全凭借下属的聪明才智完成，领导者需要的是结果而不是过程；第四种情况中，下属在参与决策过程中具有更多主动权，领导者扮演服务员的角色。由于下属的成熟度是逐渐发展的，员工在入职之初成熟度相对较低，这时宜采用高职式风格，随着员工的成熟度不断提升，可以采用推销式风格，随后员工的成熟度继续提升，可以采用参与式风格，在员工的成熟度已经很高的时候，就可以采用授权式领导风格了。当然这只是一般步骤，对于不同情况的组织，这个步骤可繁可简，一般而言第一个步骤都要经历，第四个步骤是最高境界，第二个步骤和第三个步骤经历的时间可以根据组织情况适当考虑。

（三）不成熟—成熟理论

关于员工成熟度的问题，前面的情境领导理论中也在一定程度上进行了阐述。阿吉里斯认为，人们从不成熟走向成熟需要一个过程。阿吉里斯认为组织成员在发展过程中要经历以下多种变化：被动做事→主动做事；依赖他人→相对独立；有限行为→行为多样；认识肤浅→认识深入；只顾当前→长远打算；从属地位→支配地位；缺乏自觉→自觉自制。个体在经历了如上的发展变化后，进取心就会逐渐成长，主动承担挑战性任务的意愿就会增强。每个人的成熟度都是逐渐发展变化的过程。该理论认为，虽然如上过程每个人都要经历，但能够达到完全成熟的人是绝对少数的，并且领导风格对员工的成熟度状态以及员工成熟度的发展水平都会有一定的影响。领导者倾向于集权，则员工的成熟度就会相对较低。因此为了尽快提升下属的成熟度，领导者需要在领导风格方面进行斟酌，领导者需要有让下属承担不同难度的任务的意识，以及让下属参与决策的意识。任何领导者都非常希望下属的成熟度较高，但这种主观愿望必须与实际行动结合在一起，领导者需要制定有助于促进组织成员成熟度提升的领导制度，将组织打造成为学习型团队，夯实组织成员进步的路基。

第三节
领导用人艺术

一、信任下属

领导者信任下属就能够为下属创造出倾心工作的环境。当然领导者需要有识人善任的能力，如果已经用错了人，并且仍然坚持用人不疑的原则，就会铸成大错。领导者选贤任能是建立在对其下属进行长期观察基础上的，如果已经决定让其承担重任，还要不时过问工作细节，下属工作时就会被掣肘，在做事过程中就会由于瞻前顾后而不能放开手脚。领导对下属信任就是对下属工作的支持，下属专心致志做事就是对领导的支持，因此领导与下属间的支持是相互的，而且领导首先要对下属支持，才能够换来下属对领导的支持。战国时期的魏文侯与大将乐羊之间就实现了默契的双向支持。当时魏文侯派乐羊攻打中山国，消耗了三年都没有进展。于是朝中开始议论纷纷，一些人认为乐羊攻不下中山国的根本原因在于乐羊的儿子乐舒在中山国做官，父亲是不会毁儿子的前程的，但魏文侯对这些闲话并不理会。后来乐羊攻破中山国后凯旋，魏文侯将一大箩子说乐羊闲话的奏折给乐羊看，乐羊得知魏文侯对自己这样深信不疑非常感动，说成功攻破中山国并非自己的功劳而是魏文侯的功劳。魏文侯不但表扬了乐羊而且对其进行了嘉奖。魏文侯信任下属，不为谣言所动，这就是对下属最大的鼓励。领导者要让员工做出成绩，就要给员工提供做事的环境，对下属深信不疑是成功做事的前提。

二、识人善任

“识人”是“善任”的前提。为了做到“识人”，领导者就需要对下属进行全方面了解，对下属的优点和缺点了然于胸。将合适的人用在合适的地方，按照泰罗原理的“第一流工人原理”做事。曹操在与刘备煮酒论英雄的时候，对袁绍的评价就是“志大而智小，色厉而胆薄”，虽然当时曹操还只是一个小老板，但从其对袁绍的评价来看，曹操具有宽广胸襟，将来必成大事，而这一点通过官渡之战得到了有力证明，通过这场战争，曹操一跃而成为名震江湖的大老板。而袁绍在战争中不善用人的问题也显得非常突出。这场战争中起着决定作用的就是火烧乌巢。袁绍也知道乌巢非常重要，于是派重兵把守，但选将选错了，本来应该让处事缜密的张郃担任保卫乌巢粮仓的要职，却派嗜酒如命的淳于琼担任此职。随后许攸、沮授等都向袁绍进谏，认为这样做事不妥，但袁绍刚愎自用，不听劝阻，最后沮授被杀，许攸投奔了曹操。最终因为曹军火烧乌巢而导致袁绍大败。领导者识人善任就能够做到人尽其才、物尽其用，避免人才浪费，并且由此增强领导者的威信，并强化组织的凝聚力，从而增强组织的竞争力。

三、合理表扬

卡耐基认为：每个人都希望得到别人的赞许。领导者对员工的赞许是制度上的赞许，这对员工而言很重要。员工认为领导者对自己的赞许意味着自身的工作得到了上司的认可。领导者对下属的赞美，可以使下属感知其在组织中的价值，从而得到荣誉感和成就感，增加工作动力，同时也有利于缓和上司与下属间的关系，使二者保持工作上的默契。领导者放下架子能够倾听下属的声音就是对下属最好的表扬。秦穆公是礼贤下士的国君，听说百里奚是难得的人才后，就将其救出，向百里奚求教治国良策。百里奚见到这种情况感到非常意外，说自己已是亡国之臣，哪里还有什么良策。秦穆公说这并非百里奚的错误，而是虞君不纳忠言才有这样的下场。秦穆公这样说，一方面将责任推在了虞君身上，另一方面也表扬了百里奚的才能。秦穆公的诚挚终于换来了百里奚的畅谈，秦穆公从百里奚的谈话中受益良多。所以合理表扬下属就能够为领导者带来更多智慧，领导者也会更多地受到组织成员的尊重。领导者表扬下属的方式多种多样：第一，正确对待下属的抱怨。下属抱怨就说明管理存在失误，领导倾听下属的抱怨，下属就会畅所欲言，下属同样会感觉受到了尊重。第二，赞美下属取得的成绩。下属取得了成绩不但是下属的荣耀，也是组织的荣耀，领导者一定要从下属对组织发展做出贡献角度认可下属的贡献，这会对下属产生很大的激励作用。第三，赞美下属的长处。每个人都希望他人看到自己的长处。领导看到自己的长处，下属就会认为领导注意到了自己，于是会对领导产生好感，员工在工作过程中会更加强化自己的长处。

四、适度批评

人们都喜欢接受赞许而不愿意接受批评，因此管理者在对下属进行批评的时候也要讲求艺术。批评的时候要讲求分寸并且要采用迂回战术。例如，先表扬后批评再表扬、幽默批评法、暗示批评法等都是较好的批评艺术。

第一，可采取“表扬—批评—表扬”三段论的方法。这种批评方法一般很容易让员工接受，既对员工进行了表扬也很准确地指出了员工在工作中存在的问题，让员工在内心深处有了改正缺点的决心。

第二，可采用化批评为幽默的方法。幽默是处理矛盾的润滑剂，可以达到“相逢一笑泯恩仇”的作用。领导者要富有一定的幽默感，具有幽默感的领导才更加具有亲和力，也才能够缩短与下属间的距离。下属不会认为领导者对自己有恶意，也非常有利于下属自觉改正错误。

第三，可采用心理暗示法。心理学理论认为，暗示是用间接方法使他人接受某种意见并付诸行动的过程。暗示可以委婉地表达思想，使事情得以很好的处理，这需要下属与领导者之间的默契配合。但当领导者说话过于含蓄，而下属没有正确理解时，暗示的作用就无法达到了。因此采用暗示方法表达思想时，领导者需要让被暗示者容易理解。

五、尊重下属

尊重下属包括正视下属的创新、业绩、建议等很多方面的内容。“尊重”既包括领导做出的包括表扬、晋职、奖赏等正面行为的决定，也包括惩罚、批评、降职等负面行为的决定。所以“尊重”并不等于“和气”。领导者与被领导者要组成团队，相互尊重就非常必要。彼此间通过相互尊重实现默契地配合。首先，领导者要尊重下属的人格，二者只有站在同一平台上谈问题，下属才能够畅所欲言，一针见血地指出领导中存在的问题，领导者在听到负面意见时应该闻过则喜，意识到这是下属对自己的帮助。即使下属的言论有不妥之处，也不应该即刻做出否定，更不应该当众提出严厉指责。领导者尊重下属的人格就会换来下属的尊重。其次，领导者要尊重下属的劳动。劳动包括日常工作中的点点滴滴，领导者在谈及下属的劳动时不能轻描淡写，这就能够很好地体现出领导者对员工的尊重，从而能够使二者得到情感沟通。最后，领导者要尊重下属的才能。领导者只有尊重下属的才能，让下属有被尊重的感觉，才能提高工作效率。

第四节
领导激励理论

一、归因理论

(一)凯利的三度理论

归因就是挖掘现象背后的原因。该理论是在研究社会知觉的实验中得以提出的，主要侧重于三个方面的研究：心理活动归因、行为活动归因和预测未来行为。心理活动归因即人们产生相应心理活动的原因，行为活动归因即人们产生相应行为的心理动因，预测未来行为即根据目前行为推测未来行为。美国社会心理学家凯利认为，个人行为可以归结为三个方面的因素即行为者自身特点、行为对象特点以及知觉发生的环境。该归因模型又被称为“三度理论”。三个方面的因素对知觉者都会产生不同程度的影响，从而会影响对归因的分析。凯利认为，在对知觉者行为进行判定时还需要坚持连续性、一致性和独特性标准。“连续性”即知觉者的行为在不同场合下是否相同，“一致性”即知觉者的行为与在场的其他人的行为是否一致，“独特性”即知觉者在其他情况下是否也会做出同样的反应。如果知觉者的行为符合如上三项标准，则可以发掘表象后面的稳定因素，否则就不能得出结论。研究归因是非常复杂的问题，只有从现象背后导出稳因才能够为决策者制定相关制度提供理论依据，也才能够找到激励员工的根本措施。

(二)韦纳的归因模型

韦纳关于成功或失败的归因模型认为，人们成功或者失败的根本原因在于：能力大小、努力程度、任务难度、运气好坏。研究认为，如果将失败的原因归结于能力低，在经历几次失败后，此人就不再尝试同样的事情，鼓励此人做同样的事情将不会产生激励作用。如果将失败的原因归结为努力程度，此人经历失败后会认为努力程度仍不够高，于是会继续努力工作，增加成功系数。如果将失败的原因归结为任务太难，此人会认为当任务难度降低时成功把握会更大，于是会不断提升个人素质，以便提升应付高难任务的能力，激励对于此人是有效的。如果将失败的原因归结为运气太差，此人的工作愿望不会降低，会抱着成功的愿望继续做同样的事情。该理论强调的是，如果行为者将失败的原因归结为不可控因素，此人就不会发生相同行为，如果将失败的原因归结为可控因素，则在未来时间内会继续发生相同行为。前一种情况下，激励不发生作用，后一种情况下，激励会发生作用。

二、强化理论

强化理论也称为条件反射理论或者行为修正理论，由美国学者斯金纳提出。强化是与某种行为相伴随的刺激，在该刺激下该行为重复出现、消退或者终止。使该行为重复出现的激励属于积极强化，使该行为消退或者终止的激励属于消极强化。与此相对应，激励可以分为正强化激励和负强化激励两种类型。

（一）正强化激励

正强化即对行为者给予肯定。其目的在于使这种行为继续发生。在领导过程中对员工进行表扬、晋职、加薪以及委以重任等都属于正强化激励，在激励的作用下，员工会较先前做得更好。正强化激励不仅对于组织成员本人是一种激励，在整个组织内也可以产生示范效应，促使组织内尽快形成健康向上的文化氛围。为了让正强化激励发挥更大的效用，在激励过程中需要注意以下几个方面：将个人激励与团队激励结合在一起，将远期激励与即期激励结合在一起，激励措施一定要让被激励者有荣誉感。正强化激励在组织发展中应用非常普遍。每个组织中都要年终评优，被评为优秀的员工不但可以得到物质层面的奖励，还可以在奖励大会上亮相，这是在制度层面对其做出卓越贡献的认可，被表扬者也得到了精神层面的满足。该员工在以后工作中表现得会更加积极。在进行正强化激励的过程中有一点儿需要注意，在对组织成员进行表扬时最好进行侧面表扬，即不要当面对其进行表扬，通过他人对其进行表扬反而会收到更好的效果。

（二）负强化激励

负强化激励与正强化激励相反，通过施以相应措施使行为者相应的行为不断弱化直至消失。负强化激励实际上就是惩罚，在组织发展中，对某些成员施以降薪、降职、处分、记过等处分都属于负强化激励范畴。当事人在受到负强化激励措施的惩罚后，一般不会再出现相同行为，从而保证其行为与组织发展目标相一致，这实际上属于控制职能的范畴。负强化激励对组织正常发展是非常必要的，只有这样才能够使与组织发展相悖的行为及时得到遏止，同时也会达到以儆效尤的效果。但是由于负强化激励会带来员工的逆反情绪，所以在实施过程中不但要注意技巧也要注意分寸。在对员工施以相应的惩罚措施前，要与员工进行沟通，领导者不能盛气凌人，不能感情用事，也不能将员工的工作全盘否定。员工虽然接受处罚，但会认为领导者不仅注重严格管理制度，还注重情感沟通，就会明白处罚的目的并不在于“罚”而在于“戒”，从而在内心深处接受惩罚，从而使行为方式得以改变。

三、挫折理论

挫折是人们在实现某个目标过程中受阻而未达到预期目标的心理过程。该理论由美国学者亚当斯提出。该理论认为，人们在通向目标的过程中可以分为四种情况：受阻但能实现目标；受阻后部分实现目标；受阻后修正既定目标；受阻后不能实现预期目标。第一种情况下，虽然当事人会付出更多努力，但目标还是能够如期实现的。后三种情况实际上都没有实现预期目标。挫折理论认为不能实现目标的原因既有主观因素也有客观因素。主观因素包括身体素质不佳、能力欠缺、认识事物的能力有限等，客观因素包括同事关系不佳、工作环境较差以及其他各种偶然因素等。在遇到挫折后，人们做出的行为反应通常有以下几种情况：继续坚持直到达成预期目标；改变行为方式另辟蹊径；经过反思修正既定目标；决定放弃而不再坚持到底；推卸责任寻求精神胜利。这几种对待挫折的方式中的前三种都是比较积极的，无论是通过改变行为方式还是通过修正目标，最终都能达到或者基本达到预期目标，通过相关激励措施能够对行为者产生较好的激励作用。后两种是比较消极的，在这种情况下领导者的激励措施不会奏效。

四、期望理论

该理论由弗洛姆提出，认为需要就是一种期望，需要在未实现以前总是表现为期望，需要为人们的行为提供动力。在此基础上提出了激励力量的公式：激励动力＝期望值×效价。通过该公式可以发现，激励动力与期望值呈正比，同时与效价呈正比。效价就是目标价值，这是一个人对某种预期结果的偏好程度，偏好程度越高，此人从该目标中得到的效用就会越高，效价也就会越高。期望值是一个概率估计，人们从该种行为中得到的预期收益是概率加权值。在如上公式中，只有等号右边的两个变量同时提升才会使得激励动力显著增加。如果两项中有任何一项降低，激励动力的上升幅度就会降低。在该公式中实际上存在着以下链条：努力程度→工作成绩→报酬水平→目标实现。根据该链条，只有努力程度变成工作成绩再转变为得到的报酬，并且最终促成个人目标实现，这样的激励措施才是有效的。因此在该链条中要顺次完成三次转换：其一是个人努力转换为工作成绩；其二是工作成绩转换为个人报酬；其三是个人报酬转换为个人目标，于是期望得以实现。该链条并非一次终结，在一个链条完成后，另外一个链条跟着到来。因为在组织发展中，随着环境的变化以及员工个人能力的提升，个人期望也是在不断变化(提升)的，在一个期望链条得以实现后，员工就会有实现下一个愿望的预期，而且希望还会按照相似的路径实现。于是会对员工产生持久性的激励。期望理论启示管理者在实施激励措施的过程中，激励措施要合理，要构建比较完善的激励制度，要将激励措施变成员工的行动。

五、需要理论

(一)马斯洛的需要层次理论

需要层次理论由马斯洛提出，马斯洛认为需要可以分为五个层次，由低到高分别是生理需要、安全需要、爱和归属需要、尊重需要、自我实现需要。该理论的提出是建立在以下几个基本假设基础上的：需要是个人目标实现的愿望；在同一时间内会同时存在多种欲望，但其中有一个占有支配地位；在低层次的需要得到满足后就会产生高层次的需要；低层次的需要容易被发觉，而高层次的需要则不易被发觉；越是高层次的需要越不易得到满足。如上理论假设的管理学启示在于：可以通过激励措施激发人们产生需要，在这种需要不断得到满足的过程中，组织目标得以实现；人们受到激励的程度取决于该种需要在需要层次中所处的位置，只有当较低层次的需要得到满足后，较高层次的需要才会提到意识日程当中；人们的行为受到不断变化的需要的控制。这要求领导者要对组织成员进行需要分层，对具有不同层次需要的员工辨证施治；人们的需要是不断变化的，所以激励措施也要不断变化，用一成不变的激励措施对待员工，组织就会失去发展的原动力；要先满足组织成员的基本需要，只有这样对员工进行较高层次的激励才有意义；领导者需要为员工创造较好的个人发展空间，为员工满足需要创造条件。

(二)赫兹伯格的双因素理论

赫兹伯格的双因素理论认为，激励因素可以分为保健因素和激励因素两种类型。保健因素相当于马斯洛需要层次理论中较低层次的需要，如薪酬水平、工作条件、安全措施、同事关系等，激励因素相当于马斯洛需要层次理论中较高层次的需要，如发展前途、荣誉感、责任感、挑战性、晋升机会等。赫兹伯格在研究中发现，保健因素与激励因素并非完全不重合，在对员工产生激励作用的过程中，二者所起的作用是很难分开的，只是每一方面的侧重点是有差别的：保健因素的保健作用高于激励作用，激励因素的激励作用高于保健作用。因此在对员工进行激励过程中，对于需要层次较低的员工，要倾向于使用保健因素对其进行激励，而对于需要层次较高的员工，要倾向于使用激励因素对其进行激励。赫兹伯格认为，满意和不满意不是对立关系的范畴。认为满意的对立范畴是没有满意而不是不满意，而不满意的对立范畴应该是没有不满意而不是满意。这样就形成了“不满意—没有不满意—没有满意—满意”链条，保健因素能够在很大程度上降低员工的没有不满意程度，而不会增加满意程度，只有激励因素才能够增加员工的满意程度。这一思维方式更加强化了“保健因素—激励因素”间的关系。人们对保健因素的需要具有下降的刚性，而对于激励因素的需要则具有上升的弹性。领导者在对员工进行激励的过程中，巧妙处理保健因素与激励因素间的关系就非常重要。

(三)麦克利兰的成就需要理论

该理论由麦克利兰提出，认为人们有权力、关系和成就三种需要。权力就是控制或者影响他人的力量，这样的组织成员一般对拥有权力保有很高的兴趣。该理论认为权力分为个人权力和职位权力两个层面，前者表现为个人亲自做事的愿望，后者表现为通过控制他人而影响组织发展的愿望。在两种关系的处理上，前者应该服从后者，否则就会将个人意志演变为组织意志，影响组织发展进步。关系主要是指社会交往，在社会交往中建立起友谊，从而得到满足。成就需要就是事业成功的需要，人们对事业成功具有强烈愿望，追求的是事业成功本身而不在于从事业成功中得到多少报酬。麦克利兰认为上述三种需要对于不同的人而言排列顺序是有差异的。具有高成就需要的人对组织发展会做出较大的贡献，组织中的高层领导者尤其应该具有较高的成就需要，这样的组织才会有更大的希望。组织中高成就需要的人增加，组织的成长力、竞争力就会相应增加。作为领导者应该通过酝酿组织氛围，激发更多的组织成员具有成就需要感，因此培养员工的成就需要就成为领导者的一项重要责任。由于每个员工的能力有差异，成就对于不同员工也应该是有差异的。领导者应该发现员工的成就和肯定员工的成就，同时为员工做出成就创造宽松的环境，这是领导者的责任也是义务。

六、公平理论

公平理论由亚当斯提出。该理论认为，任何一个员工都有将其工作投入与所得报酬之间进行对比的倾向。员工不但关心报酬的绝对值，也关心报酬的相对值。当对相对值不满意时，即使绝对值很高也不会对其产生激励。公平理论提出以下计算公式：(A 报酬/A 投入)：(B 报酬/B 投入)，公式中 A 代表员工自身，B 代表其他员工。通过该公式计算，若结果为 1，则员工认为是公平的，因为自己的单位付出得到的报酬是相等的；若结果大于 1，则员工具有负疚感，因为自己的单位付出得到了更多的报酬；若结果小于 1，则员工认为是不公平的，因为自己的单位付出获得的报酬更少。从如上公式可以看出，员工的不公平感是通过相对比较得出的。在产生不公平感后，员工会做出如下反应：一是降低个人投入，以此提升上述公式的比值，使得比值尽量接近于 1，从而找回公平感；二是向管理者提出加薪需要，目标也是提高比值，从而增加公平感；三是改变参照对象，以此提升公平感，但这种做法属于精神胜利法，不能根本解决问题；四是离开工作岗位或者离开组织。在员工感到不公平时，无论做出何种消极选择，对于组织发展都是非常不利的。为此亚当斯又提出三种分配标准，即贡献率标准、平均率标准和需求率标准。第一种分配标准应该说是实质上的公平，其他两种实际上是形式上的公平，不能实现真正意义上的公平。当然，公平在一定程度上带有心理学色彩，要从根本上实现公平，不能光从分配本身做文章，要在招聘、甄选、岗位配置、培训等各个方面的制度上进行系统设计。

第五节
领导激励艺术

在谈及激励问题时，人们经常会与利益联系在一起，主张通过物质激励方式激发员工的劳动积极性。在论及精神激励时，很多专家主张，只有在精神激励能够转化为物质激励时，精神激励才能够发挥应有的作用。但是组织发展中也经常会出现另外一个层面的问题，即领导者发现组织成员虽然都能够得到高薪，但工作积极性并不高，“高薪无高效”问题的存在，说明激励措施有问题。领导用人过程中的激励艺术是一门非常复杂的学问。激励不但要讲求方法，还要将合适的激励措施加于合适的对象之上，这样的激励才会更加有效。

一、尊重激励

每个人都希望得到他人的尊重，尤其希望得到领导的尊重，领导对员工的尊重就是领导者在制度层面对员工的认可，这会为员工创造舒心的工作环境，员工会认为管理者对自己的工作很关注，在工作上的努力已经得到了领导的认可，这种认可对员工的激励较物质激励持续的时间会更长。尊重激励的内容非常广泛，包括尊重员工的优点、资历、建议、批评、所得等。

(一)尊重员工的优点

每个员工都有自身的优点，领导者一定要能够看到这一点。“科学管理之父”泰罗提出的“第一流工人原理”，就是建立在充分认识员工优点基础上的。领导者只有认识到组织成员的优点，在岗位配置过程中才能够指挥若定，进而做到“岗得其人、人岗匹配、适材适所”。在《水浒传》中谈到了很多人才，按照常理像时迁这样一个惯常小偷小摸的人，很难与人才联系在一起。但是时迁的优点在于轻功，因为有些高难度任务只有时迁才能够完成，所以你在水泊梁山的发展过程中起着无可替代的作用。“科学管理之父”泰罗认为，管理实践中一定要坚持“第一流工人原理”，即将最合适的人配置在最合适的岗位上。识人善任是领导者需要具备的基本素养，领导者能够做到慧眼识才，发现员工的优点并将其配置在合适的岗位上。“合抱之木，去腐为材”，时迁身上有毛病，但领导者能够从时迁身上挖掘优秀元素并让其为组织发展做贡献，从而使组织发展目标与员工个人目标同向同行，员工的优点在组织中得到了彰显，工作积极性也得以激励。发现员工的优点是领导者在从组织发展战略层面考虑组织的发展未来，能够充分展露领导者的专业素养和责任意识。

(二)尊重员工的建议

员工看问题的视角与领导者不同，前者看问题只关注微观，而后者看问题则综观全局。组织成员的建议有时并不恰当，但领导者应该充分尊重组织成员的建议，只有这样才能够使组织成员得到激励，在组织发展中才能够继续提出更多的意见或者建议，否则组织成员就会因受到冷落而丧失提建议的积极性，领导者无意中堵住了组织成员的嘴。尊重员工的建议才能让领导者变得更加智慧。栾书是春秋时期晋国的中军统帅。公元前585年，楚国进攻郑国，郑国向晋国求救，晋国于是派栾书救郑国，楚军见晋军来势凶猛，赶紧退兵，郑国因而得救。但栾书不想就此撤兵，想趁机攻下楚国的盟国蔡国。蔡国见晋军压境，赶紧求救楚国，楚国经过周密安排后前往救援，晋军开始谋划作战部署。栾书的谋士知庄子、范文子和韩献子建议不要与楚军交战了，认为楚军先前已经退回但又折返回来，肯定做好了战斗准备，此战若能取胜，最多是打败楚军，如果战败，则会蒙受战败的耻辱，并影响全军士气。晋军并非有全胜的把握，一场鏖战会得不偿失，撤军比较妥当。栾书考虑再三决定撤军。当时栾书手下的其他谋士认为，知庄子、范文子和韩献子的意见只代表了少数人的意见，为什么不听听多数人的建议呢？这些人实际上就是主张栾书继续作战。对于这些人，栾书做出了有力的回应：正确的意见才能够代表多数人，我认为他们的建议是正确的。栾书随即撤兵。

两年后栾书做好充足准备攻下了蔡国。栾书能够听取正确的建议并做出正确抉择，从而能够屡立战功，赢得了部下的赞誉。栾书尊重下属的建议就能形成有利于组织发展的气场，让组织能够挣得更多发展机会，有效避免组织带病运转。好的领导制度能够让员工的眼睛变为管理者的眼睛，通过员工的观察、思考，为组织发展提出良好的建议，尊重员工的建议就能形成有利于组织发展的气场，不让组织带病运转。

(三)尊重员工的劳动

组织根据发展需要会设置很多岗位，每个岗位都有其相应的职责。组织是一个相互联系的有机整体，任何一个岗位的劳动都会对其他岗位形成有力支撑，所以领导者一定要尊重员工的劳动，这就是对员工的激励。在组织发展中，各个岗位根据其对组织发展贡献的差别可以有薪酬差异，但所有劳动都应该得到同样的尊重。《三国演义》中有这样一个片段，赵云从曹军中救出阿斗，当赵云将阿斗交到刘备手中时，阿斗还在熟睡，这个襁褓中的婴儿怎会知道自己在熟睡中已经经历了一场殊死拼杀？当刘备接过阿斗时，并没有马上关心阿斗，而是将其猛地甩在地上，同时说："险些为你损失我一员大将"。站在刘备对面的赵云马上顺势接住了阿斗，也许刘备并非真心摔阿斗，但赵云全部看在眼里。赵云在万马军中舍生忘死救出阿斗，刘备一定要认识到赵云的付出，一定要尊重赵云的劳动，这样才能做到"士为知己者死"。以后再次出现类似情形，赵云还会出生入死。领导者尊重员工的劳动，才能赢得员工的心。

二、目标激励

德鲁克提出了目标管理理论，认为组织有了远大的目标，才会有发展动力。其目标是组织发展战略的重要组成部分。员工也要有其发展目标，领导者通过为员工树立发展目标，为员工树立强大的工作动力，实现组织发展与员工个人发展双赢。

(一)设置目标的艺术

目标管理理论认为，目标很重要，但目标能否对组织成员产生较好的激励作用，与目标设计的适合程度息息相关。"跳一跳能够摘到树上的桃子"应该是目标设计坚持的基本原则，即目标设计得不能太高也不能太低，目标太高就失去激励，因为组织成员认为凭目前的能力无法实现，所以就会选择放弃。目标设计得太低，同样会失去激励作用，因为这样的目标不需要付出任何努力就会实现。所以在设计目标过程中，目标应该稍微高于员工目前的能力，让员工认为只要经过努力就能够实现，于是员工就会付出努力实现该目标。在一个关于猴子的实验中，将 9 只猴子分为三组，分别关在甲、乙、丙三个房间中，三个房间中事先分别在地面上、适当高度上和天花板上放置一定数量的香蕉，三天后观察这些猴子。发现甲房间内的猴子打得头破血流，丙房间内的猴子饿得奄奄一息，只有乙房间内的猴子相安无事，并且都得到了数量不等的香蕉吃。心理学家研究认为，甲房间内的香蕉由于放在地面上，任何一只猴子都不用费力气就能够得到，所以猴子们会为争抢香蕉而打架。丙房间内的香蕉由于太高，猴子们没有办法取到，所以没有任何猴子愿意付出努力得到香蕉。乙房间内的香蕉由于高度合适，三只猴子可以相互帮助从而通过搭人梯的方式得到香蕉，随后每只猴子会根据贡献大小得到数量不等的香蕉。该实验表明，目标难度与员工努力程度紧密相关，只有难度适当的目标才能够激发员工努力工作。

(二)组织目标与员工个人目标有机统一

每个员工都会有自身的发展目标，只有与组织发展相一致的员工个人目标，才能够在组织发展平台上得到强化。所以实行目标激励的首要条件就是要将员工个人目标与组织发展目标得以有机统一。员工的个人发展目标实际上就是组织发展的子目标，因为为员工进行职业生涯设计应该是领导者工作内容的应有之意。组织的发展建立在管理者与被管理者合作的基础上，兔子与狮子将“合作”的内涵演绎到了最高层次。说有一个兔子坐在山洞口正在打字。一只狐狸跳到他的面前说：“我要吃了你！”兔子说：“等我把学士论文写完也不迟！”狐狸非常奇怪：“你能写什么论文?”“我的论文是《兔子为什么比狐狸更强大》。”兔子说话的表情很正经。狐狸感觉非常可笑：“这也太可笑了，你怎么能够比我强大！”兔子仍然一本正经：“不信你跟我来，我证明给你看。”它把狐狸领进山洞，狐狸再也没有出来。完了之后兔子继续在洞口打字。一只狼跳到它的面前：“我要吃了你！”兔子说：“等我把学士论文写完也不迟！”狐狸非常奇怪：“你能写什么论文?”“我的论文题目是《兔子为什么比狼更强大》。”狼大笑：“你怎么敢说自己比我强大！”“不信我可以证明给你看！”兔子领着狼走进山洞，狼再也没有出来。兔子继续在洞口把他的论文打完，然后拿着论文走进山洞，交给一头打着饱嗝的狮子。狮子满意地对兔子说：“你干得不错，今天我获得了非常丰盛的美餐。”这就是兔子与狮子间的合作，合作的各方都能充分彰显自身优势并在实现他人目标的同时实现自身目标：狮子通过兔子的弱小迷惑狐狸和狼捕获到猎物，兔子借助狮子的强大保障自身安全。兔子与狮子整合在一起的组织在这种合作模式中不断发展壮大，各方的充分发展都成了对方充分发展的有利条件。

(三)帮助员工树立和实现目标

当局者迷，旁观者清。员工有时对自己并非很了解，对自己的未来发展也不是很清楚。这就需要管理者介入，帮助员工厘清发展目标。为员工区分显性实力和潜在实力，并提出将潜在实力转化为现实实力的合理化建议，为员工设计发展步骤。对于新入职员工，管理者要积极组织入职培训，让员工清楚知道企业的悠久历史，列举优秀员工的成长历程，让新入职员工尽快融入组织文化中，激发其尽早树立远大的个人发展目标。唐僧就是为员工合理树立目标并实现目标的典范，在西天取经过程中，唐僧不断地对三个徒弟进行教诲，号召徒弟们要安于本职工作，为徒弟们勾勒出了美好的发展未来，在取得真经后每个徒弟都如愿以偿修成正果。海尔集团的张瑞敏认为“有缺陷的产品就是废品”，为了重整企业文化，让所有员工树立责任意识，为员工个人发展构建较高的平台，从而使得海尔在国内国际市场上保持较高的竞争力，他带头砸烂了70台质量有问题的冰箱，让所有员工树立起强烈的责任意识、担当意识，让员工在这样的组织文化中受到熏陶，使每个员工都要成为“第一流工人”，他鼓励员工搞发明创造，为员工搞创新提供宽松的空间。有了这样的良将，企业内很快就涌现出很多精兵。每个员工的发展目标是清晰的，并且实现目标的路径是通畅的。

三、竞争激励

员工是经济人，彼此间会存在竞争。理性的领导者不会回避竞争，而是要在团队成员间合理构建良性竞争，使组织成员通过取长补短在竞争中相互提升，让团队发展成为一个学习型组织。

(一)合理培养竞争性团队

在团队内构建适度的竞争机制，从而合理培养竞争性团队，才能够促进组织有条不紊的发展。在实施竞争激励措施的过程中，需要坚持的一般原则是：内在竞争激励措施与外在竞争激励措施相结合、短期激励与长期激励相结合、适度竞争与相对稳定相结合。内在激励是通过激发员工的个人欲望，从而产生积极向上的内在冲动，相对于外在的制度强制下的激励措施而言，内在激励更加具有持久性，员工将这种激励转化为整个职业生涯的奋斗动力。短期激励一般是与组织的短期发展目标相对应的激励措施，长期激励则是与组织长远发展目标相对应的激励措施。长期激励必须与短期激励相结合，才能够使激励措施达成很好的效果。短期激励能够让组织成员很快见到实惠，长期激励能够让组织成员看到发展方向。在培养激励团队的过程中，除了要正确处理以上两种关系外，还要正确处理适度竞争与相对稳定间的关系，竞争只能是在不影响团队成员合作基础上的竞争，在竞争中要保证组织成员岗位的相对稳定性，否则就会由于成员间过度竞争而涣散团队成员的凝聚力。培养竞争性团队的初衷是要让组织成员能够通过竞争在组织中找到合适的坐标，使每个人都能够尽其所能做事，每个人的发展都不能对其他人的发展造成障碍，每个组织成员的发展路径都保持通畅，一岗多薪和宽带薪酬就很好地体现了这种激励思想。竞争要侧重体现努力做事情而不是争相分利益。因此竞争性团队的构建，本质上是制度问题，领导者首先需要构建相对完善的管理制度。

（二）有效施用竞争激励技巧

1. 人才分层、辨证施治

根据组织成员的表现，可以将员工分为先进、中等和落后三个层次。先进员工是组织发展的中流砥柱，领导者需要为这些员工设置更加宽松的发展环境。例如，让其承担更多的责任，有更多接受培训的机会，从而丰富其阅历、开阔其眼界，在其他组织成员中发挥先锋模范作用。但是企业也要正视优秀员工的优缺点，不能为优秀员工的缺点开绿灯，要通过巧妙的制度设计让优秀员工弥补缺陷。为了让优秀员工能够用更多的精力钻研业务，领导者不要让其承担更多的行政职务。即使在让其承担行政职务时，也要给其安排助手，帮助其履行相应职责。对于组织中的落后员工，领导者不要掉以轻心，这些人虽然不会为组织发展提供牵引力，但在对之处理不当的情况下，组织发展的摩擦力就会增加。领导者对其激励的正确做法应该是疏导、鼓励和关怀，通过与优秀员工结对子，尽快改变其目前的状况，改变其自身的生存状态，也让其为营造健康向上的组织文化氛围做贡献。中间层次的员工在组织中占绝大多数，领导者需要发展其中有优秀潜质的成员，加大培养力度，使其在该层次的员工中间更好地发挥示范带动作用。同时通过设计相对具有挑战性的制度，让其具有危机感，从而更好地激发其潜质，部分中间层员工迅速发展成为优秀员工，其他中间层成员的工作努力程度也相应得到强化。

2. 强化岗位聘任制度，能者上庸者下

竞争激励并不是无秩序的竞争，在竞争之前先设立透明的制度，让员工根据自身能力对号入座。没有对号入座的组织成员，通过科学的岗位竞争制度进入预期的工作岗位。岗位聘任制度是一种动态的竞争制度，在激发年轻人奋斗激情的同时，也要让中老年职工具有相对稳定的工作环境。建立竞争激励机制的目标并不是让组织成员担心个人发展前途，而是通过合理的职业生涯发展通道让组织成员有盼头，每个有实际才能的人都能够通过奋斗达到理想的高度，在竞争机制中涌现出更多更优秀的组织成员。组织成员在竞争中将企业的蛋糕做大，从而使每个组织成员都能够分得更多的蛋糕。竞争机制与工作稳定并不相悖，要在工作岗位动态调整中保持相对稳定，但也不排斥淘汰的可能，“淘汰”应该界定为淘汰落后的工作态度，而不是淘汰员工本人，对落后的员工要给予更多的学习机会，使其内在素质尽快得到提升。岗位聘任制度的实施对象不仅是普通员工，领导者也应该囊括其中，让有才能的组织成员具有走上领导者岗位，以便在组织发展中能够发挥更大的作用。竞争激励制度，使得每位组织成员都有危机感，为了在竞争中处于有利局面，就需要不断地提升自己。

四、关爱激励

前文论及，领导者将激励组织成员的方式仅仅停留在物质利益方面是不够的。领导者在很大程度上影响着组织成员的思想、行为和情感。因此为了更好地激励员工，管理者一定要在情感方面下功夫。组织成员在发展过程中存在三个目标即生存目标、关系目标和发展目标。生存目标是与基本生活需要相关的目标，物质激励才能奏效。马斯洛的需要层次理论和赫斯伯格的双因素理论都认为，组织成员的基本需求在达到满足后，才能够有更高的愿望。关系目标和发展目标都是较高层次的需要，与赫兹伯格双因素理论中的激励因素或者与马斯洛需要层次理论中较高层次的需要相对应。关系目标即组织成员都有与领导者、与同事保持较好的人际关系的需要。发展目标即每个组织成员都有不断进行自我发展的追求。上述三个目标中的后两个方面特别强调情感方面的因素，领导者加大关爱激励的比重可以激发员工的工作积极性。关爱激励的内容非常广泛，领导者要注意员工个人生活中遇到的问题，员工的情绪变化，记住下属的名字，善待性格直率的下属，主动帮助下属改善工作环境，让下属承担稍微具有挑战性的任务。组织不但要用人，而且要育人和留人，高薪不一定能将优秀员工留住，但情感一定能将员工留住。同样的薪酬水平，懂得关爱激励的管理者更能够激发员工的工作热情，“关爱”就是生产力。焦裕禄就非常注重情感留人。兰考县在治沙过程中，由于条件艰苦，科班出身的治沙专家很不容易留下来。听说在兰考工作时间不长的年轻治沙专家小王要走，焦裕禄马上放下身边的其他工作，赶忙向火车站奔跑，在路上顺便包上一包沙土，见了小王说这包沙土就算作个纪念吧，嘴上说的是为小王送行，但眼睛中流露出的却是让小王留下的企盼，小王不适应兰考的生活环境才决定要走的，但看到焦书记企盼的眼神以及想到以往工作中焦书记对自己的照顾，小王也很难过。火车走了，焦书记的心也随着火车走了，焦书记知道，小王走了，下一个小王什么时候才能到来未曾可知，兰考的治沙问题要取得成效就会遥遥无期。眼看着火车远去，当焦书记几乎全身瘫软地坐在站台上时，他无意中回头一看发现小王站在那里。焦书记知道是情感留住了小王，他顿时泪流满面，这眼泪是兰考治沙有了希望的泪，也是焦裕禄感激的泪。焦裕禄在与小王目光相对时没有更多的话，但每句话中都饱含深情。关爱将两个人的心连在了一起，将制度与员工粘在了一起，领导者留住了优秀员工，就留住了组织发展的希望。

五、榜样激励

组织中所有成员都希望自己非常优秀，对同行做出的卓越成绩非常羡慕，但往往将卓越的成绩都归功于卓越的天赋。为了将成为“优秀”的想法变为成为“优秀”的行为，榜样示范能够发挥更加有效的作用。榜样能够让组织成员分享其成功经验，让榜样与组织成员零距离接触，取消榜样的神秘感，在组织发展中产生潜移默化的影响。榜样实际上可以成为组织成员的一面镜子、一把尺子和一根鞭子，通过与榜样相对照，发现不足，确定方向，并鞭策自己不断向榜样学习。榜样可以将管理理论变为实际行动，这样组织成员在行动时就有了具体标准。在了解榜样的发展经历后，觉得成功并不神秘，从而更加坚定了自己成功的信心，并结合实际工作制订可操作性的发展计划，榜样激励于是就变成了工作动力。三八红旗手、五一劳动奖章、“感动中国”人物等的评选都是“榜样激励”的典型，这是对榜样的认可和鼓励，也是对其他人的激励。但是心理学研究认为，身边的榜样才会对组织成员产生较大的激励作用。因此领导者要在基层组织范围内发起评选榜样的活动，这样的榜样才能够对组织成员产生较强的感染力。榜样一般都是全方位的，其在工作上业绩突出，在为人处世方面也堪称楷模。电影《杨善洲》通过对杨善洲事迹的描述，在全体党员干部中树立了光辉典范，杨善洲在退休之后还要发挥余热，用毕生精力植树造林，让濯濯童山变成绿水青山。杨善洲对自己的工作和生活要求都非常严格，不给亲人开后门，对毫无亲缘关系的员工却非常优待，这样的好干部，人们会永远记住他。《杨善洲》将杨善洲做人、做事的风格一点点刻画出来，对党员干部形成潜移默化的影响，让党员干部的行为从外在约束转为内在自律，影响发生在“润物细无声”中。电视剧《赤橙黄绿青蓝紫》中的主人公刘思佳，作为非正式组织的“首领”，虽然在日常工作中会顶撞直接领导，但在公司面临重大事故的情况下，能够身先士卒将组织利益放在第一位，其优点也要加强正面宣传。领导者对待组织成员不能戴着有色眼镜，也不能存在刻板效应。只有这样，对员工的激励效应才会尽量得到强化。

本章小结

本章对领导用人的重要性、领导用人理论、领导用人艺术、领导激励理论以及领导激励艺术等问题进行了阐述。领导用人的方式决定了组织发展方式，进而决定了组织氛围、组织竞争力和人才质量。在管理科学发展进程中，很多学者在该方面提出了指导性的理论，包括领导特质理论、连续统一体理论、领导方格理论、随机制宜理论、情境领导理论和不成熟—成熟理论等。为了更好地开展工作，领导要掌握一些用人艺术，包括识人善任、信任下属、合理表扬、适度批评、尊重下属等。领导在管理实践中更应该掌握激励艺术，用合适的激励方式激发下属努力工作。很多学者在该方面也进行了深入的理论研究，提出了一些重要理论，包括归因理论、强化理论、挫折理论、期望理论、需要理论、公平理论等。激励艺术的内涵非常丰富，可以是尊重激励、目标激励、竞争激励、关爱激励、榜样激励等。

复习思考题

1. 领导用人的重要性表现在哪些方面?
2. 领导用人的主要理论有哪些?请简述其内容。
3. 请简述领导的主要用人艺术。
4. 什么是归因理论?请简述三度理论和归因模型。
5. 什么是强化理论?请简述正强化激励和负强化激励。
6. 什么是挫折理论?请简述其内容。
7. 什么是期望理论?请简述其内容。
8. 请阐述需要理论的主要内容。
9. 领导应该掌握哪些激励艺术?

第九章

领导艺术与领导方法

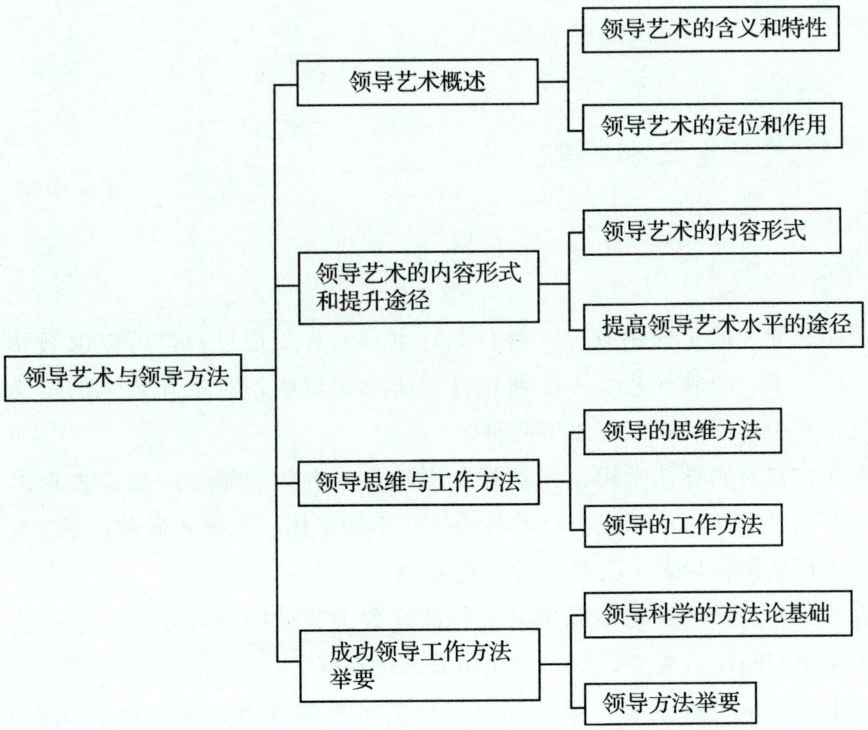

学习
目标

学习目标

通过本章的学习，应该了解掌握领导艺术的含义、特性定位及作用；领导艺术的内容形式和提升途径；领导思维与工作方法；成功领导工作方法举要。

重点提示

1. 领导艺术的定位和作用。
2. 提高领导艺术水平的途径。
3. 领导思维与工作方法。

领导艺术是领导者运用自己的知识和经验，以自身素质为基础，在领导活动和组织工作中表现出来的领导技巧和领导技能。了解并掌握领导的基本工作方法，能为领导者把握具体的领导方法、提升领导艺术打下坚实的基础。

第一节 领导艺术概述

一、领导艺术的含义和特性

(一)领导艺术的含义

一个成功领导者的工作不仅是一种行为，也是一种创造过程，可以说领导在一定程度上是一种艺术，即领导艺术。在领导科学研究领域中，对领导艺术的定义，有着不同的理解，其中典型的观点有以下几种。

斯道戈迪尔曾对领导艺术提出了这样的看法：最有效的领导应该是表现出一定程度的多才多艺和灵活性，从而使自己的行为适应不断变化、充满矛盾的需求。

沃伦·本尼斯把领导定义为创造并实现梦想。

钱学森和王寿云认为：领导艺术是一种离开数学领域的领导才能，它能从大量事物的复杂关系中判断出最重要、最具有决定意义的东西。

基于以上各位学者的观点，本书提出领导艺术是领导者运用自己的知识和经验，以自身素质为基础，在领导活动和组织工作中表现出来的领导技巧和领导技能。它是领导者主观能动性的具体发挥，是一种创造性的领导方式和领导行为。

对上述概念要重点把握以下几个方面：

一是领导艺术与领导者的个人素质息息相关。领导艺术的运用要依托个人专业素质能力，还要依托个人的情商与困境中继续努力的逆商。一个满足现状、不求上进的人不会成为一个成功的领导者。

二是领导艺术与实践密切联系，其体现在领导活动过程和组织工作之中。任何领导艺术单靠书本永远培养不出有用人才，实践是领导艺术的基础。

三是领导艺术的精华在于创造性。拘泥于常规，不能依据情势的变化做出领导方式方法调整的领导者，不是一个能够掌握领导艺术的合格的领导者。掌握领导艺术的领导者应该会运用能够给人以美的感受的领导才能。

四是领导艺术的表现形式是程序化和非程序化、模式化和非模式化的结合。灵活运用各种方式方法，是领导艺术运用的应有之义。呆板教条的人是掌握不了优秀的领导艺术的。

五是领导艺术的重点内容，在于领导者运用科学的思维与思路，艺术地解决领导过程中的各种复杂矛盾，而不是只运用简单、常规的方式处理管理过程中的普通的矛盾和问题。

(二)领导艺术的特征

成功的领导者所表现出的领导艺术一般具有以下几项特征。

1. 直观性与科学性

对每一个领导者来说，他在思考分析和处理问题时，并不是具有一定的规范和程序的，而是根据不同的时间、地点和具体条件，凭借直接观察所得到的信息，进行推理判断来认识和处理事物的。因此，每一项领导工作都有其随机的不确定性，都是直观的、可以分析的，而不是遥不可及、不可触摸的。

领导艺术具有鲜明的科学性。一是领导艺术能够反映领导活动的客观规律。唯有客观的，才是科学的，任何事物离开了客观性，就失去了科学性。例如，毛泽东关于在领导工作中“弹钢琴”的领导艺术，就生动地反映了领导工作中主要矛盾和非主要矛盾运动、变化和发展的辩证关系。他告诉人们，在领导工作中既要抓小心环节，又要善于统筹兼顾。毛泽东是古今中外卓越的领袖人物之一，其领导艺术极具技巧。究其原因，就是因为他善于去寻找客观事物发展的规律。例如，抗日战争时期，“亡国论”和“速胜论”两种理论盛行，他通过对中日两国政治、经济、军事情况的辩证分析，深刻指出这两种理论的错误，而提出“持久战”这一新的理论，后来十四年抗战的实践证明了这一理论的正确性。二是领导艺术是古今中外广大领导者丰富经验的科学总结。运用领导艺术不是玩弄权术，是对人们在领导工作中符合实际要求、经得起实践检验的先进经验的科学总结与概括；而玩弄权术则是反科学、违反客观规律、损人利己的卑鄙伎俩，登不得大雅之堂，不应该去效法。

2. 创造性

领导艺术凝聚着领导者的创造才能，它是指挥者的智慧和才华的结晶，是对整个组织团队和组织团队外部条件的艺术性把握，具有与众不同的独到之处，带有鲜明的个性烙印。

3. 动态性

领导艺术的源泉是领导者的个人知识、阅历和经验，它不是一成不变的，而是随着领导者本身知识的积累、经历的丰富、阅历的增加和素质修养的不断加强，随着领导科学的发展和应用以及实践经验的积累和充实，进而不断完善和发展的。因此，即使是同一领导，在其事业的不同阶段，其领导风格、领导方式也是不尽相同的。

4. 灵活性

领导艺术是领导者在思考和处理日常事务时，针对实际情况的变化和当时条件的约束，做出反应的一种应变技能。它不仅明察秋毫，而且要具有顺应发展趋势的应变能力。这种能力来源于过去经历的磨炼，是应变艺术不断得到培养和加强的结果。

5. 多样性

领导艺术是一种生动活泼、丰富多彩的工作技能。不同的领导者在处理相同的事情时，往往表现出不同的风格；即使同一个领导者，随着时间、地点和条件的变化，也会有不同的解决问题的方式和方法。但这种多样性，并不排斥领导工作的有迹可循，无论怎样变化都是有一定原则的，只是达到目的的手段不同和遵循客观规律的形式不同而已。

领导艺术的不断发展和日益得到重视是时代发展的需要。卓越的领导者需要既有远见，又有做到应该做到的事情的能力，他们决定资源的配置、权力的授予，并且领导最精明的是去实现自己和组织的目标。知识化社会迫使每一个人都必须拥有学习的心态，终身学习。只有不断学习领导的方法和技术，掌握高超的领导艺术，在未来的岁月里，才有更大可能向前迈进，取得最终的成功。

二、领导艺术的定位和作用

一个领导者要想取得成功，手中的法定权力和组织中明文确定的既定规则、娴熟的业务知识和卓越的个人能力，是非常重要、不可或缺的。但是，如果不能有效发挥领导艺术的作用，不能把它们与领导艺术有机结合起来，领导者是无法走向成功的。对于领导者来说，领导艺术的具体功能和作用可以概括为以下六个主要方面。

第一，领导者只有善于运用领导艺术，才能更好地在组织中以及社会上树立起自己的崇高威望，不断增加自己对其他人的影响力。

第二，领导者只有善于运用领导艺术，才能使下属产生服从规章制度和组织纪律的高度自觉性，并且更加乐意接受、执行领导者的命令，积极主动地为实现领导所确定的目标而奋斗。

第三，领导者只有善于运用领导艺术，才能增强领导者的亲和力、向心力以及整个组织的凝聚力。

第四，领导者只有善于运用领导艺术，才能有效地化解各种各样的矛盾和冲突，保持组织成员之间的和谐关系和整个组织的正常、协调运转。

第五，领导者只有善于运用领导艺术，才能使手中的权力产生实际效果，而且产生超乎寻常的非凡效果。

第六，领导者只有善于运用领导艺术，才能使复杂、繁重的工作变得更加轻松，并且以更少的投入取得更大的业绩。

第二节
领导艺术的内容形式和提升途径

一、领导艺术的内容形式

领导艺术是一个广泛的范畴，包含了多种多样的内容，而且还会随着领导实践的发展越来越丰富、越来越多样化。因此，在任何特定的标准下，对领导艺术的内容或形式进行分类和统计都是十分不明智的。以下仅仅选择几种比较重要的领导艺术重点介绍。

(一)团队艺术

团队是现代社会实现组织高效能的组织方式和工作方式，所谓团队就是指认同共同价值的人员为了追求共同的目标而协同合作、有机组成的行动共同体。一个成功的团队需要有确定的目标、协作的人员、明确的定位、明确的权限、具体的计划等。团队对组织有着重要的作用，成功的团队可以使组织保持强大的生命力和战斗力。所以，优秀的领导者都非常重视建设和培养自己的团队。

一只狮子领导一群绵羊，可以战胜一只绵羊领导的一群狮子。创造一个成功的团队必有一个卓越的领导者，其卓越性主要表现在创造团队过程中体现出的非凡的领导艺术。具体而言，领导者创造成功的团队需要重点着力于团队文化建设和团队管理两方面。

1. 建设团队文化

所谓团队文化是指团队成员共同秉持和遵循的思想、精神和价值观。团队文化决定着团队的精神和合作意识，引导和塑造着团队成员的价值观和行动，是建立可靠、真诚的组织工作关系的价值基础。因此，领导者创建团队首先必须重视团队文化的建设。团队文化的建设可以是领导者从上而下建设，也可以是成员从下而上形成，其中成员参与形成的团队文化更能获得成员的心理认同。领导者是团队的精神领袖，是团队文化建设的关键，他需要营造和谐的团队环境，鼓励成员在交流沟通的过程中形成共享的价值观念，然后细化为具体内容，融入团队学习与行动过程中，使之逐渐成为团队精神或理念，进而内化为成员的自觉行为。

2. 管理团队

领导者管理团队的领导艺术主要表现在三个方面。首先，确定团队目标。领导者需要有能力描绘团队的发展远景和未来蓝图，给成员提供具有挑战性的团队目标，激发全体成员为了共同的理想目标而奋斗。其次，创设合作关系。团队成员存在着性格差异，每个人都有不同的思维、个性和需求，领导者需要在尊重成员个性的基础上，善于发现成员之间的共同点，并且将多元化个性特征融入团队整体，使成员之间相互了解和认可，在团队工作中建立互助互信的合作关系。最后，领导者的自我管理。领导者是团队的精神领袖，领导科学与艺术是团队成功的关键，因此，领导者必须超越自我，改变教条刻板的心智模式，提升自我魅力和工作魄力，以极高的工作热情感染下属，以极强的工作自律约束下属，敢于做出大胆的决定，勇于承担风险和责任，与团队成员共进退，形成被下属信赖和支持的领导特色。

(二)授权艺术

授权是指领导者将自己拥有的一部分权力和责任委授给下属行使，使下属在一定的监督机制下自主完成工作的领导技能。现代组织环境复杂多变，任何一个领导者都不可能掌握实现组织目标需要的所有知识和技能，而必须依靠下属才能完成组织目标，这就意味着授权是领导者开展领导工作的一个有效的途径。对于领导者而言，授权是一种方法，更是一种艺术，成功的授权可以减轻领导者的工作负担，使其能够摆脱琐碎的小事，而集中精力进行组织战略层面的思考，有助于提升领导绩效，促进领导任务的完成；对于下属而言，合理的授权可以激发下属的自主性和积极性，是下属参与组织管理的重要方式和途径，有助于增强下属对组织和领导者的心理认同和自我效能感，进而增强下属的工作责任心。通过授权，领导者与被领导者形成了一种新的联系，这种联系强化了组织的结构和组织力量，增强了组织的凝聚力和战斗力。

授权有多种方式，从而形成了多种授权类型。按照授权内容可以将授权分为一般授权和特定授权。一般授权是广泛事物的授权，主要包括柔性授权、模糊授权和懒惰授权。柔性授权没有具体的工作指派，只有一个大致的轮廓，被授权者有较大自由随机应变地做处理；模糊授权与柔性授权相似，领导者明确目标和工作任务后，由被授权者自主行动；懒惰授权是领导者把不愿做的或者不知道如何处理的事务完全交由被授权者处理。特定授权又称为刚性授权，即领导者对所授的权力、责任、目标都有明确的规定，被授权者需要严格遵照执行，不得失职，不得有任何逾越。另外，按照授权形式可以将授权分为正式授权和非正式授权、书面授权和口头授权。正式授权是按照正式文件如命令、通知等进行的授权，非正式授权则是正式规定之外的授权。书面授权是通过下达文件的方式进行的授权，口头授权则是领导者通过口头语言进行的授权。

领导者授权不是随心所欲、任意而为的，而是需要遵循一定的授权原则。第一，合理不越级原则。领导者应该根据合理的程序或者途径进行正当的授权，明确授权的目标和任务，这是授权的基本原则。合理的授权应该是在领导者职权范围内的授权，除非有特殊情况发生，领导者只能授权给自己的直接下属，而不能有越级授权，否则会造成组织部门和层级之间的矛盾和问题。第二，因事量能原则。这是领导者选择被授权人的基本标准，选择被授权人是一种领导艺术，没有可以遵循的程序或规章，但是一般情况下，领导者择人授权需要衡量下属的工作能力与工作任务的匹配程度。所授予的工作任务应该不超过被授权人的工作能力限度，使其既能够胜任工作，不会疲劳，又有一定的挑战性，能够产生激励的效果。因此，成功的授权需要领导者对被领导者的能力、性格、专长、情绪和品德等各方面条件有比较深入的认识。第三，权责统一原则。领导者在授权给下属时，需要明确授予权力的大小与范围，同时必须使被授权者承担一定的责任。尽管授权以后，领导者也不能推卸责任，但是只有明确被授权者应该承担相应的责任，才能做到有权有责、权责相符。这一方面可以使被授权者有权力开展工作，另一方面又可以避免权力被滥用。认真对待所授权力。这样既可以发挥下属的积极性和主动性，又可以防止争功诿过的问题。第四，信任不放任原则。领导者授权给下属要“用人不疑，疑人不用”，在上下级之间建立相互信任的关系。授予下属一定的权责后，领导者需要给予下属更多的自主空间，用领导者对下属的充分信任激发下属的自信心和责任感。给下属提供帮助、创造工作条件，以支持下属的工作，而不是对下属时时担心、事事苛责、处处掣肘。同时，充分信任也不是放任自流，授权后，领导者要及时给予下属适当的控制和监督、检查与指导。在下属遇到困难时应该给予帮助，在下属出现工作失误时应该给予宽容和指导，在下属的行动背离组织目标时应该给予及时纠正，在下属出现权力滥用时应该注意改正或者收回权力。

授权是一个复杂的过程，授权者首先需要考察被授权者，确定授权对象；然后向被授权者“授权明责”，放手支持被授权者的积极工作，在工作过程中尽量减少对他们的干扰；接着是对被授权者的工作进程给予监督和检查，及时更正错误；最后是评价并反馈被授权者的工作成效。在这个过程中，授权者既克服阻碍授权的障碍，又要防止发生影响授权的情况，有效克服障碍和防止不当情况的产生集中体现了领导者的高超领导艺术。

授权过程中存在的障碍主要有三：第一，领导者不愿授权。领导者高高在上，极度自信又不信任下属，支配欲和控制欲较强，或者担心自己被下属架空，丢失权力，因而不愿意授权。第二，被领导者不愿受权。被领导者不敢承担责任，或者没有足够的自信和能力，害怕无法完成工作任务而不敢接受领导者的授权。第三，组织原因。组织规章制度对授权规定过于严苛，授权的手续过于烦琐，或者因权责配置不平衡等原因造成授权失败。

授权过程中需要防止的情况主要有：第一，防止反向授权，即下属将自己职权范围内的工作、矛盾和问题推给上级，让上级为自己工作，使领导者成为反向授权的牺牲品。第二，防止放弃职权，领导者授权后依然需要保留必要的权力，并且必然承担责任，而不是放弃职权，把一切权力与责任都推给被授权者。第三，防止授权失控，即下级不听命于上级，甚至侵犯上级的职权，使领导者对被授权者没有了约束力。这就需要领导者在授权的过程中要时刻掌控监督权和控制权。

(三)表达艺术

领导者的一切活动都依赖于有效的表达，具备高超的表达艺术是优秀领导者的必备能力之一。所谓表达艺术是指领导者使用语言或非语言的表达方式，针对不同的情境，进行有效交流与沟通的技巧。领导者的表达艺术主要包括语言表达艺术和非语言表达艺术。语言表达艺术既是一种信息沟通的方式，更是一种领导力量的表达。“震天下者必震之于声，导人心者必导之于青”，非凡的语言艺术是领导者能力与修养的展示，有助于树立领导者的权威形象和事业的成功。非语言艺术主要是肢体语言艺术，肢体语言又称身体语言，是指通过头、眼、手、身等人体部位的协调活动传达思想的一种沟通方式。肢体语言能够强化领导者的领导力和号召力，达到“此处无声胜有声”的领导效果。言辞和肢体语言的结合使用是领导者表达艺术的完整体现，往往能够增加领导者的影响力，增强领导工作的有效性。

领导者运用语言艺术时要遵循基本的原则，即逻辑实证原则、鼓动激励原则和生动幽默原则，切忌生硬、晦涩、失实。掌握语言艺术不是一朝一夕的事情，这要求领导者付出不懈的努力。在具体的运用过程中，领导者应该坚持语言艺术的几个要点。第一，言之有理。“事实胜于雄辩”，领导者讲话要以理服人，强调实事求是。第二，言之有物。领导者讲话要力戒空洞无物和单调乏味，要善于运用生动鲜活的事例或故事来表明自己的思想和看法。第三，言之有序。领导者的语言要有清晰的思路和顺序，避免杂乱无章，逻辑混乱。第四，言之有情。领导者的语言越是饱含深情，就越是能够感动和吸引下属。第五，言之有文。有文采的语言表现出更强的感染力和吸引力，也更容易引起人们的兴趣和关注。

肢体语言是领导者需要重视的另一种表达艺术。美国心理学家的一项心理学研究表明：在一次面对面的交流中，一条信息所产生的全部影响力中有7%来自语言，38%来自声音，剩下的55%则全部来自无声的肢体语言。这就意味着，人际信息交流有一半以上是通过肢体动作传递的。更重要的问题在于，这些肢体语言都是下意识的动作，因此更能够表达交流双方内心真实的想法而很少有欺骗性。换言之，领导工作中的一颦一笑、一举一动都是领导者内心真实的表达。肢体语言既可以表达领导者的思想，从而影响别人，也会在无意中出卖领导者的内心世界。因此，领导者更应该了解肢体语言并尽力控制肢体语言的表达。肢体语言的内容非常丰富，领导者需要了解和掌握一些常用的肢体语言表达技巧。一是眼神。眼神是肢体语言中最重要的途径，眼神沟通就是用眼睛接触。领导者应该避免用游离不定的眼神或者严肃的眼神长时间注视下属，而应该在交流过程中，多给予下属积极的和鼓励的眼神。二是微笑。微笑是表示赞赏、鼓励和理解的最好方式。领导者的微笑是对下属最好的赞美和表扬。三是握手。深厚有力的握手可以表达领导者的坚定与热情。四是沉默。策略性的沉默是表示领导者权力和威严的方式。五是面部表情。领导者可以通过丰富的面部表情来表达自己的不同想法。

(四)用人艺术

人力资源对组织的重要意义毋庸多言，没有“人”，组织就没有存在的价值和可能，领导者的工作核心就是如何更好地用人。用人是一门艺术。领导者能否实现领导目标，获得领导活动的成功，在很大程度上取决于他是否掌握了高超的用人艺术。所谓用人艺术主要指领导者在学习和掌握用人方法的基础上，根据特定情况灵活运用人才的技巧。用人艺术的直接目的是巧妙地调动下属尤其是核心成员的工作热情和工作积极性。

不同的领导者有不同的用人观念，不同的用人观念会产生不同的用人艺术，“一流之人，能识一流之善。二流之人，能识二流之美”。因此，领导者应该首先建立现代化的先进用人理念，即先成为“伯乐”，然后才能表现出更高超的用人艺术。例如，以人为本的观念、全面发展的观念、开放的观念等都是领导者应该具备的基本的用人理念。

在人力资源管理过程中，选才、用才、育才和留才是其中最重要的内容，也是领导者运用和表现领导用人艺术的四个主要方面。第一，选才要选准。选才是用才的前提，只有选得准确才能用得有效。选才要以德才素质统一为基本标准，不拘泥于学历、职称、身份和资历等外在的附件。第二，用才要用好。用才是领导用人艺术的核心内容。只有合理用才才能获得组织所需要的贡献，同时人们也希望自己的价值在工作中得到发挥和认可。因此，如果人才使用得当，就会充分调动人才的积极性，发挥他们的聪明才智。反之，就会抑制人才。因此用人就要实现人尽其才，才尽其用，人成其事。一般而言，用人要坚持四项原则：一是用人之长、避人之短；二是用人不疑、疑人不用；三是用当其才、适才适位；四是用当其时、注重实效。第三，育才要育成。所谓授人以鱼不如授人以渔，培育人才是持续性使用人才的保障，为每一个成员提供培训提高的机会，使员工成长为具有高度工作能力的人。成员的不断进步是组织持续成长的基础，也是领导绩效不断提高的资源保证。第四，留才要留住。留住人才是一切工作的基本条件，人员流动太快，不利于组织的顺利运转和领导工作的顺利推进，还会增加组织人力资源的成本。因此能留住人才也是领导用人艺术的重要体现。留住人才的一般策略主要有用成功的事业留人、用温馨的环境留人、用先进的制度留人、用良好的待遇留人、用诚挚的感情留人等。

不同的领导用人艺术表现为不同的领导用人境界，领导用人境界的高低能够折射出一个领导者是否具有高超的领导艺术。具体而言，高层次的领导用人境界主要表现为以下几点：一是领导者有能力创设有诱惑性的远景目标并被下属接受；二是领导者可以有效地使组织目标转化为个人目标；三是领导者可以建立令人脱颖而出的用人机制；四是领导者可以选用比自己更强的人为自己工作；五是领导者能够让每一位下属感到自己是最重要的。优秀的领导者必然会努力超越自我，提升自己的领导用人艺术水平，提高自己的领导用人境界。

(五)协调艺术

组织必须时刻保持平衡的状态才能保证组织目标的顺利实现，协调就是领导者调节组织关系使上下级之间、部门之间、人员之间达到和谐一致而采取的领导活动，领导者在这种领导活动中表现出来的各种协调技巧和技能就是领导的协调艺术。马克思说：“一切规模较大的直接社会劳动或共同劳动，都或多或少地需要指挥，以协调个人的活动，并执行生产总体的运动——不同于这一总体的独立器官的运动——所产生的各一般职能。一个单独的提琴手是自己指挥自己，一个乐队就需要一个乐队指挥。”①领导者相当于乐队指挥，他需要艺术地协调每一个组织成员的行为，使之形成组织合力，最大限度地促进组织的稳定发展。因此，领导者掌握领导协调艺术有重要意义。

领导者需要协调的关系有很多种，最基本的关系包括上行协调、平行协调和下行协调。因此，领导者的协调艺术也主要表现为上行协调的艺术、平行协调的艺术和下行协调的艺术。

---

① 马克思：《资本记》第一卷，367页，北京，人民出版社，1975。

1. 上行协调的艺术

上行协调的艺术是领导者处理与上级关系的艺术。对于上级来说，领导者本身也是被领导者，每一个领导者都希望与上级形成良好的关系。正确处理与上级的关系需要注意工作性原则和服从原则。上下级之间的关系是建立在工作的基础上的，那种认为上下级是依附关系的观念是错误的。因此，领导者应该摒弃个人情感而以工作为中心建立与上级的关系。组织的结构设置同时又决定了这种工作关系体现为一种权力层级关系，下级服从上级是组织运作的基本要求。因此，下级必须执行来自上级的命令和任务。在这样的原则下，协调与上级的关系需要注意以下几点。

第一，主动而又适度。下级开展工作需要上级的认可和支持，因此下级应该积极主动地接近上级，及时汇报工作，让上级了解自身的工作进程和工作困难，取得上级的理解和信任。但是这种主动接近要正当适度，尊重而不恭维、亲近而不庸俗。在与上级的交往过程中，应该注意充分尊重上级，维护上级的威信，但是这种尊重是同为组织成员的平等关系上的合理尊重，而不是降低人格的尊重，否则会适得其反。应该依靠正直的人格和勤奋的工作赢得上级的认可和好感而不是依靠其他庸俗的关系。

第二，服从而不盲从。在组织原则下，下级必须服从上级，创造性地执行上级指派的工作和任务。尽职尽责、保质保量地完成各项工作，尤其是关键时刻和困难时期更应该勇于承担责任。但是当上级出现决策失误或者工作错误时，下级需要及时提出自己的意见或建议，而不是盲目地服从。

第三，理解而不怨恨。在与上级相处的时候，下级应该学会换位思考。下级应该体谅上级的工作难处和苦衷，毕竟“金无足赤，人无完人”，上级也会出现各种错误。尤其在上下级发生矛盾或受到上级批评时，下级更应该谦虚谨慎，冷静处理，消除矛盾和分歧，实现和衷共济。

2. 平行协调的艺术

平行协调的艺术就是协调处理同级之间关系的艺术。同级之间行动目标一致，没有隶属关系，处理问题时必须协商，合作解决。所以在协调同级关系时，应该做到以下几点。

第一，相互尊重、分工协作。每一个部门或者领导者都是组织整体的组成部分，彼此之间有共同的利益和统一的目标，在组织活动过程中需要彼此相互尊重、相互支持，把解决问题作为首要目的，各司其职、相互理解、分工合作、优势互补，防止出现扯皮或推诿现象。

第二，相互信任、真诚平等。同事之间需要建立相互信任的深厚感情，没有相互的信任就不会产生组织合力，其他一切也就无从谈起，因此，守信是立身处世之本。与同级之间的日常交往，需要注意两点：一是平等，彼此没有高低贵贱之分；二是真诚，诚实坦率、以真心换真心，只有这样才能建立起和谐亲密的同事关系。反之，弄虚作假、尔虞我诈，搞阴谋诡计等必然会严重破坏同事关系。

第三，相互学习、宽容谦让。同级之间，每个人都有优点和长处，在解决具体问题时也各有专长，因此，在处理同级关系时需要谦虚认真，积极向同级请教学习，弥补不足。彼此之间应该以组织大局为重，有群体意识，优势互补、相互学习，不可以擅权倾轧、恃才傲物。尤其是在发现同级同事发生失误时，应该宽容谅解、积极帮扶，而不是落井下石、严厉苛责。

3. 下行协调的艺术

下行协调的艺术就是领导者处理与下级关系的艺术。领导者的下行协调艺术水平的高低直接影响着下级成员的工作积极性、主动性和创造性。公平、公正、民主、信任是协调好下级关系必须坚持的基本原则，在此原则基础上，领导者还需要注意以下几点。

第一，包容大度。领导者要有博大的胸襟和包容的情怀。每一个下属都有其自身的优点和不足，对于优点要很好地利用发扬，而对于缺点则要包容，也就是常说的用人所长、容人所短。所谓包容就是要能够容人、容错。容人就是容忍下属的抱怨与反对，尤其对那些经常顶撞领导、满腹意见的人。容错就是容忍下属的错误，不要吹毛求疵。包容还表现在领导者要广开言路，认真听取各种意见，尤其是反对的声音。这是领导者应该具备的基本品质。

第二，刚柔相济。刚柔相济指领导者应该做到原则性与灵活性的统一。领导者对下属的包容不是无底线的容忍，而是坚持原则性的包容，对于下属的细微失误，领导者可以灵活变通，适时纠正；对于下属的原则性、根本性错误，领导者则必须立即指明并改正，对违反制度者严厉惩戒，毫不手软。领导者的"柔"还表现在领导者要关心、关爱和尊重下属，与下属打成一片，成为交心的朋友，给下属以情感的关怀，同时给下属提供自我发展的机会。

二、提高领导艺术水平的途径

(一)打破定式思维，保持领导艺术的先进性

约翰·科特曾经说过："当领导者面临新问题时，建立在以往经验上的思维定式往往产生消极影响，形成一种思维定式，作为一位领导者必须打破思维方式，进行制造性思维。"成功的领导者都明白任何事物都在不断地变化，只有不断追求改善和变革才能走向成功。因为在急剧变化的年代，变是唯一不变的真理。这就要求领导者必须跳出传统的思维方式，做到思维方式的转变，即从封闭思维转向开放思维、从滞后思维转向创造思维、从单向思维转向多向思维、从静态思维转向动态思维。领导者只有运

用“变革思维——‘以变求胜’”，的态度去领导组织，组织才具有活力和生命力，领导艺术才能保持先进性。

(二)运用现代技术，提高领导艺术科学性

在决策从经验型向科学型转化，控制化、信息论、系统论等现代应用理论迅速发展，电子计算机等现代技术工具介入社会生活时代，领导者要提高领导艺术，就必须大量吸收和运用现代科学技术知识，迅速而准确地收集和处理领导工作的信息，把领导艺术建立在科学的基础之上。为此，就要建立起用电子计算机处理的高效能的领导信息系统。电子计算机系统能对有关领导工作的各种情报信息进行及时而准确地收集、编码、通过传输数据的通信线路，汇报到信息中心，进而编入索引，自动归档。这样便于领导者得心应手地调阅、分析、比较，并通过迅速地判断从大量业务和关系中找最重要和有决定意义的东西，从而使随机应变的领导决断避免武断性、盲目性，提高有效性和科学性。

(三)钻研专业知识，增强领导艺术的创造性

创造性领导艺术，不是无源之水，无本之木。它主要来源于对本行本职的专业知识的融会贯通和合理思考以及在此基础上对领导经验的巧妙运用。因此，各级各类的领导者要提高领导艺术，就必须发奋学习本行本职的专业知识，既要善于“钻进去”，又要善于“走出去”，融会贯通，学以致用。同时，注意经验的积累和升华，研究和考察自己所担负的工作任务，面临的环境和条件，提高实际运用和解决问题的能力，从而增强领导艺术的创造性。

(四)加强领导自身修养，增强领导艺术的综合性

领导艺术是通过凝结在领导主体的领导素质表现出来和发挥作用的。要提高领导艺术就必须狠抓根本，落实优化和提高领导者素质。领导者素质包括领导者理论素质、思想政治素质、道德作风素质、能力素质等。领导者在工作中的艺术表现往往不是领导者单一素质的反映，而是领导者综合素质的交叉反映。因此，提高领导者素质也不是从某一方面抓起就行，而要从综合抓起，具体来说包括以下几点：第一，领导者必须加强对现代科技知识和政治理论学习，把握知识经济的发展脉搏，深入研究知识经济条件下的政治经济问题，从而认清形势、把握基本的发展方向。第二，大力提高领导人才的个人修养。在领导个性上，领导在注意自身个性的同时，更应该认识到知识社会中每一位组织成员的个性发展与组织的发展方向的一致性，引导独立的个性，共同为组织的生存努力。第三，努力培养领导知识管理能力。提高领导知识管理能力，关键在于领导必须不断地提高自己的学习能力，优化知识结构和知识水平，培养创新

能力。第四，着重培养领导科学决策和宏观调控能力。在知识经济条件下，领导科学决策和宏观调控能力的发挥，还要综合考虑工业化、信息化特别是制度环境等各方面提供的条件。第五，扩大领导认识世界的视野。领导者要不断地开动创新型与学习型思维，来解决不断提出的新挑战与课题，扩大自己的视野，提高自己的素质。

(五)总结实践经验，把握领导艺术规律性

领导艺术作为一种领导工作的技能、技巧，很大程度上依赖于领导经验。领导者只有不断地总结实践经验，才能把握领导艺术的规律性。一方面，总结成功的经验，并把它上升为理论，使之条理化、系统化，有助于领导者把握领导活动的规律，提高领导工作的效能。另一方面，总结失败的教训，找出失误的原因，制定弥补损失、避免失误的对策，有助于领导者较快地提高领导艺术水平。可见，无论是总结成功的经验，还是总结失败的教训，都有助于领导者认识领导活动的本质，把握领导艺术的规律，从而更自觉、更有效地指导领导实践活动。

第三节 领导思维与工作方法

一、领导的思维方法

(一)辩证思维

唯物辩证法是马克思主义哲学的核心方法，世界是普遍联系、永恒发展的，内在的矛盾运动是事物发展的根本动力，必须坚持用全面的、联系的和发展的眼光看问题。领导干部在实践中要坚持和运用辩证思维。首先，要坚持一分为二地看问题。既要看有利的一面，又要看不利的一面；既要看自身的优势，又要看面临的困难和出现的问题；既要看发展的机遇，又要看存在的风险与挑战。这样才能扬长避短、化危为机，发掘本地区、本单位的比较优势。其次，要抓主要矛盾和矛盾的主要方面。要善于找准重点、抓住关键，在关键点和症结点上出实招，多打歼灭战、少打运动战、不打游击战。最后，要科学把握事物之间的联系。谋发展、定战略、做决策，都要具有开放的胸怀和宽广的世界眼光。最后，要坚持用发展的眼光看问题。要多添砖加瓦而少另起灶炉，多做一些打基础、管长远的事。

(二)系统思维

系统具有鲜明的整体性、关联性、层次结构性、动态平衡性、开放性和时序性等特征。领导干部在实践中必须坚持和运用系统思维。首先，要有全局意识、协同意识。要注重改革措施的整体效果，聚合协调推进的正能量。其次，抓工作要注意区分层次、分类指导。既要有顶层设计和总体目标，又要有具体的任务分解，做到“立治有体、施治有序”。最后，推进工作要把握力度和节奏。既要有雷厉风行的作风，又要有闲庭信步的定力，不能畸重畸轻、单兵突进、顾此失彼。

(三)战略思维

战略思维是从全局和长远来客观辩证地观察、思考和处理问题的科学思维方式。从方法上看，它是一种总揽全局、关照全局的宏观性思维，无论研究战略问题，还是研究具体问题、局部问题，都应该遵循；从层次上看，有高低上下之分，但在把握全局方面却无上下之别，无论是高层领导机关，还是各级领导干部，想问题、做决策、抓落实都要提高战略思维能力。

强化全局观念，培养凡事谋全局的思维习惯；

强化知识武装，掌握科学的世界观和方法论；

强化思维锻炼，提高研究和分析问题的本领；

强化信息追踪，开阔想问题做决策的眼界和空间。

(四)法治思维

法治思维说到底是将法律作为判断是非和处理事务的准绳，它要求崇善法治、尊重法律，善于运用法律手段解决问题和推进工作。领导干部应在实际工作中培养和运用法治思维。首先，要坚持依法行政。无论是决策、执行，还是解决矛盾、推动发展、深化改革，都要不断审视行政行为的目的、权限、内容、手段、程序是否合法。其次，要自觉守法、坚决护法，维护法律和制度的严肃性，维护他人和组织的合法权利。特别是在关涉自身利益时，要自律自省、遵章守纪，推行政务公开。再次，要大力支持深化司法体制改革，维护社会公平正义。最后，要带头学法，有效普法，大力弘扬社会主义法治精神，以实际行动引导全社会自觉依法维护权益，自觉履行法定义务。

(五)底线思维

底线是不可逾越的警戒线，是事物质变的临界点。一旦突破底线，就会出现无法接受的坏结果。《周易·系辞下传》中“是故君子安而不忘危，存而不忘亡，治而不忘乱，是以身安而国家可保也。”善于运用底线思维，防患于未然，才能赢得工作的主动权。领导干部必须善于运用底线思维。首先，要有原则意识。无论做什么工作，都要明确基本原则、基本方向和基本目标。其次，要有短板意识。木桶的容量取决于最短的那块木板，要正确处理好亮点、成绩与安全阀、稳压器、保险杆的关系，防止一着不慎而导致满盘皆输。再次，要有边界意识。对法纪制度要时刻怀有敬畏之心，做到不越边界、不踩红线、不碰高压线。最后，要有小节意识。道德修养、生活情趣上要注意小节，做到防微杜渐，勿以恶小而为之，勿以善小而不为。

(六)精准思维

精准思维是一种非常务实的思维方式，它强调的是具体和准确，要求动作精准到位，在一个个具体的点上解决问题，排斥大而化之、笼而统之地抓工作。领导干部应培养和运用精准思维。首先，要有强烈的问题意识。抓住了问题就抓住了具体。无论是做决策、定方案，还是抓落实，都要紧紧抓住核心问题和关键问题不放，在问题的症结点和关键点上做文章、出实招。其次，要有实际操作意识。无论是谋划发展、制定战略，还是提出建议、指导工作，都要从实际出发、从可行性出发。尤其是下发文件，不能只提一些一般性的原则要求，要对关键点上的动作有十分具体的规定。再次，要有强烈的到位意识。精准思维要求必须摒弃“不拘细节”的思维陋习，在每一个细节处严格标准、严格程序，认认真真把工作做细做实做到位。中央“八项规定”的落实就是精准思维的体现。最后，要深入实际调查研究。没有调查不仅没有发言权，更没有决策权。提高精准思维能力的前提就是要深入实际调查研究，摸清情况，把握规律。

二、领导的工作方法

领导方法是多种多样的，不同层次、多种类型的方法构成了丰富多彩的世界。

(一)领导的基本工作方法

领导的基本工作方法，反映了领导工作的基本规律，是带普遍性的处理问题的工作方法，它对不同层次、不同类别的领导者都有普遍的指导意义。了解掌握领导的基本工作方法，能为领导者把握具体的领导方法、提升领导艺术打下坚实的基础。

1. 抓两头带中间的工作方法

抓两头带中间，就是把工作的重点放在抓先进和后进这两头上，由此带动中间环节。

事实上，事物的发展是不平衡的，任何单位的群众，在对问题的认识和工作态度上，都有先进、中间和后进这三种状态，而中间状态又总是占据多数。实践证明，抓好了先进这一头，能充分发挥先进的模范带头作用；抓好了后进这一头，能促使后进向先进转化。两头抓好了，中间也就带上去了。这是一种辩证的领导工作方法。领导者学习运用这种工作方法，需要注意以下几点。

第一，抓好先进。抓好先进，需要以事实作依据来确定先进，不弄虚作假；对先进要给予具体的帮助、指导及适当的表扬与鼓励，宣扬他们的先进事迹和经验；与此同时，还要使先进者有自知之明，能够认识到虽然是先进，但自身还存在着一些不足；要使先进者明白“满招损，谦受益”的道理，始终保持谦虚谨慎、不骄不躁的作风，虚心向他人学习，不断取得新的进步。

第二，抓好后进。抓好后进，一定不能歧视后进，不能嫌弃后进。而应该主动到后进单位去做工作，主动接近后进者，与后进者建立亲密感情，交知心朋友；对后进单位和后进者存在的问题，要实事求是地进行分析，找到问题的症结所在，并给出解决问题的办法；同时，要帮助后进者克服自卑感，改变自甘落后的心理状态，树立赶超先进的决心和信心，当他们对自己的问题认识不足时，领导者要帮助他们提高认识；当他们把自己的问题看得过重、缺乏信心时，领导者要给予鼓励。

第三，带动中间。抓两头的重要目的是要把中间带动起来。带动中间，领导者要向处于中间状态者介绍先进者的经验和后进者的教训，帮助他们克服甘居中游的思想，激发他们的荣誉感和上进心。

2. 抓重点带全局的工作方法

“牵牛要牵牛鼻子”。为什么牵牛要牵牛鼻子？有农村生活经验的人都知道，牵住了牛鼻子，牛就会驯服地跟着走。而把这个道理用在工作中，是比喻面对复杂的工作局面，抓住了重点，抓住了主要矛盾，一切问题就都迎刃而解了。这就是“抓住重点，带动全局”。那么，领导者在工作中如何“抓住重点，带动全局”呢？

第一，要明确什么是工作重点。领导者面对的日常工作是纷繁复杂的，如果不能明确什么是工作重点的话，就可能陷入乱麻当中，厘不清，搞不明。这势必影响到领导工作的开展，影响到全局工作的开展。可以说，不会抓重点，就不懂领导的工作方法。

面对纷繁复杂的工作，领导者如何抓重点？每一阶段的工作，有每一阶段的工作重点；不同的地区，有不同地区的工作重点。领导者要抓住工作重点，就需要在调查研究、综合分析的基础上，从以下三个角度去寻找工作重点。

其一，从解决本单位存在的突出问题的角度去寻找，即寻找“瓶颈”。这些存在的问题不解决，就会影响到全局工作的开展，就会阻碍下一步工作的进展。

其二，从完成上级部署的工作要求的角度去寻找。上级部署的工作，是有明确要求的。这些要求是要坚决照办执行的。如果不执行，完不成是小事影响到全局的工作就是大事。

其三，从问题产生根源的角度去寻找。树皆有根，水皆有源，找到了根源，问题也就不难解决了。

第二，要在抓重点的同时，顾及其他。抓重点是为了带动全局的工作，但在抓重点的同时，还要顾及其他工作。而不能只抓重点而不管其他。如果不管其他，其他也可能影响到重点，影响到全局。要知道，有时蚂蚁也会绊倒大象。这就是说，“眉毛胡子一把抓”不对，“单打一”也不行。

3. 抓中心环节带动其他工作的工作方法

抓住中心环节带动其他工作的工作方法，是指要善于从复杂的工作头绪中找到并且抓住最能影响全局，可以带动整个工作前进的中心环节。找准抓住了中心环节，就能把握住“整个链条”，统筹全局，并以此带动其他工作，做到“纲举目张”。

毛泽东指出，既要抓紧中心工作，又要围绕中心工作而同时开展其他方面的工作，形成一种工作秩序，就好像弹钢琴，要产生好的音乐，十个指头的动作要有节奏，要互相配合。这就说出了抓中心环节带动其他工作的辩证关系。领导者学习运用领导的基本工作方法这种工作方法，要注意以下几点。

第一，尊重中心环节的客观性。事物是复杂的。在复杂的事物中，哪一事物是中心环节，不是人们凭主观愿望来随意确定的，它需要从客观实际情况出发，根据客观事物本身的规律来确定。

第二，掌握中心环节的可变性。中心工作和一般工作在一定条件下可以相互转化，因此，应该随时把握这种变化，及时转移工作的重心，以适应新的工作要求。

第三，注意带动其他工作。抓中心环节一定不能忘记带动其他工作。应该根据中心工作与其他工作的联系，确定带动其他工作的方法，把各项工作一起搞上去，而不能顾此失彼。

4. 一般号召与个别指导相结合的工作方法

一般号召与个别指导相结合，就是部署工作，阐明一般意见，发出一般号召之后，选择几个具体单位或部门，深入调查研究，详细了解那里的工作进展情况，并指导这些单位具体解决工作中的难点，借以取得经验，反过来对面上的工作做普遍性的指导。

使用这种方法，既能推动全局和指导面上的工作，又能从点上了解情况，发现问题，取得经验，然后以点带面，推动面上的工作。

毛泽东指出，一般号召与个别指导相结合的方法，是我们共产党人无论进行任何工作时都必须采用的方法。他在《关于领导方法的若干问题》一文中说过，任何工作任务，如果没有一般的普遍号召，就不能动员广大群众行动起来。但如果只限于一般号召，而领导人员没有具体地直接地从若干组织将所号召的工作深入实施，突破一点，取得经验，然后利用这种经验去指导其他单位，就无法考验自己提出的一般号召是否正确，也无法充实一般号召的内容，就有使一般号召归于落空的危险。领导者运用这种工作方法，需要注意以下几点。

第一，工作任务的部署，一般号召的提出，必须要符合客观实际情况，充分反映群众的愿望和利益诉求，代表人民群众的根本利益。而且工作任务的部署，一般号召的提出，应该是明确的、具体的，而不能是一些空洞的概念和抽象的说法。

第二，个别指导要是真正的指导。一般号召与个别指导相结合的方法，是一般号召在前，个别指导在后，二者相辅相成，统一于具体的工作实践。那么，如何进行个别指导？毛泽东在总结1942年解放区各地整风的成功经验时，对一般号召和个别指导相结合的工作方法的运用，对实现个别指导，曾经提出这样的具体要求："除一般号召（全年整风计划）外，必须在自己机关中和附近机关、学校、部队中，选择二三个单位（不要很多），深入研究，详细了解整风学习在这些单位的发展过程，详细了解这些单位中若干个（也不要很多）有代表性的工作人员的政治经历、思想特点、学习勤惰和工作优劣，并亲自指导这些单位的负责人具体地解决各该单位的实际问题，借以取得经验。"①

第三，一般号召与个别指导相结合，必须以群众路线为前提。这就是说，只有从群众中来，才能形成一般号召，只有再到群众中去，对群众进行个别指导，一般号召才能得到检验、修正或补充，也才能形成新的一般号召。毛泽东在《关于领导方法的若干问题》中指出，一般号召与个别指导相结合的方法只是群众路线方法的一个组成部分。一般号召从群众中来，从个别指导中来，具体化为实践所需要的形式，并接受实践的检验，它才能发挥出重要作用；个别指导是一般号召的基础，离开了个别指导，一般号召就成了无源之水，无本之木，就有落空的危险，但只有当它接受了一般号召的指导时，它才是明确的、有效的。

（二）具体的领导方法

1. 调查研究法

即深入实际，对客观事物进行观察了解，详细占有多种资料，并对这些资料进行科学的加工处理，从而认识和掌握客观事物的本质及其发展规律，为做出正确决策提供科学依据的方法。

调查研究是认识客观事物的基本方法，也是领导工作的基本方法。在领导者与被领导者、领导者与环境的矛盾关系中，对领导者来说，被领导者与环境这两者都是不以领导者主观意志为转移的客观存在。因此，处理这两对基本矛盾，归根结底就是处理主观与客观实际的关系。领导者做决策，是主观如何正确反映组织的客观实际，将决策贯彻实施，争取达到预期目标，是主观反作用于组织的客观实际。为了使主观指导符合客观实际，唯一的途径就是深入实际，调查研究，掌握实际情况，舍此没有别

① 毛泽东：《关于领导方法的若干问题》，1943。

的途径。

2. 群众路线的方法

群众路线的领导方法，就是实行领导与群众相结合，从群众中来，到群众中去的方法。

马克思主义的唯物史观和认识论告诉我们，人民群众是历史的创造者，他们既是社会实践的主体，也是认识的主体，有丰富的实践经验和极大的创造力。对组织而言，全体成员的积极性和创造性则是组织活力的源泉。因此，组织的领导者只有走群众路线，虚心向组织成员学习，充分依赖全体成员的智慧、经验和力量，充分发挥全体职工的积极性、主动性和创造性，才能形成正确的领导，才能带领全体成员顺利完成组织的各项任务，实现组织目标。在领导工作中坚持群众路线的方法，不仅是正确处理领导者和被领导者关系的需要，而且也能够解决领导者与环境之间的矛盾，使领导者的思想、决策、计划、指挥等符合客观实际，保证组织在特定的环境中顺利发展所必须坚持的基本领导方法。

3. 科学分析的方法

辩证唯物主义的认识论认为，人们对客观世界的认识过程包括感性认识和理性认识两个阶段，认识是在实践的基础上，从感性认识发展到理性认识的。人们能否完成由感性认识到理性认识的飞跃，形成正确的认识，了解事物的本质和规律性，首先需要掌握十分丰富而且合乎实际的感性材料；其次就是用科学的方法对感性材料进行分析加工。这个分析加工过程是十分复杂的抽象思维过程，是“经过思考作用，将丰富的感性材料加以去粗取精、去伪存真、由此及彼、由表及里的改造制作功夫，造成概念和理论的系统”。因此，可以说，所谓科学分析的方法，就是泛指领导者的认识在由感性认识上升到理性认识的抽象思维过程中，既包括定性分析的方法，也包括定量分析的方法。

领导者不管是进行调查研究，还是采取群众路线的方法开展工作，都离不开科学分析的方法。只有依靠科学分析，才能透过调查了解到事物表面的现象，认识事物的本质、整体和内部联系，也只有依靠科学分析，才能真正把群众的智慧、经验和正确的意见集中起来，集思广益，做好领导工作。

4. 会议领导法

会议是领导者实施领导的重要形式，即便是在通信技术十分发达的时代，会议仍有不可替代的作用。这是传统的领导方式，一直是展示领导者影响力的重要载体。因此，我们把这种领导方法称为会议领导法。

5. 目标领导法

目标是领导活动的一个基本要素。确定目标是实施引导功能、推动组织发展的先决条件。能否确定正确的发展目标，实现组织发展的恰当定位是考察领导者预期能力高低和分析能力高低的一个重要指标。可见，确定目标是领导活动的起点，它为决策的制定和实施提供了重要的依据。目标错，可能就会错上加错。因此可以说，目标定好，领导工作就成功了一半。

目标领导法前提：第一，确定目标并不是最终目的。制定目标的最终目的是目标的实现，这就需要将目标进行分解，将过于笼统、抽象的总目标分解为具体的、便于执行的、可操作的和可检验的子目标。不能分解的目标，就可能形同虚设。那些形同虚设的总目标，刚提出，可能对被领导者产生很大的鼓励效应，但如果这种目标仅停留于抽象的、口号似的层面，而不能分解为转化为组织各层级人员的现实行动，那么这种目标非但不能变为强化领导者威信的积极力量，反而会成为轻视、瓦解领导者威信的消极力量。因为领导者仅仅满足于制定抽象、笼统的总目标，便会使被领导者认为他仅仅是一个喜欢空谈的领导者，此为领导大忌。第二，目标也是一种激励，但并非那些形式简明、内容集中并能为下属接受的目标才能起到真正的激励作用，使下属正确的行为得到有利的强化。领导者运用目标领导法，必须注意以下两方面的问题：一是目标的实现对被领导者也是有益的，即被领导者在目标达成之后能够从中得到好处；二是目标的实现必须有利于组织的发展。

第四节
成功领导工作方法举要

一、领导科学的方法论基础

(一)坚持以马克思主义为指导

马克思主义是无产阶级认识世界，改造世界的理论武器。在领导科学的研究中，必须以马克思主义为指导。这是因为，第一，只有坚持马克思主义为指导，才能保证领导科学研究的正确方向和鲜明的党性特色。第二，马克思主义既是世界观，又是方法论。只有运用马克思主义的立场、观点、方法，才能科学地分析领导的产生和本质；才能正确而有效地运用领导的职能、组织、方法和艺术；才能按照党性原则去自觉地提高干部的素质和加强修养。第三，马克思主义经典作家关于领导问题的一些论述，对于我们研究领导科学有着直接的指导意义，是我们确立马克思主义领导观念与领导方式的重要的理论依据。

(二)注意总结我党的历史经验和新鲜经验

我党在领导民主革命、社会主义革命和建设中，有着正反两方面的丰富经验和教训。研究这些经验教训，对于我们正确理解领导科学的内容十分必要。以毛泽东为首的老一辈无产阶级革命家在领导中国人民革命和建设中，不但表现了高超的领导艺术，同时也创造了一整套行之有效的领导方法和科学理论。例如，实事求是，调查研究，一切从实际出发，按照实际情况决定方针，主观指导要和客观实际相符合，具体情况具体分析，用不同的方法解决不同的矛盾，善于抓住复杂事物中的主要矛盾，学会“弹钢琴”，分清主流和支流，抓两头带中间，胸中有数，留有余地，坚持一般和个别、领导和群众相结合，从群众中来到群众中去等，已经为广大干部所熟悉，从而使我们党内外的广大干部的领导水平和领导艺术有了一个新的发展。在领导经济建设方面，毛泽东写的《论十大关系》等，大大发展了马克思主义领导科学的理论和实践。另外，毛泽东和他的战友在指挥中国革命战争中创造的军事理论和高超的领导艺术，更是我们研究领导科学不可缺少的光辉文献。我们必须十分珍视革命先辈留下来的这份宝贵遗产。

总结我们党领导社会主义现代化建设的新鲜经验，对于领导科学的研究更为重要。这些新鲜经验，是党在十一届三中全会以来经过拨乱反正，端正了党的指导思想的基础上取得的。党的十二大提出建设有中国特色社会主义。党的十三大概括并提出了在社会主义初级阶段党的基本路线。党的十四大提出了建立社会主义市场经济体制。党的十五大提出了依法治国的伟大方略。党的十六大把“三个代表”重要思想同马列主义、毛泽东思想、邓小平理论一道确立为我们党必须长期坚持的指导思想，并提出了物质文明、政治文明和精神文明协调发展，建设全面小康社会的宏伟目标。党的十七大对推进改革开放和社会主义现代化建设，实现全面建设小康社会宏伟目标做出了全面部署。党的十八大做出了全面建成小康社会而奋斗的决定。2021 年 7 月 1 日，习近平庄严宣告，在中华大地上全面建成了小康社会。这些都是把马克思主义同中国国情相结合，走自己的路，创造出的新经验。许多内容，不但是外国所没有的，而且也是马克思、恩格斯、列宁、斯大林没有经历过的。要研究我国当代的领导活动，这就要求我们把总结我国社会主义建设中新鲜的领导经验，作为领导科学研究的基本内容。

(三)要重视继承中华民族优秀的文化遗产

我国有悠久的历史，其中大一统的封建集权统治就达两千余年。在漫长的历史过程中，对如何实施领导(统治)的问题，历代统治者、政治家多有论述。从有文字记载的历史来看，历代王朝都设有史官，负责记载国家大事和帝王及其他重要人物的言行，作为后代统治者“安邦治国”的借鉴。由“官方”或私人编纂的史书，秦以前有《尚书》《春秋》《国语》《战国策》等；秦以后直到明朝有“二十四史”和《资治通鉴》等。历代政治家、军事家和学者的著作也很丰富，如《黄帝内经》《论语》《孙子兵法》《孟子》《韩非子》《道德经》《庄子》等，不胜枚举。更为直接的是散见于历代政治家、军事家和学者著作中的一些片段，如曹操的"以才取人"，唐太宗的"以铜为鉴，可以正衣冠；以古为鉴，可以知兴衰；以人为鉴，可以明得失"等。另外，如《三国演义》《水浒传》等，用艺术的手法写出了军事统帅们的三十六计、多谋善断的非凡气概。这些著作既是我们的民族财富，也是世界文化宝库中的瑰宝奇珍。了解和研究这些文化遗产，是历史赋予我们的神圣使命，也是我们建立有中国特色领导科学的得天独厚的条件。

(四)注意吸收国外的先进经验

研究领导科学还必须注意吸取国外成功的经验和现代科学成果。邓小平在 1992 年视察南方时指出，社会主义要赢得与资本主义相比较的优势，就必须大胆吸收和借鉴人类社会创造的一切文明成果，吸收和借鉴当今世界各国包括资本主义发达国家的一切反映现代化生产规律的先进经营方式、管理方法。邓小平的这一思想，同样是研究领导科学的重要方针和方法。

自 20 世纪以来，全世界对科技、经济、社会的管理活动的研究已经逐步从科学管理发展到管理科学，如经济管理学、行政管理学、企业管理学、工程管理学、科研管理学；同时，也相应地发展了管理的基础学科，如管理心理学、社会心理学、行为科学等；还建立了一系列的管理技术和方法论，如控制论、信息论、系统论、数学规划、策略规划、目标规划、决策论、对策论等。以上内容，当然不可能都成为领导科学的必备内容，但是在有关的著作中，很多都涉及领导者和领导行为的研究，这些学科和方法论也不是凭空产生的，它是当代科技、经济、社会向复杂、综合、加速发展的必然产物。我们必须有的放矢地吸收国外行之有效的管理理论和方法，广泛地了解国外的各种经验，无论是哪一个国家的，只要是行之有效的，我们都要研究，有选择地在实践中试用；在试用中加以改造，使之更适合我国的实际情况。

二、领导方法举要

(一)思维推理

领导方法的方法论基础是马克思主义哲学。马克思主义哲学是工人阶级的世界观和迄今为止最为科学的方法论，它制约着人们观察、处理问题的立场、观点和方法，为各种具体领导方法提供理论依据和原则指导，并为我们提供基本领导方法的原则，坚持实事求是、群众路线、对立统一的方法论原则。

(二)调查研究

即深入实际，对客观事物进行观察了解，详细占有多种资料，并对这些资料进行科学的加工处理，从而认识和掌握客观事物的本质及其发展规律，为做出正确决策提供科学依据的方法。

调查研究是认识客观事物的基本方法，也是领导工作的基本方法。在领导者与被领导者、领导者与环境的矛盾关系中，对领导者来说，被领导者与环境这两者都是不以领导者主观意志为转移的客观存在。因此，处理这两对基本矛盾，归根结底就是处理主观与客观的实际关系。领导者做决策，是主观如何正确反映组织的客观实际，将决策贯彻实施，争取达到预期目标，是主观反作用于组织的客观实际。为了使主观指导符合客观实际，唯一的途径就是深入实际，调查研究，掌握实际情况，除此没有别的途径。

(三)沟通协调

上下沟通是指领导与下级之间能够顺畅地传达、交流思想、情感、信息的过程。上下沟通是实施领导的基本条件之一，也是统一下属意志不可缺少的领导艺术。领导必须了解下属的需要和期望，尽可能地把领导意图、工作目标与下级的需要、期望联系起来。在布置任务时，领导要设身处地地为下级着想，充分考虑到下级工作的辛苦和困难，从下属的所思所想中去解释领导的决策和意图。这样，领导的意图就能较为容易地为下级所理解和接受。此外，领导还要深入基层，了解情况，注意收集下属工作情况的反馈信息，听取工作汇报和群众反映，使上下之间彼此了解，互相支持，共同做好工作。

(四)检查总结

1. 有效激励

有效激励是调动下属积极性的重要手段，它贯穿于领导过程的始终。激励的目的在于激发下属的正确动机，调动下属的积极性和创造性，充分发挥下属的智力、能力的效能，从而保证其所在的组织系统能有效地存在和发展。

人们对物质和精神的需求是产生激励的条件。心理学家马斯洛认为，人们客观的实际需要，可分为生理需要、安全需要、社交需要、尊重需要、自我实现的需要。也可以简化归纳为物质和精神两个方面的需要，与之相应的激励方式，也分为物质激励和精神激励两大系统。

从实际出发，因人而异是激励的基础，公平是保证激励效果的重要原则，适时适量的激励是达到激励目的的手段。高明的领导能在下属最需要的时候，给予最恰当的激励。

2. 批评教育

对下级的缺点和错误给予批评教育，从工作的角度或从对同志负责的角度来看，都是完全必要的。但对下级的批评，首先要做到反复核实自己所掌握、了解的材料是否真实，千万不要把诬告不实之词，当作下级的缺点错误来批评。那样，会很伤害下属的。其次，要掌握科学的方式方法，注意分寸。进行批评时，要区别不同的对象，采取不同的方式。批评的方式方法有很多，如公开的、暗示的、直接的、间接的、商讨的、对比的、承担式的等。

本章小结

1. 领导艺术含义及特征。
2. 领导艺术的内容形式及提升途径。
3. 领导的工作方法。
4. 领导科学的方法论基础。

复习思考题

一、单项选择题(从以下的四个选项中选择出一个正确的答案)

1. 毛泽东曾把领导要完成工作任务比喻为过河，把领导的方法比喻为(　　)，他说不解决这一问题，任务也只是瞎说一顿。

A. 指挥艺术与演奏艺术　　B. 桥与船

C. 掌舵与划船　　D. 说服群众与动员群众

2. 领导与群众相结合的基本途径是(　　)。

A. 从群众中来，到群众中去　　B. 从肯定到否定再到否定之否定

C. 从量变到质变再到质变　　D. 依靠群众—超越群众—依靠群众

3. 一般号召和个别指导的方法是下列哪个基本原则的应用(　　)。

A. 时势造英雄　　B. 共性与个性的辩证关系

C. 群众是历史的创造者　　D. 同一性与斗争性的辩证关系

4. 社会主义条件下，正确处理领导与被领导的关系所应采取的基本方法是(　　)。

A. 调查研究　　B. 一般号召与个别指导相结合

C. 坚持党的群众路线　　D. 批评与自我批评相结合

5. 下列哪个方法是正确的调查研究方法(　　)。

A. “解剖麻雀”，举一反三　　B. 挑选领导想要的素材

C. 下车伊始就哇啦哇啦　　D. 道听途说，不加分析

二、多项选择题(从以下的四个选项中选择出 2～4 个正确的答案，本题多选、少选、选错均不得分)

1. 基本的领导方法与具体的领导方法的关系是(　　)。

A. 整体与部分的关系　　B. 系统与要素的关系

C. “纲”与“目”的关系　　D. 共性与个性的关系

2. 群众路线的领导方法的理论依据是(　　)。

A. 领导的工作是通过群众来完成的　　B. 辩证唯物主义的认识论原理

C. 领导来源于群众，又高于群众　　D. 唯物史观

3. 领导与群众相结合的主要障碍有(　　)。

A. 以权谋私　　B. 官僚主义

C. 形式主义　　D. 自我膨胀

4. 在贯彻领导与群众相结合时，要注意反对(　　)。

A. 借口向上级负责，而不顾群众的利益

B. 为了自己的政绩，搞“形象工程”

C. 借口对群众负责，对抗上级正确的指示

D. 满足群众的所有要求

5. 领导在运用“一般号召与个别指导相结合”的领导方法时，要注意(　　)。

A. 不能仅满足于“一般号召”　　B. 不能仅满足于“个别指导”

C. 要具体问题具体分析　　D. 不能搞“一刀切”

三、判断题(认为是正确的，请用“√”表示，认为是错误的，请用“×”表示)

1. 基本的领导方法是具体领导方法的“灵魂”。(　　)

2. 只要了解了基本的领导方法就可以做好领导工作了。(　　)

3. 命令主义是不相信群众的表现，而尾巴主义则相反。(　　)

4. 官僚主义与形式主义是相伴而生的。(　　)

5. 相信人民群众就要满足群众的每一个要求。(　　)

第十章
领导绩效与考评

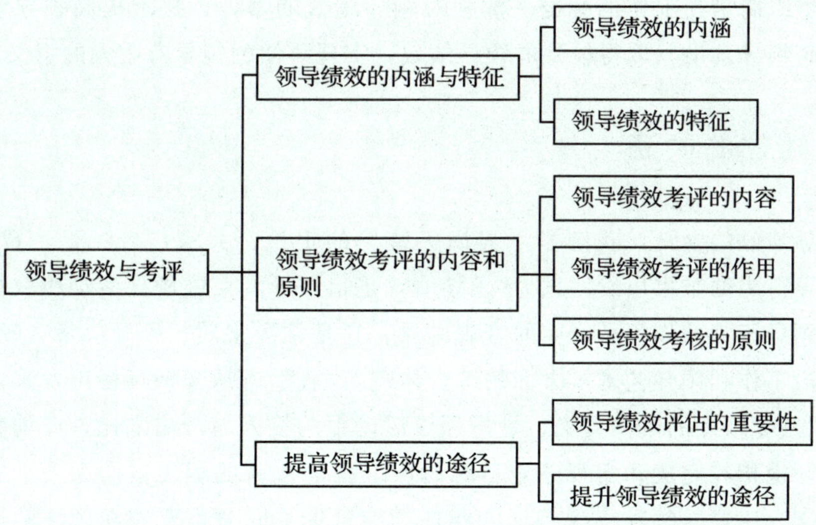

领导绩效与考评
领导绩效的内涵与特征
领导绩效的内涵
领导绩效的特征
领导绩效考评的内容和原则
领导绩效考评的内容
领导绩效考评的作用
领导绩效考核的原则
提高领导绩效的途径
领导绩效评估的重要性
提升领导绩效的途径

学习目标

学习目标

通过本章的学习，应该了解掌握领导绩效的内涵与特征、领导绩效考评的内容和原则以及提高领导绩效的途径；掌握领导绩效评估的原则和具体方法。

重点提示

1. 领导绩效的特点和作用。
2. 领导绩效考评的原则和方法。

领导的绩效是反映领导者能力和领导活动成效的一项重要的综合性指标。严格考核和正确评价领导绩效既是提高领导工作水平的重要途径，也是领导科学研究的重要内容。领导绩效考评，既是有效评价领导能力的重要手段，也是激励和督促领导者提高素质修养的重要方法。

第一节 领导绩效的内涵与特征

绩效的中文意思是成绩与效果，是指人们开展某项工作或从事某项活动所取得的成绩和效果。组织在对领导者及其工作进行考评、奖惩，群众在对领导工作进行评价时，都是根据领导工作的实际成绩和效果。领导的绩效既是领导工作的起点、结果，又是群众和组织衡量其工作的标准。加强对领导绩效的考评，探求提高领导绩效的途径，对于提高领导水平，取得较好的领导绩效，实现科学的领导有重大的意义。

一、领导绩效的内涵

对于领导绩效的含义，我国学术界尚无统一的定论，大家仁者见仁，智者见智。有学者从领导行为的结果出发，认为“领导绩效是指领导者实施领导活动所取得的成绩与效果，或领导行为的作用所产生的客观结果。它是领导素质、领导决策、领导用人、领导思想政治工作和领导艺术等方面的综合体现”。有学者从预期目标出发来衡量领导绩效，认为“领导绩效的具体含义，是指领导活动中的投入与产出之比，即消耗与效果之间的比例，也指在完成和实现既定目标时所取得的成就的程度。作为一个完整的领导绩效的定义，主要看领导行为是否能实现领导目标，同时也要看在领导活动中所付出的实际代价和费用”。还有学者认为“所谓领导绩效，是领导者实施领导活动的行为能力、工作状态和结果的总和，即领导者进行领导活动的效率、效果、能力、成绩、业绩的通称。有学者也把它称为领导效能。它是对领导者的领导活动进行全面、正确评价的一项综合指标”。有学者从领导效能的含义看，认为“所谓领导效能就是指领导者在实施领导过程中的行为能力、工作状态和工作结果，即实现领导目标的领导能力和所获得的领导效率与领导效益的系统综合”。还有学者认为“领导效能是评价领导活动有效性的基本维度，它是指组织中的领导者实施领导活动的目标和现实绩效之间的接近程度，它反映为领导活动进行的状态和结果”。

综合以上定义，我们至少会发现三个共同点：第一，基本上都强调领导绩效的主体是领导者与领导工作的统一；第二，都强调了领导绩效的综合性、系统性；第三，都把效果、效益、效率看作领导绩效的主要内容，只是在具体内容方面有的强调目标完成程度，有的强调活动有效性，有的强调工作过程或者领导能力。在总结了各种领导绩效的定义后，我们认为领导绩效是领导者在领导工作过程中的领导能力、工作业绩、管理效益的综合体现，是综合运用各种手段以最小的成本投入对预期组织目标的完成程度。完成程度越高，效果越好，领导绩效就越高，反之领导绩效就越低。

领导工作是一项极为特殊、复杂的社会活动。它涉及方方面面的因素，受多种多样条件的制约，由此决定了领导绩效是一个高度综合性的复杂体系。在这样的内涵认识中，领导绩效首先是一个动态的过程，而不仅仅是静态的结果，结果是衡量领导绩效的重要内容，但不是唯一的内容，领导绩效表现在领导工作的开始与结束；领导绩效包含综合的内容，而不仅仅以目标完成为唯一标准，还要包括产品质量、领导影响力、员工满意度等各种方面的考量。领导绩效不仅是对领导工作的衡量，而且包含对领导者的评价，它既是领导者履行职能、完成领导任务的活动过程，又是领导者的领导能力和水平在领导活动中集中表现的结晶；既是领导者实施领导、实现组织目标的质量、数量指标的体现，又是领导者实施领导所产生的客观价值——对组织、对社会的贡献的实际体现。

二、领导绩效的特征

(一)社会性

领导工作是一种有组织的行为，它不仅受社会诸多因素的影响，同时它又构成了社会活动的有机组成部分，也影响社会的其他因素及活动。领导是一种有目的、有目标的行为，它的活动不仅有自己的实现目标，同时又要为促进社会的发展，做出努力和贡献。领导又是一种有结果的行为，领导绩效总括与集中反映了社会发展和进步的程度和水平。领导也是一种具有时代特征的行为，领导者的素质与领导的工作必然受到时代大背景的影响和制约。领导者、领导目标、领导环境、领导过程无一不是在社会中进行的。

(二)多样性

领导绩效是一个抽象的概念，在现实领导活动中，它总要具体体现在诸多方面，或者说，它是对诸多的与领导工作有关的具体实效的一种抽象或概括，体现了多样性的特点：从领导者的总水平看，它是否正确地、创造性地执行了中央的路线、方针、政策；从领导的过程分析，它是否在创造性思维的前提下，科学正确地进行了决策并有效地组织实施了决策；从领导的目标来看，它是否有效地实现了组织活动的阶段目标和总目标；从领导的最终结果看，他所领导的组织是否有效地进行了各项职能活动，为社会创造出更多的物质、精神财富等；从领导的自身素质看，它是否具有时代要求的全面的综合的政治品德、职业道德，心理素质、知识文化、工作能力等主体素质。

(三)相继性(或历史继承性)

领导绩效总是具体体现在领导者在某一时空内，率领、引导组织成员所取得的实绩和成效。但任何领导绩效的取得，总是在前人工作的基础上进行的，它与前人的工作具有一定的继承性。同时，任何领导绩效也会为自己和后来者奠定工作的基础，即领导绩效是“前有古人，后有来者”的，具有承前启后的相继性，是无限发展着的工作链条中的一环。

(四)辐射性

领导工作不是孤立的质点，而是具有发散性的特点，这是领导绩效的辐射性。它主要表现在内、外两个方面。对内，良好的领导绩效可激励领导班子及团体内的成员更加努力、主动地工作，从而增加凝聚力，使事业更上一层楼；对外，良好的领导绩效不仅反映了领导本人及其组织对社会所做的贡献，成功中势必包含了可供其他领导和组织借鉴的领导的方法和艺术，为社会和他人提供有价值的经验和文化成果。

(五)主、客观统一性

领导活动是在一定的自然、社会环境中进行的，因而，领导绩效必然要受到客观环境的影响和制约，这是考评领导绩效中应注意的。领导工作又是领导者发挥主观能动性的过程，如果领导者的主观能动性发挥得好，可以改变一些不利的环境因素，或者通过自己及自己引领的成员的努力，化不利为有利，促进不利的因素向着有利于实施科学领导、取得良好绩效的方向转变。领导绩效的产生是客观环境和主观素质共同作用的结果，在领导绩效考评时，两个方面的因素都要考虑。

(六)多因性

领导活动受到诸多因素的影响，领导工作又具有多种职能，所以任何领导绩效的取得，势必是多种因素共同作用的结果。另外，领导中某些问题的存在，也是多种因素影响、发生作用的结果。

(七)目标性

领导活动具有明确的目的性。领导绩效是领导目标的现实化，是领导目标的集中体现。目标因素是构成领导绩效的首要因素。领导活动的目标是否明确，是否科学，是否可行，能否为组织及其成员所认同，是能否实现和提高领导绩效的基本前提。正确合理的领导目标，不仅可以指引航向、凝聚人心、振奋精神，而且可以提高绩效。没有正确的领导目标，就不可能有好的领导绩效。如果目标错了，效率再高，也只能产生负效应。

第二节
领导绩效考评的内容和原则

一、领导绩效考评的内容

(一)领导绩效考评的含义

领导绩效考评是对领导绩效的三个组成因素领导能力、领导效率、领导效益所进行的综合测评。通过领导绩效考评，可以检验领导者在领导活动中的成绩与既定目标之间的吻合程度以及与成绩相关的各种因素的作用程度。

(二)领导绩效考评的内容

1. 考评的总内容

对领导者个体绩效的考评主要涉及德、能、勤、绩、廉五个方面。四项中的前三项既是内容，又是取得领导绩效的保证和前提条件。最后一项则是要求领导者能够做到廉洁奉公。

德，从考评绩效的内容来说，主要包括考核领导的政治素质、领导作风、职业道德等方面。

能，从考评绩效的内容看，主要是指考核领导与领导工作相关的能力素质及水平，如领导的管理水平、工作效率、认知能力、决策能力、协调能力、创新能力、组织能力、危机管理能力等，考核领导者自身能力发挥的程度。

勤，从绩效考评的内容看，主要是指领导的工作态度和敬业的程度，主要指对领导者的事业心和工作态度的考察评估，主要包括工作动机、进取精神、负责意识、履职状态等。

绩，是考评绩效的最主要的内容，因为它是领导活动的出发点和归宿，最能体现领导的综合素质和工作的效果。主要指对领导者工作实效的考察评估，是领导绩效考评中最重要的一项内容。业绩就是领导者在一定的时间内完成工作的数量、质量、效率和贡献，是一个人能力、素质、知识、出勤等各方面相互作用的结果和反映。

廉，即清廉、廉洁，本属于“德”的范畴，是指工作的道德操守。但是，对于领导者而言，“廉”在领导活动中显得尤其重要。因此，在对领导绩效进行考评时，应将其作为考核的重要内容之一。

德、能、勤、绩、廉五个方面相辅相成，紧密相依，缺一不可，但轻重有序。在考核中，五个指标的权重是不同的，权重比例最重的是“绩”，但“廉”是底线。

2. 考评的具体内容

领导绩效考评的具体内容可分为五个方面。

(1)用人绩效。领导者所进行的活动是通过对下属的影响，由自己与下属的活动表现出来的。因此，人员的选配和使用是否恰当，不仅关系到每个成员的主动性、积极性、创造性的发挥，也关系到整个组织的整体贡献。所以，人员的选配、组织和使用情况，构成了领导绩效的一个重要内容。

(2)办事绩效。领导者是组织中起主导作用的角色，是集权力、责任、服务于一身的主体。领导的工作就是领导者运用党和人民授予的权力，履行职责，进行服务，从而取得成效。其中最主要的就是处理与领导职责相应的有关事务。领导者在处理有关事务中表现出来的能力和办事的成效，关系整个组织的前途和命运，因此，办事的绩效是领导绩效考评的重要内容。

(3)时间绩效。领导者对时间的有效利用程度，会影响领导职能的发挥，最终也必定会影响到整个组织的整体贡献。领导者要想完成领导工作任务，并争取获得最佳的领导绩效，就应当科学地运筹时间，科学地利用和支配时间，节省时间，用最少、最短、最快的时间办更多、更好的事情。在竞争的时代，抢先一步，拔得头筹，就意味着抓住了发展的机遇。对领导者来说，赢得了时间，就等于赢得了胜利。

(4)组织的整体贡献绩效。领导者的用人绩效、办事绩效和时间绩效，最终体现为组织的整体贡献绩效。领导绩效必须在整个组织的协调活动中得到发挥和放大。单枪匹马冲锋陷阵的领导是办不成大事的。要成就事业，获得成功，必须发动、依靠整体的力量。领导者个人的业绩再大，整体组织的业绩平平，也是无济于事的。所以，领导者组织全体人员在完成工作任务过程中所做出的贡献大小，是衡量领导绩效的第四个重要内容。

(5)决策绩效考评。决策是领导者的重要职能。领导活动自始至终都是围绕决策而展开进行的，决策对领导活动以及社会发展都具有极其重要的作用。对领导决策绩效的考评主要是对领导决策的正确性及决策所带来的效益进行考评。其一，考评在一定时期内领导者所做出决策的正确率。通过考察在一定时期领导者做出的决策总量中有多少是正确的，有多少是失误的，有多少是既有成功的部分又有失败的部分，它们所占的比例各有多大，在此基础上进行比较分析，就能比较直观地了解领导决策的绩效状况。其二，考察领导决策所带来的效益的多少。通过分析决策成本，为实施决策所进行的总投入，决策实施后所取得的总效益、总产出，用总效益除以总投入，就可以知道决策的效益如何，从而对领导决策绩效做出总体的评价。当然，这样的考评实际上是非常复杂的，操作起来也是不容易的。

领导绩效的这五个方面，是一个完整的综合体。在考察领导绩效时，必须全面进行，切不可以偏概全。领导绩效尽管表现的具体内容有所差异，但一般应以组织的整体贡献为最终体现。

3. 考评的内容分类

在现实生活中，领导者都是各级组织具体的、有目的行为的率领者和引导者。所以，要进行领导绩效的科学考评，还必须使其内容具体化，进行分类考察。

依据不同标准，可以把领导绩效考评分为以下不同类型。

按时间标准，可分为平时考评、阶段考评、年终考评。

按对象层次标准，可分为对高层领导者考评、对中层领导者考评、对基层领导者考评。

按对象的工作性质标准，可分为对党务工作领导者考评、对政府工作领导者考评、对企业领导者考评等。

按领导班子角色标准，可分为对正职领导者考评、对副职领导者考评。

按考评方式标准，可分为定性考评、定量考评、综合考评。

二、领导绩效考评的作用

领导绩效评估在领导活动中具有重要的作用，可以通过以下七个方面来说明。

(一)领导绩效考评有助于明确对领导活动的正确导向

领导绩效考评具有导向作用。领导绩效考评不是为考评而考评，而是通过考评树立导向性，引导人们的行为，以此达到改善领导作风、优化领导素质、增强领导能力、提高领导绩效的目的。绩效考评是绩效管理的一个关键环节，通过建立考评的标准、确定考评的内容、明确考评的方法，帮助领导者及其领导活动明确方向和目标，引导领导者自觉地提高工作绩效。

(二)领导绩效考评有利于强化对领导者及其领导活动的监督

领导绩效考评就是建立一套系统的考评指标体系，对领导者履行各项领导职能所产生的现实性结果进行的考核评价活动。实际上，领导绩效的考评过程，就是领导环节与过程的再现，就是对领导行为进行检查与分析的过程。通过绩效考评，可以发现问题，找到差距，防止领导活动中的消极行为，纠正领导活动中的越轨行为，保证领导活动的正确和有效。因此，领导绩效考评过程，实质上就是对领导者及其领导活动的一种监察督促行为。领导水平的高低、能力的大小、领导作风的好坏，不能由领导者本人说了算，也不能完全由被领导者的自由议论来定，而必须由组织化、程序化的考核评估来确定。在考核过程中，要把领导者在各方面的表现和领导活动的各种情况公之于众，动员和吸收被领导者及社会公众积极参与考核成本与效果，评价功过与是非，并在考评结果的基础上对领导者进行公平合理的奖惩，从而形成竞争机制，实现对领导者及其工作的监督，有效遏制和纠正领导者的不良行为，纠正或避免领导活动的偏差。

(三)领导绩效考评有助于领导制度的创新

领导体制的改革与创新、领导制度的变革与完善，其目的都是提高领导绩效。同时，领导绩效是否能真正得到提高，又是检验领导制度是否科学合理的重要标准。包括领导体制在内的领导制度问题是带有根本性、全局性、稳定性和长期性的大问题。通过领导绩效考评，可以横向比较不同类型的组织之间的绩效，发现本组织领导制度方面存在的问题，在学习借鉴其他组织好的制度基础上，进行本组织的制度创新和体制变革；可以纵向比较不同阶段工作的好坏和各种问题背后的原因，发现体制障碍和制度漏洞，自觉进行领导体制的改革和领导制度的完善。

(四)领导绩效考评有助于改善领导作风

领导绩效考评是以结果为本的管理理念的落实。传统的领导活动模式比较注重投入，而忽视产出和结果。而现代领导活动则注重绩效管理，重视领导活动的结果和绩效。领导作风的好坏，是影响领导绩效高低的重要因素之一。一般来说，优良的领导绩效与良好的领导作风是密切相关的。因此，通过对领导绩效的考评，在一定程度上可以促进领导作风的改善，有效遏制形式主义、官僚主义和主观主义的盛行，整肃领导者弄虚作假、华而不实的风气，打击“数字出官、官出数字”的歪风邪气，改变“说你行，你就行，不行也行；说你不行，就不行，行也不行”的独断随意行为，从根本上改善领导作风。

(五)领导绩效考评有助于改进领导方法

领导方法是实现领导目标、完成领导任务的手段和中介，离开一定的领导方法，要实现领导目标是不可能的。领导绩效的取得需要具备很多条件，科学有效的领导方法是必不可少的重要条件之一。方法得当，可以事半功倍；方法不当，则事倍功半。通过领导绩效考评，可以总结经验，吸取教训，进行方法上的改革与创新，使所采用的领导方法更具有针对性、可行性、实效性和科学性。

(六)领导绩效考评有助于提高领导者素质

领导绩效考评是对领导活动的全过程、对领导者素质能力的各方面所进行的考察与检验；领导绩效本身就是领导者素质能力的外化与展示。通过对领导绩效的考评，可以发现领导者素质能力的优势与不足，从而使领导者对自身有一个清醒而正确的认识，主动自觉地加强学习与锻炼，提高和完善自己的素质修养，更好地胜任领导工作，履行领导职能。

(七)领导绩效考评有助于发现和培养人才

领导绩效是领导者素质能力在实践中的外化和对象化，领导绩效考评就是对领导者的素质能力外化和对象化的结果进行的考评，实质上是对领导者的素质能力的综合全面考察与评估，因此，通过领导绩效考评就可以客观地衡量一个领导者是否胜任领导工作，是否具有较强的领导能力，还可以发现领导者是否有较大的潜力。因此，通过领导绩效考评，不仅可以为领导培训提供依据，还可以为组织发现、培养和使用领导人才提供根据。

三、领导绩效考核的原则

原则是人们观察、分析、处理问题的行为准则。要全面科学地考评领导者的领导绩效，最重要的是确立一系列正确的原则。

(一)领导绩效考评的基本原则

1. 严肃认真的原则

领导绩效考评是一项十分严肃而细致的工作，关系重大，涉及面广，政策性强，这就要求考评部门必须坚持严格认真的原则，考评领导绩效必须严肃认真、严格要求。考评不严，不仅不能真实全面地反映每个领导者的情况，不利于选贤任能，而且会助长不正之风。考评中的严肃认真主要包括以下内容。

(1)要有明确严格的考评标准。考评要素和具体标准必须明确、客观、合理。领导考评的标准不仅是对领导业绩的考评，对领导的行为也具有引导的作用，即考评的标准具有导向的作用。例如，对行政领导的考评标准中，如果有经济、利润的标准，这无疑是鼓励行政领导去“创收”，盲目追求经济效益，而忽略其他目标。如果对行政领导的考评中加进社会的公正、公益事业、公共安全、社会保障等的指标，地方行政官员就会把自己的注意力放在社会公共事业的发展上。

(2)要有严肃认真的考评态度。考评者的思想必须端正，态度严肃认真，作风正派，深入群众，进行深入细致的调查研究工作，反对好人主义和不负责任的态度。

(3)要有严格的考评制度。要以制度化、程序化的工作，保证考评的客观、公正，杜绝随意和长官意志，要制定严格的考评规程或考评准则。对领导绩效的考评要高度重视，只有通过严格的绩效考评，才能得到领导者在贡献、能力、品德和知识水平等方面的客观真实的资料和数据，为准确地识别、评价领导者提供可靠依据，真正做到知人善任，扬善抑恶，选能用贤。

(4)考评的方法必须科学、严谨。可以有上级领导、同级领导、下级领导、群众对领导的测评等；也可以采用问卷、述职、座谈会、调查等灵活多样的考评方法。每个方法的设置及使用要有客观、科学的依据。

2. 客观公正的原则

客观就是要做到实事求是；公正就是考评者对考评的单位或个人不持偏见，一视同仁。这一原则是党的实事求是的思想路线在领导绩效考评工作中的具体运用。要做到实事求是、客观、全面、真实地反映情况和评价领导，就必须摒弃个人的好恶恩怨，不以派性代替党性；不以主观推测代替考察结果；不以道听途说代替事实根据；不以感情、偏见代替政策。

客观公正的原则有下面三个主要方面的含义。

(1)考评者要有对党对人民对被考评者高度负责的精神，在工作中坚持客观公正的态度，尊重事实，实事求是，切忌主观随意、主观臆想。

(2)要把被考评者放在当时当地的领导工作环境中加以考察，那些不以被考评者意志为转移、影响领导绩效的客观因素应予剔除。领导工作的环境和条件中时常有个人无法抗拒的因素，如突发的自然灾害、重大的社会恶性事件等。在对领导绩效考评时，要给予适当考虑。既不允许领导借机推卸本应承担的责任，也不要把那些不应负责或难以负责的责任推到被考评者的身上。

(3)考评的结果应当来自准确、完整的资料、数据和对事实的调查分析，任何一个结论都必须以事实为依据。不能以道听途说的材料为准，更不要捕风捉影，胡乱猜疑。

3．民主公开的原则

要保证评估结果的客观、公正和准确，就必须坚持民主公开原则。所谓民主公开原则，就是把领导绩效评估工作置于追随者和一般员工的参与和监督之下，这是搞好领导绩效评估工作的基本保证。邓小平曾指出：“要有群众监督制度，让群众和党员监督干部，特别是领导干部。”那种脱离群众监督的封闭式的神秘化的评估方式，很难真实地反映领导者的绩效。

领导活动开展的成效如何，组织成员和其追随者更具有发言权。因此，要保证考核结果的客观准确，必须充分体现考核过程中的民主参与。首先，领导绩效的考核过程要尽可能赋予组织成员的意见以较高的权重，让他们广泛积极地参与考核的过程。其次，领导绩效的考核过程要充分接受被领导者的监督。

坚持民主公开原则，还应当把领导绩效考评的结果向本人公开，也就是把考评的结果反馈给被考评者，让被考评者心知肚明。考评的目的是推进领导的工作。在条件具备的单位和部门中，领导绩效考评的结果，应及时向群众报告，让群众了解情况。这样做既可以激励领导者，激发工作积极性，促进领导水平的提高，又能够加强群众监督的地位和作用，密切干群关系。

4．贡献为主的原则

坚持贡献为主的原则，就是对领导绩效的考评首先要看的是领导的实际贡献和工作成绩，并以此为重要准绳来评价领导者履行职责的状况和德才水平。贡献为主的原则就是以领导者的工作，以他们工作的业绩为主。例如，对科技人员的考核，是以他们对技术进步和经济效益的贡献为重要依据的；考评行政领导工作的优劣，是以他们为社会贡献了什么以及所做贡献的优劣、大小为重要依据的。对领导者的考评必须把德、能、勤、绩、廉的考评集中落实在“绩”上，也就是领导实际贡献的优劣、大小上。

坚持以贡献为主的原则，具有十分重要的意义。

首先，坚持以贡献为主的原则可以使考评具有客观性、权威性。绩效是贡献集合的综合指标，个别工作人员的“绩”一般融合于集体的贡献之中，只有通过领导者有效的领导活动，才能凝聚整体的力量，产生出整体的贡献。被考评者已有的工作成绩是客观的现实，一般来说也是众所周知的，考评就是掌握被考评者所做贡献的内容、数量和质量，并根据这些资料、数据进行评价。通过这样的考评，可以看到被考评者在履行职责和实现组织目标方面的实绩，其结果不仅难以更改，而且也是被考评者不得不接受的具有权威性的结果。

其次，以贡献大小评价领导者工作的优劣，可以把各级领导机关和领导者的注意力引导到努力为社会、为人民多做贡献上来。如果每个领导机关和领导者都以此为追求的目标，就能汇合成创造新的绩效的巨大能量。社会是靠实实在在的贡献推动发展的，说假话，不办实事的恶劣作风，只会毒化社会的风气，阻滞社会的进步和发展。所以，以贡献大小来评价领导的工作，也可以引导和鼓励人们少说空话，多办实事。

最后，坚持以贡献为主的原则，能够促使领导者充分发挥自己的潜力和特长。领导为了多做贡献就要拿出真本事，就要充分发挥自己的主观能动性，这对提高领导者自身的素质，起到了积极的作用。依靠自己的实力获得的业绩，也为考评者能够根据被考评者的贡献，及时发现人才、培养人才、提拔人才提供了真实有效的依据。

(二)考评领导绩效方法的原则

这是绩效考评使用具体方法时，应注意遵循以下原则。

1. 领导与群众相结合的原则

群众是组织的成员，他们对领导者的领导绩效，有着最直接的观察和最切身的感受。所以在考评时，必须走群众路线，让组织的一般成员充分参与并发表意见。也要考虑到，由于组织成员的思维方式、觉悟程度、看问题角度等方面的差异，往往对同一件事、同一个人产生不同的看法。所以，考评领导绩效时，上级领导者或组织部门还必须有自己的看法，领导班子对自己的工作也必须有实事求是的分析。这样，才能更好地做到领导与群众相结合。考评领导绩效的组织者既要走群众路线，又要保护那些敢于坚持原则、敢于向不良现象作斗争的领导，如果一味地、无原则地迎合群众，有时会打击那些敢于向不良现象作斗争的领导，这样的领导绩效考评的导向是不利于引导和改进领导工作的。

2. 定性分析与定量分析相结合的原则

考评中对绩效的性质做出分析是重要的。因为只有这样才能分出领导业绩的效果是好的，是差的；是对的，是错的；是正面的，还是负面的。但领导绩效的考评中仅此是不够的，还必须对领导的绩效进行定量分析。这样才能分出领导业绩的成就是大、是小，成果是多、是少。考评中，如果只满足于定性分析，容易陷于空洞、不准确；如果只是单纯的定量分析，也会陷于烦琐而不得其要领。所以在考评时，要把定性、定量分析结合起来。

3. 考评与奖惩相结合的原则

考评是手段，其目的在于通过考评客观地评价领导的业绩和贡献，使之不断提高科学领导的水平。并通过考评，可以发现领导活动中的不足与失误，发现领导素质的优劣，以提高道德素质，改进领导的工作。通过考评，可以发现优秀者、称职者、失职者、平庸者和渎职者，以便及时采取相应的奖惩措施。考评的总目的是促进事业的发展，所以，为了达到考评的目的，要将考评的结果与对领导的奖惩结合起来。只有这样，才能更好地调动、保护和发挥领导者及其组织成员的积极性，及时地发现和解决领导班子和领导活动中的问题，有利于形成健康良好的价值导向。

4. 导向性和有效性相结合的原则

领导绩效考评的目的之一是提高领导的素质，改进领导工作。绩效考评虽然是对既成的工作业绩进行评价与评估，但对未来的领导工作是有导向性的。在领导绩效的考评中，发现的问题是领导下一步决策要注意坚持或改进的，这就是领导绩效考评的导向作用。再有，领导绩效考评体系的设计中也包含对领导未来工作的设计、有上级领导对下级领导工作重点的要求等。例如，建构和谐型、学习型的社会(单位)，是需要各级领导做工作的。在领导绩效考评的指标体系中有了这样的条目，就可以引导领导有意识地抓好这方面的工作。所以，在设计考评方法和指标体系时，加进导向性的内容是正确的，也是必要的。但由于领导工作涉及的因素、环节很多，因此领导绩效考评确定的方法、指标体系也一定要突出其实用性、有效性，结合本部门领导工作的特点来设计指标体系，使考评的方法和体系切实有效，反映部门工作的特点和领导的实际工作。领导绩效的考评一定要摒弃形式主义。

第三节 提高领导绩效的途径

一、领导绩效评估的重要性

领导绩效评估是检验行政领导者领导水平、质量和效益的有效手段，是促进行政领导工作上水平、上档次的有力措施。以科学的态度和方法加以正确评价，对于深化行政领导体制改革、加强干部队伍建设具有十分重要的意义。

(一)领导绩效评估是检测行政领导活动的综合尺度

领导绩效评估是一个评价事与评价人、评价组织与评价个人有机结合的综合评价系统。领导绩效评估是对领导者的领导活动进行正确、全面评估的一个综合尺度，其实质就是检测与领导活动全过程相关的各种因素的作用程度和各种职能的实际运用情况，检测实际结果与既定目标之间的吻合程度。领导绩效评估的过程就是依据领导工作的目的和目标，考察其提供的产出和结果，并认定这些产出和结果所期望的质量等级，从而给领导者以综合评价。通过领导绩效评估，能够在总体上综合地、直接或间接地反映出领导活动科学化的程度，既能反映领导者的政治素质、专业知识、思想品德、领导作风，也能反映出其实际水平和能力，还能反映领导集体的群体结构是否合理，功能是否健全，相互之间关系是否协调，在组织成员中是否具有影响力和号召力。

（二）领导绩效评估是促进行政领导活动发展的强大动力

严格进行绩效评估，有助于对领导者进行科学的考核评价，有利于激励领导工作绩效，推动领导活动的发展和领导目标的实现，进而激励领导者努力创造新的绩效。通过领导绩效评估，能够使领导有更客观的资料和数据来衡量自身工作的有效性，从而比较客观科学地考察领导干部素质高低、领导决策的科学与正误、领导能力的强弱，进一步明确领导活动的目的，并提升领导活动的针对性，增强对行政组织的归属感和责任感，激励领导者进一步发挥和利用自身潜能，更大限度地实现自身价值。这些有助于促进领导工作的改进和对领导工作规律性的探求，提高科学领导的水平。与此同时，在绩效评估环节，既要有领导者自身对自己功过是非的归纳和总结，对自身工作的回顾和反思，又要有群众的评估和评价。这既有利于领导者个人分析和探讨工作成功和失误的原因，又有利于发挥群众监督的作用，还有利于统一思想、消除误会、化解矛盾、达成共识，从而有效地调动和发挥组织成员做好本职工作的主动性、积极性和创造性，推动和改进领导工作。

（三）领导绩效评估是识别、选用领导者的重要标准

通过严格的绩效评估，有助于全面把握行政领导的整体水平和效能，准确认定公共行政领导者履职的效果，做到知人善任，及时把优秀人才提拔到各级行政领导岗位上来。目前在领导者的选用方面之所以问题较多，尤其任人唯亲、拉帮结派的现象屡禁不止，一个重要的原因就是缺乏对领导绩效的评估，或虽有评估但缺乏严格的制度而失之于客观。要真正做到“任人唯贤”，必不可少的一个环节就是按照科学的方法加强对领导者的领导绩效评估，这涉及多个方面，如政治素质、思想素质、理论素质、作风素养、决策能力、用人水平、组织和管理能力、指挥与协调能力、分析问题与解决问题能力等。通过领导绩效评估，对每一层次的领导者进行充分了解，每个领导者都在评估之列，能够客观地掌握领导者在贡献、能力、品德和知识水平等方面的可靠资料和数据，实事求是地评估领导者的工作实绩、业务水平、工作态度等，正确掌握每个领导者的长处和特点，这样的优秀人才不易被埋没和遗漏，有利于大面积、跨梯度地发现人才和提拔人才。通过领导绩效评估，能够明确各级各类领导者应具备的条件和各项领导工作应达到的标准，了解每个领导者胜任何领导工作以及在对这一工作岗位的胜任程度，为用人决策提供科学的依据，从而避免在提拔、选用领导者问题上的主观随意性。任何一个领导者，如果将其放在特定的领导岗位，在任期内，假如他不能领导组织成员实现既定的组织目标，即不能取得领导绩效，那就证明他不是一个适合这一岗位的领导者。反之，如果一个领导者，出色地实现了既定的组织目标，取得了很好的领导绩效，也得到了组织成员的普遍认同，那么这样的领导者就适合这一

岗位，甚至有进一步发展的潜力。依据绩效评估选用领导者，对领导者的成长具有良好的导向作用，也为组织人事部门做好领导者管理工作提出了一系列新课题，有助于促进领导管理的规范化、科学化，进而会推进建设高素质领导者队伍的进程。

二、提升领导绩效的途径

领导活动是一项受诸多内外环境、方面、环节、因素制约的社会化活动。要提高领导绩效，就要求从与之相关的一切方面做出努力。综合领导科学和科学领导的相关内容，我们认为，要提高领导绩效要从以下众多方面做出努力。

（一）提高领导者的个人素质

领导者是组织的有目的活动的率领者和引导者，其自身素质如何，与领导政绩的取得关系极大。为此，必须全面提高领导者的素质。当前，最主要的是提高领导者的政治素质；适应知识经济时代的文化科学知识的素养及自学的能力；开拓进取、敢于竞争、与时俱进的素质；全面提高自身的执政能力——不断提高科学判断形势的能力、驾驭市场经济的能力、应对复杂局面的能力、依法执政的能力、总揽全局的能力以及反腐防变的能力等。

（二）树立正确的政绩观

要提高领导的绩效需要领导树立正确的政绩观。要认识到创造政绩是为了落实“三个代表”的重要思想，是为人民服务，为了社会的发展，民族的振兴。当前是为了落实党的十六届三中全会提出的“坚持以人为本，树立全面、协调、可持续发展的发展观，促进经济社会和人的全面发展”的科学的发展观。创造政绩是为了人民的事业，为人民谋福利。政绩不是个人升迁的资本，所以要办实事，求实效，使自己的政绩经得起实践，也经得起历史的检验。衡量自己的政绩最根本的是看人民群众拥护不拥护、赞成不赞成、高兴不高兴、答应不答应。有了这样的政绩观，弄虚作假、浮夸、官僚主义、形式主义等不良作风才可以得到有效的遏制与杜绝。习近平曾在山东代表团参加审议时强调，“功成不必在我”并不是消极、怠政、不作为，而是要牢固树立正确政绩观，既要做让老百姓看得见、摸得着、得实惠的实事，也要做为后人作铺垫、打基础、利长远的好事，既要做显功，也要做潜功，不计较个人功名，追求人民群众的好口碑、历史沉淀之后真正的评价。

（三）端正领导作风

虽然我国当前的各级领导的主流是好的，但不可否认，有不少领导者的身上存在严重的作风不纯的问题，如以权谋私，权钱交易、享乐主义、拜金主义、官僚主义、形式主义等，这些问题不解决，不仅谈不上领导绩效的取得，而且会危及党和国家的生存和发展。领导的作用是通过各级领导干部实现的，人民群众也是通过对身边领导工作的感受来评价领导作风的。所以，端正领导作风要从每个领导开始，从自身做起。领导作风、党风是关系党和国家生死存亡的大问题，切不可掉以轻心。

好的领导作风实质上是领导个人素质的外在表现，没有一个内在素质是好的，而作风恶劣的领导；也不会有内在素质极差，但作风好的领导。所以群众对领导作风的评价实际上就是对领导个人素质的评价。

（四）搞好班子建设

仅凭单个领导无法完成极其艰巨的工作任务，党的传统是个人负责与集体领导相结合，所以搞好班子建设对提高领导绩效是很重要的。建立一个结构合理、团结协调、富有竞争创新精神、精于务实的领导班子是取得良好领导绩效的前提条件和基本保证。因此，上级的领导和组织人事等职能部门，要在对领导干部考察的基础上，知人善任，配备好班子，并注意寻求班子成员之间良好合作的机制。因为班子是带领整体前进的“火车头”，班子没有配备好，领导绩效是不会高的。配备班子人员时，有这样一些问题是要考虑的：

首先，配好“一把手”。很多事实证明，班子战斗力的强弱、作风的优劣，很大程度上取决于“一把手”的素质和能力。

其次，对未来班子的配备要多听取班子成员和群众的意见，最好是事先听取“一把手”的意见，这对今后开展工作是有利的。当然，这个工作的程序要符合组织原则、组织纪律，要履行正当的组织程序。

最后，注意运用“互补”原则，充分考虑班子成员在年龄、专业、学历、能力、秉性、爱好等各个方面上的差异，以求得和谐、互补，有战斗力。

（五）摸索领导工作的规律

要取得良好的领导绩效，使领导工作能够由必然王国上升到自由王国，归根到底，取决于领导者认识、掌握和运用领导规律的水平和程度。自由是对必然的认识和运用，人们认识、掌握了客观事物的规律，做起工作来就会得心应手、应付自如。如果对规律知之甚少，在工作中肯定被动，处处受束缚，而放不开手脚。在革命战争年代，毛泽东号召全党“在游泳中学会游泳，在战争中学会战争”；改革开放的年代，邓小平号召全党，摸索经济建设的规律；第三代领导人要求全党探索执政的规律，胡锦涛曾专门做出批示，总结带有规律性的东西，再用来指导新的实践；习近平指出党员干部要自觉做到树立科学态度，遵循客观规律。这都说明探索规律对做好工作的重要性。

（六）全面履行领导的职能

领导具有多种职能，如引导、预测、决策、组织、用人、指挥、协调、监督等。提高领导绩效必须认识到：领导诸多的职能并不是分割的，多种职能是相互联系的，各种职能之间具有内在有机的联系。如何全面地整合这些职能，如何综合地运用和发挥这些职能将直接影响领导的绩效。所以，对领导各项职能都要有正确的认识，不要偏废。唯物辩证法是两点论与重点论的统一，多种职能也不是并存的。在不同的时期、不同的场合，对肩负不同职责的领导来说，各有侧重。一般情况下，在领导的多项职能中决策和用人的职能更为重要些。领导要取得良好的领导绩效，在这两项职能上要多下些功夫，使自己的决策实现民主化、科学化、法制化；同时注意克服组织人事方面的不正之风，真正做到知人善任，人尽其才，在进行领导工作时，培养更多更优秀的人才。

（七）从体制、机制上入手

组织（包括机构设置及人员配备）是实施领导的载体，也是领导者进行领导活动的工具和依托。要提高领导绩效必须在组织上做文章。正确确立组织结构，科学设立组织机构，合理配备相关人员并努力寻求组织良好运行的机制，可以从这几方面入手。

其一，确立正确的组织结构，使跨度合理，幅度合适。

其二，科学设立并不断完善组织机构。机构的设置要切实贯彻精简、高效的原则。

其三，寻求良好的运行机制。当前，改革开放已发展到了一个新的历史时期，政治体制的改革已全面展开。在这样的背景下，要使自己的组织能够有效、高效地运转，就必须寻求一种适应时代发展要求的组织运行体制。

（八）运用科学的领导方法

领导方法的科学与否是取得良好领导绩效的重要环节。为此：

其一，深入认识和理解领导方法的方法论基础。把领导方法建立在唯物辩证法的基础之上，重视理论的学习，重视基本领导方法的作用。

其二，学习和继承中外历史中领导方法的精华，特别是继承和发扬我党在长期的革命和建设活动中所形成的一整套行之有效的领导方法。

其三，学习、研究并创造性地运用现代的科学技术及现代的领导技术与方法。

（九）钻研领导艺术

领导艺术是领导者运用领导的理论、原则、职能、方法，达到高超境界的能力及其表现。因而也是提高领导绩效的必需的前提条件。领导艺术贯穿和体现于领导活动的方方面面。领导要提高领导绩效，就不能满足于一般地运用领导的职能和方法，要下大工夫，结合自己的特点和实践，逐步使领导职能的实施和方法的运用达到炉火纯青的程度，上升到给人以美感的领导艺术的境界中。

(十)更新观念

当今世界科学技术迅猛发展，社会生活复杂多变。在这种情况下，领导者要取得良好的绩效，必须不断解放思想，更新观念，与时俱进。为此，必须克服错误偏见和陈旧观念，树立适应社会化大生产和社会主义市场经济的新观念。当前需要树立的观念主要有：市场观念、求实观念、创新观念、时效观念、战略观念、全局观念、群众观念、人才观念、法制观念、自律观念、学习观念、危机观念，等等。

(十一)开拓进取

领导者要取得良好的领导绩效，成就一番事业，必须有强烈的开拓进取的精神。首先，要有永不满足、勇于探索、强烈地成就事业的愿望和心态。其次，要有一种求实、求新、求真的精神。遇事，不干则已，干就要脚踏实地，不达目的决不罢休，把远大的理想与务实的工作有机结合起来，冲破唯上唯书、因循守旧、求稳怕乱、小富即安、急于求成等一系列心理障碍，树立积极进取的、永不言败的精神，不断强化心理素质的训练，健全心智与体魄。领导活动是一个复杂的社会系统工程，因而，要取得并不断提高领导的绩效，也是个长期的艰苦的过程，需要方方面面的努力。

(十二)创造有利的环境条件

任何领导者都不能超越客观条件的限制祈求事业的成功。然而，任何成功的领导都是在客观条件允许的范围内。充分发挥自己的能动性、创造性而获得成功的。领导者活动的舞台，必须建立在客观条件许可的基础之上，他们可以凭借这个舞台，导演出许多有声有色的戏剧来。领导者如何在现成的环中发挥自己的主观能动性呢？第一，要善于发现并利用环境中的有利因素，排除不利因素，把不利因素转化为有利因素。比如，“靠山吃山，靠水吃水”就是开发和利用自然资源优势：“文化搭台，经济唱戏”就是充分利用人文环境和精神资源。第二，在利用客观环境的同时，要注意改变环境、创造环境。环境可以改变人，人同样也可以改变环境。物质环境可以改变，精神环境也可以改变。只有积极改变环境，努力创造适合自己发展的良好环境，才能最大限度地发挥自身的优势，创造更大的领导绩效。第三，在创造有利的环境条件下，特别注重信息资源的开发和利用。信息作为知识资源，它具有无限性、共享性、时间性、开发性、高效性等重要特征。随着社会的发展，信息资源在社会活动中所起的作用越来越大，应当引起各级领导者的高度重视，并作为提高领导绩效的重要资源和条件。

(十三)塑造共同的愿景

组织的共同愿景是指组织中所有成员共同发自内心的意愿，这种意愿不是一种抽象的东西，而是具体的能够激发所有员工为这一共同意愿而奋斗的任务、事业或使命，它能够创造巨大的凝聚力。真正的共同愿景能够使全体成员紧紧地连在一起，淡化人与人之间的个人利益冲突，从而作为一个有机的整体发挥效能。愿景具有价值导向、行为约束、文化凝聚、精神鼓励四个方面的功能。一个组织一旦形成共同的愿景并不断强化，就能不断增强人们之间工作的合作效益，从而有效地提升领导效能。塑造共同愿景，首先，应把组织的现状真实地告诉组织内的每一位成员，让他们知道组织的处境，从而产生一种克服困难和障碍的冲动；其次，领导者应努力将组织的共同愿景发送到组织成员的心中，以推动他们为实现共同愿景而全身心奉献，并充分听取成员对愿景的不同反应；最后，领导者应当将组织中的共同愿景具体化、个人化，让成员经过透彻的思考，把组织愿景与个人期待结合起来，提出在各自岗位上所要实现的个性化愿望和目标，从而塑造每个成员积极向上的动力源泉。

(十四)掌握授权艺术

各个组织需要面对和处理的问题很多。领导者不可能也无必要事事亲自解决，否则不仅会让领导者陷入琐细事务的汪洋大海之中，使得下属无所适从，而且还可能降低办事的效率。领导者要想提高领导效能，必须善于分清并抓住主要问题，同时善于授权，将次要的问题交由他人来做。这样，一方面，能够使领导者在众多琐碎的小事中脱开身，集中精力思考最重要的问题，把握住对组织发展来说最关键的问题；另一方面，也有利于增强下属和成员的效能感，充分调动他们的积极性，让他们感觉到通过自身的努力能够为组织做出适当的贡献。如今，社会发展的专业化倾向日益增强，特定岗位对专门信息掌握的要求不断提高，及时充分的授权对保证领导活动的高效显得更为重要。领导者在充分授权的同时，还要注意进行必要的控制，确定相应的控制标准，及时把握事务的发展方向，使事务的运转沿着领导者期待的方向发展。

本章小结

1. 领导绩效的含义和特点。

2. 领导绩效的地位和作用。

理解领导绩效在领导工作中的重要性，它是启动领导工作的动力，又是测试领导工作的指标体系，对正确评价领导的工作举足轻重。

3. 领导绩效考评的内容和原则。

由于领导工作的全面性，领导绩效考评的内容也是多方面的；本章介绍领导绩效评估的几个原则，使学生对领导绩效考评有较为全面的认识。

4. 领导绩效的考评方法。

了解群众考评法、定量分析法以及目标考评法等。

5. 提高领导绩效的途径。

复习思考题

领导绩效的考评是为了推动领导的工作，通过学习，认识到提高领导绩效的主要途径。

一、不定项选择题(从所给的四个选项中选择正确的，选错、多选、少选均无分)

1. 领导的绩效是指(　　)。

A. 领导工作的成功与失败　　B. 领导工作的完成与拖延

C. 领导工作的效率与效果　　D. 领导工作的经验与教训

2. 领导绩效考评的总的内容是(　　)。

A. 德、能、勤、绩　　B. 品德、能力、勤勉、错误

C. 思想、业绩、民意、道德　　D. 讲学习、讲政治、讲正气

3. 领导绩效考核方法有(　　)。

A. 群众评议法　　B. 定量分析法

C. 目标考评法　　D. 依靠上级进行测评

4. 正确的绩效观是(　　)。

A. “坚持以人为本，树立全面、协调、的全面发展”的科学的发展观、可持续发展的发展观，促进经济社会和人的发展

B. 创造政绩是为了人民的事业，为人民谋福利

C. 政绩不是个人升迁的资本，所以要办实事，求实效，使得自己的政绩经得起实践，也经得起历史的检验

D. 衡量自己的政绩最根本的是看人民群众拥护不拥护、赞成不赞成、高兴不高兴、答应不答应

5. 提高领导绩效的途径有(　　)。

A. 提高领导者的个体素质　　B. 树立正确的政绩观

C. 一定要提高经济指标　　D. 搞好班子建设

二、判断题(认为是正确的，请用“√”表示，认为是错误的，请用“×”表示)

1. 对领导绩效进行考评时，应以实际的工作业绩为重。(　　)

2. 领导的绩效带有综合性的特点，因而绩效考核的体系也是一个综合性的体系。(　　)

3. 领导的绩效既是领导工作的起点也是领导工作的归宿。(　　)

4. 领导的绩效评估对领导的工作可以起到导向的作用。(　　)

5. 领导在单位时间内处理的事情越多，其工作的效率越高。(　　)

三、填空题

1. 领导绩效的考评方法(　　)、(　　)、(　　)。

2. 考评领导绩效内容的原则一般有四个，它们是(　　)、(　　)、(　　)、(　　)。

四、问答题

1. 什么是领导绩效？领导绩效在领导活动中的作用如何？

2. 什么是领导绩效评估？

3. 为什么要进行领导绩效评估？

4. 领导绩效评估的指标包括哪几种？

5. 评估领导绩效的原则和方法是什么？

6. 提高领导绩效的途径有哪些？

7. 研究领导绩效对于实现领导科学化有什么作用？

8. 你认为应当怎样评估领导工作的绩效？

9. 领导绩效评估是否都能起到积极的作用？为什么？

10. 现实中影响领导绩效的因素有哪些？

第十一章

领导力及提升策略

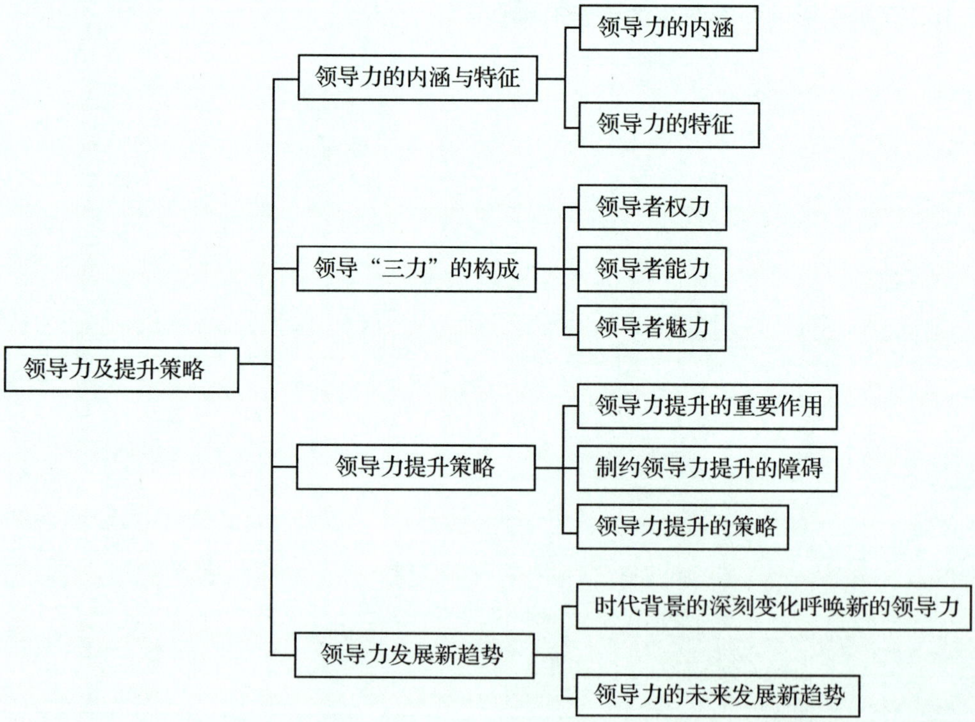

学习目标

学习目标

通过对本章的学习，要使学生理解领导力的内涵，掌握领导力的具体构成，主要包括领导前瞻力、领导感召力、领导决断力、领导驾驭力、领导行动力，掌握领导力的特征，掌握领导"三力"的构成，即领导权力、领导能力和领导魅力，认识和理解领导力提升的作用、制约领导力提升的障碍，掌握领导力提升的实施策略，掌握领导力发展的未来趋势。

重点提示

本章的重点内容是领导力的具体构成、领导力的特征、领导"三力"的构成，以及领导力发展的未来趋势。对这些内容的学习有助于学生增强对领导力知识的掌握。

第一节 领导力的内涵与特征

领导力是一个带有根本性、战略性的话题，要深化对领导力的研究，就要弄清楚什么是领导力？领导力具有哪些时代特征等问题。

一、领导力的内涵

领导力的研究适应了经济社会发展的研究和人类活动的需要，是一个具有现实针对性和未来前瞻性的研究内容。对于领导力，国内外学者从不同的视角、学科、层次、领域进行分析，提出了自己对领导力的阐释，形成了百花齐放、百家争鸣的繁荣景象。

(一)国内外学者对领导力的阐释

1. 国外学者对领导力的阐释

目前为止，国内外学者尚未对领导力这个概念给予统一的定义，绝大多数是阐述领导力的内涵，仁者见仁，智者见智，形成了多元化"领导力"概念。综合来看，主要有以下观点。

第一，认为领导力是一种带领和指导下属的能力。美国学者爱兰·凯瑟认为，领导力是为人们创造一个渠道使得事情得以发生巨变。美国管理学大师德鲁克认为，领导力就是远景。在他看来，领导能力是把握组织的使命及动员人们围绕这个使命奋斗的一种能力。美国领导力大师沃伦·本尼斯认为，领导力是领导者将愿景转化为现实的能力。美国学者认为，领导力是领导者如何激励他人自愿地在组织中做出卓越成就的能力。所谓领导力就是我们影响别人的能力，尤其是要激励别人实现那些极具挑战性的目标。美国学者詹姆斯·库泽斯和巴里·波斯纳指出，领导力是领导者如何激励他人自愿地在组织中做出卓越成就的能力。被誉为“学习组织之父”的彼得·圣吉认为，领导力实际上是来自创造性张力的能力。

第二，认为领导力是一种影响力。美国领导力大师约翰·马克斯韦尔认为，领导力就是影响力。情境领导理论创始人、领导力大师保罗·赫塞博士认为，领导力是一种试图去影响的尝试。詹姆斯·库泽斯和巴里·波斯纳认为，领导力就是一种特殊的人际影响力。隆纳·海菲兹认为，现代领导力的核心是富有驱动力和影响力，并且可以归纳为最终影响力。约翰·马克斯韦尔也认为，领导力即影响力。也有其他学者强调领导力就是一种影响力，世界上任何人都是影响别人和被别人影响的。影响别人行为的行为，谓之“领导”；影响别人行为的能力，则谓之“领导力”。领导的实质是影响，领导力的本质是影响力。

第三，对领导力的其他阐释。美国哈佛商学院史蒂芬·柯维提出，领导力包括了：探索航向，创造一个把使命与客户需求相联结的远景；整合体系，创造一个技术完善的工作体系；授能自主，发掘人的才能，释放能量；树立榜样，建立相互信任等能力。约翰·P. 科特指出，真正的领导力指的是工作中的核心行为。约翰·马克斯韦尔认为，唯有那些能引发他人动力的领袖才能创造出动能。

2. 国内学者对领导力的阐释

国内学者对领导力的研究较晚，对这一问题的研究开始于20世纪80年代，主要将领导力理解为一种领导者所具备的能力和影响力。孙健认为，“领导力是一种内生于领导场并作用于领导资源配置过程的力量，即来源于领导结构、领导性质、领导方式，体现领导功能及领导规律要求，主要由领导机制来实现的多种力量的总和。”[①]李光炎认为：领导力是领导者的综合性影响力，“领导力是一种影响力，是一种行为，是一个过程所产生的力量”。[②] 朱立言、孙健认为领导力通常包括以下几个方面：远见卓识、感召力、掌控力、领导艺术。远见卓识要求领导者有洞察力、有判断性思维；感召力要求领导者要会表达愿景，阐发自己的思想立意要高，会讲故事；掌控力要求领导者能够组建核心团队，把握权力；领导艺术则要求领导者有智慧、知道平衡，明确目的与手段的统一。[③] 除此之外，国内学者将领导者理解为是领导者所具备的影响力。有学者

---

① 孙健：《领导科学》，353页，天津，南开大学版社，2014。

② 李光炎：《领导力与生产力》，《领导科学论坛》，2001(1)。

③ 朱立言、孙健：《领导科学与领导艺术》，222页，武汉，华中科技大学出版社，2017。

认为，领导力是一种特殊的人际影响力，组织中的每一个人都会去影响他人，也要接受他人的影响，因此每个员工都具有潜在的和现实的领导力。

3. 我们对领导力的阐释

综合国内外学者对领导力概念的阐释，学者们从不同视角、学科和领域对领导进行阐释，主要分为两种观点：第一种是把领导力理解为领导者带领影响下属的能力，领导力是领导者将愿景转化为现实的能力；领导力是领导者如何激励他人自愿地在组织中做出卓越成就的能力；领导力就是影响别人的能力；领导力是来自创造性张力的能力。第二种观点是把领导力理解成对下属的影响。领导力就是影响力；领导力是一种试图去影响的尝试；领导力是一种特殊的人际影响力等。基于此，我们给领导力下这样一个定义：领导力是在一定的领导情境中，通过行使组织赋予的权力，发挥自身影响力，带领组织成员实现组织目标的能力。

(二)领导力的内涵

在领导活动中，领导者通过发挥自身能力，通过自身的人格魅力、道德品质、内在修养、心理特质等因素的综合，对下属产生一定的影响力，带领组织成员为实现组织目标而奋斗。领导力体现在组织内部，领导者与组织成员之间建立一种广泛认同、团结协作、和谐一致的关系，激励团队成员以饱满精神状态投入工作之中。

1. 领导力是一种具有凝聚作用的合力

领导力的发挥和实现，靠的不仅仅是权力推动或物质刺激，还需要领导者的信仰和个人魅力。印度甘地曾说过："领导就是以身作则来影响他人。"通过领导者能力和人格魅力影响，以身作则，调动下属的积极性、创造性，组织内形成强大合力。领导力是领导者、被领导者、领导环境、领导方式等领导要素之间相互凝聚的合力，用公式表示为：合力＝领导者的能力＋追随者的能力＋对环境的利用＋科学合理的领导方式－阻力。

2. 领导力是一种可以激发潜能的爆发力

从领导力产生的影响来看，它不是领导者一个人在表演和奋斗，也不是领导一个人的力量，而是在领导者的带领和指引下，在组织内部成员所发生的相互作用的关系。领导者通过采取合理的方式和手段，可以最大限度地激发出每个成员的最大潜能，进而形成整个团队、整个组织的最大潜能、最大力量。

3. 领导力是一种促进变革的影响力

领导力的实质是一种影响力。有人说："卓越领导的精髓不是靠如何去管人，而是想如何去影响人。"有学者经过研究发现，成功的领导关键在于99%为领导者个人所展现的魅力，以及1%的权力行使。在这种影响力的鼓舞和推动下，领导者带领和引导所有下属，适应经济社会发展需求，立足于组织实际情况，勇于创新，不断进行变革，减少组织目标实现过程中遇到的各种阻力，与下属一起共启愿景、挑战现状、锐意进取，推动组织目标顺利实现。

（三）领导力的构成

在领导活动中，领导力既可以理解为领导者带领和影响下属的能力，也可以理解为领导者对下属的影响力。从领导力的构成来看，主要由领导前瞻力、领导感召力、领导决断力、领导驾驭力和领导行动力五个部分构成。

1. 领导前瞻力

所谓领导前瞻力，就是领导者所具有的着眼未来、预测未来和把握未来的能力。现代领导者应该努力探索并掌握科学预测的客观规律，能否做到高瞻远瞩，科学预见未来，这是衡量一个领导者是否有远见卓识的首要标准，也是决定能否不断开拓前进的重要保证。领导者是组织发展的掌门人和舵手，组织这艘大船能够在茫茫大海上安全行驶、成功到达目的地，顺利实现组织目标，需要领导者的前瞻力来指明方向。领导者是否能够看清组织的发展方向和路径，有远见规划组织长远策略，正确预测未来，是作为一个领导者必须具备的根本条件。

2. 领导感召力

所谓领导感召力，是指领导场内部产生的刺激与鼓励领导者提高领导资源配置与利用效率的力量。领导力就是影响力，真正的领导者都能影响别人，让别人追随自己使别人加入进来，跟他一道干。领导的核心是影响人们的能力。领导感召力是领导者吸引被领导者的能力，是一种不依靠物质刺激或强迫，全凭人格和信仰去领导和鼓舞的能力。领导感召力通常来自以下方面：一是要具有远大理想、宏阔愿景、坚定信念、不懈追求；二是要有远见卓识，能够高瞻远瞩，看清组织未来的发展方向和路径；三是要有优秀强大的人格魅力，坚韧、自强、踏实、勤奋、随和、情绪稳定、自信等特质；四是要有较高的智商和情商，能力突出，素质非凡；五是要有充满激情，愿意和希望迎接挑战，能够带领下属实现高远的目标。

3. 领导决断力

所谓领导决断力，是指针对组织目标制定后，领导者在实施领导决策的过程中，面对各种问题和突发事件而进行快速和有效决策时所具有的能力。领导决断力，是在一定的资源条件下，领导者综合权衡决策风险、决策收益和决策时机，利用合理的方法和手段，在若干个可能的备选解决方案中选择最优方案的综合能力。决断力是当领导者综合素质中最重要的一种能力。一个组织要想健康发展、顺利发展、长远发展，领导者在进行决断时，要根据一系列环环相扣的关键因素，如全面的市场信息、不断学习的心态、敢想敢做的胆量、良好的管理理念、灵敏的市场判断力、优秀的决断“智囊团”、详细的力量对比分析等，不断提升自己的决断力，在关键时刻做对决断，做好决断，才能带领组织走向飞速发展的轨道。

4. 领导驾驭力

所谓领导驾驭力，是指领导者有效控制组织的发展方向、战略实施过程，使其各个环节、各个因素围绕一定的目标而行动的能力。领导驾驭力是领导者有效指挥以及掌握下属的能力，它需要领导者综合运用权威、影响力、指挥力、控制力以及激励和沟通等手段。领导者率领下属要实现组织目标，会遇到很多难以预料的问题、困难和挑战，需要领导者对经济社会发展形势进行准确判断、对组织内外矛盾进行协调、对有利因素和不利因素进行综合考虑衡量，这些都需要领导者具有较强的驾驭力，能够充分调动组织中的人力、物力、财力等要素，通过自身的能力和人格魅力，带领下属解决在组织发展面临的种种问题，顺利实现组织目标。

5. 领导行动力

所谓领导行动力，是指被领导者通过影响下属，带动和引领他们通过自身行动实现组织目标的能力。在领导者率领下属实现组织目标的过程中，如果仅凭领导者一个人的努力，即使领导者的能力非常突出、超群，但没有下属的支持和认可，领导者制定的组织目标难以推行和实现。因此，在领导活动中，领导者要高度重视如何将自身的能力转化为下属的能力，将自己的人格魅力转化为下属的人格魅力，充分调动参与组织目标设计、组织战略制定、组织目标实施的全过程，充分借助下属的力量，使自己的能力转化为团队的能力，使自己的行动转化为团队的整体行动，增强整个组织的执行力，形成组织成员能力突出、人际关系融洽和谐的组织氛围，才能带来良好的领导效果。

二、领导力的特征

领导者要想吸引和影响下属，需要具有较高的能力和较强的人格魅力，领导力有如下特征。

(一)具有远见卓识的眼界

领导者的远见卓识，其内涵主要表现为认识处理问题目光远大、有全局观、准确性强等诸多方面。领导者必须站在时代发展的前列，敏锐把握时代发展脉搏，聆听时代最强音，具有超前的时代预见性、敏锐观察力、准确判断力、科学分析力，高瞻远瞩，指导下属应该怎么做，才能有效地规避和解决困难、危机，能够振臂一呼，呐喊一声“跟我来”，就能使整个组织的士气大振，产生巨大的凝聚力、向心力和战斗力。当今社会发生深刻变革，组织面临的经济社会形势、组织内环境都发生了深刻变革，各种矛盾和问题错综复杂，对组织发展带来严峻挑战，要求领导者必须站得高，看得远，准确把握事物的发展方向和未来趋势。这就要求领导者在领导工作中，能够趋利避害，时刻保持头脑敏锐，见微知著，独具慧眼的洞察力，不断进行创新，根据需要调整组织的发展目标，善于因时而变、因势而变、因事而变。

(二)具有积极进取的心态

在领导活动中，领导者必须具有积极进取的良好心态，包括对成功的强烈欲望、不断地努力提高、具有雄心、抱负、精力、毅力、主动性。要成为一名出色的领导者，必须培养积极进取的心态。领导者必须注重塑造较强的领导力，通过自己的能力和人格魅力，影响和带动下属，实现组织目标。为此，要提高自己的领导力，领导者就要具有积极进取的心态，勇于面对组织发展中面临的各种挑战，不轻易退缩，不气馁，不沮丧，而是坚定不移地勇往直前，为下属树立起坚忍不拔的良好形象，勇敢地带领下属直面困难和压力，群策群力，以更强的意志，汇集出更大的凝聚力、向心力和战斗力，为组织目标的实现而努力奋斗。

(三)具有较强的影响力

领导者既是团队的榜样和标杆，又是一个团队的灵魂。身为领导者，领导者个人的魅力会带来巨大的示范效应和榜样作用。忠诚坦荡、无私无畏、开朗豁达、宽容慈祥，这是作为领导者最基础的人格特质。作为一个领导者，应该更多地为组织的每一个人着想，而不是只为自己的一时之利。做大事者，一定要有大气度、大胸怀。“君子坦荡荡，小人长戚戚。”一个好的领导者，必须成为一面旗帜，身先士卒，表里如一，才能赢得团队的爱戴和尊敬，使整个组织内形成一股强大的精神气场和精神境界，产生出更大的凝聚力和更强的战斗力。

(四)注重组织内的沟通

在领导过程中，领导者要注重自己的人格影响力，塑造良好的品质，对下属产生较强的影响力。在组织目标推行过程中，会遇到很多矛盾和问题，也需要领导者进行沟通和协调，找出问题的症结所在，及时向下属说明，增加下属的信心和勇气。在领导活动中，领导者注重和组织内外部的沟通，通过沟通可以消除分歧、改善人际、群际关系、增强群体凝聚力，使下属增强参与决策的意识，加强责任心，提高组织的整体效能。通过有效的沟通，领导者可以告诉下属应该做什么，应该怎么做，使下属明确组织的目标，明确未来的努力方向。

第二节
领导“三力”的构成

在领导活动中，所谓领导“三力”，就是指领导者所拥有的权力、具有的领导能力、展示出的领导魅力。领导者为顺利开展工作、履行职责，必须正确理解和把握领导“三力”的深刻内涵，在领导实践中灵活运用领导“三力”，提升整体领导效能。

一、领导者权力

领导者的权力称为职权或领导权，在“领导三力”中居主导地位。领导者权力的大小和范围取决于领导者的职责范围和层次，有什么职责就有什么权力。领导者的权力主要分为以下方面。

(一)决策权

决策权是领导者拥有的诸多职权中最重要、最基本的领导权力。决策是领导工作的核心，是一切事业兴衰成败的关键，是领导者最根本的职责。“领导就是决策。”领导决策是指领导者在领导活动中，为了解决重大的现实问题，通过采用科学的决策方法和技术，从若干个有价值的方案中选择其中一个最佳方案，并在实施中加以完善和修正，以实现领导目标的活动过程。实践充分证明，领导决策的成败直接决定着领导活动的成败。制定决策时，领导者要坚持实事求是、民主集中、公平公正的原则，保障决策的科学性、民主性。

(二)组织权

组织权是领导者在领导活动中，根据组织目标的需要，对机构设置、权力分配、岗位分工、人员安排等做出决定的权力。这是领导者的意图得以实现的组织保证。领导者要设计合理的组织架构，设立不同的组织部门，选用一定的人员，进行人员编制，使其履行相应责任。通过合理组织编制，把领导者提出的总任务和组织目标，根据组织结构设置情况，进行层层分解，分解为更细化、更具体的任务和分目标，使不同部门承担这些任务和分目标，并赋予其相应权力，规定相应责任。充分调动整个组织的积极性，使不同组织部门之间相互配合协作，做到人尽其才、财尽其力、物尽其用，发挥出组织的整体合力，最终保证整个组织目标的顺利完成。

(三)指挥权

指挥权是领导者为实现组织目标，向其下属或组织成员下达命令、指示，进行发号施令，推动领导顺利开展的权力。这是领导者实施领导决策或规划的基本保障。指挥是领导不可分离的职能，是领导者职权的实现途径。在行使指挥权的过程中，根据不同情况，领导者可以采用命令、说服、示范三种领导方式，既要充分运用组织赋予的权力，通过发布命令的方式，强制组织成员开展工作，也要根据具体情况，采用说服的方式，循循善诱，讲事实，摆道理，提高组织目标的执行力。领导者还要重视示范的作用，注重用自己的人格魅力影响组织成员，率先垂范，以身作则，带领组织成员为实现组织目标而不懈奋斗。

(四)人事权

人事权是领导者对下属人员，有选拔、录用、教育、培养、升降、调配、使用、任免等权力。人事权是领导者履职的最重要的权力之一，领导者的人事权归根结底就是如何选人、用人、培育人的问题。在领导活动中，领导者的用人问题至关重要，领导者坚持什么样的用人观念，能否正确地用人，直接制约着组织健康的发展，影响着人才及领导者自身的前程。能不能秉公用好人事权，是检验领导者是否真正树立正确权力观的试金石。只有恰当合理地选拔人、使用人、培养人，才能推进领导工作的顺利开展。

(五)奖惩权

奖惩权(奖励和惩罚)是领导者根据其下属的功过表现，对其进行奖励或惩罚的权力。这是一正一反相辅相成的权力，是领导者对其下属进行统辖和控制的重要手段。奖惩权是领导者用来调动各种积极性的“软”和“硬”两种手段，这种权力形式伴随着领导活动的全过程。作为领导者权力的内容之一，奖赏权是强制权的对立物，正确合理地运用奖励权是实现有效领导的重要条件。领导者要根据具体情况进行相应的惩罚，做到有功奖励，有错则罚，惩罚有度，以理服人，“奖励为主，惩罚为辅”，推动领导工作的开展。

(六)调控权

调控权是领导者根据实际情况的要求，对其所属的机构、人员、工作等进行及时调整控制，使全局的工作能相互配合，协调一致，以便更好地完成预定任务，达到既定目标。领导调控是领导者监督、检查组织的活动，以保证领导决策、组织目标的实施与组织目标的实现。领导调控是保证领导活动有序运行的重要环节。组织目标的实现离不开有效的领导控制，合理的机构与健全的制度是有效领导控制的关键。

(七)监督权

监督权是领导者通过一定的组织和手段实现领导者与被领导者、领导者与组织、组织与组织之间的相互监察与督促，以保证领导职能的正确贯彻执行，实现领导目标的活动。领导监督包括两个方面的监督：一是领导者对被领导者的监督，即上级对下级的监督，主要是监督组织运行、下级履行职责、工作任务进展情况、组织财务、人力资源情况等内容；二是领导者还应该赋予下属监督领导的权力，即被领导者对领导者的监督，下级对上级的监督，下属对领导者的决策、用人、用权等活动进行监督，提出相应的意见建议，促进领导者改进领导工作。

二、领导者能力

领导者的能力是指领导者从事与负担一定领导职务的本领，是指挥和管理工作中经常起作用的内在要素。领导能力是领导者开展领导活动，履行领导职责，完成领导任务的重要条件和保证。领导者要更好地带领下属开展领导活动，实现组织目标，必须具有多方面、全方位的综合能力。这些能力主要表现为以下方面。

(一)辩证思维能力

领导者的辩证思维能力，就是领导所具有的善于分析矛盾、抓住关键、找准重点、洞察事物发展规律的能力。面对各种新情况、新问题不断出现，领导者如果能掌握辩证思维方法，改善思维方式，学会按唯物辩证法办事，就会对问题的思考更加系统、深入、灵活，会使决策更加科学、高效，这是提高领导水平和执政能力，适应形势发展的客观需要。能否在工作中坚持辩证思维，是领导者能否正确理解和贯彻执行党的路线、方针、政策的重要条件之一。一个善于运用辩证思维谋划发展、推动工作的领导者，必然会在工作上有所收获、有所建树。在改革进入攻坚阶段、发展进入关键时期的今天，各种新情况、新问题不断出现，在这种情况下，领导者更应坚持科学的辩证思维，提高领导水平，观察问题和分析问题用动态发展眼光，在前进中看到困难，在劣势中发现优势，引导下属坚持不懈地为实现组织目标而奋斗。

(二)统揽全局能力

领导者统揽全局能力，是指领导者能够高瞻远瞩，善于从总体上、大局上把握事物发展的总体趋势和方向的能力。“不谋万世者，不足以以某一时。不谋全局者，不足以谋一隅。”领导者要善于围绕大局想问题、理思路、抓落实，要具有“会当凌绝顶，一览众山小”的宏阔气魄和开放眼界，树立全局观念，时时胸怀大局，牢牢把握全局，把组织工作放在全局的大背景、“大棋盘”中分析权衡，立足全局筹划工作，抓好落实，才能确保各项工作的高起点。领导者要增强战略思维能力，树立战略思维，高瞻远瞩，韬光养晦，立足当前，着眼长远，增强工作预见性、前瞻性，对事关长远建设的重大问题，科学规划，系统谋划。

（三）科学决策能力

在领导活动中，领导者往往要采用科学的决策方法和手段，为实现目标而制订的重要方案做出选择和决定，这就是领导者决策。为提高领导决策的科学性，领导者要坚持正确的决策方法。一是要深入基层，开展调查研究。二是要善于决断，敢于负责。领导者要正确处理“有为”和“有位”的辩证关系，不断强化大局意识、发展意识、责任意识，有勇气和魄力，敢于决策和负责，做到“言必信，行必果”，主动地、创造性地开展工作。三是充分发扬民主，集思广益。充分发扬民主，集思广益，调动组织成员参与制定决策的主动性和创造性。四是认真遵循科学决策的程序和方法。从决策议题的提出到调查研究，形成多种决策备选方案，聘请专家论证和进行可行性分析选出最佳方案，再到决策领导层的通过，各个环节都必须有严格规范。五是要依法决策，领导者必须在法律制度框架内决策。

（四）知人善任的能力

在领导过程中，选拔和使用人才是领导者的一项重要职能，领导工作的开展、领导目标的实现，需要领导具有知人善任的能力，能够发现人才、使用人才、培育人才，把他们放到合适的位置上，发挥他们的特长，做到人尽其才、才尽其用。知人善任是一种水平，善任是一种胸怀，是一种能力。列宁曾经指出，善于考察人，善于判断他们的品质，善于把每个人安排到适当的岗位上去，这种本领就是领导者的主要才能。延安时期，时任中央组织部部长的陈云同志对干部政策有过很精辟的论述：第一，了解人；第二，气量大；第三，用得好；第四，爱护人。

（五）沟通协调能力

良好沟通协调能力是领导者开展领导活动必备的基本素质。领导者沟通协调主要包括与上级、同级、下级的沟通协调。一是上行沟通与协调。领导者要做到如实反映情况，及时反映情况，做好自己的本职工作。领导者需要主动与上级协调，使上级了解情况，取得上级的支持。二是横向沟通与协调。领导者要注意协调好同级关系，争取理解、合作与支持。在沟通协调时，领导者要有宽阔的胸襟，能宽容他人的缺点和不足，变冲突为和谐，化干戈为玉帛，使摩擦减少到最低限度。三是下行沟通与协调。

领导者要以维护组织成员的最根本利益为重，站在顾大局、识大体的高度去沟通、去协调。要有诚信和诚意，做到以诚待人、以理服人、以情暖人、以情感人、以情化人，有效解决问题，化解矛盾。

（六）改革创新能力

勇于创新，又具有创新能力，是现代领导者必须具备的重要素质之一。领导者要不断进行改革创新，敢于进行改革创新，更要善于进行改革创新，不断提高自己的改革创新能力，把领导工作推向新境界、新领域，取得新成果、新成就。一是要勇于解放思想，更新观念。解放思想，实事求是，使领导者改革创新的思想前提。当前阶段，领导者面临的领导环境发生了翻天覆地的变化，只有不断坚持解放思想、实事求是，才能不断深化改革、开拓创新。二是要深入实际，勇于实践。领导者要切实增强创新意识和创新能力，学会在实践中创新，在实践中实现自我能力提升。三是要提高综合素质。领导者必须加强学习，学习经济、政治、社会、文化等领域的知识，用于实践，全面提升自己的综合能力，更好地胜任领导工作。

（七）持续学习能力

学习是领导者掌握知识、履行职责的重要方法，更是增长见识、提升能力的重要途径。领导者要做到以下几个方面：一是要学习战略思维。通过学习建立起一个纵向前瞻、横向全面，开放科学的分析判断事物的坐标系。二是要学习新理论、新理念。要深入学习各种新理论、新理念，如创新理念、民主理念、法治理念、科学理念等。三是学习新知识。新的领导环境的变化，要求领导者必须不断学习新知识，掌握市场经济所要求的现代金融、经济知识、现代管理知识，及领导科学、历史与法律、现代科技和社会心理等多方面的知识，形成丰富多样而又扎实的知识理论体系。四是学习新政策。要紧紧跟上时代发展，认真学习领会党的路线、方针和政策，党和国家出台的重大政策、领导人的重要讲话，学习新政策、领会新政策、贯彻新政策。五是要从实践中学习。领导者要带着问题学，更重要的是要结合实践学习，努力成为具有世界眼光、持续学习能力，积极开拓创新、善于驾驭全局的优秀领导者。

（八）灵活应变能力

新时代的领导者必须具备良好的应变能力。在领导活动中，领导者要具有以下几个方面的灵活应变能力：一是具有敏锐的洞察能力。善于对面临的形势进行准确判断和分析，进而敏锐、迅速、准确地抓住问题要害。二是具有敏捷的反应能力。领导者必须当机立断，迅速收集信息，敏锐观察和把握住事情的发展变化，及时调整行动方案，以取得成功。三是具有准确的判断能力。领导者必须具备准确的判断能力，迅速进行决策，拿出科学合理的决策方案。四是具有果敢的决断能力。善于根据形势变化，果断出击，当断则断。五是具有灵活运用“势”能力。用“势”是领导者开创局面的重要方法。要依据客观实际发展，顺乎客观规律和时代发展趋势。六是具有超常的镇定能力。[①] 面临种种可能发生或已经发生的困难、挑战或危机，领导者要临危不惧、临危不乱，“骤然临之而不惊”“每临大事有静气”。

三、领导者魅力

所谓领导魅力，是指领导者在文化、性格、气质、能力、品行等方面具有的能够吸引下属的力量，这种力量是综合素质的最终体现。领导魅力，是由领导个人道德情操、人格魅力、智慧才能等非权力因素所带来的对公众产生强烈影响而又带有某些神秘色彩的感召力、吸引力和凝聚力。在领导力研究中，有这样一个著名的领导力公式，即“领导力＝权力＋能力＋魅力＋魄力”。领导魅力是领导力的重要组成部分，对领导力具有重要影响。从实质意义上来看，领导魅力是一种“软权力”，在领导力中起着至关重要的作用。领导魅力以领导者的人格、品德、语言等为内在支撑，在树立领导者威望、汇集人气、传递正能量，增强整个组织的凝聚力、向心力和战斗力等方面具有不可替代的作用。领导者魅力的要素主要包括以下方面。

（一）具有坚忍不拔的意志魅力

意志是领导者在领导活动中体现的果断、忍耐、坚定与顽强等特征。在领导活动中，领导者要始终把组织成员的共同目标，所追求的共同事业放在第一位，激发组织成员的积极性、主动性、能动性和创造性。给每一个组织成员发挥个人才能的机会，让组织成员感受到个人在组织中的意义与价值。在组织发展过程中，会不可避免地面临种种困难、压力和挑战，领导者自己首先要树立起坚忍不拔的意志，并把这种意志传递给组织成员，激励组织成员积极进取、勇于开拓，用目标、事业来凝聚大家的智慧和力量，要始终让组织成员坚信，个人的利益与组织的事业紧密联系在一起。领导者要不断激发起组织成员对组织目标的持久热情与不竭动力，不断强化他们的事业心和责任感，以事业发展和工作责任汇聚人心，竭尽全力完成组织任务，实现组织目标，同时也实现个人的自我价值。

（二）具有坚不可摧的信念魅力

在领导过程中，在带领和引导组织成员迈向组织目标的道路上，领导者要始终坚

---

① 褚先顺、王晓艳：《领导者要努力提高应变能力》，载《学理论》，2003(3)。

持坚不可摧的信念，不管遇到多大的困难和险境，多大的挫折和失败，都一直勇往直前，矢志不渝，让组织成员感受到目标与事业的推动力。在领导活动中，领导者只有勇敢树立起不怕挫折的信念、一往无前的信念、事业必胜的信念，才会对组织目标确信无疑，才能迈出更加坚定的步伐，才能产生克服任何困难的勇气，才能随时迎接来自方方面面的挑战。领导者坚不可摧的信念的引导力量并不仅仅作用于领导者自身，它同样会带给组织成员极大的影响，使他们坚定不移地跟随在领导者身后，成为领导者实现组织目标的坚强后盾。

（三）具有高尚圣洁的人格魅力

领导者的人格魅力，是指领导者的品德、才学、能力、性格、感情、经验等个人综合素质吸引人和感召人的影响力，它是居于领导者权力影响之外的、能让下属和群众敬佩、信服的一种自然征服力。西方领导科学研究认为，领导者的成功定律，是由99％的人格魅力与1％的法定权力构成的。领导者的人格魅力越强，就越能在下属中享有崇高威望，越能凝聚多方力量，形成一个强大的磁场，影响和带动下属，为组织目标而努力奋斗。领导者培养和塑造人格魅力，可以从以下几个方面做起：一是要增强道德魅力。要正确行使手中权力、为民谋利、公正廉洁。二是要增强学识魅力。在领导过程中，领导者应当具备广博的知识，广泛涉猎各方面知识，成为“学习型”领导者。三是要增强思想魅力。一个有魅力的领导者应该是一个深邃的思想者，坚持“不唯书，不唯上，只唯实”，要辩证分析，独立思考，大胆构想，“解放思想”“敢想、敢说、敢做”。四是要增强能力魅力。在新的历史时期，领导者要培养和提升辩证思维能力、统揽全局能力、科学决策能力、知人善任的能力、沟通协调能力、改革创新能力、持续学习能力等能力，更好地胜任领导工作。

（四）具有善于沟通的语言魅力

在领导活动中，领导者要善于进行协调沟通，就需要掌握语言沟通的技巧，具有高超的语言沟通魅力。领导者的语言魅力是领导力的直接体现。领导者的语言魅力，表现在领导沟通过程中，能掌握领导语言表达的原则与要求。一是要做到信息适度、话语真实、内容贴切、方式简明，适应并切合身份、对象、时机、场合；二是要做到善于选用精粹的词语、要善于使用凝练的语句，说话态度要谦虚、说话语调要适宜、说话神情要专注、说话内容要文雅；三是要学会领导语言表达策略，要坚持以理服人，要掌握模糊的语言策略、委婉的语言策略、幽默的语言策略、机敏的语言策略和非语言符号策略；四是要增强语言的感染力。好的领导者，其语言要非常有魅力，能用激情点燃他人对成功的渴望，看到组织发展的未来和希望。

第三节 领导力提升策略

领导力是一种能力，是领导者带领和指导下属的能力；领导力也是一种影响力，是领导者通过自身的能力和人格魅力对下属的深刻影响。必须探讨领导力的策略或实施路径，卓有成效地提高领导者的领导力，为领导工作的顺利进行奠定坚实的基础。

一、领导力提升的重要作用

在领导工作中，提升领导力具有极其重要的作用，主要表现为以下几个方面。

（一）提升领导力是领导环境深刻变革的必然要求

领导环境是指领导者实施领导所面临的周围境况，是制约和推动领导活动发展的各种自然要素和社会要素的总和，是领导活动的基本要素之一，它与领导者、被领导者和领导目标共同构成了领导活动的基本要素。领导活动都是在一定环境中展开的，领导活动不但受到广泛的、外围的社会大环境的影响和制约，还受到具体的、内部的组织小环境的影响和制约。内部领导环境是指组织内部各种对领导活动产生制约或推动作用的因素的总和，主要包括组织的性质和类别、组织文化、工作规范化程度、组织的物质基础、被领导者的状况、领导者的特质等因素。外部领导环境是指推动或限制领导活动展开的各种自然要素和社会要素的组合，主要包括政治、经济、文化、法律、科学技术以及自然要素影响领导行为模式的外部氛围和条件。领导环境的外在环境和内在环境有机统一，影响制约着领导活动的开展。领导者必须具有开阔的视野、敏锐的问题意识，善于根据组织内外环境的巨大变化，高瞻远瞩，立足当下，着眼未来，制定科学合理、切实可行的发展战略和组织目标，发挥出强大的领导力，带动和引导下属不遗余力地贯彻和实施组织目标，顺利实现组织目标。

（二）提升领导力是适应领导角色变化的时代选择

新的历史时期，领导者角色发生了深刻的变革。一是领导者是知识、经验和智慧的传播者。这种新角色被称为“教师”“师傅”“教练”和“导师”等。领导者要尽量鼓励下属，培养竞争和合作的学风。通过教育和实践，领导者将提高下属的能力。二是领导者能联合群众，设计组织，成为变革的控制者。这类角色常被称为“设计师”“社会建筑师”和“组织缔造者”等。在组织缔造之时，领导者要预想其规模、结构、战略、技能、人员、作风，尤其要形成与下属共同的“愿景”。三是领导者能够传播领导技能，做未来潜在领导者的培养者。领导者能够将自己的知识和经验传授给下属，使他们也成为未来的领导者。

（三）提升领导力是增强领导绩效的重要措施

从领导力的构成来看，主要由领导前瞻力、领导感召力、领导决断力、领导驾驭力和领导行动力五个部分构成。领导者通过采取合理的方式和手段，激发每个成员的最大潜能，形成整个组织的最大力量。领导绩效是领导者能力和水平的综合体现，是一个组织目标实现的程度。领导绩效是综合性的指标体系，是领导者德、能、勤、绩的有机统一。从领导绩效形成过程来看，领导绩效的形成是主客观多种因素共同作用的结果，既有领导者的个人的因素，也有上级领导的支持，下属的拥护，同级部门的配合，领导班子的团结努力。在领导过程中，领导者要率领组织提高领导绩效，实现组织目标，必须重视领导力建设，提高组织领导力。

二、制约领导力提升的障碍

由于诸多因素影响，领导者的领导力不能有效发挥出来，这些障碍主要表现以下方面。

（一）道德失范

所谓领导者的道德失范，是指领导者的基本道德规范的缺失与不健全，造成领导者行为的缺陷，对下属或社会造成不良的影响。领导者的道德失范主要表现为以下方面：一是不重视政治品德。政治品德是领导者道德修养的灵魂，有的领导者对科学理论不学习、不研究，是非难辨，立场摇摆；与党离心离德，全心全意为人民服务的宗旨意识荡然无存，党的事业、人民的利益已被抛到九霄云外。二是缺乏职业道德。有的领导者缺乏职业道德，不踏实做事，履行职责，大搞权钱交易、以权谋私。三是缺乏家庭美德。领导者在与父母、配偶、子女关系的处理、控制、监督等方面不到位。四是缺乏不顾社会公德。有的领导者不顾社会公德，言行失范，影响形象。这些道德失范的现象，都会影响领导者的形象，降低领导者的领导力。

（二）思维僵化

所谓领导者的思维僵化，是指领导者的思维方式处于保守、僵化、不思进取状态。领导者具有什么样的思维方式是十分重要的，尤其是对主要领导者而言，更是举足轻重。随着经济社会的发展，领导者面临的内外部组织环境发生了深刻的变革。在领导活动中，领导者就要善于根据环境的变化，抛弃传统的教条主义思维、固化保守的思维方式，不能再囿于过去的领导理念、领导方式，而是要不断创新思维方式，树立起战略思维、全局思维、科学思维等思维方式，塑造崭新的思维方式，提升自己的领导力。

(三)眼界狭隘

对一个组织来说，领导者起着主导作用。如果把一个企业比作一艘大船，领导者就是这艘大船的船长。对于一个领导者来说，必须站得高、看得远，高度决定眼界，眼界决定着境界，境界决定着水平。一个有眼界的领导者，必须站在时代发展的前沿，紧跟时代的发展变化，“一叶落而知天下秋”，能够注重工作的系统性，视野开阔，高屋建瓴，能从错综复杂中把握关键，从千头万绪中理出重点，从困境中找到机遇，从迷茫中找准方向，始终做到统筹兼顾。如果一个领导者眼界狭隘、能力不高，必然会难以把握领导环境的深刻变革，一叶障目，不见森林，不会有效处理眼前和长远、局部和整体的关系，制约着其领导力的发挥。

(四)心理障碍

所谓领导者的心理障碍，是指领导活动中领导者表现出来的不良心理状态，对其身心健康及领导工作带来消极影响。有的领导者存在心理障碍，制约着其领导行为和领导力发挥。其主要表现为以下几个方面：一是不断膨胀的权力欲心理。有的领导者，以自我为中心，把自己凌驾于被领导者之上，只愿听赞同意见，不愿听反对意见，不愿意纳谏。二是嫉妒心理。领导者的嫉妒心理主要表现在凡事以我为中心，从自身利益出发，对他人缺乏理解与认同；富有攻击性，揽功推过；缺乏自信又惴惴不安，对竞争者虎视眈眈；貌似和蔼亲切，其实冷酷无情等。三是多疑心理。有的领导者会因为某一次遭受上级批评而怀疑上级不信任自己；有的领导怀疑自己的下属对自己是否忠诚等。四是焦虑心理。领导者的焦虑情绪使其不能够冷静地思考和处理问题，丧失积极进取的精神，对工作和生活缺乏热情。五是虚荣和自卑心理。对自己智力和能力估计不足，遇事不敢决断；不敢触及矛盾的焦点，不敢独当一面。六是麻木或冷漠心理。表现为领导者对领导工作缺乏积极动机，工作缺乏热情，对下属情感冷漠，进取心衰退，意志不坚强，思维不活跃等。

(五)决策失误

在领导活动中，领导者的决策正确与否，直接决定领导工作的成败。从领导决策失误的原因来看，主要表现为以下几个方面：一是领导者自身能力不够。一些领导者受理论水平、政策水平，个人的知识储备，经验、心理、价值观等个人因素制约，缺乏科学决策的勇气和魄力。二是领导决策前期准备不足，调研不细。一些领导者求成心切，不深入调查研究，习惯于看材料、听汇报，将决策建立不全面、不科学的调查结果之上，必然造成领导决策失误。三是领导决策程序混乱，领导者个人意志明显。一些领导者在决策过程中缺乏民主，不重视群体意见和群体决策，缺乏公开、民主的参与渠道。四是领导决策监督问责措施不到位，惩处无力。在决策过程中职责分离的决策方式，直接助长了决策者的不负任何责任，导致了决策的随意性、盲目性。

（六）权力滥用

在领导过程中，通过手中的权力，领导者可以制定决策、确定组织目标、设置组织机构、选拔人才，促进组织目标的顺利实现。如果缺乏对领导权力的监督，就会导致领导者对权力的滥用。权力是一把双刃剑，如果领导者思想错误，就会抛弃党的“立党为公、执政为民”宗旨，产生错误的权力观，把权力变成谋利的工具，将公权变成私权。同时，如果对领导者监督缺位，也容易出现领导者权力滥用，降低领导者在下属中的威望和公信力，破坏领导者的领导力。

（七）用人失误

用人错误才是最大的失误。如果领导在用人时失误，就会对组织带来极大的影响，使领导者的形象大打折扣，最终对领导者的领导力造成极大的冲击。比如，领导者在用人时，不能坚持“任人唯贤”、德才兼备的标准，不是根据领导工作的需要选人、用人，不能采取公开选拔、公开任命的方式，不按程序和制度办事，不注重考察人的道德品质、工作业绩、综合能力，不能做到合法使用权力，公平公道正派地用人。

（八）协调失衡

领导协调是领导工作中采取一定的措施和办法，使组织内各个部分以及组织内外人员等调节调整、协同一致，相互配合，高效率地实现领导目标的行为过程。领导者需要协调与上级、同级与下级的关系，进行沟通协调，还要处理与外部的关系，解决矛盾，化解冲突。如果领导者不能正确处理上级、同级与下级的关系，不重视协调的作用，或者采取错误的协调方式，就会造成与上级、同级、下级，甚至与组织外部的关系紧张，加剧矛盾和冲突，造成组织内部关系紧张，领导效率低下，最终影响组织成员的积极主动性，使领导目标无法实现。

（九）言行失体

在领导活动中，领导者的一举一动、一言一行都处在众目睽睽之中，一旦言行失体，随时可能引发“蝴蝶效应”，产生不良的社会影响。所谓言行失体，是指领导者的言谈举止，违反了人际交往的一般规则，有失领导者应有的形象。一旦领导者如果言行失体的话，就会大大降低他的领导影响力。近年来，发生了一些领导者在公共场合言行失体的案例，引发了社会的广泛关注。言行失体对领导者的领导力产生的影响力和制约是阻碍领导者与组织成员的有效沟通，妨碍领导者塑造良好的领导形象。

三、领导力提升的策略

韦尔奇曾说过：“在这个竞争求存的知识经济时代，要想获得成功只有不断地提升自己的能力，增强自身综合素质，不断地提高自己的领导力。”在当前经济社会快速发展和激烈变革的时代，组织的健康长远发展离不开领导力建设，尤其是卓越领导建设。要提高领导者的领导力，就要采取多元化策略，提高组织的竞争力。

(一)领导者要准确定位自己的角色

随着经济社会的发展，领导环境发生了深刻的变革，对领导者提出了新的挑战，要求领导重新认识和定位自己在领导活动中所扮演的角色。领导者对自己的角色进行清晰准确的定位，是领导者开展领导活动的前提和基础。领导角色是领导职能的基本体现，领导职能的多样化，就决定了领导角色的多样化。可以说，领导角色是由多个角色汇集而成的“角色从”。

1. 当“舵手”把握方向

如果说，一个组织是一艘航行在茫茫大海上的轮船，那么领导者就是大艘大船的船长或舵手。通过组织的目标和发展战略，领导者为组织设定了未来发展的方向，就要制定相应的决策，引领所有的成员朝着这个目标而努力奋斗。这就要求领导者具有敏锐的问题意识、高瞻远瞩的眼界、开拓创新的魄力、锐意改革的勇气，敏锐地感知到领导环境的深刻变化，站在发展的潮流，具有突出的预测能力，制定出科学合理、切实可行的决策，并在实践过程中不断创新，成为领导事业的开创者、奠基人。要成为一名优秀的舵手，需要领导不断加强政治理论学习，努力提高自身政治修养和理论水平，切实增强政治敏锐性和鉴别力。

2. 当“管家”总理事务

在领导过程中，领导者掌握组织赋予的权力，不仅要时刻冲锋在前，而且具有开阔的视野和一往无前的勇气，为组织开疆拓土，制定决策，制定发展战略，当好组织的舵手、船长，尽到领头羊、火车头、引航员的责任。领导者还是组织的“大管家”，担当着一种“管家”的角色。领导者要当好一名合格的“管家”，就必须做到两点：一是要会管，善于授权。在领导过程中，领导者不仅要充分运用自己的能力，更要善于“用人之力”，借用他人的能力和智慧，减轻自身的负担，让自己集中精力谋全局、抓大事，更多地让下属有权力独立做事，有利于调动和发挥下属的积极性、主动性和创造性，卓有成效地提高领导工作绩效。二是要敢管，勇于坚持原则。领导者要充分发挥领导者的作用，及时发现和解决矛盾，化解冲突，敢于批评，敢于斗争，敢于揭露，为组织营造一种风清气正、和谐团结、干事创业的良好氛围。

3. 当好“服务员”贴心服务

领导者有组织赋予的权力，也承担着相应的责任和义务，权力不仅仅是组织赋予领导者干事创业的“通行证”，更是一份沉甸甸的责任。领导者的权力、责任和义务，归结为一句话，领导就是要全心全意为人民服务，做广大群众的公仆。“全心全意为人民服务”是毛泽东领导思想的核心，它要求领导工作必须符合广大人民群众的最大利益。邓小平曾说过：“领导就是服务。”这就是领导者行使权力的基本要求。“领导就是服务”这一句话道出了领导者为官做事的真谛，明确了领导者的职责所在：那就是要甘当孺子牛，愿当服务员；就是要想民困、急民需、解民忧，“先天下之忧而忧，后天下之乐而乐”；就是要把服务作为自己领导工作的宗旨，遵循“想人民之所想，急人民之所急”的理念，树立服务意识，为民众服务、为大局服务、为发展服务。领导就是服务，重在服务质量。领导者要深刻完整准确地理解“领导就是服务”理念，常用这把尺子量一量自己的行动，把这一思想贯穿在全部领导工作实践中，为组织成员做好各项服务工作，让他们体会组织的温暖，以真心换真心、以真情换真情、以服务换支持，使整个组织成为一个温暖和谐温馨的大家庭。

4. 当“标兵”做好楷模

领导者的楷模和表率作用，就是领导者在工作、生活中的一言一行留给属下的“榜样示范”。可以从两个方面来理解：一是领导者的外部“榜样示范”；二是领导者内心“榜样示范”。所谓外部“榜样示范”，就是领导者的行为举止，主要表现为外貌、仪表、举止、风度、谈吐、气质等因素；所谓领导者内心“榜样示范”，就是领导者的理想、道德、信念、品质、人格等诸多要素的总和。领导者要当好下属的楷模，亲自率先垂范、当好标兵、让人敬佩、受人拥戴。领导者要成为自觉学习的楷模、遵守法律法规和规章制度的楷模、追求团结的楷模、实干创业的楷模。领导者要脚踏实地，“撸起袖子加油干”，树立起“踏石有印，抓铁留痕”的务实精神，以务实作风和实干精神带动组织成员不断前进，为实现组织长远发展目标努力奋斗。

(二)善于运用手中的权力

善用权力是领导力提升的保证性环节，领导者心中要有戒尺，把手中的权力用得其时、用得其所。领导者要做到敢于用权、善于用权，必须为民众谋取利益。领导权力的本质是集体赋予领导主体(领导者个人或领导团体)支配公共价值资源份额的一种资格，是一种控制力和影响力。领导者要树立正确的权力观：一是要严以用权，坚持用权为民，必须着力规范领导权力，防止权力滥用给社会带来危害。二是要依法用权，不滥用。要树立正确的权力观，坚持用权为民，按规矩、制度、法律行使权力，任何时候都不搞特权、不以权谋私，做廉洁自律的“清白人”。要做到“心中有法”，牢固树立法治意识和法治思维。三是要谨慎用权，不私用。领导干部要时刻以如履薄冰、如临深渊的心态，对权力始终心存敬畏。要存有“权为民赋”的敬畏之心，牢牢谨记手中的权力来自民众的赋予，不是自己可以任意使用的“私器”。要存有“慎权慎行”的敬畏之心，自重、自省、自警、自励，始终对权力怀有平常之心、戒惧之意。四是要阳光用权。领导者要认真贯彻民主集中制原则，自觉按照规则和制度处理事务、行使职权，坚持用制度管权、管钱、管事、管人，防范权力滥用，做到立身不忘做人之本、为政不移公仆之心、用权不谋一己之私，掌好权、用好权。

(三)注重沟通协调

沟通协调是一个领导方法问题，也是一个决策程序问题，更是一个职责意识问题。在领导过程中，领导活动的组织实施、领导目标的实现、组织外部矛盾的化解、下属积极性的调动，都需要沟通协调，都离不开沟通协调。协调是现代领导的特点，协调到位了，整个组织系统才能有效运转，领导工作才能得到贯彻落实。领导者进行沟通协调，要注意运用正确的方法，全方位地面对上级、同事、下属、群众等各种关系，进行充分沟通协调，做到对上级的沟通协调要尽职而不越位，对同级的沟通协调要配合而不设障，对下级的沟通协调要负责而不偏执，对外部的沟通协调要真诚而不冲动。领导者在沟通协调过程中，要做到“三要”：一是要做“润滑剂”，要经常与上级、同级和下级沟通思想，增进感情，做到减少分歧，防止内耗，不断增强整个组织的凝聚力、向心力和战斗力；二是要做“催化剂”，要深入基层，开展调查研究，最大限度地为其排忧解难，从而调动其积极性，增强团队合作意识，齐心协力干好各项工作；三是要做“黏合剂”，在处理好组织内部关系的同时，要协调好与组织外部的关系，主动接触，加强交流，加深了解，切实为工作顺利开展营造良好的外部环境。

(四)具有大局观念

“不谋全局者，不足以谋一隅”。习近平曾强调，顾全大局是成熟领导干部的重要标志。有没有大局意识，是衡量干部思想建设好坏的重要标尺。领导者要自觉树立起大局观念，主要从以下几点做起：一是具有大局意识。要善于把握形势、认清形势、利用形势，坚持大局观念，以整个组织的大局为重。二是要正确处理组织内外的各种利益关系，坚定地维护好大局利益。领导者要善于从宏观上、大局上观察和思考各种利益关系，正确处理好个人与集体、小局与大局、眼前与长远、重点与一般的关系。三是要处理好主要矛盾和次要矛盾的关系，做到战略上轻重有序、缓急有度。四是要做到心中有大局、行动践大局。领导者能否真正具有大局意识、大局观，最重要的衡量标准在于能否将它正确运用于实际的领导工作之中，坚定不移地为国家大局、社会大局、本组织的大局着想。

（五）要知人善任

用人历来是关系国家社稷治乱兴衰的根本问题。中国历代有作为的思想家、政治家，无不高度重视选人用人问题，并留下了丰富的著述、深刻的思想和宝贵的经验。一是倡导为政之要，唯在得人。用人是为政之本、治国之本、安民之本。“夫尚贤者，政之本也。”二是倡导德才兼备，以德为首。在选人用人的标准上，主张既重才又重德，提出要“考其德行，察其道艺”。唐太宗提出，“今所任用，必须以德行、学识为本。”三是倡导公道正派，任人唯贤。《尚书》首次提出公道正派、选贤任能的用人原则。四是立政之道，察吏为先。识人是用人的前提。五是量才施用，注重培养。如何使一个人的才能与其职位相称，是用人之道的一个重要方面。领导者要当好伯乐，做到知人善任：一是以强烈的责任感选人。领导者要善于发现人才，坚持任贤选能、德才兼备的原则，不拘一格选拔有能力、踏踏实实、敢于创新的人才。二是要知人。要准确无误地识别人才，不仅要知其所长，更要知其所短，要察其智商，识其情商，要辨其水平，观其操守。三是要善任，根据人才专长、能力、性格、品质等情况，综合考虑，量才使用，努力实现人才资源配置的最优化。唯其如此，方能做到用其所长，避其所短，方能做到人尽其才，事竟其功。

（六）能够信任下属

在领导过程中，领导者要充分调动下级的积极性，对下属进行一定的授权，赋予他们相应的权力，同时让他们承担相应的责任。领导者在对下属进行授权后，就要对其予以信任，不能授而生疑，大事小事都干预，事无巨细勤过问。在工作中，领导能信任下级需要具有以下几个特点：相信下级的道德品质；认可下级的工作态度；理解下级的内在欲求；明白下级的工作方法；肯定下级的工作才智；信赖下级的工作责任感。领导者要做到对下级能“信”，敢“信”，一是领导之“信”，重在放权。要善于将权力下放给对应下级，给予下级充分信任，支持其规范使用权力，要懂得放手，这样才能充分发挥下级的能动性与创造性。二是领导之“信”，要容人之短，对于下级自身存在的非原则性缺点要包容和帮助，不能以偏概全、全盘否定，要善于发现下级的闪光点，通过信任和鼓励帮助下级补齐短板。三是领导之“信”，重在公心。领导者要敢于信任，更要善于信任。要唯才而信，出于公心，根据下级的才能来给予应有的信任，要看品行，看态度，看能力，做到心中有数，充分信任。

（七）提高综合能力

在领导活动中，领导者要不断提高自己的综合能力，主要包括以下能力：一是辩证思维能力。领导所具有的善于分析矛盾、抓住关键、找准重点、洞察事物发展规律的能力。二是统揽全局能力。领导者要善于从总体上、大局上把握事物发展的总体趋势和方向的能力。三是科学决策能力。领导者要提高决策能力，实现决策的科学化、民主化。四是知人善任的能力。领导要善于发现人才、使用人才、培育人才。五是沟通协调能力。良好的沟通协调能力是领导者开展领导活动必备的基本素质。六是改革创新能力。领导者要敢于进行改革创新，要善于进行改革创新，把领导工作推向新境界、新领域，取得新成果、新成就。七是持续学习能力。领导者要树立起自觉学习新知识、新科技，用知识提升综合能力，更好地胜任领导工作。八是灵活的应变能力。领导者必须具有灵活的应变能力，善于把握形势变化，逐步解决问题，化解矛盾。

（八）勇于承担责任

领导者在组织中发挥主导作用，是组织决策、组织目标的设计者、推行者和践行者，应该对领导活动的事情承担相应的领导责任。在领导活动中，领导者行使组织赋予的权力，履行自己的领导职责，带领和引导组织成员追求和实现组织目标，权力意味着权利，也意味着责任。习近平说："看一个领导干部，很重要的是看有没有责任感，有没有担当精神。"领导者的担当，就是在大事难事面前勇挑重担、敢于负责，在急事危事面前挺身而出、冲锋在前，在名利地位面前不计得失、顾全大局。敢于担当是一种能力。面对挫折、困难和风险，领导者既要有敢于担当的勇气，更要有善于担当的能力。敢于担当是一种智慧。面对种种困难，既需要领导者要有勇气、有激情、有韧劲、有能力，也需要领导者有智慧、有谋略、有水平、有办法。领导者要有善于担当的智慧，善于用战略思维、辩证思维、系统思维、创新思维观察和分析问题，不断地提升自身的综合素质和领导能力，化解前进中的风险、矛盾和问题，使组织能够化解危机，解决矛盾，实现顺利发展。

（九）重视提高执行力

在领导活动中，执行力是指有效利用资源、保质保量达成目标的能力，指的是贯彻战略意图，完成预定目标的操作能力，是把组织战略、组织规划、组织目标转化成为实际效益、成果的能力。一个组织的成功离不开强大的执行力。正所谓"三分决策、七分执行"，只有执行有力、执行到位，才能够事半功倍。领导者从以下几个方面增强执行力：一是要树立坚不可摧的执行观念。领导者要牢固树立敢于执行、善于执行的观念，敢于啃硬骨头，敢于涉险滩，坚决做到“踏石留印，抓铁有痕”。二是领导者要提高自身的执行能力。领导者自身要提高综合能力，站在时代发展前列，高瞻远瞩，有效调动组织内的人力、物力和财力资源，贯彻和实施组织战略和组织目标。三是要健全组织机构，明确职责分工。领导者要立足于组织内的实际情况，适应领导环境变化，根据职能目标设立组织机构，配备人员编制，理顺权责关系，明确部分分工。四是要制订工作计划，合理分配资源。领导者要善于统筹规划，制定相应的执行决策和具体的工作计划，把相应的领导任务细化分解开来。五是要建立科学执行制度。要建立健全科学的工作绩效评估机制和监督问责机制，确保各项制度得到遵循和执行，领导者一定要带头执行各项规章制度，率先垂范，影响和增强下属和团队的执行力。

第四节
领导力发展新趋势

当今世界处在一个大变革时期，给领导环境带来了前所未有的变化，这变化既是机遇也是严峻的挑战。这一深刻变迁的时代背景下，领导力呈现出良好的发展势头，也面临着极大的挑战。基于此，我们要积极探讨如何顺应经济社会发展的大趋势，卓有成效地提升领导者的领导力，将领导问题推向新的领域，推动组织目标顺利实现，使组织发展迈向更广阔的空间。

一、时代背景的深刻变化呼唤新的领导力

随着经济社会的发展，人类社会发生了深刻的变革，使领导力建设面临着千载难逢的机遇，推动了领导力问题研究的深化、研究视野的开阔和研究思路的拓展。

(一)经济全球化蓬勃发展，成为人类难以规避的时代境遇

当今时代，人类正处于一个急剧变迁的经济全球化时代。在经济全球化条件下，资源得以在全球范围内进行配置。作为全球经济组成部分的各个国家，都可以发挥特有优势。各国优势可在全球经济密切交往中实现互补，可能促进各国和全世界的经济发展和经济效益提高。世界市场成为一个不断扩大的统一整体，各国都面向这个统一的全球大市场，这就使各国企业有可能充分发挥本身优势，根据世界市场需求，实行规模经营，同时参与世界市场竞争。中国的发展已经深深地融入经济全球化的大潮之

中，并产生了日益巨大的影响力。在日趋复杂的环境下，经济全球化战略不仅是一种现象和方法，更是一种视野和思维。一个国家的发展离不开经济全球化提供的大舞台，同样一个组织的发展也离不开经济全球化提供的良好机遇。这就决定了我国领导者在进行制订组织目标、组织目标和组织决策之时，需要把关注的目光投向经济全球化，领导力的建设离不开经济全球化这一宏阔的社会背景提供的种种机遇，也无法规避带来的不良影响。

(二)组织人力资源管理呈现出新变化

从企业角度来看，企业人力资源管理发生了巨大的变化，主要表现为：一是人力资源战略地位日益加强。新形势下，人力资源管理的战略地位上升，很多组织开始成立人力资源委员会，使高层管理者关注并参与组织人力资源管理活动。二是注重以人为本和能本管理。随着知识经济和信息时代的到来，人力资源管理趋向于以“社会人”“复杂人”为假设的人本管理。人本管理要求管理者注重人的因素，树立人高于一切的管理理念。三是注重激活组织成员的创造性。人力资源管理的重点就是要激发人的活力、挖掘人的潜力、激活人的创造力，鼓励成员参与组织管理和创新，释放人力资源的创造潜能，为组织发展开辟永不枯竭的动力源泉。四是人力资本特性日益突出。人力资本成为组织最关键的资源，也是人力资源转变为人才优势的重要条件。五是人力资源管理全球化、信息化。随着世界各国经济交往和贸易的发展，国际竞争的深化必然推动组织在全球内的资源配置，更包括人力资源的全球配置。此外，知识经济也是一种信息经济，人力资源将逐步融入信息时代，呈现出鲜明的信息化和网络化特征。

(三)组织变革呈现新景象

在新的时代背景下，领导者适应经济社会的深刻变化，积极进行组织变革，主要表现为以下几个方面：一是组织的结构由科层组织向扁平化、网络化组织转变。要从过去那种金字塔式的、科层式的垂直组织结构逐渐向扁平化、网络化的组织结构转型。二是组织的生产方式从集中化、规模化、标准化转向平台化下的分布式、微化、创客化组织方式。三是组织边界被打破，组织的破界与跨界将成为一种组织变革时尚。超越行业界限、打破组织边界、组织无边界、跨界将成为组织的新常态，从过去封闭的产业价值链过渡到现在的产业生态圈。四是组织的合作与协同从部门化到团队化，从中央协同到平行分布协同。五是组织的管控监督机制从刚性管控走向柔性引导。采取非强制命令方式，使其自觉服从认同，把组织意志转变为人们自觉行动的领导行为。六是组织的特征从静态到动态，从封闭到开放。组织不断变革、创新将成为一种常态和生存方式，真正从静态走向动态发展。七是组织沟通与氛围，从面对面沟通到网络化沟通。在组织内部打破部门界限，使信息和知识在组织内部以最快的速度传播，实现最大限度的资源共享。八是组织对环境的适应性将从被动走向主动，从竞争到共生共赢。站在未来看未来，把握趋势，主动变革创新将成为组织生存的核心技能。

二、领导力的未来发展新趋势

随着经济社会的发展，组织内外环境的巨大变化，将会给领导力建设带来新气象。在未来的若干年内，组织内的领导力发展将呈现良好的发展势头。

(一)要培养国际化领导力

当今时代，随着科学技术的日新月异，经济全球化呈现出蓬勃发展的势头，人类社会开始进入到经济全球化时代。经济全球化使组织环境发生了巨大的变化，对领导者的眼界、心态和能力等诸多方面都带来了严峻的挑战。这就要求领导者要高瞻远瞩，善于观察世界大势，正确把握时代要求，对当代世界经济、政治、科技、法制、军事等要深刻了解把握。要用人类历史发展的眼光和宽广的胸怀、博大的胸襟来观察和审视世界的变化，从而审时度势，确定组织的发展战略、目标和任务。在经济全球化这一宏阔的历史背景下，作为组织的设计师和建设者，领导者要清晰地认识到经济全球化对组织建设和组织发展带来的深刻变化，要不断开阔自己的眼界，放眼环球，纵观寰宇，深化组织改革，加强领导力建设，不仅把关注的目光放在国内，更应该有国际化的视野，打造国际化的领导力，不断改革创新。

(二)跨界领导力将成为主趋势

当今世界处在一个大变革时期，给领导环境带来了前所未有的变化，这变化既是机遇也是严峻的挑战。在这种背景下，出现了一种新的领导力概念，即“跨界领导力”。所谓“跨界领导力”，是指基于发现自我，转化行为，发展影响力，建立新共识，再造新界限的能力。在组织内部，领导者需要跨越物理隔阂、权力隔阂以及文化隔阂；在组织之间，领导者要能够在客户、竞争者、合作伙伴、供应商之间成功跨界；在组织外部，领导者则要在政府和各种社会组织中进行跨界。在领导过程中，跨界领导力还是一种不断超越自我的动力。跨界领导力作为一种不断超越自我的动力，引领当代领导力发展新趋势。① 在当今经济快速发展、科学技术日新月异的时代，每一个组织要在激烈国际国内环境中获得生存和发展，必须自觉学习“跨界领导力”的先进理念，提升组织的跨界能力。

---

① 贺善侃：《跨界领导力引领领导力发展新趋势》，载《中国浦东干部学院学报》，2014(2)。

(三)由传统型领导力转向服务型领导力

随着经济社会的发展，传统领导方式已经难以适应新的形势了，组织结构发生了巨大的变化，领导者角色也发生了深刻的变革。一是领导者要充当“舵手”把握方向。通过组织目标和发展战略，领导者为组织设定未来发展的方向，就要制定相应的决策，引领组织成员朝着这个目标而努力奋斗。二是领导者要当“管家”总理事务。领导者是组织的“大管家”，担当着一种“管家”的角色，力争创造一个“人尽其才、物尽其用、财尽其能”的良好环境。三是领导者要当好“服务员”贴心服务。领导者要以真心换真心、以真情换真情、以服务换支持，使整个组织成为一个温暖、和谐、温馨的大家庭。四是领导者要当“标兵”做好楷模。善于服务是领导力变革的根本所在。在领导活动中，服务型领导者会把下属的需求、愿望和利益放在自身利益之上，要始终树立“领导就是服务”的领导观和“权力就是责任”的权力观，通过自己的能力和非凡的人格魅力，增强自己对下属的影响力，打造更强大的领导力。

(四)由集权型领导力转向共享型领导力

所谓集权型领导，是指采取工作任务、方针、政策以及工作方法全由自己决定，下属只能按决定执行的领导方式。共享领导是一种新的领导思想，领导者必须摆脱传统独自负责和控制一切的观念，使下属更愿意担任责任并更具主动性。共享领导可以被看作团队充分授权的发展，它是对过去那种期待一个拥有各项领导必备特质的正式领导者带领大家走向成功的观念的修正。在共享型领导方式中，为更好地调动下属的积极性、主动性和创造性，高效地实现组织目标，领导者要承担以下职责。比如，在进行全面考察、民主测评、综合衡量的基础上确定共享领导团队的合适人选；向组织成员传授技能，提升整个团队的专业技能、领导技能；协调好组织的内部矛盾，化解冲突，营造团结合作、融洽和谐的组织氛围；设定组织机构，选拔任用相应的人员；根据形势变化，立足于组织的实际情况，采取多元化方式，对组织成员进行授权，加强有效监督和控制等问题。领导者要提供更多参与平台的机会，让更多的人参与进来，分享组织的各种资源，发挥他们的聪明才智，提高领导者的领导力。①

(五)由空谈型领导力转向务实型领导力

所谓空谈型领导，是指领导者在领导活动中，工作态度不实事求是，工作作风不端正，往往是空谈而不实干、浮华而不踏实、讲排场讲享受的领导方式。在新的历史时期，领导者一定要务实，一切思想、言论和行动都要从实际出发，力争做出较大的

---

① 王艳珍：《新常态与我国领导力变革新趋势》，载《领导科学》，2016(20)。

实际成绩。这是衡量一个领导者是否合格的最基本的条件。“实”就是追求实效，消除形式主义，不做表面文章，把“实”看得最重要，落到实处，抓到实处，做到“踏石留印，抓铁留痕”。在领导环境发生巨大变革的时代背景下，领导者要善于把握形势的深刻变化，要具有开阔视野、开放心态，遵循事情发展的基本规律，抛弃华而不实的领导方式，勤勉务实，勇于改革创新，带动引领组织成员积极改革，提升组织凝聚力、向心力和战斗力，不断调整组织目标和发展战略，形成坚不可摧的领导力，使组织发展迈向一个新阶段和新领域。

本章小结

本章主要考查了领导力的内涵，阐释了领导力的具体构成，分析了领导力的特征，探究了领导“三力”的构成，分析了领导力提升的作用、制约领导力提升的障碍，深入探究了领导力提升的实施策略，着重介绍了领导力发展的未来趋势，有助于学生增强对领导力的认识，提升其领导力知识修养，开阔了理论视野，奠定了坚实的理论基础。

复习思考题

1. 简述领导力的内涵、构成和特征。
2. 简述领导力提升的作用。
3. 简述领导力提升过程中存在的主要障碍。
4. 结合企业人力管理的现状，你认为如何提升领导者的领导力?
5. 结合近年来领导力研究的现状和领导力在企业中的广泛运用，请论述领导力的未来发展趋势。

第十二章
领导文化与文化领导

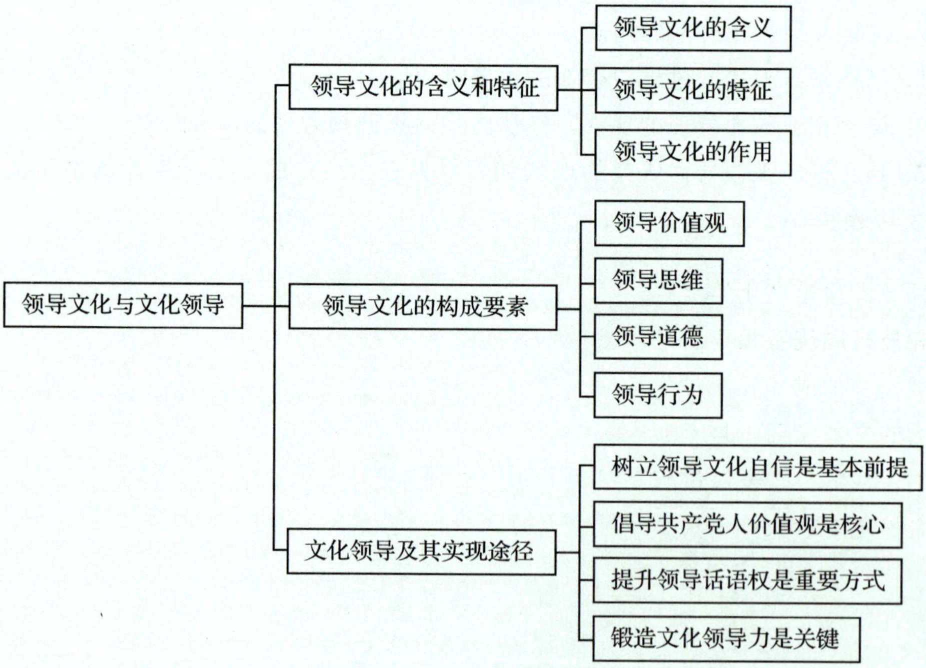

学习目标

学习目标

了解领导文化的含义和特征，基本掌握领导文化的构成要素和作用，理解文化领导理论的产生和发展的背景，了解文化领导理论及其发展趋势，重点掌握文化领导的战略价值和实现的途径。

重点提示

本章的重点是领导文化的结构和功能，文化领导战略价值和实现文化领导的具体途径。

当今时代，文化作为社会凝聚力和创造力的重要源泉，越来越成为组织核心竞争力的重要因素和经济社会发展的重要支撑，在中华民族伟大复兴和综合国力竞争中发挥着不可替代的作用。作为民族精神和灵魂的文化，凝聚着本民族对世界和生命的历史认识和现实感受，积淀着本民族最深层的精神追求和行为准则，既是凝聚人心的精神纽带，又是社会文明和人民幸福的重要目标，是维护民族生存繁衍、推动社会进步发展的重要手段。那么作为文化重要组成部分的领导文化，在领导实践中同样具有不可替代的重要价值和作用。领导文化是在领导活动实践中产生的，反过来又对领导实践活动产生重要的影响，它既是领导主体的观念、意识、行为等文化因素的体现，又受到领导的内外部文化环境的影响和制约。在中华民族伟大复兴的时代，我们必须高度重视培育领导文化、提升文化领导力，尽快形成与我国的经济发展和国际地位相适应的领导文化优势。

第一节
领导文化的含义和特征

领导文化是文化的组成部分，是文化在领导实践活动中的具体反映。领导文化的内涵和外延围绕着领导活动本质展开，是文化在领导领域的价值实现。文化是在长期的人类社会形成和发展过程中创造的物质财富和精神财富的总和。文化渗透在人类社会生活的方方面面，是人类一切活动的条件、方式、状态和结果的综合体。文化贯穿于人类生活的整个发展过程和各个领域，显示出人类社会实践所体现的思想价值的含义，必然也对后人产生指导和教化作用。

一、领导文化的含义

文化是人类特有的社会现象，是人类社会长期发展中形成和积淀的凝结在物质之中又游离于物质之外的，能够被族群创造、传承、创新、发展的国家或民族的历史、地理、风土人情、传统习俗、生活方式、文学艺术、行为规范、思维方式、价值观念等，是人类之间进行交流的普遍认可的一种能够传承的意识形态，既包括世界观、人生观、价值观等具有意识形态性质的部分，又包括自然科学和技术、语言和文字等非意识形态的部分。从文化一词的来源和含义，我们已经感知到文化的精神力量，是一种能够在人们认识世界、改造世界的过程中转化为物质力量，对不同时代的社会发展产生深刻的影响。文化的含义有广义和狭义之分，广义的文化是指人们在实践过程中认识、改造客观世界的一切活动及其创造、保存的物质产品和精神产品的总和。狭义的文化，是指排除人们的物质创造活动和成果而专指人们的精神创造及其结果，主要包括信念、知识、文学、艺术、道德、法律和价值观等，即指人们的精神活动及其社会表现。

领导文化的含义是在文化的基础上界定的，是文化在领导活动中的特殊反映。领导文化就是领导的观念意识在领导实践活动中的具体体现。领导文化是指在既定的领导目标指引下，领导者群体在领导实践过程中形成并通过持续不断的学习和传承的观念意识，是关于领导活动的过程、本质、规律、价值、目的以及方式方法等各方面内容的综合反映形式，是客观的领导过程在领导者主观心理反应上的积淀和表征，代表了领导者普遍认可的价值观念、一致遵守的组织规范、共同展现的行为模式、集体表现的态度作风，包括领导观念、领导道德、领导思维、领导价值观和领导行为模式等。领导文化是领导者开展领导活动的内驱动力和精神导向，正确认识和分析领导文化的整体结构性特征和作用，对于加强领导文化建设和开展领导工作实践都具有重要意义。

领导文化在结构层次上可分为领导观念文化、领导行为文化和领导制度文化三个层次。领导观念文化是领导文化体系的深层内核，它既决定着领导文化的基本性质、主要特征和发展方向，也制约着作为它的有形组织制度的特性、发展和变革。建设领导文化的过程实质上是一种领导价值观念和思维方式的变革过程。领导行为文化是领导观念文化在具体的领导实践中的行为方式，领导制度文化是在人与人的关系中形成制度性的领导文化，主要包括领导体制、领导关系、领导执政的方针路线和政策等硬制度领导文化，还有领导价值观、领导道德、领导魅力等软制度领导文化。同时要注意两个问题：一是领导文化是一个集体概念，单个领导成员的观念意识只是形成领导文化的一个必要条件，只有相当数量的领导成员形成一定的规模和体系时，领导集体才能创造出一种被领导成员普遍认可和自觉践行的价值观念、思维模式、行为方式、工作秩序和工作作风。二是领导文化一旦形成就具有内容上的丰富性、空间上的广泛性和时间上的持久性，但对其外延的界定和使用有较为严格的限制，即只有领导者在领导实践中体现出来的文化样态才是领导文化，指以领导活动为核心，领导者共同具有的价值观念及行为规范，是与领导活动紧密相连的。

二、领导文化的特征

领导文化作为文化在领导领域中的特殊表达，具有自身独具的文化特征，具体表现如下。

(一)价值性

领导文化是领导过程中产生的文化，就是领导者带领被领导者为完成领导目标、追求价值理想的创造性活动过程中的文化价值生成，即领导实践活动的价值体系。价值性是领导文化首要的特征。任何领导实践都是以追求、创造和实现价值为动力，在领导实践过程中形成由观念、意识、精神、道德等集中反应的领导文化也必然具有价值目标。中国特色社会主义领导文化的价值性与中国特色社会主义政治制度和经济基础相适应，体现出在以人民当家作主的社会主义下全心全意为人民服务，忠诚于党、忠诚于人民的价值观，在领导目标的制定和实施过程中要一刻也不脱离群众，一切从人民的利益出发，而不是从个人或小集团的利益出发，坚持向人民负责和向党的领导机关负责的一致性，这是中国特色社会主义领导文化建设的出发点。同时，领导管理的本质是对人的管理，领导实施管理过程就是领导者和被领导者的价值观、动机、需要、目标、利益等价值追求遇到的选择的互动过程。具有“为人民服务”的鲜明特色的领导文化就是领导者的政治意识、道德意识及价值观的体现，领导文化的价值性特征是获得人民支持、树立领导权威的有效途径。

(二)政治性

任何社会的领导文化都与当时的经济、经济紧密结合，领导文化更是时代政治文化的重要内容，表现出浓重的政治性。一定时期政治文化上的主流观念都会直接影响到领导文化的成型，并在核心价值上主导和规范着领导文化的发展。领导文化必然要适应国家政治和经济利益的需要，体现它维护政治、稳定局势的实践功能。领导文化的政治性“主要包括领导者阶层所坚持的政治立场、政治观点、政治方向、政治理想、政治原则、政治组织性、政治纪律性、政治风范和风格以及政治价值取向等。它具体表现在领导者的工作态度、工作方式、工作方法和工作作风上。它代表着领导者阶层的共同的政治行为标准，并凝聚成领导者的政治人格。”①因此，政治性特征既来源于社会主导政治文化的培养和塑造，又来源于广大人民群众对领导者阶层的角色期盼。既是社会主导政治文化和广大人民群众要求和塑造的产物，也是领导者阶层自觉内化的结果，同时，领导文化的政治性还受到社会法律和制度等政治规范的限定和约制。党的十八大以来，习近平以高超的政治智慧和强烈的使命担当，站在战略和全局的高度，系统回答了领导干部为什么要讲政治和怎样讲政治等重大问题。习近平曾指出：“党的高级干部要注重提高政治能力，牢固树立政治理想，正确把握政治方向，坚定站稳政治立场，严格遵守政治纪律，加强政治历练，积累政治经验，自觉把讲政治贯穿于党性锻炼全过程，使自己的政治能力与担任的领导职责相匹配。”这是习近平对领导干部的谆谆告诫和殷殷嘱托，是对高级干部提出的重大政治要求，也是每个领导干部提高政治能力的基本遵循。

(三)服务性

服务性是社会主义国家领导文化的本质属性。我国是人民民主专政的社会主义国家，人民群众是国家和社会的主人，各级领导干部都是人民的公仆，为人民服务已成为国家社会的制度化特征，与此相适应的领导文化就应该是为人民大众服务的文化。早在1945年毛泽东在《论联合政府》中就提出中国共产党的领导思想是“全心全意地为人民服务，一刻也不脱离群众；一切从人民的利益出发，而不是从个人或小集团的利益出发”。② 邓小平以马克思主义为领导文化建设的指导思想，他明确提出“领导就是服务”，服务是领导实践的终极价值。各级人民政府和企事业单位领导的宗旨是全心全意为人民服务，从而构成以服务为核心的领导管理价值体系。各级领导管理领域内的一切领导活动都应当是对这一目标的遵循与追求，领导活动就不再仅仅依赖于行政命令，更多地依托于服务，这就使得任何依赖于权力的专断和独裁都失去了滋生的土壤。社会主义国家的民主性质决定了领导者必须以全心全意为人民服务——一切工作的出发点和基本道德。当今时代，国家确立了构建服务型政府的目标，服务更成为新型领导管理体系整体上的普遍精神和一般原则，在领导活动过程中，为人民服务，维护人民的利益，为人民造福已经普遍化为领导文化的核心理念。

(四)认同性

领导文化在其深层次上体现为价值理念和伦理要求，其最为核心的元素体现在对

---

① 柏维春、张顺：《当代中国领导文化的结构性特征论析》，载《东北师范大学学报(哲学社会科学版)》，2001(6)。

② 毛泽东：《毛泽东选集(第三卷)》，1095页，北京，人民出版社，1991。

政治文化和价值规范的认同层面。领导文化的认同性就是指领导者和被领导者共同在观念上、心理上对领导文化的认可和接受程度。在现代领导实践过程中，只有符合时代发展潮流的先进理念和科学价值观支撑的领导文化才能成为软实力，成为一种广泛的认同感、感召力和动员力，正是通过领导活动中的价值引导，组织才能有效强化被领导者的认同，最大限度地为实现领导目标凝聚力量。否则，被领导者不认同的领导文化就不能发挥引导作用而最终被时代淘汰。

领导文化不仅决定着领导者行使权力制定的一系列理论、路线、方针、政策，影响着领导者的行为方式和领导路径的选择，而且为领导者提供道义上的支持，为人们对领导权威的服从提供理论依据和伦理依据，其表现是民众对代表国家行使各种权力的领导者合法性的广泛认同。当领导者在实施领导活动中所体现出的领导文化与组织成员的期望一致时，就会对组织成员产生强烈的感召力、吸引力和凝聚力，组织成员就会自愿接受领导理念和主张，并在行动中自觉遵守，就会对领导者及其组织表示高度的合法性认同，从而使领导者能够顺利有效地推动各项工作的开展。

三、领导文化的作用

任何文化都是一定的人类活动和社会环境的产物，又将反作用于一定的人类活动和社会环境。领导文化产生于领导的实践活动，既受到领导活动的制约和影响，又具有相对的独立性，对领导的实践活动具有多方面的反作用。毛泽东在《新民主主义论》中提出："一定的文化是一定社会的政治和经济在观念形态上的反映，又给予伟大影响和作用于一定社会的政治和经济。"领导文化就是领导者群体在领导实践中形成的观念意识，是领导成员普遍认可的价值观念、思维方式、行为方式和态度作风等，对组织成员具有多方面的重要作用。随着领导实践的不断发展，领导文化日益渗透在领导素质能力的各个方面，贯穿于领导活动的全过程中，人们也越来越认识到文化对领导活动及组织的导向、推动作用。领导文化的作用不仅体现在其所具有的丰富的文化内涵、伦理价值、道德操守和行为规范等上，还在于它对领导实践、组织文化甚至社会文化，具有强大的辐射、渗透、整合、规范及引领作用。随着时代的发展和社会的进步，领导文化的生命力越来越体现在创造与发展中实现更高的组织目标、推动社会高质量发展、追求更大的社会政治和经济效益方面。领导文化的作用具体表现在如下四个方面。

（一）规范作用

文化是通过影响人们的思想意识而影响和规范人的行为方式。在组织内部，文化的规范作用就是规范每个个体成员以集体身份与社会行动彼此联系在一起，以鼓励或禁止的方式督促组织成员形成目标一致的行动方针和组织规范。因此，领导文化虽然不同于具体的领导制度，对领导活动起到直接的刚性的影响，但领导文化一旦形成，就会贯穿于领导实践和领导行为之中，对领导者和被领导者的理念、态度和行为，特别是对领导力的性质和方向，具有规定性的重要作用，能够获得领导者和被领导者的一致认同、共识和自觉践行。领导文化不仅规范着领导活动，影响着领导行为方式，引导领导者和被领导者知道“做什么”和“怎么做”，而且领导文化对组织成员的影响和制约会更为深刻，更为根本，更带有稳定性和长期性，它可以通过作用于领导系统的各个环节和各个层面，对领导者和追随者都产生一种软性的、非强制性的约束规范作用。领导文化的这种软性约束作用，既有激励性的一面，也有制约性的一面，显示激励性与制约性相统一的规范作用。由此，领导文化才能成为组织成员普遍认同和尊崇的价值观念、行为模式，这种规范的、相对统一的文化有助于消弭领导文化环境中的差异。价值冲突规范和约束组织成员的思想、行为和情感，组织成员中如有背离组织文化模式的言行，就会受到排斥和谴责。

(二)示范作用

领导者的特殊地位决定了领导者的言行举止对下属具有表率示范作用。在领导实践中，领导不仅依靠法定职权和政策号令的发布来施行，还要善于通过领导文化的示范来实现。领导干部是领导文化示范作用的主体，领导干部是党和国家各级事业的领导者、组织者，具有十分重要的示范作用。领导干部的示范作用，首先表现在领导道德方面。《论语》里“君子之德风，小人之德草，草上之风，必偃。”说的是君子(领导者)的品德就像风，普通人的品德就像草，风吹在草上，草必定顺着风的方向倒。这说明，社会的道德修养一定要抓住领导干部这个“关键少数”，只有抓住了关键少数，才能示范和引领大多数。“其身正，不令而行；其身不正，虽令不从”，也是指领导者应身正、言行得体，即使没下命令，也会跟着做；如果领导者本身有问题、言行不一，即使三令五申，普通民众也不会服从。这就强调了领导干部的示范和引领作用。而领导道德不是一般的道德系统，是关系到领导干部的政治态度、道德品质和思想作风，涵盖着感情趋向、思想投向、奋斗方向，是领导者在行使领导权力过程中的权力道德，体现于领导、管理、服务、协调等各项领导工作之中，是为官之魂、从政之基、用权之道。因此，习近平指出：“干部掌握着方方面面的权力，是党的理论和路线方针政策的具体执行者，如果干部队伍素质不高、作风不正，那党的建设是不可能搞好的。”①因此，要发挥好领导文化的示范作用，领导干部起着引领和标杆的作用，他们的一言一行直接影响着群众的情绪和普通党员的作风走向，关系着党的正确路线方针政策在实施过程中是否得到贯彻落实、组织目标最终能否实现的问题，领导干部的领导道德修养，在

① 习近平：《在党的群众路线教育实践活动总结大会上的讲话》，载《人民日报》，2014-10-09。

群众面前具有示范和导向作用，直接关系到社会主义道德建设的成效。

（三）引领作用

领导文化中所包含的领导价值观、领导思想、领导哲学等精神文化要素具有很强的意向性特征，决定了领导文化的引领作用和导向功能。领导文化是领导者为实现组织目标而确立的理想信念、思维方式、领导态度和领导作风的集中体现，领导文化作为领导领域的主要意识范畴，无疑具有导向作用，领导活动必然要受到领导文化特别是领导成员观念意识的指导和影响，优秀的领导文化对于领导活动具有正确的导向功能，恶劣的领导文化对领导活动具有错误的导向功能。优秀的、先进的领导文化彰显的是时代精神，它在更高的层面上与时代要求同步，反映时代发展的主流和方向，成为引领组织发展和成员思想意识的风向标。领导文化的引领过程就是通过文化的作用，影响、改变组织成员的思维模式和行为方式，使其潜意识地认同领导者，认同组织并自觉朝着先进文化的方向前进的过程。领导文化是富有渗透性的软性领导，领导本身就具有引领、率领、引导的意味，在领导实践过程中，领导文化的引领作用能够潜移默化地改变着、引领着组织成员的思维模式和行为方式，使其自觉自愿地认同和践行先进的领导理念和组织目标。这样的领导文化就会成为党群关系、干群关系的黏合剂，并能有效地引导社会意识，释放潜藏的社会能量，是提高领导效能的内在动力。我们一直强调领导干部的标杆作用、引领作用，原因就在于此。比如，领导干部在工作中勇挑重担、敢于负责、率先垂范、迎难而上；在生活中关心下属、真心维护人民群众的利益；在工作作风上为民、务实、清廉——有这样的上级领导，下级必然会照着学、照着做，高尚的风尚和良好的工作氛围就会蔚然成风。

（四）核心作用

领导文化是一定组织中的成员普遍认可的价值观念、共同信守的行为模式和一以贯之的态度作风。由于领导者在组织中的引领与核心作用，不仅仅是某个领导者的文化，而是处于组织核心层的一群领导者所共同表现出来的，渗透在组织各个层次及其运行机制之中的领导价值体系，以及建立在这种价值基础之上的领导行为方式和思维模式，领导文化在组织建设中也必然发挥着核心作用。建设领导文化的过程实质上是一种领导价值观念和思维方式向组织成员宣传和普及的过程，领导文化建设过程是将领导者、被领导者及环境三个变量有机地结合起来的过程，领导实践中一旦有人背离共同的价值观念、行为模式和态度作风，就会遭到组织的规约或排斥。那么，领导文化的核心作用主要体现为：对组织发展的推动和辐射作用、凝聚作用和增强领导公信力。优秀的领导文化不仅具有凝聚和鼓舞作用，能对组织成员的思想和行为产生持久的、经常的、深层性的影响，还能够通过塑造组织自身的文化形象辐射到外部领导环境中，增强组织和领导的公信力，具有内化性和感召性相统一的作用。因为领导文化是一种更为核心、关键的文化因素，其认同性是优秀领导文化的本质属性，只有得到社会认同和民意支撑的领导文化才是组织发展所需要的，才能发挥出凝聚力、感召力、公信力。

第二节 领导文化的构成要素

领导文化是领导活动的过程、本质、规律、规范、价值以及方式方法等各方面内容的综合反映形式，基本上体现在精神文化、物质文化、制度文化、行为文化等几个层面。在知识经济时代，领导文化日益成为领导者开展领导活动和从事领导工作的内驱动力和精神导向。本节对领导价值观、领导思维、领导道德、领导行为等构成因素进行了深刻分析。

一、领导价值观

价值观是人们对社会存在的反应，是基于人的一定的思维感官对客观事物做出的认知、理解、判断或抉择，是对客观世界的是非、善恶的总看法和总体评价。价值观是人们认定事物、辨别是非的一种思维或取向，也是驱使人们行为的内在动力。价值观一旦形成，就具有个体性和主观性、稳定性和持久性、历史性与选择性等特点，无论在日常生活中，还是在工作中，正确的价值观对于健康人际关系形成和和谐工作关系的建立都起着决定性作用。领导价值观就是领导者对客观事物做出的认知、理解、判断或抉择，是在领导实践活动中体现出来的总的价值取向和行为准则。领导的价值观对领导思维、领导道德、领导行为、领导作风、领导实践都起着决定性的作用。

在实际领导实践中，领导的态度行为以及领导决策都不是随意表现出来的，都是领导价值观的直接体现。领导价值观体现为价值感和价值判断两个依次递进的初级和高级形态，即领导价值感是基于情感基础上的领导主体对客体意义的直接感受，直接表现为主体身心体验的愉快与否；领导价值判断是领导主体对客体意义的理性把握，是依据利害关系和评价利害的标准做出的必然判断，领导价值观是由领导价值感和领导价值判断有机统一构成的一个整体，使领导价值观呈现出具有强烈情感倾向性的理性认识的外观。在领导实践中，只有做到领导价值感与领导价值判断统一，才能保证领导价值观念的科学性、正确性。同时，在组织领导实践中，领导者的价值观能够灌输、引领、整合、规范被领导者的价值观，通过组织内部价值领导的方式内化为组织中其他成员共同遵守的价值观和行为规范，引导和激励组织成员为实现共同的组织目标而努力工作。

二、领导思维

思路决定出路，领导思维水平决定领导工作水平。在领导实践中，科学的领导思维是正确判断形势、有效化解矛盾、顺利推进工作的关键所在。领导思维就是领导者在领导活动中源于思维形式来领导组织下属、制定和实施领导目标而进行的理论活动，领导思维既以相对固定的形式贯穿领导活动的始终，又随着领导实践活动的变化而变化，是实施领导行为的基础和前提，决定着领导的绩效。领导思维是领导活动中的决定性因素，整个领导活动的成败突出地表现在领导思维上。领导活动就是通过思维的力量来改造客观对象，没有领导思维的远见卓识，就没有高瞻远瞩的领导目标。因此，思维能力是衡量领导者的综合能力和领导水平的根本标志，领导者作为领导活动中占主导地位的思维主体，必须有良好的思维品质和思维能力。习近平多次强调各级领导干部要努力学习掌握科学的思维方法，防止出现“新办法不会用，老办法不管用，硬办法不敢用，软办法不顶用”的情况。因此，强调要提高战略思维、历史思维、辩证思维、创新思维、底线思维五大能力：高瞻远瞩的战略思维，是指从全局视角和长远眼光把握事物发展总体趋势和方向、客观辩证地思考和科学处理问题的思维能力；历史思维能力是领导干部学习、研究历史问题的能力，就是指运用马克思主义唯物史观从历史视野和发展规律中思考分析问题、把握时代前进方向、指导现实工作的能力；辩证思维能力，就是承认矛盾、分析矛盾、解决矛盾，善于抓住关键、找准重点、洞察事物发展规律的能力；创新思维能力，就是破除迷信、超越过时的陈规，善于因时制宜、知难而进、开拓创新的能力；底线思维能力，就是客观地设定最低目标，立足最低点，争取最大期望值的一种积极的思维能力。领导干部要不断提高这五大思维能力，使之成为自己工作制胜的看家本领，在实际领导工作中自觉运用这些思想方法观察事物、分析问题，不断增强工作的科学性、预见性、主动性和创造性。这对提升当代领导干部的领导力、决策力、执行力等都具有积极意义。

三、领导道德

“人无德不立，官无德不正，业无德不兴，国无德不盛”，这说明道德对一个国家、一个民族、一个社会、一个行业、一个人等都有极其重要的价值和意义。领导道德就是领导者应该具有的职业道德、思想品格和精神风范。我们党历来高度重视领导干部的思想道德建设，重视从中华优秀传统文化中汲取营养。习近平常用的“国有四维，礼义廉耻，‘四维不张，国乃灭亡’”“修身、齐家、治国、平天下”等来唤起和规范领导道德的养成。“四维不张，国乃灭亡”的“四”即指礼、义、廉、耻。“礼”应该是社会群体共同遵循的法律准则和道德规范；“义”就是应该坚持的公平、正义的伦理的原则；“廉”，就是行为上公正、廉洁，不骄奢、不贪婪的光明正大；“耻”就是要有羞耻之心，不要纵容邪恶、罪恶。礼义廉耻，就是中华优秀传统文化中普遍提倡的领导道德。如果一个社会没有了礼义廉耻，国家就有可能面临灭亡的绝境了。我们党选任干部，历来强调德才兼备、任人唯贤。无德少才者，不能成为领导干部；有德无才者，无法胜任领导工作；有才无德者，难以完成党和人民交给的任务。领导道德的内容十分丰富，习近平将“为民、务实、清廉”作为核心内容，“‘为民’是领导道德的核心。领导干部手中的权力来自人民，理应心里想着人民，胸中装着人民，切实把权力用来‘为民’服务，把实现好、维护好、发展好最广大人民的根本利益作为一切工作的出发点和落脚点。‘务实’是领导道德的基础，唯有务实，才能脚踏实地，不图虚名，勇于探索，敢于攻坚，扎扎实实地为民办事，才能树立和落实科学发展观，充分尊重客观规律，不搞那些劳民伤财的‘政绩工程’‘形象工程’，真正做到为官一任，造福一方。‘清廉’是领导道德的内在要求。严于律己，廉洁奉公，一身正气，两袖清风，清清白白做‘官’，堂堂正正做人，坚持高尚的精神追求，永葆共产党人的浩然正气。”①可见，修身立德是领导干部履行领导职能、成就领导事业的基本前提，领导道德关乎党的事业的兴衰成败。领导干部一定要自觉提升领导道德修养，贵在常修、贵在坚持，把道德修养作为终生的修炼，做到自尊、自爱、自省、自励，永不懈怠，始终保持共产党人的浩然正气、蓬勃朝气和昂扬锐气，努力成为一个高尚的、纯粹的、有道德的、脱离了低级趣味的和有益于人民的领导者。

四、领导行为

领导行为是指领导者在实施领导、指挥、组织、管理、协调等过程中表现出来的特性、作风及倾向。在领导实践中，由于领导者重复领导职能和实践操作会逐步养成一种根植于内心、为其他成员所感知的、稳定的行为习惯，这种习惯一经养成并经过多次领导实践的反复强化，就成为领导者的心理和行为定式，并以此处理各项领导活动，逐步形成不同领导者独特的领导形式和作风。领导者的行为习惯在领导工作中虽然不具有法律效力，是领导者个人的工作习惯和行为表现，但对领导者个人和领导工作都会产生很大的影响力和约束力，也会影响领导成员及其下级的工作积极性和工作效率。

① 习近平：《用权讲官德　交往有原则》，载《求是》，2004(10)。

要提高领导行为的有效性，就要考虑到领导行为的复杂性和变化性。因为领导行为就是领导者在一定条件下领导支撑成员完成一定领导目标的行动过程，因此领导行为有效性的关键不在于谁是领导者，不在于领导者个人级别的高低和拥有权力的大小，而在于领导者的德行、能力、行为模式等影响力因素。其主要体现为：第一，领导者要在领导行为中体现出为民、公平、公正、勤政、务实、廉洁等行为特征，树立领导威望。第二，领导者要具备辩证思维能力及相应的辩证领导行为，才能在复杂多变的内外领导环境中掌握主动权。第三，形成符合现代语境的、领导身份与领导行为相符合的行为模式。因此，现代社会中，领导要想让自己的行为与职责相符，就应该做到："领导者一方面要以身作则，深入基层，实际考察和体验基层的现实情况，倾听民众的意见和建议，及时掌握第一手资料，为领导决策提供现实依据。另一方面，要防止高高在上，从理论到理论，禁止诸如拍脑袋等主观臆断的思想产生，使领导行为真正符合身份。同时，要防止身份低于行为、身份高于行为的现象产生。行为僭越身份，危害社会的利益。如领导者利用职权之便，为他人和自身谋私利，进行寻租和腐败，这种行为就超越了身份，满足了一己之私，却给他人和社会带来了危害。"①

第三节
文化领导及其实现途径

文化是一个国家、民族的灵魂，文化的力量深深地熔铸于民族的生命和血脉之中。我国改革开放 40 多年的伟大成就说明，文化在综合国力中的地位和作用更为凸显，在潜移默化中以巨大力量引导着领导的行为、推进着社会的发展。文化也越来成为领导实践的基础和最终目标，领导科学理论也经历了从传统的专制领导到经验领导，从经验领导到科学领导，到现在的文化领导的模式变化的文化领导新趋势。文化领导理论有其发展变化的历史脉络，大致经历了葛兰西文化领导权理论、毛泽东文化领导权理论及约瑟夫·奈的软实力理论三个阶段：安东尼奥·葛兰西提出的基于民众同意和认同的精神和道德领导的领导阶段、毛泽东的无产阶级思想领导与革命文化实践的阶段以及瑟夫·奈基于美国要同化或引领世界的立场上提出的要增强文化、意识形态、政策制度等方面的吸引力的"软实力"理论阶段。

文化领导的新趋势说明文化领导力在当前领导活动和国家治理中的重要地位。在这样的背景下，领导者的文化视野、文化领导能力越来越重要，领导活动的文化内涵

---

① 赵麟斌等：《领导文化新探》，268 页，上海，同济大学出版社，2010。

更为凸显，领导的文化自觉和文化自信上升到重要的位置。党的十八大以来，以习近平同志为核心的党中央站在历史与现实、世界与中国、理论与实践的时代制高点，紧紧围绕实现中华民族伟大复兴的总目标，深入论述文化的重大作用、重要地位，深刻阐释文化自觉、自信的重大意义和丰富内涵。习近平在强调中国特色社会主义道路自信、理论自信和制度自信的同时，特别强调文化自信，他说："文化自信是更基础、更广泛、更深厚的自信，是更基本、更深沉、更持久的力量。"并进一步指出，体现一个国家综合实力最核心的、最高层的，还是文化软实力，这事关一个民族精气神的凝聚。各级领导干部在领导实践中，要以广阔的文化视野、正确的文化领导观、深刻的文化自觉和文化担当、高度的文化领导能力去实现高效领导，使领导工作具有无比深厚的文化底蕴，具有无比强大的前进定力。本节将对文化领导的实现途径做如下分析。

一、树立领导文化自信是基本前提

文化自信是党的十八大以来治国理政的新模式之一，也是领导实践的新趋势。"文化自信是一个国家、一个民族对自身拥有的生存方式和价值体系的充分肯定，是对自身文化生命力、创造力、影响力的坚定信念，关乎民族精神状态和社会精神风貌，关乎国家发展进步的动力与活力。实现中华民族的伟大复兴，需要充分激扬文化自信的强大精神力量。"①文化自信是习近平站在历史和时代的高度提出的命题，在道路自信、制度自信、理论自信的基础上建立在5000多年文明传承基础上的文化自信，这显示了文化自信的深厚根基和丰富来源。文化自信是一个包括对中华优秀传统文化、革命文化和社会主义先进文化在内的自信。

（一）文化自信深植于中华优秀传统文化

中华民族5000多年来虽历经劫难，却生生不息、薪火相传，其根本原因在于我们有共同认同和践行的中华优秀传统文化。中华传统文化中的"天行健，君子以自强不息；地势坤，君子以厚德载物"的民族精神，崇尚的仁、义、礼、智、信、孝、忠、温、良、恭、俭、让、廉、耻等传统道德品格，"礼之用，和为贵""君子和而不同，小人同而不和"的人生经验，强调的"民为贵，社稷次之，君为轻""水能载舟也能覆舟"的民本意识，"治大国如烹小鲜""无为而治"等治国理政智慧等，正如《关于实施中华优秀传统文化传承发展工程的意见》中是这样概括中华美德的核心内容的："中华优秀传统文化蕴含着丰富的道德理念和规范，如天下兴亡、匹夫有责的担当意识，精忠报国、振兴中华的爱国情怀，崇德向善、见贤思齐的社会风气，孝悌忠信、礼义廉耻的荣辱

① 冯鹏志：《文化自信是实现中华民族伟大复兴的强大精神动力》，载《求是》，2017(8)。

观念，体现着评判是非曲直的价值标准，影响着中国人的行为方式。”这些优秀传统文化是中华民族的价值观念规范系统，是民族精神的集中体现，是发展社会主义先进文化的深厚基础，是建设中华民族共有精神家园的重要支撑，也是实现组织目标、治国理政的宝贵经验借鉴。

(二)文化自信立足于红色革命文化的自信

红色革命文化起源于20世纪初期波澜壮阔的中国新民主主义革命实践。自中国共产党建设之日起就把马克思主义理论写到自己的旗帜上，为实现共产主义远大理想，实现中华民族的解放事业进行了艰苦卓绝的斗争，做出了重大牺牲。中国红色革命文化就是指中国人民在中国共产党的带领下，以无比坚定的理想信念和百折不挠的精神毅力，在经过艰苦卓绝的浴血奋战，付出了异常巨大的革命代价的基础上，推翻了帝国主义、封建主义和官僚资本主义三座大山，取得了新民主主义革命胜利，建立了中华人民共和国的过程中所创造的独特文化。中国革命从一个胜利走向另一个胜利形成了胜利的革命文化和独特的精神风貌，其形成的井冈山精神、长征精神、延安精神、西柏坡精神、三大纪律八项注意、三大法宝、三大作风、两个务必等，不仅是革命文化精神的高度凝结，也是领导文化的高度智慧的体现，是中国特色社会主义文化自信的重要来源。“中国革命文化以其先进的政治文化理念、高尚的精神品质、创新的文化实践活动，不仅在观念文化上引领中华民族文化的现代转型，而且在实践上推动了中国革命文化自觉地传承、创新、演进”①，已经成为实现民族复兴的强大精神动力、文化支撑和文化自信的重要来源。

(三)中国特色社会主义先进文化的维度

新中国成立70多年，改革开放40多年，中国共产党领导中国人民不断取得新的伟大胜利，使近代以来久经磨难的中华民族实现了从站起来、富起来到强起来的伟大飞跃，开辟了中国特色社会主义道路，确立了中国特色社会主义制度，也由此形成和发展了中国特色社会主义先进文化。中国特色社会主义先进文化以马克思列宁主义、毛泽东思想、邓小平理论和“三个代表”重要思想为指导，以科学发展观为统领，牢牢把握社会主义先进文化的前进方向，弘扬以爱国主义为核心的民族精神和以改革创新为核心的时代精神，树立新的文化发展观，解放思想、实事求是、与时俱进、开拓创新，发展面向现代化、面向世界、面向未来的民族的科学的大众的社会主义文化。中国特色社会主义先进文化最鲜明的特色就是以马克思主义为指导、适应中国社会变迁需要、代表最广大人民根本利益的中国特色的社会主义文化。其中，马克思主义是先

---

① 李康平：《中国革命文化基本理论问题研究》，载《马克思主义研究》，2015(7)。

进文化的思想之源，中国共产党是先进文化组织之源，人民群众是先进文化的力量之源，从雷锋精神、大庆精神、两弹一星精神，到航天精神、北京奥运精神、抗震救灾精神等，这些富有时代特征、民族特色的宝贵财富是先进文化的精神之源。这些富有科学性、先进性、民族性的元素决定了中国特色社会主义文化的方向、性质和基本内容，是我们实现中华民族伟大复兴历史使命最大底气所在。正如习近平指出的："全党要坚定道路自信、理论自信、制度自信、文化自信。当今世界，要说哪个政党、哪个国家、哪个民族能够自信的话，那中国共产党、中华人民共和国、中华民族是最有理由自信的。"①

二、倡导共产党人价值观是核心

价值观是人们对周围世界的意义与价值的反映、态度和判断，价值观领导是文化领导力实现的核心和灵魂，在当前经济全球化、文化多样化、思维多变化的时代，一些人的价值观、思想意识和道德观念出现混乱甚至滑坡，领导价值观对组织中的其他成员有着重要的引领和示范作用，很大程度上决定着人们对核心价值观的认同。在很大程度上，一个组织的生存，其实就是价值观的维系，以及大家对价值观的认同。任何组织要走向成功，必须有自己科学正确的价值观作为支撑。中国共产党正是因为有自己的价值观，才使各项工作从一个胜利走向另一个胜利。习近平高度重视价值观建设，不仅积极推动培育践行社会主义核心价值观，而且大力倡导共产党人价值观。在党的十八届六中全会第二次全体会议上，习近平指出要注重加强党内政治文化建设，倡导和弘扬"忠诚老实、光明坦荡、公道正派、实事求是、艰苦奋斗、清正廉洁"等价值观。在十八届中央纪委七次全会上，习近平鲜明提出"坚持共产党人价值观"这一命题，强调"要坚持共产党人价值观，不断坚定和提高政治觉悟"。共产党人的核心价值观是基于党的宗旨和使命，就是全心全意为人民服务，为中国人民谋幸福，为中华民族谋复兴。因此，共产党人的核心价值观能够成为全社会的自觉接受的价值观和目标追求，能够将党的核心理念深入到最广大的老百姓的心中，成为增强全体人民的凝聚力和向心力的精神纽带，发挥文化领导的巨大功能。

在实现中华民族伟大复兴的道路上，倡导和弘扬共产党人价值观不仅是加强党的建设的重大政治任务，更是实现文化领导的根本途径。在文化领导实践中弘扬忠诚老实、光明坦荡、公道正派、实事求是、艰苦奋斗、清正廉洁的共产党人的价值观，就要求领导干部特别是党员领导干部首先想到自己是一名党员，对党的工作必须忠诚老实、尽职尽责、勇于担当、无私奉献，从思想上、政治上、行动上同以习近平同志为

① 习近平：《在庆祝中国共产党成立95周年大会上的讲话》，载《人民日报》，2016-07-02。

核心的党中央保持高度一致。在实施领导的过程中，领导干部要树立正确的权力观、地位观、是非观和利益观，必须公道正派，秉持公心、公道用人、不徇私情、不谋私利；坚持实事求是、崇尚实干，注重谋事要实、创业要实、做人要实，兢兢业业、勤政实干；弘扬共产党人价值观要坚持清正廉洁，常怀律己之心，遵守党风廉政建设规定，严格落实中央八项规定，坚决抵制“四风”，做到“清清白白做人、干干净净做事、坦坦荡荡为官”。领导干部要守住共产党人的价值观，要时刻牢记自己手中的权力是人民赋予的，要用好权力为人民多做事、做实事、办好事。总之，领导者应该积极主动地倡导、践行共产党人的价值观，并有效地向组织中的其他成员灌输这种正确、崇高的价值观，组织和引导下级认同和践行核心价值观，从而和领导者产生价值观共识和思维共振，团结一致为实现组织绩效、实现中华民族伟大复兴共同努力。

三、提升领导话语权是重要方式

所谓话语权，即说话的权利，即主体表达自己的想法的权力。话语权往往同不同主体争取经济、政治、文化、社会地位和权益的话语表达密切相关。依据主体不同，话语权分为个人话语权、群体话语权、政党话语权、国家话语权、民族话语权。主体有无话语权、话语权大小，取决于主体的政治、经济地位，取决于主体的领导地位，也取决于主体的智慧、学识、实力等。那么，新形势下领导干部如何把握话语权、如何提升领导语言艺术是摆在面前的急迫问题。领导干部肩负着党和国家及国际组织中的领导使命，领导干部的说话能力不仅是领导日常交流、表达思想的手段，也是领导干部指导工作、引导群众、解决问题的重要工作形式之一，领导者的讲话水平在很大程度上决定了领导目标的实现。但在领导的日常工作中，一些领导还存在着讲话水平不高、语言基本功差、说话词不达意等影响工作质量和效果的现象，不利于各项方针政策和工作指令的贯彻执行。习近平在浙江工作期间，曾批评一些领导干部不会说话：“与社会群体说话，说不上去；与困难群众说话，说不下去；与青年学生说话，说不进去；与老同志说话，给顶了回去。”因此，习总书记曾多次强调过领导干部要提高语言表达能力，他自己首先以身作则。党的十八大以来，习近平在不同场合发表了大大小小的重要讲话，还包括大量的批示、演讲、访谈和信件等，形成了特有的“习式”语言风格。习近平在十八届中央政治局常委同中外记者见面时的演讲就语惊四座，又波澜不惊，他说“全党同志的重托，全国各族人民的期望，是对我们做好工作的巨大鼓舞，也是我们肩上的重大责任。”这个重大责任就是对民族的责任、就是对人民的责任、对党的责任。“责任重于泰山，事业任重道远。我们一定要始终与人民心心相印、与人民同甘共苦、与人民团结奋斗，夙夜在公，勤勉工作，努力向历史、向人民交出一份合格的答卷。”字字珠玑、叩击心灵，显现出一种自信从容、沉着稳健、朴实平和威严有力的风格特点，赢得人心、稳定世界，展现了新一届党的最高领导层的集体公开亮相的风采。

有研究者将习近平独特的富有个性化的语言风格进行研究总结，认为习近平的讲话："善于用讲故事、举事例、摆事实的方式同频共振、凝聚共识；善于用大白话、大实话和群众语言深入浅出、解惑释疑；善于用聊天式、谈心式的语气娓娓道来、触及心灵；善于用极其凝练、高度概括的话语提纲挈领、大开大合；善于用问题开刀，拿现象作靶开诚布公、振聋发聩；善于用古今中外的优秀文化元素广征博引、纵横捭阖；善于用诗一般的语言抒发大情怀、展现真性情；善于用可亲可敬、平易和蔼又从容淡定、沉稳大气的肢体语言和语态眉宇传神、灵动善融。"①因此，习总书记的讲话充满语言魅力又对象明确，无论针对何种群体和观众，都能让自己的讲话真正说得上去、说得下去、说得进去，使党的理念和国家方针政策深入人心，大家想听、爱听、愿听，往往觉得很过瘾、很解渴、很兴奋，许多话题被热议，许多语录成热词，许多观点成了听得进、记得住、传得开、用得上的经典和名言警句，既有理论上的穿透力和冲击力，又具有情感上的亲和力和感染力，有的地方娓娓道来、和风细雨，涉及原则的地方又铿锵有力、掷地有声，这种语言风格和特点，增强了讲话的吸引力、感染力和感召力，不仅对于做大做强党的话语权有重大意义，对纠正领导干部讲话中的假、空、长等不良风气，也有重要的学习、看齐价值。各级领导干部要结合各自的工作特点和领导风格，发挥各自优势，找准工作的切入点和着力点，全面、正确、详细地制定话语权战略方针，用好官网、官方微博、微信公众号，通过科学融合各种媒体资源，打造有领导特色、行业风格、中国气派的话语体系，切实提升领导话语权。

四、锻造文化领导力是关键

领导干部具有文化自觉和自信，树立了共产党人价值观，取得了领导话语权，进而还需要不断学习和提升文化领导力，这样才能更好地实现文化领导。随着时代的进步和社会的发展，企业之间的竞争体现出科技、人才、文化、服务等多层面的竞争，领导力也由传统的领导权力、管理权力日益走向职业魅力、人格魅力、道德魅力、愿景魅力、服务魅力等。因此，文化领导力是领导力的灵魂，是一种软性领导力，同硬性的规章制度管理相比，这种领导力是领导者赢得下属追随的能力，而且随着时代的发展而变化的领导力。要锻造文化领导力，就要在以下三个方面下功夫。

首先，锻造领导的领导道德修养。领导道德就是为官的品德，是领导者的职业道

① 文秀：《习近平讲话的语言风格及特点》，载《学习时报》，2013-12-09。

德，是领导者的思想政治、道德品质、人格魅力、工作作风等的综合体现，是领导者的立身之本、为官之魂、为政之要，同时也是立国之基。领导道德不但可以决定领导个人的前途命运，也可以决定整个组织甚至国家的生死存亡。在中国文化传统中，从古至今都重视领导道德修养，有大德的领导方能成大业，领导道德成为历代领导人生的必修课，用道德的力量感染人、团结人、鼓舞人是我们中华民族传统文化特征。邓小平曾说，共产党人干事业，一是靠真理的力量，二是靠人格的力量。这才是中国共产党人事业成功真正的厉害所在、真正的伟大所在。因为领导的道德魅力和人格魅力，不仅能够极大地吸引、团结组织成员，使组织成员有一种归属感，能够激发组织成员深层次的情感认同和价值认同，能够追随领导一起为实现组织目标积极工作。同时，作为精神力量的领导道德修养在领导实践中会转变成现实的力量，崇高的领导道德修养会激发领导者的崇高责任心，领导者在履行领导职责时的崇高责任心能够激发他战胜一切困难，最终实现领导目标。

其次，锻造领导职业力。锻造领导职业能力，既要运用领导的职业权力，又要重视领导的非职业权力，即恰当地使用硬权力和软权力，具备符合工作需要的科学合理的知识结构和能力结构，具备较强的历史思维、辩证思维、创新思维、战略思维、法治思维等思维能力，还要具有成长力、行动力、影响力、思考力、领导力、说服力、治理力等执行能力，才能把握住领导的核心，拥有所有领导能力的根本，这样就能够树立威信让组织成员凝聚在自己周围。领导者本身应具有一种能够影响一群人去实现他们的愿景或目标的能力，这种影响力的来源可能是正式的职务权力，但是实际管理工作中领导职位权力多体现为行为管理，即对组织成员的工作过程和外在行为的控制，而文化管理的对象是人的思想、情感和心灵，是从内心深处以情感人的方式打动和说服被领导者，使被领导者从心灵和情感深处认同领导者的要求并主动践行，有时候文化管理能够发挥比正式职务权力更为重要的软控制作用。因为领导者要重视提升文化管理能力，通过共同的价值观、共同的目标和信念、共同的行为模式以致共同的视觉识别系统等才可能使整个组织融为一体。

最后，锻造文化整合力。文化领导力是基于深层的文化积淀和组织成员自愿认同和践行的基础上的，文化领导力就是要求领导能够发现、分辨和整合组织文化中那些有利于组织发展的积极的文化元素，并对组织文化的发展方向进行有效的引领、整合和治理，从而形成组织主流文化，以此支撑和推进组织的发展。一般情况下，任何组织都面临的各种亚文化现象，即那些非主流的、局部的文化现象，那么，“文化整合力需要领导者有很强的包容力，尊重历史、求同存异是整合组织文化的前提。特别是对文化整合模式选择时，要有对多元文化的容忍度。”①所以，在思想文化多样化和多变化

① 孙立樵：《文化领导力的价值意蕴与修炼途径》，载《领导科学》，2013(25)。

的情况下，领导者要能敏锐地感觉到组织中出现的亚文化现象，科学地创造既代表组织的主流价值观、领导理念和组织目标，又以优秀的传统文化、红色革命文化、社会主义先进文化为核心的具有行业特点和时代特点的新型领导文化。这种符合时代和行业特点的优秀的领导文化，能够孕育、形成一种持久的精神动力、组织凝聚力和向心力、上下关系亲和力等，能够在领导体系内外部形成相互尊重、相互沟通、相互补台、相互支援的文化氛围和工作环境，有助于领导作用的充分发挥和组织目标的顺利实现。

五、创新文化领导机制是保障

文化领导是一个长期的、潜移默化的实践过程，并随着时代的进步和发展而与时俱进，这就需要有制度的约束、规范和固化。因为文化领导的实现是领导通过文化活动及相关过程实施的领导，文化领导具有的示范功能、导向功能、激励功能、引领功能等作用，是领导凝聚人心、赢得追随和实现核心价值观认同的桥梁。因此，在文化领导力建设中必须重视文化领导的机制建设。通过机制设计和实施来实现文化领导，其主要包括以下三个方面的内容。

1. 通过创新型组织提升文化领导力

组织是领导者实施创新的基本载体，组织的结构和制度安排是否保持对领导环境的高度敏感，以及能否及时地做出反应都直接影响创新型领导的效能。这种支撑创新的组织应该是一种各项制度高度耦合的学习型组织，提升领导自身的文化领导力可通过创新型学习型组织建设的方式。对于学习型组织，彼得·圣吉的学习型组织理论《第五项修炼：学习型组织的艺术实践》中指出现代组织所欠缺的就是系统思考的能力，而在知识经济的时代，缺乏这种整体的思考能力会使得许多组织无法有效学习，不能与时俱进地修正自己的行为更符合时代发展，因而提出学习型组织的艺术与实务。《第五项修炼：学习型组织的艺术实践》中提出的学习型组织应包括五项要素：建立共同愿景、团队学习模式、改变心智模式、实现自我超越、系统思考的能力。同时，他强调组织的学习水平、能力的高低可能是组织保持竞争优势的关键因素，这种激发所有人自觉进行学习和创新的组织及其制度安排才是创新型领导持续运行的长效机制。因此，在文化领导力提升的过程中，创新型学习型组织有着它不同凡响的作用和意义，学习型组织通过保持学习的能力，及时铲除发展道路上的障碍，不断突破组织成长的极限，从而保持持续发展的态度，才能适应知识经济、信息时代的要求。

2. 将创新文化领导力作为领导绩效考核的重要指标

文化领导力在一定程度上体现了领导联系群众、发动群众、组织群众的能力。文化领导力的实施是以组织成员的参与为基础的，依靠的是组织成员对领导文化的自觉认同和文化领导过程的奉献，体现在领导如何充分开发和运用这种柔性领导力，达到组织成员对领导价值观的认可及其组织需求的满足，这正是实现组织目标所需要的。因此，将文化领导力作为领导考察、考核的必备能力之一，定期考察领导思想政治、道德素养、道德品质、人格魅力、工作作风，积极探索科学的定性定量考核方式，并在制度上形成一种组织文化领导的获得和传承机制，使得文化领导力真正起到为组织文化培根铸魂的作用。领导者要积极探索培养而后提升被领导者的文化素养和工作能力，通过爱心和榜样的力量去感化组织成员，用尊重和理解的心态去帮助他人，用理想的愿景去激励人，设法为组织成员提供成才的舞台和机遇。这样的领导文化创新才能实现、才能持久、才能更见成效。要实现这个目标，最重要的是构建科学合理的领导文化建设制度，就是领导者在决策制定和实施过程中，要努力提高领导的科学化、民主化水平并形成相应的监督、考核机制。

3. 创新领导文化建设的制度环境

加强领导文化的制度建设，是提升领导文化力、保障领导文化建设的持续性、稳定性和长效性的关键环节。如果文化创新是创新领导文化的软件设施，那么制度创新则是创新领导文化的硬件设备。领导文化创新必定要反应在制度上，制度是创新的动力机制，并依靠制度来巩固创新成果。因为领导者对文化建设具有主观能动性，在一定程度上领导文化的发展方向受制于领导者的个体素质和主观意识。为确保领导文化建设的科学性和持续性，就必须加强制度建设，这是逐步实现领导方式由人治型向法理型转变的重要保障。制度创新就是要改变传统的束缚组织发展的做法和规定，革除影响发展的陈旧的体制弊端，形成鼓励创新的良好体制和文化氛围。制度创新能够扩大思维创新的空间和范围，会鼓励和支撑创新思维和创新文化的产生，让一切劳动、知识、技术、管理和资本的活力竞相迸发，让一切创造社会财富的源泉充分涌流，这样就能形成尊重创造和支撑人们干事业的体制与机制，并有利于巩固其他领导创新的成果。同时，进行领导文化建设的制度创新，领导者必然注重从情感、精神、荣誉等精神文化层面形成对组织成员的激励制度，鼓励组织成员在创新中追求自我实现。创新领导文化建设的制度环境为组织成员创造宽松的工作氛围，获得员工情感上的愉悦，能够形成高度自律的状态，从而提高其工作的积极性和工作效率。

本章小结

本章对领导文化与文化领导的含义、特征、构成、作用以及文化领导建设的途径进行了较为科学的理论分析和实践阐释。领导文化与文化领导都是领导科学理论和实践发展到较高阶段的成果。领导文化是指在既定的领导目标指引下，领导者群体在领导实践过程中形成并通过持续不断的学习和传承的观念意识，代表了领导者普遍认可的价值观念、一致遵守的组织规范、共同展现的行为模式、集体表现的态度作风，包括领导观念、领导道德、领导行为模式等。领导文化是领导者开展领导活动的内驱动力和精神导向，正确认识和分析领导文化的整体结构性特征和作用，对于加强领导文化建设和开展领导工作实践都具有重要意义。领导文化作为文化在领导领域中的特殊表达，具有自身独具的价值性、政治性、服务性、认同性等特征。领导文化作为领导实践活动的价值体系，对领导实践具有规范、示范、引领与核心作用，为提升文化领导力、增强组织和领导者的公信力提供了前提和保障。领导文化的构成要素主要包括导价值观、领导思维、领导道德、领导行为等几个方面，要求明确每一个构成要素的含义、作用和建设方法。了解领导科学理论经历了从传统的专制领导到经验领导，从经验领导到科学领导，到现在的文化领导的模式变化的文化领导新趋势。结合历史和现实，重点掌握文化领导实现途径：树立领导文化自信是基本前提、倡导共产党人价值观是核心、提升领导话语权是重要方式、锻造文化领导力是关键、创新文化领导机制是保障，切实提升文化领导的实效性，牢牢把握领导者的领导权、管理权、话语权的统一。

复习思考题

1. 简述领导文化的含义和特征。
2. 分析领导文化的构成要素。
3. 结合案例说明领导文化的作用。
4. 结合实例分析领导作风建设的重要性。
5. 分析领导为什么要树立文化自信。
6. 结合现实分析领导说话艺术。
7. 分析网络时代领导话语权建构。
8. 分析文化管理的特点和趋势，结合案例说明企业文化建设的重要作用。

参考文献

1. 贺海峰．领导变革[M]．北京：研究出版社，2017.

2. 丁莹莹．领导科学与领导行为研究[M]．北京：经济管理出版社，2017.

3. 刘兰华，薛博，伏燕．领导科学[M]．北京：中国人事出版社，2018.

4. 段鑫星．领导科学与艺术[M]．徐州：中国矿业大学出版社，2017.

5. 万良春．领导科学热点话题文选[M]．北京：光明日报出版社，2016.

6. 舒天戈．领导智慧书：源自哈佛的领导科学[M]．成都：四川大学出版社，2016.

7. 张国玉．青年领导[M]．北京：国家行政学院出版社，2016.

8. 曹晓丽，林枚．领导科学基础(3版)[M]．北京：首都经济贸易大学出版社，2016.

9. 胡月星．快乐领导[M]．北京：国家行政学院出版社，2016.

10. 邱霈恩．领导理论与实践[M]．北京：中国人民大学出版社，2016.

11. 黄东阳，林修果．领导科学[M]．北京：北京大学出版社，2016.

12. 刘明辉，郑恒峰．领导科学与领导力建设[M]．北京：中共中央党校出版社，2015.

13. 舒绍福．文化领导[M]．北京：国家行政学院出版社，2015.

14. 刘峰．领导科学与领导艺术[M]．北京：高等教育出版社，2014.

15. 王培芝，陈彬．新编领导科学教程[M]．济南：济南出版社，2014.

16. 邱霈恩．领导学(第四版)[M]．北京：中国人民大学出版社，2014.

17. 彭向刚．领导科学概论(第二版)[M]．北京：高等教育出版社，2013.

18. 朱立言，孙健．领导科学与艺术(第二版)[M]．武汉：华中科技大学出版社，2013.

19. 车洪波，郑俊田．领导科学(第二版)[M]．北京：对外经济贸易大学出版社，2013.

20. 万良春．新编领导科学教程(第五版)[M]．北京：中共中央党校出版社，2012.

21. 刘峰．简约领导[M]．北京：国家行政学院出版社，2012.

22. 刘志伟．魅力领导[M]．北京：国家行政学院出版社，2012.

23. 彭忠益．领导科学基础[M]．长沙：中南大学出版社，2012.

24. 谭劲松．现代领导方法与领导艺术概论[M]. 杭州：浙江大学出版社，2018.

25. 陶传友．思想方法与领导方法[M]. 北京：国防大学出版社，2012.

26. 邱霈恩．领导学原理[M]. 北京：清华大学出版社，2012.

27. 邱霈恩．领导案例[M]. 北京：清华大学出版社，2012.

28. 黄强，彭向刚．领导科学[M]. 北京：高等教育出版社，2011.

29. 侯树栋．领导科学与科学领导[M]. 北京：中国经济出版社，2010.

30. 贺善侃．解读和谐社会领导力[M]. 上海：上海人民出版社，2009.

31. 肖唐友．领导软实力[M]. 广州：广东人民出版社，2015.

32. [美]彼得·圣吉．第五项修炼：学习型组织的艺术实践[M]. 张成林，译．北京：中信出版社，2009.